A CURA ALÉM DO CORPO

Larry Dossey

A CURA ALÉM DO CORPO

A Medicina e o Alcance Infinito da Mente

Tradução
GILSON CÉSAR CARDOSO DE SOUSA

EDITORA CULTRIX
São Paulo

Título do original: *Healing Beyond the Body.*

Publicado mediante acordo com a Shambhala Publications, Inc.
300 Massachusetts Avenue, Boston, MA 02115.

O primeiro número à esquerda indica a edição, ou reedição, desta obra. A primeira dezena à direita indica o ano em que esta edição, ou reedição, foi publicada.

Edição	Ano
1-2-3-4-5-6-7-8-9-10-11	04-05-06-07-08-09-10-11-12

Direitos de tradução para a língua portuguesa
adquiridos com exclusividade pela
EDITORA PENSAMENTO-CULTRIX LTDA.
Rua Dr. Mário Vicente, 368 — 04270-000 — São Paulo, SP
Fone: 6166-9000 — Fax: 6166-9008
E-mail: pensamento@cultrix.com.br
http://www.pensamento-cultrix.com.br
que se reserva a propriedade literária desta tradução.

Impresso em nossas oficinas gráficas.

DEDICATÓRIA

Aos médicos, enfermeiros e outros profissionais de Saúde que reivindicam o título de "curadores"; e aos que pesquisam e investigam o modo como a cura opera além do corpo.

A natureza é muitíssimo mais sutil que o raciocínio.

— Sir Francis Bacon

SUMÁRIO

INTRODUÇÃO

Jamais esquecerei a mulher que veio até mim chorando, trêmula e quase sem palavras devido à raiva. Acabara de voltar da unidade de terapia intensiva do meu hospital, onde a mãe dela, minha paciente, estava morrendo. A mãe jazia inconsciente, ligada a diversos aparelhos, mas sem nenhum resultado. A filha fora expulsa da beira do leito porque o horário de visita terminara e novas visitas, disseram-lhe, "contrariavam a política" e poderiam "interferir".

A mãe morreu à noite, sozinha.

Ficar separada da moribunda pareceu àquela mulher o cúmulo da indignidade. Ela estava pronta a amaldiçoar toda a medicina moderna, não apenas por sua ineficácia, mas também por sua rudeza. Insurgia-se contra um sistema que, no seu caso, nem funcionara nem consolara.

Essa experiência denuncia inúmeras razões pelas quais as pessoas, atualmente, desconfiam dos serviços de saúde: desumanos, distantes, frios, indiferentes, muito mecânicos e técnicos, caríssimos, arriscados e com freqüência prestados tarde demais. Quando a medicina falha, deixando o paciente e a família cheios de dor e desapontamento, de nada vale lembrar-lhes seus êxitos. Para eles, só o momento é real.

A medicina vai mudar? O problema não é "quando" ou "se", mas em que direção e até que ponto. A medicina sempre mudou; historicamente, foi e continua sendo uma das forças mais dinâmicas da cultura humana.

Hoje, a ciência médica tem feito inúmeros progressos. A decodificação do genoma humano está praticamente completa e irá abrir o livro do nosso DNA, tornando possíveis terapias nunca antes imaginadas. A manipulação dos genes e a transferência de DNA de um indivíduo para outro estão à vista, e os pesquisadores já prevêem a eliminação de diversas doenças de natureza genética. Novos procedimentos cirúrgicos vão surgindo, assim como novas drogas. Avanços no transplante de órgãos são constantes. A lista de invenções parece não parar de crescer.

No entanto, apesar de toda essa conversa, quando as pessoas realmente entram em contato com o "sistema", o desapontamento é muitas vezes a conseqüência, como aconteceu à filha de minha paciente terminal. O motivo principal não é o fato de as pessoas adoecerem ou mesmo morrerem, e sim a constatação de que alguma coisa importante foi esquecida pela medicina moderna: a mente humana e seu papel na cura. Esse elemento perdido deixou uma brecha que os mais impressionantes avanços técnicos jamais preencherão.

Mas nós já não conhecemos o papel da mente na cura? Hoje, todos sabem que a consciência é um fator decisivo na saúde. Um exército de psicólogos e psiquiatras está a postos para nos mostrar como moldar a mente de modo saudável, e o controle do *stress* tornou-se uma indústria florescente. Mesmo assim, ainda não damos à mente o devido valor.

Nos ensaios que se seguem, iremos além do modo convencional de observar a mente. Examinaremos como nossos pensamentos e emoções afetam, não apenas o nosso corpo, mas o dos outros também — de longe, sem que eles o percebam.

Alguns leitores talvez achem essa idéia ultrajante. Para retardar essa reação, sugiro que reflitam nos seguintes pontos. Na ciência moderna,

1. ninguém sabe o que é a mente e de onde ela vem;
2. ninguém sabe qual a relação da mente com o cérebro;
3. não há evidência alguma de que o cérebro produza a mente;
4. ninguém sabe o que acontece à mente antes do nascimento ou depois da morte.

Isso significa, pura e simplesmente, que o nível de ignorância da ciência quanto à origem, ao funcionamento e ao destino da consciência humana é assustador. Portanto, convém investigar sem medo um novo território que possa lançar luz sobre a natureza da mente humana e seu papel na saúde.

Aos poucos, vamos nos aproximando de uma visão da consciência que liberta a mente de sua identidade com o cérebro e o corpo físicos. As razões para essa nova visão baseiam-se em fatos científicos. As implicações para a medicina são imensas, inclusive a possibilidade de que forças terapêuticas possam estender-se e atuar para além do alcance do corpo. Ora, se a nossa mente de fato se projeta do corpo, talvez nossa consciência sobreviva à morte física, sendo ao mesmo tempo imortal e eterna.

Alguns dos fenômenos que examinaremos aqui são corriqueiros e bem-documentados; outros, mais raros, serão mais facilmente repelidos — por quem queira fazer isso — como meras conjecturas. Alguns dados são bastante sugestivos, outros apenas interessantes. O que pretendo é menos sugerir perguntas do que tornar os leitores sensíveis a novas possibilidades, a novas maneiras de pensar "além do casulo".

Quando a medicina vai mudar? Ela já está mudando e modelando nossa vida. Vejamos como.

Primeira Parte

SIGNIFICAÇÃO

Introdução

Nós, médicos, somos criaturas simples. Gostamos de ver o mundo em preto e branco — a doença é ruim, a saúde é boa, e a doença nada mais é que o enfraquecimento físico do corpo. Discorrer sobre a significação ou a razão profunda de uma doença, ou até que ponto essa significação pode afetar a nossa saúde, parece fora de nossas atribuições, algo para filósofos ou psicólogos remoerem. Mas quando consideramos a nossa própria experiência e ouvimos as histórias dos nossos pacientes, vamos aos poucos esboçando um quadro bem diferente.

Quando eu era cirurgião militar no Vietnã, aprendi muito sobre as conexões entre significação e saúde. Eu era um médico jovem e idealista; completara há pouco o período de residência e estava ansioso para debelar qualquer enfermidade que encontrasse pela frente. Uma das maiores ameaças aos jovens soldados do meu batalhão era a malária, endêmica em todo o sudeste asiático. Uma de minhas responsabilidades consistia em fazê-los tomar as pílulas que os poupariam de contrair essa doença. Arenguei sobre os horrores da malária àqueles jovens, tentando convencê-los de que nossa combatividade e sobrevivência dependiam de manter a distância aquele mal mortífero. Contudo, logo descobri que muitos soldados não partilhavam minha preocupação. Alguns até queriam contrair a malária, já que uma moléstia debilitante significava sua passagem de volta para casa. Preferiam o risco da malária a uma bala traiçoeira ou emboscada. Por isso, fingiam tomar o medicamento. Um rapaz que fiz retirar da frente de combate, com febre e calafrios, deu-me uma bela lição quando entrava no helicóptero: "Estou fora, doutor! A malária é a minha melhor amiga", disse sorrindo.

Descobri que significação e malária estavam intimamente associadas, e que eu não poderia fazer um bom trabalho como médico militar sem levar isso em conta. A meu ver, a malária era uma condição mortal que devia ser evitada e, se possível, eliminada por todos os meios disponíveis. Para o comandante do batalhão, ela significava uma drenagem em seu pessoal e uma ameaça ao moral da tropa. Mas, para alguns soldados, era bem-vinda e recebida como uma via de escape aos perigos do Vietnã. Quanto a mim, a malária representava uma oportunidade para executar meu trabalho com eficiência. O comandante, porém, tinha-a por uma ameaça indesejável à sua capacidade de levar a cabo a missão a ele confiada. Ela significava uma ameaça aos soldados, também — mas uma ameaça que podia salvar-lhes a vida. Uma doença e três significações diferentes.

O conflito de significações com que deparei no Vietnã ocorre todos os dias em clínicas e hospitais. Por exemplo, num estudo de cinco anos, os pesquisadores descobriram que apenas um terço das mulheres com câncer de mama que recorriam à medicina alternativa, além do tratamento convencional, confessavam isso a seus médicos. Os motivos das mulheres eram três: a suspeita de que eles não estariam interessados, de que reagiriam negativamente criticando-as ou de que não tinham proficiência em medicina alternativa, sendo mesmo contrários a ela. Em suma, as mulheres vivenciavam graves conflitos com seus médicos a respeito da significação da medicina convencional. Para os médicos, esta era quase uma religião, algo em que fundamentavam a carreira e a vida dos pacientes — bem como a deles mesmos, sem dúvida, quando chegasse a hora. Por outro lado, no entender de muitas mulheres, tratava-se de um sistema potencialmente benéfico, mas ao mesmo tempo indiferente, amedrontador, tendencioso e obstinado. Conflitos desses podem levar a sérios problemas porque, embora algumas terapias alternativas sejam de fato eficazes, outras se revelam prejudiciais ou afetam negativamente a medicação convencional.

Como veremos, muitas vezes não é o acontecimento em si que importa, mas a significação que lhe atribuímos. O mesmo conjunto de circunstâncias pode afetar a saúde de diferentes maneiras, dependendo de como o interpretamos. Examinemos o *stress* profissional. Homens que odeiam seu emprego apresentam incidência maior de ataques cardíacos, os quais ocorrem com mais freqüência nas manhãs de segunda-feira, por volta das nove horas, do que em qualquer outra ocasião. As mulheres, ao contrário, não parecem ser tão afetadas pelo *stress* profissional. Num estudo, esse problema mostrou ter pouco efeito sobre o curso da doença em mulheres com diagnóstico de cardiopatias. De muito maior importância para a sua saúde futura era o nível de *stress* no casamento. Na nossa cultura, o trabalho geralmente representa coisa diversa para homens e mulheres. A identidade pessoal e a auto-estima do homem estão mais ligadas ao emprego do que sucede com a mulher, para quem o relacionamento familiar e matrimonial costuma ser mais significativo. Daí, a diferença de gênero no modo como o trabalho afeta a saúde.

Nos ensaios que se seguem, veremos que significação e saúde vinculam-se de duas maneiras. Em primeiro lugar, saúde *significa* alguma coisa: ela reflete, representa e simboliza o que acontece na nossa vida. Contrariamente, as *significações* que encontramos na vida — a significação do relacionamento, do emprego, de uma determinada terapia — podem afetar a nossa mente e o nosso corpo, portanto, a nossa saúde.

Na primeira parte descobriremos que o duplo movimento da significação é um fator vital na nossa existência e que essa significação pode fazer a diferença entre vida e morte.

1

Que Significa a Doença?

Tudo, neste mundo, tem uma significação oculta. Homens, animais, árvores, estrelas, todos são hieróglifos... Quando os vemos, não os compreendemos. Pensamos tratar-se realmente de homens, animais, árvores e estrelas. Só depois é que entendemos.

NIKOS KAZANTZAKIS,
Zorba, o Grego

"O CÂNCER FOI A MELHOR COISA que já me aconteceu!" Esse comentário, nada incomum, sempre me irritou quando eu era um médico jovem. Embora a doença variasse, não variava a mensagem: a moléstia provocara um aumento de sabedoria e compreensão, ministrando lições que, paradoxalmente, fizeram a vida melhor. A doença, ao que parecia, significava alguma coisa.

Aquilo não me impressionava. Os seres humanos fazem qualquer coisa, eu dizia a mim mesmo, para justificar sua condição. Quando enfrentamos problemas fora de nosso controle, procuramos amenizá-los o máximo possível, para preservar a auto-estima, a dignidade e o orgulho. O que meus pacientes estavam tentando era extrair o melhor de uma situação terrível. A possibilidade de o câncer conter algo de positivo soava absurda.

No mundo confuso da medicina interna que eu habitava, o conceito de significação era como que uma sutileza a ser tranqüilamente ignorada. Esse conceito podia ter seu lugar nas bibliotecas lôbregas dos filósofos, mas não em unidades de terapia coronariana e nas alas de oncologia. Significações diziam respeito apenas à mente; flutuavam soltas acima dos ombros e não influenciavam o resto do corpo. Se negativas, provocavam ansiedade e tensão, sendo porém, no máximo, um incômodo sem maiores conseqüências. Mas que dizer dos relatórios de pacientes que sugeriam que a doença podia mandar pessoas de volta à realidade e transformar a vida delas?

O significado da doença resume-se à questão da significação na medicina. Há também o problema de saber se as significações percebidas, uma vez presentes, podem influenciar a saúde e a doença. Serão elas causas de alguma coisa? As significações positivas beneficiam a saúde, enquanto as negativas a prejudicam? Também aqui as histórias dos pacientes não deixavam margem a dúvidas. Eles estavam convencidos de que suas significações percebidas, manifestadas como pensamentos, atitudes e crenças, afetavam bastante a sua saúde.

Significação e Ciência

É difícil fazer essas perguntas na medicina contemporânea. Saúde e doença, ensinam-nos, dependem do que os átomos e moléculas do nosso corpo estejam fazendo em dado momento. Eles seguem as chamadas "leis cegas" da natureza, que são inerentemente *sem* significação. Isso implica que a significação é algo que lemos *na* natureza, mas não necessariamente *a partir* dela. O biólogo molecular Jacques Monod expressou esse ponto de vista em seu livro *Chance and Necessity* (Acaso e Necessidade), que influenciou decisivamente toda uma geração de cientistas. "A pedra angular do método científico", proclamou ele com segurança, "é a negação *sistemática* de que o 'verdadeiro' conhecimento possa ser adquirido interpretando-se fenômenos em termos de causas finais — isto é, de 'objetivo'." Para Monod, o objetivo e o conceito afim de significação não pertencem à ciência pela simples razão de que não existem no mundo natural que a ciência estuda. Pensar diferentemente, acrescenta Monod, é cometer uma heresia científica.

Eu, como a maioria dos médicos, aceitava esse ponto de vista. De fato, apreciava-o muito. Era limpo, desataviado e também corajoso. Exibia o princípio da parcimônia, um dos fundamentos da ciência moderna. Além disso, excluía o antropomorfismo ao evitar projetar qualidades e sentimentos humanos no mundo natural.

No entanto, ao iniciar a prática médica, descobri que é bem mais fácil sustentar esse ponto de vista quando se lida com mitocôndrias num tubo de ensaio do que quando se cuida de seres humanos com achaques. As mitocôndrias não replicam. Desde então costumo indagar: o que teria concluído Monod se houvesse passado seu tempo numa unidade de terapia intensiva e não numa bancada de laboratório? Se ouvisse uma dúzia de pacientes contar todos os dias suas histórias? Continuaria a achar ridícula a significação? Essa não é uma pergunta retórica. Muitos dos cientistas que consideraram a natureza sem significação e sem objetivo — físicos quânticos, biólogos moleculares, geneticistas e até matemáticos ou teóricos — só a viam de longe. Nunca puseram os olhos num paciente e nunca escutaram, dia após dia, "histórias significativas". Sem esses dados, como podem negar com tanta segurança um papel à significação e ao objetivo no nível humano?

"Eu Faço Isso com Significação"

Certa feita, internei na unidade de terapia coronariana um paciente com terríveis dores no peito, que suspeitei fossem provocadas por ataque cardíaco. Depois que as dores arrefeceram e ele estava todo enredado de fios, Frank, para aliviar o tédio, posicionou-se de modo a poder observar o monitor cardíaco pelo espelho de cabeceira. Quando fui examiná-lo à tarde, ele tinha um pequeno truque para me mostrar. "Doutor", disse Frank, "fique de olho no monitor. Quero lhe mostrar uma coisa." Cerrou as pálpebras. O osciloscópio registrou uma taxa constante de cerca de oitenta por minuto. Depois, caiu gradualmente, fixando-se nos sessenta. "Agora, veja", alertou Frank, ainda de olhos fechados. O ritmo cardíaco foi subindo lentamente até chegar a noventa. Frank estava radiante. Sabia que eu ignorava o que acontecia. Examinei-o para descobrir se não continha o fôlego, cerrava os punhos ou executava alguma manobra capaz de acelerar o ritmo cardíaco, mas ele parecia perfeitamente calmo e descontraído. Nas vinte e quatro horas seguintes, fui vê-lo várias vezes. Mostrava-se cada vez mais hábil em alterar a pulsação e divertia-se com minha perplexidade. Eu tinha ciência de que certas pessoas conseguem controlar os batimentos cardíacos em laboratórios de *biofeedback*, mas também de que isso exige quase sempre um instrutor qualificado, inúmeras sessões e um ambiente calmo. Frank não preenchia esses requisitos. Aprendera sua arte sozinho, numa das situações mais angustiantes que se possa imaginar: quando hospitalizado sob suspeita de ataque cardíaco.

Os exames de Frank foram normais. Ele não sofrera um enfarte do miocárdio. Quando fui lhe dar alta, disse: "Desisto. Como você faz isso?" Era a pergunta que Frank esperava. "Eu o faço com significação", respondeu. "Quando quero que minha taxa cardíaca baixe, fecho os olhos e concentro-me na dor do peito. Faço-a *significar* para mim que não passa de uma indigestão ou talvez um espasmo muscular. Sei que não é coisa grave; amanhã voltarei ao trabalho. Se quero que a taxa aumente, altero a significação e penso o pior: tive mesmo um ataque cardíaco. Não voltarei mais ao trabalho; aguardo apenas o momento final."

Fiquei impressionado. Frank transformara o monitor cardíaco num medidor de significação, que fornecia uma leitura direta do impacto da significação percebida num indicador crucial da função cardiovascular. Ele me ajudou a compreender que as significações não são entidades etéreas, confinadas à mente. Transferem-se para o corpo e, como mais tarde eu haveria de descobrir, podem fazer a diferença entre a vida e a morte.

O que Você Pensa de sua Saúde?

"Sua saúde é excelente, boa, regular ou má?" Segundo vários estudos realizados nos últimos anos, a resposta que as pessoas dão a essa simples pergunta prevê com mais exatidão quem vai viver ou morrer na próxima década do que acurados exames físicos e complicados testes de laboratório. A pergunta é um modo de investigar o que nossa saúde significa para nós — o que ela representa ou simboliza nos nossos pensamentos e na nossa imaginação.

Um notável estudo sobre percepções de saúde e sobrevivência, feito pela socióloga Ellen L. Idler, da Universidade Rutgers, e Stanislav Kasl, do Departamento de Epidemiologia e Saúde Pública da Faculdade de Medicina de Yale, veio a público em 1991. Os resultados, que envolveram mais de 2.800 homens e mulheres com 65 anos de idade ou mais, coincidiam com os de cinco outros estudos abrangentes, realizados com mais 23 mil pessoas de idades entre 90 e 94 anos. Todos esses trabalhos levam à mesma conclusão: a opinião que temos sobre nosso próprio estado de saúde é um prognóstico melhor que os sintomas físicos e os fatores objetivos, inclusive exames físicos completos e testes de laboratório ou comportamentos como o tabagismo. Por exemplo, os fumantes estavam duas vezes mais sujeitos a morrer nos próximos doze anos do que os não-fumantes, ao passo que quem afirmava ter "má" saúde apresentava sete vezes mais probabilidades do que quem dizia ser a sua "excelente".

Os estudos não insinuam que sintomas físicos e comportamentos prejudiciais devam ser ignorados, nem que se abandonem exames físicos e testes laboratoriais. Eles continuam a ser importantes. A lição maior, contudo, é que por si sós não bastam; nossa atenção médica precisa contemplar também os problemas de significação, por mais esquivos que os achemos.

"É o Dia Quatro?"

A história está cheia de relatos sobre como as significações percebidas fizeram uma diferença de vida ou morte na saúde. George L. Engel, da Faculdade de Medicina da Universidade de Rochester, investigou cento e setenta casos de "morte súbita emocional", evento que tem sido estudado desde tempos remotos até nossos dias. Engel descobriu que as emoções manifestadas pouco antes do colapso e da morte são fortemente contaminadas por significações percebidas. Eis as três grandes categorias: "perigo pessoal ou ameaça de lesão, reais ou simbólicos" (27%), "doença grave ou morte de ente querido" (21%) e "período de dor aguda (16 dias)" (20%).

Essas circunstâncias envolvem dois Pais Fundadores e presidentes dos Estados Unidos: John Adams e Thomas Jefferson. Ambos morreram em 4 de julho de 1826, qüinquagésimo aniversário da assinatura da Declaração de Independência. Como registrou seu médico, as derradeiras palavras de Jefferson foram: "É o dia 4?" As mortes de Jefferson e Adams parecem significar alguma coisa; vão além do puramente físico e simbolizam bem mais que o jogo cego dos átomos.

Os céticos, em geral, permanecem inabaláveis. Por que Jefferson e Adams não poderiam morrer no dia 4 de julho? Tinham 1 chance em 365 de fazer isso! Não, aqui não há nada de notável!

A Significação é Invisível

Para mim, é tolice sustentar que a doença não significa nada. Algumas pessoas podem insistir nesse ponto de vista, como Susan Sontag fez eloqüentemente em seu famoso livro *Illness as Metaphor* (A Doença como Metáfora) — mas é um ideal inalcançável. Quem se acha gravemente enfermo sempre descobre ou cria significação para explicar o que está acontecendo. Nossa natureza exige isso e nunca vi exceção a semelhante regra. Mesmo quando alardeamos que nossa doença não quer dizer nada, como Susan Sontag em sua experiência com o câncer, ainda estamos criando significação e inserindo-a no evento. Aqui, ela procura ignorar conteúdo, finalidade ou padrão, o que não passa de significação de tipo negativo. Ora, significação *negativa* não é o mesmo que significação *nenhuma*. Podemos afirmar a nós mesmos que nossa doença representa apenas um acontecimento acidental, inconseqüente e aleatório, mera questão de átomos ou moléculas fazendo o seu papel. Mas essa negação de significação não passa de significação disfarçada. Pode garantir-nos, por exemplo, com ou sem razão, que a doença não é culpa nossa, que não somos responsáveis por ela, que "apenas aconteceu" — e isso costuma ser um grande consolo. Assim, a significação negativa às vezes se mostra *muito* significativa.

Significação e Ciência: Outra Perspectiva

Tem-se a impressão de que o debate científico sobre significação e objetivo terminou ou está por terminar e que para todos os bons cientistas a natureza é cega, sem sentido e inconseqüente. No entanto, estudiosos de altíssimo nível, muitos deles ganhadores do Prêmio Nobel, que investigaram profundamente o lugar da significação na natureza, não concordam com o ponto de vista expresso por Monod e outros.

Sir Arthur Eddington (1882-1944), o astrônomo e astrofísico inglês, era um deles. Foi um dos primeiros teóricos a entender perfeitamente a teoria da relatividade, da qual se tornou notável intérprete. Deu importantes contribuições à física teórica do movimento, evolução e constituição interna dos sistemas estelares, sendo por isso nobilitado em 1930. Eddington não era apenas cientista exemplar, mas escritor vigoroso e filósofo profundo, que não escondia além disso um agudo senso de humor. Ressaltou sempre a impossibilidade prática e o absurdo de tentar viver uma vida despojada, por assim dizer, de uma significação superior ao puramente físico.

> O materialista, convicto de que todos os fenômenos brotam de elétrons, *quanta* e coisas semelhantes, controladas por fórmulas matemáticas, pensa talvez que sua esposa seja apenas uma complicada equação diferencial, mas tem tato suficiente para não defender essa opinião na vida doméstica. Ora, se nas relações pessoais cotidianas esse tipo de dissecção científica é considerado impróprio e irrelevante, está sem dúvida fora de lugar no relacionamento mais pessoal de todos: o da alma humana com o espírito divino.

A preferência dos cientistas por um mundo frio, asséptico, destituído de significação e propósito é em si mesma uma significação, contrabandeada para dentro da ciência em nome da objetividade. Semelhante perspectiva pode ser estética, mas não científica.

De fato, é um equívoco afirmar que a ciência desaprova a significação na natureza. Nada mais distante da verdade: *a impossibilidade de provar a significação na natureza não é a mesma coisa que desaprová-la.* Seria mais acertado concluir que a ciência nada tem a dizer sobre significação e objetivo, reconhecer que esses temas não aparecem no mapa científico. A ciência pode nos explicar que elétrons e prótons se atraem, mas não o que significa esse fenômeno, se há alguma finalidade por trás dele ou se é uma boa coisa. Eis por que a melhor resposta das ciências físicas a perguntas sobre significação é: "Acredito e pronto!" E eis por que a ciência, corretamente entendida, mostra-se mais amiga que inimiga das questões de significação.

Esse ponto de vista é eloqüentemente expresso pelo psicólogo transpessoal Ken Wilber no livro *Quantum Questions*. Embora discorrendo sobre os vínculos da física com a religião, o que diz se aplica igualmente às relações entre ciência e significação:

> Se a física clássica era teoricamente *hostil* à religião, a física moderna é simplesmente *indiferente* a ela. Deixa tantos buracos teóricos no universo que se pode (ou não) preenchê-los com substância religiosa — mas apenas em bases

> filosóficas ou místicas. Nisso, a física não nos pode ajudar, embora nada faça para impedir nossos esforços. A física não dá suporte ao misticismo, embora já não o negue. ... Muitas pessoas se mostram ... desapontadas ou desanimadas pela natureza rarefeita ou frágil [desse desenvolvimento], enquanto, na verdade, ele ... talvez seja a mais sólida e revolucionária conclusão, em face do problema religioso, jamais oferecida "oficialmente" pela própria ciência teórica. Trata-se de uma gigantesca e marcante reviravolta na postura da ciência com respeito à religião, não havendo indícios de que algum dia vá ser revogada, pois sua natureza é lógica e não empírica ... Portanto, com toda a probabilidade, põe termo ao aspecto mais irritante do velho debate entre as ciências físicas e a religião. Que se poderia esperar de melhor?

Livres da Maldição da Patologia

"O câncer foi a melhor coisa que me aconteceu." Hoje, muitos anos depois, acredito que esse comentário represente mesmo grande sabedoria e percepção, podendo atuar como uma força curativa. Nas *Cartas* do psicólogo C. G. Jung, fica claro que ele sabia ser a descoberta de significação capaz de aliviar o fardo da doença. Jung escreveu sobre a esfera do divino, o lugar transcendente onde se encontram as mais ricas significações da vida. "O contato com o divino constitui a verdadeira terapia e, na medida em que passamos por experiências transcendentais, ficamos livres da maldição da patologia. A própria doença assume então caráter divino."

Uma das significações mais divinas que os pacientes descobrem durante uma doença grave é a crença na vida após a morte. Para o clínico cético, essas interpretações podem parecer tentativas pueris e desesperadas de afastar a morte iminente. Mas mesmo que os terapeutas não partilhem as crenças de seus pacientes em "algo mais" além da morte, sua resposta mais humana e compassiva deveria ser uma atitude de amável apoio. O pior comportamento é entrar em disputa de significações com o paciente, denegrindo e ridicularizando uma coisa da qual se discorda. Jung enfatizava a natureza extraordinariamente sensível da significação e a necessidade de tolerância:

> Se, com base nas necessidades de seu próprio coração ou de acordo com as antigas lições da sabedoria humana, alguém acredita no que é inadequada e simbolicamente descrito como "eternidade" — então a razão crítica não pode opor-lhe nenhum argumento a não ser o *non liquet* [não convence] da ciência. Além disso, ele terá a vantagem inestimável de conformar-se a uma tendência que existe desde tempos imemoriais e é universal. Quem não chega a essa conclusão entra com certeza em conflito com seu próprio sangue ... É o mesmo que negar conscientemente os instintos — extirpação, desorientação, ausência de sentido ... O desvio das verdades do sangue acarreta falta de significação e a falta de significação é uma doença anímica cujo alcance e importância nossa época ainda não se dispôs a entender.

Será ética e moralmente errado concordar com as significações do paciente quando estamos convencidos de que são enganosas e deslocadas? Caso a crença do paciente se revele prejudicial à sua saúde, temos de interferir; mas não podemos nos mostrar auto-indulgentes e impingir-lhe nossas próprias opiniões. Isso é fácil de fazer: os pacientes costumam ser muito vulneráveis a tudo o que diz um sujeito de jaleco branco. Se discordamos das significações espirituais que nossos pacientes encontram durante a doença, talvez possamos nos justificar por permanecer calados em questões de ciência, lembrando-nos de que nos assuntos de significação e objetivo ela permanece muda.

Significação e Medicina Alternativa

A significação é com freqüência desdenhada na vida moderna. Não apenas nos dizem (erroneamente) que a ciência provou não existir sentido algum na natureza, mas também que Deus morreu. Em conseqüência, criamos uma sociedade espiritualmente subnutrida e faminta de significação. Isso posto, é fácil perceber por que as terapias alternativas estão renascendo. Embora eu não disponha de dados para amparar essa observação, creio bem que os profissionais da terapia alternativa sejam mais flexíveis em questões de significação na doença do que os médicos, psiquiatras e psicólogos. Eles se mostram mais propensos a encarar o lado simbólico das enfermidades e a supor que saúde e doença refletem alguma coisa além do jogo cego dos átomos. Os pacientes respondem favoravelmente a esse ponto de vista porque é agradável ter a própria busca de significação reconhecida ou confirmada. A imensa popularidade das terapias e terapeutas alternativos talvez se deva, em grande medida, ao fato de ajudarem as pessoas a encontrar significação na própria vida quando mais precisam dela.

O Lado Escuro

Conceder um lugar à significação pode causar problemas em medicina. Isso tem muito a ver com o extremismo. "O pêndulo da mente oscila entre sentido e ausência de sentido, não entre certo e errado", escreveu Jung. "O *numinosum* [divino] oferece perigo porque impele os homens aos extremos."

Se o pêndulo, outrora, estava todo no canto físico dos átomos e moléculas, pode sem dúvida mudar rapidamente para o lado da significação. Nesse caso, talvez passemos a olhar a doença como destituída de componentes físicos, acreditando que seja causada apenas por crenças, atitudes, percepções e pensamentos negativos. A idéia de que a enfermidade é função exclusiva das diversas expressões da consciência, incluindo as significações percebidas, tornou-se comum na Nova Era. Certos de que a mente é tudo, as pessoas sucumbem facilmente à culpa da *New Age*: senso de fracasso, vergonha e inadequação. A significação pode, portanto, suplantar completamente o físico. A crença de que fatores mentais, inclusive as significações percebidas, constituem a única causa da enfermidade pode levar a conseqüências desastrosas como a recusa dos métodos físicos (por exemplo, drogas e procedimentos cirúrgicos) que poderiam salvar a vida.

Esses excessos tornam fácil criticar a busca de significação na doença. Dado que essa busca muitas vezes se desencaminha, os médicos preferem permanecer longe dela. Se o pêndulo tem de mover-se, dizem eles, é melhor que se mova na direção do físico. Essa atitude é corriqueira. Até Eddington se sentia atraído pelo conforto da visão física quando, penosamente, tentava elucidar as conexões entre ciência e misticismo. Ele detectava uma "saudade dos caminhos da ciência física quando existem parapeitos mais ou menos discerníveis para nos preservar dos piores atoleiros da sandice". No entanto, apesar da repugnância intelectual que experimentava, Eddington persistiu na busca de significação. É o que, a meu ver, nós também devemos fazer.

Terapia de Significação

A razão de devermos perseverar na busca de significação tem muito a ver com a ciência. Inúmeros "estudos de significação" começam a elucidar o papel considerável dela na saúde — por exemplo, o já mencionado estudo de Idler e Kasl, que mostra o poderoso efeito das significações percebidas na longevidade. Os estudos mostram também que a significação do relacionamento com o cônjuge é fator crucial na expressão clínica da moléstia cardíaca; que a significação do emprego e da insatisfação da pessoa no trabalho anuncia ataques do coração; que a atenção a significações envolvendo moléstias cardíacas, quando aliada a uma dieta saudável, exercícios e controle do stress, pode melhorar o desempenho do coração e eliminar obstruções coronarianas; que o luto e as lamentações em seguida à morte do cônjuge estão associados a graves imunodisfunções; que as percepções negativas do trabalho cotidiano aumentam o risco de ataques cardíacos; e que, para certos pacientes cancerosos, a terapia de grupo, em que se abordam questões de significação, às vezes duplica o período de sobrevivência após o diagnóstico.

Esses estudos representam o pêndulo no centro. Mostram que a atenção a estados de consciência não precisa substituir as intervenções físicas, mas pode ser usada com eficácia em conjunção com elas.

Esses achados referem-se à terapia de significação, na qual os terapeutas procuram deliberadamente transformar significações negativas em positivas. Caso prefiramos chamar essas tentativas de "psicologia", "terapia comportamental" ou outro termo psicologicamente orientado, devemos cuidar para não lhes atribuir uma condição secundária no processo. A terapia de significação não é um filho adotivo da medicina alopática. Seus efeitos são tão reais quanto os das drogas e intervenções cirúrgicas. Os estudos mencionados acima provam que remodelar significações pode suscitar boas respostas clínicas e até fazer a diferença entre vida e morte.

O Desafio da Significação

Os médicos de hoje — e digo isto como alguém que luta há duas décadas nas trincheiras da medicina interna — ouvem dizer que a medicina atual é excessivamente técnica, distante e fria; que não concedemos tempo bastante aos pacientes; que nos concentramos no corpo deles e evitamos perguntas sobre significação, deixando tais perguntas aos psicólogos, pastores e padres. Entretanto, a maioria dos médicos continua a confiar nos métodos físicos, que conhecem melhor, justificando essa atitude com as provas de que eles funcionam. Ora, se os métodos ortodoxos são tão eficazes — e às vezes, espetacularmente bem-sucedidos —, por que o público não se mostra mais grato? Por que o conluio para desmantelar a profissão e "conduzi-la" de modo diferente?

Boa parte da desilusão da sociedade com a medicina moderna reside na incapacidade, por parte dos profissionais, de reconhecer a importância da significação na vida e nos achaques dos seus pacientes. Se os médicos continuarem a minimizar ou a ignorar o papel da significação na saúde, vão perder cada vez mais a influência. A briga entre terapias convencionais e alternativas não ocorre apenas no âmbito da economia, eficácia, segurança e disponibilidade; envolve também a significação. Estamos descobrindo um fato doloroso: não importa quão tecnologicamente eficaz seja a medicina moderna, se não der um lugar à significação na doença, perderá a confiança daqueles a quem serve.

No futuro, quando os historiadores dissecarem nossa época, talvez se sintam perplexos ao descobrir que nós, na ciência, valorizamos tanto a "negação sistemática" do objetivo e do significado. Decerto, perguntarão por que preferimos ignorar as visões de pensadores como o físico David Bohm, segundo o qual "A significação é o ser", e C. G. Jung, que percebeu a importância dela e teve a coragem de falar a respeito: "A significação torna muitíssimas coisas duráveis — talvez tudo ... Pela criação de significação ... um novo cosmo surge". "Falta de significação equivale a doença."

Para que os profissionais de terapias alternativas cumpram sua promessa, terão de continuar enfatizando o papel da significação na saúde e na doença. Guardemo-nos da tentação de considerar a significação como a "nova penicilina" ou a mais recente e espetacular técnica cirúrgica, o que pode cheirar a utilitarismo. No afã de conquistar respeitabilidade, os profissionais da medicina alternativa se sentirão coagidos a minimizar ou denegrir expressões de consciência como a significação. Cumpre resistir a semelhante tentação, do contrário as terapias alternativas não merecerão mais que uma nota de rodapé na história. Muitas delas já negam a significação — não precisamos de mais.

Face aos numerosos estudos que confirmam o papel crucial da significação na medicina, nunca foi tão lícito abrir espaço para ela. Estaremos à altura desse desafio?

2

O que Aconteceu com os Curadores?

Médicos não são cavalos. É impossível domá-los.

CERVO MANCO,
curandeiro sioux

QUANDO COMECEI A EXPLORAR o mundo da medicina alternativa, há cerca de três décadas, percebi que deveria ampliar consideravelmente meu vocabulário caso quisesse me comunicar com os terapeutas. Por exemplo, utilizavam freqüentemente o termo *curador*, que não fazia parte do léxico das escolas de medicina. Na verdade, nem me lembro de que alguma vez haja sido pronunciado em minha faculdade. A expressão não me diz nada, acho-a mesmo esquisita. Caso meus colegas e eu fôssemos chamados de curadores, não saberíamos se isso era um elogio ou uma maldição. Estávamos sendo instruídos para nos tornarmos cirurgiões, clínicos e patologistas, nunca curadores.

Também notei que os terapeutas alternativos empregavam a palavra *cura* num sentido diferente do nosso. Aprendemos que a cura ocorre automaticamente em feridas e incisões, enquanto meus amigos da terapia alternativa acreditavam que ela tivesse algo a ver com a consciência. Além disso, distinguiam cura de restabelecimento, sugerindo misteriosamente que a "cura" pode ocorrer até mesmo na morte.

As coisas não mudaram muito desde o meu primeiro contato com essas idéias. O conceito de curador continua ausente do ensino médico, incluindo as escolas de enfermagem, odontologia e mesmo de terapia alternativa, e o termo *cura* ainda é empregado em sentido psicológico estrito.

O que aconteceu com os curadores? Será que simplesmente não existem mais? Não, decerto; todas as culturas parecem tê-los produzido em abundância. Continuam por aí, numerosos — jovens apaixonados, idealistas, cujo desejo de se envolver com curas é misterioso, forte e muitas vezes inexplicável. Apenas "sabem" que precisam tornar-se curadores e farão de tudo para atender a esse apelo. Atentos a um impulso profundo e primitivo, freqüentemente migram para as escolas de medicina, o caminho curativo que hoje conta com a mais festejada sanção social. Todavia, essa pode ser uma experiência penosa e sufocante para muitos deles porque as escolas de medicina têm, da natureza dos curadores e da cura, uma visão bem diferente daquela que os curadores de nascença perfilham. Deparamo-nos, pois, com um paradoxo: nossas faculdades de medicina, que de todas as instituições deveriam estar mais empenhadas em fomentar e desenvolver os talentos curativos naturais de jovens promissores, parecem antes dispostas a extingui-los!

A Carta

Sei disso porque os próprios jovens curadores me disseram. Durante anos, recebi cartas de estudantes de medicina de todo o país, a que acabei dando o nome de A Carta. A Carta sempre traz o selo da decepção ou do sofrimento de um aluno, geralmente do primeiro ano. Os jovens afirmam que sua vontade de tornar-se curadores está sendo sufocada. Muitos pedem informações sobre escolas de medicina capazes de alimentar seus instintos de cura, o que é, segundo afirmam, "o motivo pelo qual entrei na faculdade". Alguns sustentam que farão de tudo para transferir-se a uma escola dessas, caso a encontrem. A carta que se segue, escrita em junho de 1995 e cujo signatário tem seu nome omitido, é um exemplo disso:

> Caro Dr. Dossey:
>
> Logo estarei cursando o segundo ano. No fim do último semestre, comecei a perceber algumas das terríveis realidades da medicina atual e a questionar a decisão de tornar-me médico. Cheguei mesmo a considerar seriamente a possibilidade de deixar a escola. Aula após aula, ouvi professores e médicos secos falar apressadamente dos modos de esmagar seres humanos sob as fórmulas insensíveis da ciência. Ao mesmo tempo, vi alguns amigos do segundo ano ficar amargos e frios por causa do stress e perguntei-me se o mesmo não ocorreria comigo. Não estava certo de poder cultivar a alma num ambiente desses.
>
> Fui escolhido pelo professor de anatomia como candidato à bolsa dessa matéria, no curso de verão. Ruminei a oferta, mas por fim dei ouvidos à minha consciência e recusei a bolsa, pois precisava das férias para recuperar-me espi-

ritualmente e descobrir coisas novas. Essa decisão... bem, essa decisão me mergulhou num tumultuoso questionamento, enquanto minha alma forcejava por afirmar-se.

Há pouco, freqüentei um retiro de orações ecumênico. Uma paz profunda penetrou-me o espírito. No final do encontro, senti-me um pouco mais à vontade em meu papel de estudante de medicina. Como pessoa, estava no lugar certo.

Desde então, meus olhos se abriram. Vou aos poucos saindo de um período de escuridão, inquietude, incerteza e medo, que me dominou no último mês. Concluo que, ao invés de mudar para pior, posso de fato curar em pequena escala e melhorar as coisas. Percebo que o segredo consiste em alimentar em mim mesmo, com humildade, uma perspectiva de simplicidade e beleza.

Observadores tacanhos, que vêem a escola de medicina como um rito de passagem, têm pouca paciência com a espécie de queixas contidas na Carta. Declaram que semelhantes comentários são feitos por gente sem força de vontade, pessoas insatisfeitas que, para início de conversa, nem deveriam estar numa faculdade de medicina. O curso é difícil e deve sê-lo; quem não tem competência, não se matricule. Outros, inclusive médicos que suportaram o processo de adestramento, sentem que há algo de terrivelmente errado nesse adestramento. Eis, por exemplo, o que me escreveu Dennis Gersten, psiquiatra de San Diego:

> Minha classe apresentou uma taxa de mortalidade da ordem de 6%, para não falar da incidência de enfermidades, igualmente alta. Um colega, que ficara livre do melanoma por cinco anos, teve logo uma recaída durante o primeiro ano e morreu. Uma mulher se suicidou. Cerca de uma semana antes da graduação, houve diversos acidentes graves. O bote de um colega, que estava pescando no Alasca, virou e afundou. Outro colega pescava num rio fundo; escorregou, bateu com a cabeça numa pedra, desmaiou e foi arrastado pela corrente, afogando-se. Ao longo do curso de anatomia avançada, a incidência de enfermidades foi inacreditável. Os alunos adoeciam ou metiam-se em acidentes de automóvel.

Abuso Institucionalizado?

Os estudantes de medicina também deparam freqüentemente com abusos psicológicos e físicos. O problema vai além do excesso de trabalho e da privação de sono. Envolve agressões verbais, corporais, psicológicas, sexuais e raciais; diversas formas de intimidação e riscos médicos desnecessários. Numa grande faculdade de medicina, 80% dos veteranos relataram abusos durante o curso e mais de dois terços declararam pelo menos um episódio "de grande importância, muito constrangedor". Dezesseis por cento dos alunos pesquisados disseram que as ofensas "sempre os afetavam". Em outro estudo com alunos de terceiro ano, a percepção de tratamento inadequado (sobretudo verbal e "táticas injustas") era comum. Três quartos dos estudantes afirmaram ter-se tornado mais cínicos com respeito à vida acadêmica e à profissão médica, em virtude desses episódios. Dois terços achavam que eram piores que seus colegas de outras profissões. Mais de um terço queria abandonar a escola e um quarto teria escolhido outra carreira se soubesse de antemão que iria ser maltratado. Outro estudo sobre abuso contra estudantes de medicina revela que os efeitos das agressões não são nada triviais, mas estão associados a conseqüências psicopatológicas mensuráveis.

Esses problemas não se restringem aos Estados Unidos. A série televisiva da BBC, de 1998, intitulada *Doctors at Large*, revelou que os estudantes de medicina britânicos são constantemente ofendidos por seus professores. Por causa dessas pressões, de 18 a 25% dos médicos formados nunca exercem a profissão ou a abandonam logo depois de receber o diploma.

Como esperar que os estudantes de medicina se tornem profissionais compassivos quando são tão impiedosamente tratados durante o curso? Se alguém quisesse anular os instintos de cura e o idealismo que os alunos freqüentemente trazem para a faculdade de medicina, não conseguiria excogitar um método mais eficiente.

As conseqüências a longo prazo da experiência acadêmica podem envolver não só a saúde psicológica, mas também a física. Por quase trinta anos, a Dra. Caroline B. Thomas, da Faculdade de Medicina Johns Hopkins, aplicou testes psicológicos a todo aluno que ingressava na escola. Acompanhava o aluno durante o curso e, no final, examinava os resultados do teste para encontrar correlações entre os perfis psicológicos e as enfermidades que eles desenvolviam. Os achados foram inquietantes. Os estudantes cujos testes psicológicos mostravam que eles eram incapazes de externar seus sentimentos — aqueles que guardavam tudo para si — desenvolveram mais tarde câncer fatal dos mais variados tipos, numa incidência cada vez maior. As implicações são óbvias: as faculdades de medicina, em geral, estimulam o bloqueio de sentimentos — a atitude do "Posso agüentar", em que a pessoa nunca se queixa, por mais difícil que seja a situação — vinculado, no estudo de Thomas, ao possível desenvolvimento de um câncer.

Médicos para o Século XXI

À medida que a prática da medicina vai sendo reformulada, temos a oportunidade de lançar um olhar diferente para inúmeros conceitos e hábitos consagrados. Por exemplo, como identificaremos e incentivaremos, nos estudantes de medicina, a vontade de ser curador? Como tornar mais saudável a educação médica? Um dos mais admiráveis documentos sobre a maneira vigente de selecionar e adestrar estudantes é o relatório "Médicos para o Século XXI", encomendado pela Associação das Faculdades de Medicina Americanas. Publicado em 1984, permanece atual. Seguem-se alguns trechos do relatório:

- Não tencionamos invocar a hipérbole histérica da crise nem impugnar a alta qualidade de algumas reformas que estão sendo implementadas. No entanto, percebemos uma crescente erosão da educação geral dos médicos, erosão que não foi eliminada e está aumentando. Detectamos pressões constantes, que devemos combater com vigor e determinação, a fim de evitar danos graves e irreversíveis.
- Todo estudante deve aprender a ser dedicado, compassivo e solidário para com seus pacientes. ... A sensibilidade ética e a integridade moral, aliadas à equanimidade, à humildade e ao autoconhecimento, são predicados quintessenciais de todos os médicos.
- Os estudantes são induzidos a supor que sua educação depende de memorizar o máximo de informação possível. Em conseqüência, não têm uma idéia clara das habilidades, dos valores e das atitudes realmente importantes. ... As faculdades de medicina precisam limitar a quantidade de informação factual que o aluno tem de memorizar.
- A prioridade que a maioria das faculdades de medicina dá à pesquisa, ao tratamento dos pacientes e ao adestramento de residentes e graduados milita contra a educação dos estudantes.
- Os objetivos tradicionais da educação universitária — aprimorar os dons críticos e analíticos, bem como investigar as variedades da experiência do homem por meio de estudos equilibrados das ciências sociais, naturais e humanas — foram deslocados ... pela preocupação dos estudantes com o que supõem ter de fazer para ingressar numa escola de medicina. Uma síndrome pré-médica ... é freqüentemente descrita. Os alunos que exibem essa síndrome fazem curso após curso em ciência, mas evitam estudos avançados em humanidades e outros campos não-científicos. ... Quando se formam, já não se lembram dos desafios intelectuais e recompensas que esses estudos poderiam lhes proporcionar.

Numa passagem reveladora, os autores citam um relatório de 1932, publicado pela Comissão das Faculdades de Medicina Americanas para a Educação Médica, que reconhece haver algo de intangível no adestramento de um curador, algo que não se pode conseguir reformulando currículos ou embaralhando cartas velhas:

> O curso médico não produz médicos. Só é capaz de propiciar ao aluno a oportunidade de adquirir um conhecimento elementar das ciências médicas e de sua aplicação a problemas de saúde, proficiência nos métodos e espírito da

pesquisa científica, e inspiração e perspectiva oriundas da associação com aqueles que se devotam à educação, pesquisa e prática. A medicina tem de ser aprendida pelo aluno, pois apenas uma fração dela é ensinada na faculdade. Esta dá a contribuição essencial da orientação, inspiração e liderança no aprendizado. O aluno e o professor, não o currículo, são os elementos essenciais no programa educativo.

Como se Tornar um Curador: Transformação

A antipatia de nossa profissão pelos curadores, curas e forças curativas é uma aberração histórica. Durante cinco mil anos, xamãs e curandeiros de todos os tipos acreditaram possuir o poder de curar e estar destinados a essa missão — crença partilhada por suas culturas. Essa mesma tendência incipiente jaz em estado de latência em muitos estudantes de medicina, impelindo-os para a profissão. Aprender a utilizar realmente esse poder nunca foi considerado mero exercício do intelecto, como o é hoje. Tornar-se curador exigia o concurso de todos os aspectos do ser — processo vividamente captado nas palavras de um xamã esquimó:

> Eu desejava ardentemente ser um xamã para ajudar meus semelhantes. Mas não o conseguia. Procurei diversos xamãs famosos e dei-lhes muitos presentes ... Busquei a solidão e tornei-me muito melancólico. Às vezes chorava, sentindo-me infeliz sem saber por quê. Então, sem razão alguma, tudo mudou de repente. Uma enorme, inexplicável alegria me dominou, tão intensa que não consegui refreá-la e pus-me a cantar uma canção grandiosa, em que só havia lugar para uma palavra: alegria, alegria! Tinha de empregar toda a força de minha voz. Foi em meio a essa crise de misterioso e esmagador deleite que me tornei um xamã, embora ignorasse como aquilo acontecera. Mas era um xamã, pois conseguia ver e ouvir de um modo inteiramente novo. Obtivera meu *qaumanEq*, minha iluminação, a luz xamânica do cérebro e do corpo — e isso a tal ponto que eu não apenas podia ver através das sombras da vida como essa mesma luz emanava de mim, imperceptível para os seres humanos, mas visível para todos os espíritos da terra, do céu e do mar. Estes vieram até mim e se fizeram meus espíritos-guias.

Se uma única palavra pudesse descrever o processo de tornar-se um xamã, essa palavra seria *transformação*. As experiências transformadoras comunicadas pelo xamã esquimó fariam um psiquiatra moderno estremecer. Muitos professores de faculdade, encarregados da educação de alunos de medicina, considerariam semelhantes experiências bizarras e patológicas. Se um estudante relatasse uma transformação dessas, teria com certeza uma consulta marcada no departamento de psiquiatria.

Curadores ou Frankensteins?

Na educação médica moderna, a "transformação" foi suplantada pela "informação". O resultado são as contrafações: médicos que não conseguem curar e consideram o "poder curador" um anacronismo exótico.

Hipérbole? Vejamos as seguintes observações num ensaio instigante, "A Educação Médica Americana Criou um Frankenstein?", publicado no *American Journal of Medicine*:

> O grupo atual de médicos recém-formados é constituído, em geral, de profissionais insensíveis, que não se relacionam bem com os pacientes, carecem de conhecimento médico básico e não sabem fazer diagnósticos, pouco se importando com o impacto da medicina na sociedade. ... Além disso, nem todos os médicos novos parecem estar emocional ou intelectualmente satisfeitos com sua profissão ... O atual processo de adestramento acelerado muitas vezes toma jovens brilhantes, criativos, ansiosos por ajudar seus semelhantes e transforma-os em criaturas frias, distantes, já sem os antigos ideais com relação à prática da medicina ... Essa educação produz, assim, médicos com qualidades diametralmente opostas àquelas em que ela alega acreditar.

De vez em quando, uma crise de consciência faz pressentir que alguma coisa está errada, seguindo-se recomendações para que os médicos ajam de modo diferente. Essas sugestões são às vezes cômicas, como a proposta do *Lancet* de que os médicos e estudantes de medicina tomem aulas de teatro. Isso os capacitaria a fingir que se interessam pelos pacientes, que têm simpatia por eles... Há também uns vislumbres ocasionais de que os resultados clínicos apontam para algo mais que algoritmos e objetividade. Num estudo controlado, envolvendo indigentes que procuravam o pronto-socorro, descobriu-se que aqueles que eram deliberadamente tratados com compaixão e carinho — qualidades endossadas por todo curador autêntico — reduziam suas visitas e mostravam maior satisfação com a terapia.

Informação não é Transformação

Ao perceber que algo está errado na educação dos médicos, as escolas em geral respondem proporcionando aos alunos mais informação ou informação com enfoque ligeiramente diferente: cursos (quase sempre optativos) de ética médica, humanidades médicas ou história da medicina. No entanto, essa estratégia muitas vezes não faz diferença alguma porque a informação é confundida com transformação. Os jovens protocuradores não estão famintos de fatos novos, mas de experiências que os ajudem a contatar aqueles profundos impulsos psicológicos e espirituais manifestados ao longo da história como devoção às artes da cura.

A abordagem informacional, para solucionar os problemas da educação médica, é imensamente sedutora. Mas pode também ser fatal. Como diz Neil Postman, catedrático do Departamento de Cultura e Comunicações da Universidade de Nova York, nós criamos

> um problema novo e nunca visto: informação indigesta, informação incoerente, informação sem sentido. ... Transformamos a informação numa espécie de lixo, e nós próprios em lixeiros. Tal qual o aprendiz de feiticeiro, estamos atolados em informação sem sequer uma vassoura para nos ajudar a sair dela. A informação chega ... em alta velocidade, carente de importância e significado. E não há como fazer dela um tecido coerente. Não existem narrativas transcendentais que nos proporcionem orientação moral, finalidade social, economia intelectual. Nenhuma história nos conta o que precisamos saber ou ignorar.

Se nossas faculdades de medicina quiserem continuar a produzir médicos, terão de enfatizar a transformação da vida interior dos alunos que se confiaram ao processo educacional. Postman sugere: "Precisaremos consultar nossos poetas, dramaturgos, artistas, humoristas, teólogos e filósofos, os únicos capazes de criar ou restaurar as metáforas e contos que dão sentido ao nosso trabalho, conteúdo à nossa história, clareza ao presente e direção ao futuro".

"Transformação" é um projeto formidável, cuja magnitude não devemos subestimar. "Estamos pedindo a um jovem médico que se torne um velho sábio em quatro anos de faculdade. É muito", dizia a falecida bióloga molecular e pesquisadora do câncer, Helene Smith, para quem uma infusão de conhecimento xamânico na medicina moderna era uma boa coisa. Mas tornar-se um curador sábio sempre foi difícil e demorado, mesmo para os xamãs. Na verdade, nem era certo que o xamã sobreviveria: o processo de transformação às vezes acabava em morte.

Não estou insinuando que nossas escolas de medicina fracassam por completo em sua missão. Curadores autênticos saem delas, embora em número menor que o desejável, e freqüentemente a despeito do processo educativo, não em virtude dele. Também não afirmo que as falhas apontadas se devam unicamente às escolas. Estas refletem os valores da sociedade em que se inserem; se algo lhes falta, o problema usualmente pode ser identificado também na sociedade como um todo. Na raiz disso está o fato de que nós, como cultura, voltamos coletivamente as costas à arte de curar. Não nos iludamos, estamos juntos na mesma esparrela, hipnotizados pela abordagem física da saúde e da doença, embasbacados pelas promessas que a tecnologia faz de endireitar todas as mazelas do corpo. Nesse cenário, os curadores e a cura foram postos de lado e quase esquecidos — e nós pagamos o preço. Ignorando o papel da consciência, da alma, do espírito e da significação — itens imprescindíveis no arsenal do verdadeiro curador —, engendramos um mal-estar que afeta não apenas a profissão médica, mas a sociedade inteira. Entre as baixas, contam-se não apenas os curadores e a cura, mas também a alma e o espírito de uma cultura.

"Pela Esperança de Sabedoria"

Esse tipo de observação é muitas vezes descartado como excessivamente pessimista. Aqueles que continuam a depositar fé cega na ciência e na tecnologia dizem que precisamos de mais ciência física, não de menos. Talvez. Mas mesmo esses estão preocupados. É bastante típica a seguinte passagem de *The Medusa and the Snail* [A Medusa e o Caracol], do falecido médico e escritor Lewis Thomas, tido há algum tempo como o médico mais acatado da América. Aqui, Thomas ressalta o que perdemos e o que devemos recuperar não apenas em medicina, mas também na nossa sociedade como um todo.

> Estes deveriam ser os melhores tempos para a mente humana, mas não são. Tudo parece dar errado e o século vai escorrendo por nossos dedos sem cumprir praticamente nenhuma de suas promessas. Não sei quais sejam as causas de nossa melancolia cultural, nem mesmo as mais importantes, mas conheço algo que é ruim para nós e nos corrói: não sabemos o suficiente sobre nós mesmos. Ignoramos o que fazemos, o lugar a que pertencemos e, acima de tudo, escapa-nos o gigantesco e imponderável sistema de vida no qual estamos encaixados como peças funcionais. Não entendemos nem um pouco a natureza. Sem dúvida percorremos um longo caminho; porém, só o suficiente para tomar consciência da nossa ignorância. Não é muito ruim ser completamente ignorante; o pior é estar a meio caminho do conhecimento verdadeiro, longe demais para perceber que se é ignorante. Coisa embaraçosa e deprimente, uma de nossas tribulações hoje em dia!
>
> Trata-se de uma experiência nova para nós. Há apenas dois séculos, podíamos explicar tudo sobre tudo com base unicamente na razão — e agora grande parte dessa harmoniosa e complexa estrutura rachou diante de nossos olhos. Estamos desorientados.
>
> Esse é, em certo sentido, um problema de saúde. Pois, enquanto formos atormentados pelo mistério de nós mesmos, confundidos pela estranheza de nossa desagradável conexão com as outras formas de vida e inquietados pela inescrutabilidade da nossa própria mente, não poderemos ser considerados animais saudáveis no mundo atual.
>
> Precisamos saber mais. Entender isso foi a única coisa que nosso século aparentemente ilógico conseguiu. Aprendemos a fazer perguntas importantes e agora necessitamos com urgência, a bem da civilização, de algumas respos-

tas. Sabemos já que tal é impossível pela investigação da mente, pois não há ali muita coisa a investigar, e que não alcançaremos a verdade às apalpadelas ou inventando histórias. Não podemos parar onde estamos, satisfeitos com o nível atual de compreensão, nem recuar. Ignoro se temos nisso alguma opção, pois só vejo um caminho pela frente. Precisamos de ciência, ciência melhor e mais abundante, não pela tecnologia, não pelo lazer, nem sequer pela saúde ou a longevidade, mas pela esperança de sabedoria que nossa cultura tem de adquirir para sobreviver.

Qual é a Saída?

Curadores jovens, que ouvem sua vocação para a medicina e se desencantam com a faculdade, são muitas vezes gravemente afetados pelo mal-estar a que Thomas alude. Qual canto de pássaro matutino, funcionam como um sistema de alarme que nos avisa dos efeitos deletérios da nossa perspectiva, não apenas da saúde, mas da própria realidade. Tacitamente, clamam por nada menos que uma mundivisão diferente, uma alternativa ao quadro da realidade exibido nas escolas de medicina.

Que mundivisão é essa? Ouçamos o ensaísta Thomas Kelting:

> O modelo mais satisfatório e bem-sucedido ... seria aquele que atendesse, concomitantemente, às nossas três categorias mais amplas de necessidade: prática, teórica e espiritual. A necessidade prática inclui o desejo de predizer e moldar o mundo ... A necessidade teórica consiste em tornar a realidade acessível ao nosso tipo de intelecto: preferimos descrições em que o universo é visto como uma esfera fenomênica coerente, cognitivamente apreensível, a descrições em que tudo parece o contrário disso. A necessidade espiritual vai muito além da exigência de coerência e precisão racional por parte do intelecto, envolvendo nosso anseio de encontrar uma ligação significativa entre nós mesmos e os outros seres. Acalentamos um senso de objetivo, destino e valor, fundamentado não apenas em nós, mas também na natureza mais vasta das coisas. Também buscamos consolo e amor, não só com os semelhantes, mas com o reino inteiro do ser.

A mundivisão preceituada pela educação médica tende a ser "assimétrica e desigual", diz Kelting. "Ignoramos as exigências espirituais e procuramos [exclusivamente] modelos de realidade que nos permitam manipular com êxito a natureza." Fora do ambiente escolar, com freqüência nos voltamos para o outro extremo:

> Avançamos espiritualmente no vácuo, como se não houvesse lugar para o prosaico universo físico, com suas regularidades fáceis de descobrir, numa visão de mundo espiritual. Ora, a espiritualidade não deve ser alimentada pelo de-

sejo de ignorar as lições do intelecto discursivo, segundo as quais há embaraços com que precisamos conviver. Quanto à preocupação com a realidade física e seu exame, tarefa para a qual o intelecto discursivo parece tão bem-talhado, não deve transformar-se no materialismo obsessivo e espiritualmente coercitivo que está sufocando a sociedade ocidental.

Deveríamos ser gratos aos jovens curadores que tão penosamente enfrentam o ambiente escolar médico. Eles esclarecem a situação esquizofrênica em que mergulhamos como sociedade, com suas divisões entre os aspectos práticos, teóricos e espirituais de nossa visão de mundo — e convidam-nos a anular essas compartimentações.

Hoje, há indícios de que a educação médica está finalmente tomando uma direção mais humana. Consideremos, por exemplo, a mudança que vem ocorrendo com respeito às questões de espiritualidade. A evidência de que fatores espirituais — um senso de significação, objetivo, valores, bem como a prática religiosa — são importantes para a saúde e a doença aumenta cada vez mais. O epidemiologista Jeffrey S. Levin, autor de *God, Faith, and Health* [Deus, Fé e Saúde], que cunhou a expressão *epidemiologia da religião*, escreveu-me: "Esse conjunto de obras [estudos sobre religião e saúde], posso dizê-lo com franqueza, tem conseqüências importantíssimas para a defesa da religião e meus próprios trabalhos empíricos confirmam isso". Levin é apenas um dos muitos pesquisadores que investigam os efeitos (em sentido lato) da abordagem espiritual da vida. Uma década atrás, essa informação era praticamente ignorada pelas 125 escolas de medicina do país. Hoje, porém, cerca de oitenta delas oferecem cursos ou séries de palestras que enfatizam as conexões entre espiritualidade e saúde.

Curadores Feridos

Quirão, o centauro da mitologia grega que ensinava a arte de curar, foi ferido por uma flecha envenenada. Embora extraísse a haste, não conseguiu remover o veneno, que carregou para sempre no corpo. Quirão, imortal que era, nem podia morrer nem ficar inteiramente saudável. É o típico curador ferido, aquele que, paradoxalmente, cura e precisa ser curado.

Estamos todos feridos: curadores, escolas médicas e a cultura que os produz. Seremos capazes de extrair a flecha? Poderemos nos livrar ao menos de parte do veneno?

O ecologista Paul Ehrlich observa: "A primeira regra do remendo inteligente é salvar todas as partes". Nossas escolas médicas remendaram jovens curadores durante gerações. Acredito que tenham salvado as partes — visão, alma e espírito em medicina na verdade nunca morreram realmente — e que estão cobrando coragem para juntá-las de novo num todo que lembre um curador.

A pesquisadora Helene Smith tem uma visão esperançosa da capacidade da medicina de enfrentar tais desafios. "A instituição médica, de fato, está mais apta a mudar que muitas outras", diz ela. "Se tomarmos, por exemplo, a educação e a religião, com que velocidade elas se transformam? Os médicos, por mais conservadores que pareçam, encontram-se realmente na vanguarda das mudanças rápidas."

Se nossas faculdades quiserem produzir médicos, têm primeiro de parar de destruí-los. Isso implica reduzir ou eliminar as muitas maneiras pelas quais a experiência médico-acadêmica se tornou desumana. Um passo significativo nessa direção é o Health Awareness Workshop para alunos de primeiro ano de medicina, disponível desde 1981 na Universidade de Louisville. O curso foi elaborado pelo Dr. Joel Elkes, professor emérito de psiquiatria, e pela Dra. Leah J. Dickstein, professora do Departamento de Psiquiatria e Ciências Comportamentais, além de diretora associada dos corpos docente e discente.

O Health Awareness Workshop, afirmam Dickstein e Elkes, baseia-se na constatação de que "o estudante de medicina é uma pessoa em perigo", "boa parte desse perigo pode ser evitada" e "para cuidar dos outros, o melhor é começar por cuidar de si mesmo". Esse curso de quatro dias é oferecido aos alunos antes que se matriculem e iniciem os estudos. Embora não seja obrigatório, mais de 90% dos calouros o freqüentam. Os tópicos incluem: modo de vida como fator de doença e incapacidade; psicobiologia da adaptação humana, stress e resposta ao stress; fisiologia da nutrição, exercício e relaxamento; psicologia da administração do tempo e capacidade de estudo; o dom de ouvir e relacionar-se; abuso de drogas e deterioração do médico; questões de gênero em medicina e introduções sobre ética médica e lugar da crença na cura. Além da apresentação didática dos dados científicos, incluem-se no seminário uma abordagem experimental, participativa e "alegre" ao ensino, pelo envolvimento com música, arte, dramaturgia, cinema, canto e dança; um "piquenique nutricional" e um jantar com *pizza*; exercícios aeróbicos, *softball* e "corrida maluca" — além de um cruzeiro pelo rio no barco *Belle of Louisville*. Os alunos chegam a aprender a história da cidade de Louisville na Faculdade de Medicina da universidade local.

Os segundanistas oferecem-se para ser "tutores de saúde" de grupos de dezesseis calouros. Partilham suas ansiedades, ajudam-nos nas lições e servem até de cozinheiros, preparando para os recém-chegados refeições saudáveis. O corpo docente, usualmente escolhido pelos segundanistas, desempenha papel similar. Há também seminários para as esposas, os filhos e as pessoas ligadas aos novos alunos. Em resultado, forma-se uma rede social entre os estudantes, e entre os estudantes e os professores. Assim, a mensagem passada pela faculdade de medicina aos calouros é clara e inequívoca: nós nos preocupamos com você — com seu bem-estar físico, psicológico e espiritual — e tudo faremos para ajudá-lo a tornar-se um hábil profissional e um ser humano realizado.

Mas, em nosso afã de mudanças, não nos enganemos. Seria um erro achar que existe uma fórmula para criar curadores. Nunca existiu. Tornar-se um curador continua sendo um processo absolutamente misterioso, não-sujeito a manipulação e controle, como se viu pela experiência do xamã esquimó e pelas palavras com que Cervo Manco, o curandeiro sioux, abriu este capítulo. Recordemos também o relatório de 1932 da Comissão para a Educação Médica: "O curso médico não produz médicos". Nem curadores.

Malcolm Muggeridge certa vez traçou uma distinção entre buscas de primeira e segunda classe. "Só é possível ser bem-sucedido em buscas de segunda classe, como tornar-se um milionário ou primeiro-ministro, vencer uma guerra, conquistar beldades, voar pela estratosfera ou pousar na lua", disse ele. Mas buscas de primeira classe, "que envolvem, como convém, tentar compreender a vida e transmitir essa compreensão", são muito mais difíceis. Tornar-se um curador é uma busca de primeira classe, extremamente árdua. Portanto, não atribuamos às nossas escolas de medicina responsabilidades que elas não são capazes de assumir, como engendrar curadores sob encomenda. Ao contrário, esperemos que amanhem o solo onde a cura possa florescer e de onde os curadores possam brotar.

A Carta Revisitada

Às vezes, imagino receber A Carta de um futuro estudante de medicina. Como será ela? Eis minha sugestão e minha esperança:

Caro Dr. Dossey:

Em dois meses completarei meu período de residência. Permita-me contar-lhe como foram os últimos anos.

Até onde posso lembrar-me, sempre quis ser um curador. Isso é inexplicável, pois ninguém em minha família jamais se envolvera com a medicina. Persisti na vocação durante o curso secundário, mas só quando entrei para a faculdade é que minha intuição se confirmou. Esperava ser esmagado por informações e tarefas estafantes, mas o que encontrei foi sabedoria e inspiração. Pela primeira vez na vida, conheci verdadeiros curadores — mestres que, curso após curso, pareciam uma combinação de médicos, cientistas, mentores e xamãs. Eles sabiam que a cura é um apelo especial e respeitavam o impulso que eu sempre sentira. Graças a seu incansável apoio, minha visão nunca foi mais clara.

A escola de medicina é uma empresa difícil; eu esperava e queria que ela fosse assim. E foi também transformadora. Percebi ter despertado para algo imensamente valioso e sei que essa percepção continuará a florescer pelo resto de minha vida.

Um dia, para grande surpresa de meu professor favorito, chamei-o de "Sábio Guia". Ele sorriu condescendentemente e disse-me que minha tarefa, doravante, seria transmitir o conhecimento, tal qual o recebera, a outros curadores. Isso me deixou eletrizado! Ele me aceitava como seu colega e acolhia-me no grêmio invisível dos curadores, que funciona desde a antiguidade até nossos dias.

Sinto-me abençoado por ter concluído o curso de medicina. Foi uma experiência espiritual e fiz questão de comunicá-la ao senhor.

3

Sofrimento no Trabalho

NAVEGAR PELA INTERNET É COISA MUITO POPULAR hoje em dia, mas confesso que prefiro um prazer mais simples: navegar por meu velho dicionário de capa vermelha, mover páginas, escanear etimologias. Numa recente excursão pelo *Webster's New World Dictionary*, as palavras homônimas *job* (trabalho) e *Job* (Jó) chamaram minha atenção. Estariam relacionadas? A origem de *job*, conforme descobri, é obscura. Uma das acepções do termo é "aquilo que se tem a fazer; tarefa; serviço; dever". Isso implica que o trabalho é desagradável: fazemo-lo contra a vontade e ele exibe um aspecto de sofrimento. Quanto ao nome bíblico Jó, é de origem grega e hebraica, definindo-se como "homem que sofre muito".

Não passará isso de mera coincidência lingüística — o trabalho como um tipo de sofrimento e Jó como um modelo de sofredor? Em todo caso, milhões de trabalhadores são como Jó: sofredores resignados, presos a empregos que detestam, mas dos quais não conseguem escapar. Muitos persistem neles porque *acham* que todo trabalho é aborrecido. Concordam com Mark Twain, que escreveu nas *Aventuras de Tom Sawyer*: "O trabalho consiste naquilo que o corpo é obrigado a fazer. ... O lazer, naquilo que o corpo não é obrigado a fazer".

Trabalho e Sofrimento

Não faz muito, as conexões entre trabalho e sofrimento eram ponto pacífico. Lesões e morte passavam por conseqüências comuns do trabalho. Consideremos o caso das minas. Na região do antracito, na Pensilvânia, durante o período que se seguiu à Guerra de Secessão, de 1,5 a 3% dos mineiros sofriam ferimentos graves ou morriam todos os anos. Na era do vapor, as explosões e incêndios eram acasos esperados no local de trabalho. Correias, roldanas e alavancas regularmente aleijavam ou matavam operários. E ninguém se surpreendia.

Os sofrimentos no trabalho e a epidemia de tragédias a ele relacionadas não arrefeceram nosso entusiasmo nacional pelo progresso, no fim do século XIX e início do século XX. Como afirma o historiador Edward Tenner em seu excelente livro *Why Things Bite Back: Technology and the Revenge of Unintended Consequences* [Por que as Coisas Dão o Troco: Tecnologia e Vingança das Conseqüências Indesejáveis], "Os americanos, de 1880 a 1929, mostraram-se provavelmente mais otimistas com relação à transformação elétrica, mecânica e química da sociedade do que qualquer outro povo em qualquer época. Nem o naufrágio do *Titanic* em 1912 nem as devastações da Primeira Guerra Mundial puderam abalar sua confiança".

O Surgimento do *Bug*

Os problemas de trabalho que nossos antepassados enfrentavam eram, em certo sentido, muito simples. Explosões de caldeiras, naufrágios de transatlânticos e soterramentos de minas eram catástrofes notórias e em larga escala; as pessoas quase sempre podiam determinar o que saíra errado e, com esforço e planejamento, evitar problemas parecidos. Mas nos últimos anos do século XIX, um novo tipo de contratempo no local de trabalho começou a ser observado. A nova fonte de sofrimento para o operário era invisível, imprevisível e portanto sinistra: o *bug* ("inseto").

O conceito de *bug* — "malfuncionamento perverso e impalpável do *hardware* e mais tarde do *software*", como o definiu Tenner — era um item aceito no jargão da indústria dos anos 1870. Thomas Alva Edison, o inventor americano, menciona-o numa descrição (1878) de seu método criativo e inventivo: "O primeiro passo é uma intuição, que vem de um jato; depois, surgem as dificuldades — uma coisa não funciona, em seguida outra. Os *bugs*, como são chamados esses pequenos defeitos e problemas, mostram-se então, de sorte que meses de intensa observação, estudo e labuta são necessários antes de se alcançar o sucesso — ou o fracasso — comercial". Segundo Tenner, o termo *bug* parece ter-se originado dos telégrafos. Na época em que Edison citou a palavra, a Western Union possuía mais de doze mil estações e a sujeira que muitas vezes se acumulava nelas pode ter inspirado o termo. Conhecem-se casos em que a metáfora do *bug* parece ter se concretizado — como em 1945, quando uma mariposa escondida num relé provocou a queima da calculadora eletroquímica Mark II, operada pela Marinha em Harvard.

Resistencialismo

Os *bugs* são considerados, pela maioria das pessoas, como imperfeições aleatórias ou acidentais. De vez em quando, porém, um quadro diferente é sugerido: a idéia segundo a qual as coisas existentes no ambiente de trabalho, como máquinas, computadores e *software*, talvez não sejam tão inanimadas quanto pensamos e podem rebelar-se contra a sujeição que lhes impingimos. O ensaísta inglês Paul Jennings (1918-1989) chamou a isso "resistencialismo", correlacionando-o "ao que as Coisas pensam dos homens". Não raro, elas contra-atacam. Diz Jennings: "O crescente domínio [ilusório] do homem sobre as Coisas foi posto em xeque ... pela hostilidade (e a força) cada vez maiores das Coisas arregimentadas contra ele".

Se o resistencialismo é real, os operários lembram conquistadores ocupando um país estrangeiro. Devem estar sempre alerta, pois nunca sabem quando as máquinas subjugadas e escravizadas se revoltarão. Serão os *bugs* de computador uma tática guerrilheira, o equivalente eletrônico das minas e emboscadas?

É lícito perguntar: quem domina quem na fábrica? Quem são os escravos e os senhores? Nós controlamos o trabalho ou o trabalho nos controla? Um número crescente de pessoas está mourejando em períodos maiores, às vezes em mais de um emprego, para sobreviver. Será isso a vingança final das Coisas que usamos — assoberbando-nos de tarefas e criando a ilusão de que dirigimos o espetáculo? Estará aí o motivo por trás da Lei de Parkinson, "O trabalho se dilata para preencher o tempo disponível para sua execução"?

Independentemente de sua origem, os *bugs* são uma fonte incontestável de sofrimento para o trabalhador moderno. A proteção contra eles exige perpétua vigilância, preço aliás pago por todo conquistador. Os funcionários de seções automatizadas precisam constantemente gravar arquivos, defender-se de vírus de *software* e estocar informação *off-site*. Essas novas fontes de sofrimento afetam não apenas funcionários de empresas, mas quem quer que dependa de um computador. Tenho inúmeros amigos, escritores profissionais, que padeceram terrivelmente por causa de sua dependência desse equipamento. Uma amiga vive às voltas com um pesadelo recorrente, no qual não consegue localizar o texto de seu próximo livro no menu do computador. Como um viajante perdido, fica desesperada, entra em pânico e acorda banhada em suor — uma espécie de "crise resistencial". Outra amiga viu seu primeiro romance evaporar-se depois de um pique de energia, por ocasião de uma tempestade elétrica: ela se esquecera de gravá-lo em disquete. Um homem perdeu anos de trabalho quando um incêndio destruiu sua casa, inclusive computador, disquetes e placas sobressalentes. Quando ouço essas histórias, coloco-me no lugar das vítimas. Eu próprio um viciado em computador, estou sujeito ao mesmo sofrimento que eles e lamento-os.

Isolamento no Ambiente de Trabalho

Muitos dos aborrecimentos descritos pelos trabalhadores modernos estão decerto relacionados à crescente sensação de isolamento que experimentam no ambiente de trabalho automatizado. “Nos últimos trinta anos, o escritório pode ter ficado mais silencioso, mas ficou também mais tenso e solitário”, diz Tenner. Paradoxalmente, os funcionários se sentem à margem, repelidos pelas próprias ferramentas que os ligam eletronicamente entre si.

No livro *In the Age of the Smart Machine* [Na Era da Máquina Inteligente], a psicóloga social Shoshana Zuboff avalia o preço que os empregados pagam por distanciar-se uns dos outros no ambiente de trabalho:

> Automação significa que empregos em que outrora eles usavam a presença corporal a serviço de trocas interpessoais e colaboração agora exigem sua presença física a serviço do convívio com a máquina. Tarefas que antes requeriam suas vozes agora ordenam que fiquem calados. ... Foram deserdados do processo administrativo e impelidos para os confins de seu espaço corpóreo individual. Em conseqüência, os funcionários mergulham cada vez mais nas sensações imediatas de desconforto físico.

Para um dos entrevistados de Zuboff, o trabalho é uma combinação de doença e escravidão: “Não se conversa, não se olha, não se anda. Tenho uma mordaça na boca, uma venda nos olhos, algemas nos pulsos. Devido à radiação [da tela do computador], meus cabelos caíram. A única maneira de cumprir as metas de produção é perder a liberdade”.

Isso lembra uma observação de Einstein feita em 1950: “Se A é o sucesso na vida, então A é igual a x mais y vezes z. O trabalho é x; y é o lazer e z é a boca fechada”.

Quando o “enxugamento” de empresas se tornou moda, a solidão no trabalho assumiu outra forma — aquilo que se chamou “culpa de sobrevivente”. Trata-se da auto-recriminação por *não* ter sido despedido. Os sobreviventes culpados tentam em vão rejubilar-se por sua boa sorte: não conseguem deixar de preocupar-se com os colegas que foram para o olho da rua. Mas não se sentem apenas isolados por causa do menor número de funcionários com quem relacionar-se: seu senso de culpa ergue também uma barreira de estranhamento entre eles e os colegas e antigos amigos despedidos. Quando os sobreviventes culpados acrescentam a isso o medo de serem os próximos a subir para o patíbulo, seu instinto de defesa e seu senso de solidão podem tornar-se opressivos.

Um Problema de Todos os Colarinhos

A solidão no trabalho faz parte do problema mais amplo do stress profissional, que não se limita a ocupações específicas. Trabalhadores de colarinho branco ou azul estão igualmente envolvidos. Quando pesquisadores britânicos da Universidade de Manchester avaliaram as taxas de stress profissional levando em conta fatores como salário, controle das atividades, ambiente físico e moléstias relacionadas ao stress, descobriram que mineiros, policiais, agentes carcerários e operários da construção civil ocupavam as funções mais opressivas. Completando a lista, em ordem decrescente de stress profissional, estavam pilotos de avião, jornalistas, executivos de publicidade, dentistas, atores, enfermeiros, bombeiros, professores, assistentes sociais, motoristas de ônibus e funcionários de correio.

O problema do sofrimento no trabalho é, além de tudo, universal. A Organização Internacional do Trabalho, órgão das Nações Unidas, afirma que o stress profissional está se transformando, no mundo inteiro, em verdadeira epidemia. "Recepcionistas na Suécia, professores no Japão, agentes postais na América, motoristas de ônibus na Europa e operários de linha de montagem em toda parte já estão revelando sinais de stress profissional", observou um relatório da OIT em 1993.

Os japoneses estão entre os mais alarmados. Chegaram a cunhar um termo para a morte provocada por excesso de trabalho: *karoshi*. Segundo uma pesquisa, 40% de todos os trabalhadores japoneses temem, literalmente, trabalhar até morrer. E têm boas razões para preocupar-se: produzem 10% das exportações mundiais com apenas 2% da população do mundo. Advogados que representam as famílias das vítimas do *karoshi* estimam que de dez a trinta mil trabalhadores japoneses morrem de estafa todos os anos. Essas famílias têm lutado pelo reconhecimento jurídico da condição e linhas telefônicas especiais foram instaladas na maioria das grandes cidades japonesas, para ajudar a alcançar tal objetivo.

A Síndrome de Sísifo

Uma das piores formas de solidão no trabalho é estar preso a uma tarefa estressante, repetitiva, que não só isola o funcionário dos colegas como priva-o da liberdade de tomar decisões. Os pesquisadores sugeriram o termo *reação de Sísifo* para essa situação. O problema foi descrito há mais de sessenta anos. O padrão é o de uma pessoa dedicada e esforçada, que luta contra os obstáculos, mas sem se realizar ou ficar satisfeita. (Na mitologia grega, Sísifo, rei de Corinto, foi condenado no Hades a empurrar uma pedra enorme morro acima — só para vê-la rolar de novo, obrigando-o a repetir a tarefa incessantemente, sem jamais lograr êxito.) A síndrome de Sísifo só difere do padrão de comportamento tipo A por causa da ausência de realização emocional.

Não faltam evidências clínicas para a síndrome de Sísifo. Durante anos, diversos pesquisadores desenvolveram o conceito de "tensão profissional", definida como fortes exigências psicológicas e pouca oportunidade de tomar decisões no emprego. O conceito de tensão profissional incorpora o "esforço sem alegria" do mito de Sísifo. Os pesquisadores Peter L. Schnall e Robert Karasek, da Universidade Cornell, demonstraram juntamente com seus colegas que a tensão profissional não é apenas de natureza psicológica. Está associada ao aumento da pressão sanguínea diastólica durante as horas de trabalho, bem como ao da massa da principal câmara de bombeamento do coração, o ventrículo esquerdo.

Não surpreende, assim, que quem trabalha sob forte tensão apresente maior incidência de enfarte do miocárdio. Esses empregos, além do mais, são funções caracterizadas por tremendas exigências psicológicas e baixo nível de tomada de decisões. Os exemplos incluem recepcionistas, digitadores, frentistas, bombeiros, agentes postais, caminhoneiros e alguns operários de linha de montagem.

No entanto, em recente estudo do Centro Médico da Universidade Duke, no caso da maioria dos trabalhadores de colarinho branco submetidos a angiografia coronariana a tensão profissional não estava correlacionada à prevalência de moléstia arterial das coronárias. Os motivos dessa discrepância com estudos anteriores não são claros. Os resultados seriam diferentes se mais trabalhadores de colarinho azul fossem incluídos? Estarão os americanos conseguindo lidar melhor com a tensão profissional?

John Henryismo

Sherman A. James, epidemiologista da Universidade de Michigan-Ann Arbor, descreveu o *John Henryismo* — um padrão de personalidade particularmente suscetível aos efeitos do excesso de tensão no trabalho. John Henry é o herói de uma canção folclórica americana. Ele tentou superar uma perfuratriz a vapor que escavava uma montanha, utilizando apenas martelo e talhadeira. Esse tremendo esforço revelou-se fatal: John caiu morto após completar a tarefa.

Segundo James, o John Henryismo consiste em optar pela saída mais difícil quando se enfrenta um grande desafio. Os Johns Henrys que pululam entre nós dizem frases assim: "Quando as coisas não saem como quero, trabalho mais duro ainda" ou "Quando meto na cabeça fazer algo, não desisto enquanto não termino". Pessoas que reagem dessa forma alegam ter dentro de si uma central de controle: acham que podem dominar qualquer situação se se dedicarem a ela de corpo e alma.

Essa resposta agrada àqueles para quem o esforço sempre é recompensado e que julgam poder erguer-se do chão puxando os cordões dos sapatos. Trata-se de uma valiosa estratégia quando vivemos num segmento da sociedade que premia o esforço. "Todavia, num mundo habitado por pobres, com poucas oportunidades de educação e ocupação, contaminado de preconceito e racismo, é desastroso querer ser um John Henry — concluir que obstáculos insuperáveis teriam sido vencidos com mais trabalho." Às vezes, a montanha não pode ser removida, por mais que se tente.

O John Henryismo muitas vezes pressupõe um senso de solidão e alienação por parte de milhões de trabalhadores — estar alijado do futuro e do resto da sociedade por causa do progresso da tecnologia. John Henry não consegue adaptar-se. Apega-se a ferramentas manuais e à força dos músculos, enredando-se no processo.

Os Johns Henrys à nossa volta, como os Sísifos, pagam com o próprio coração. Seria esse um dos motivos pelos quais a pressão alta constitui um grave problema entre os afro-americanos? O pesquisador do stress, Robert M. Sapolsky, afirma: "Os riscos cardiovasculares do John Henryismo são maiores entre as pessoas que lembram o mítico John Henry em pessoa, a classe trabalhadora afro-americana".

O Paradoxo da Privacidade

Os trabalhadores estão percebendo que devem acomodar-se à prática cada vez mais em voga de usar supervisores para "monitorar eletronicamente" seu desempenho — expressão polida que muitos empregadores utilizam para o ato de espiar e bisbilhotar. Os administradores, porém, já sabem que os funcionários precisam de confiança para fazer o melhor e que essas qualidades podem ser seriamente anuladas quando eles são policiados com tecnologia invisível e silenciosa.

Podemos ter isolamento de mais ou de menos. Paradoxalmente, o moderno ambiente de trabalho revela a necessidade de privacidade e convívio social. Solidão não é, de todo, uma palavra feia.

Desencarnar

Uma das mais perniciosas formas de solidão, no moderno ambiente de trabalho, é o desligamento do próprio corpo.

Antes da era automatizada, quando inúmeras tarefas eram executadas à mão, os trabalhadores costumavam utilizar as ferramentas como extensões do corpo. Tenner nos conta que "uma foice, por exemplo, era feita na proporção do corpo do usuário, como uma roupa sob medida".

É agradável manusear uma ferramenta bem-desenhada e bem-feita. Talvez por isso a jardinagem ainda seja um dos *hobbies* mais populares de nossa cultura. Excelentes ferramentas para essa tarefa ainda podem ser encontradas, desde tesouras de podar até pás. Acho que é por isso que muitos jardineiros mostram verdadeira reverência por seus petrechos, tratando-os como se fossem criaturas vivas.

Todo cirurgião sabe como é *ser* uma ferramenta. Um neurocirurgião confessou-me que, durante uma operação, ele *é* a ponta de seu bisturi. Quem usa corretamente um estetoscópio torna-se o coração e os pulmões daquele que ausculta. Conheci músicos que se sentiam como as cordas e teclas dos instrumentos que tocavam. Mas muitos trabalhadores não parecem relacionar-se dessa maneira com suas ferramentas. Podemos ser um computador? Uma calculadora? Um magnetoencefalógrafo?

O curador de museu James R. Blackaby observou que deixamos de ser *usuários* de ferramentas para nos tornar *administradores* delas, dirigindo e controlando processos que acontecem em vez de criá-los. Há pouco, redescobri a diferença entre usar e administrar ferramentas quando, mexendo numas caixas que não abria há anos, deparei com a régua de cálculo que usava nas aulas de matemática. É um dinossauro, exterminado numa colisão de frente com a calculadora eletrônica. Minha velha régua acenou-me, eu a apanhei, deslizei-a para a frente e para trás e multipliquei dois por dois só para me divertir. Quando vi que a resposta era quatro, fiquei surpreso e comovido. Senti que realmente participara da produção do resultado e que este, de alguma forma, dependera de mim. O instrumento não só fornecia a resposta certa como deslizava suavemente, o que era bastante sensual. Foi uma experiência mágica. Embora eu me sinta grato pelas bênçãos da calculadora eletrônica, concluí, ao manusear a régua, que nos desencarnamos do nosso trabalho e, por um instante, vislumbrei tudo o que perdemos.

O Declínio da "Esgueiranet"

Por que o corpo é ignorado no trabalho? Em muitos ambientes automatizados, como vimos, andar e falar — participar fisicamente da tarefa — é proibido. O departamento tornou-se uma ilha de auto-suficiência, isolando seus habitantes do contato com os outros. Perder tempo indo à sala dos colegas para consultá-los costuma ser visto, na pior das hipóteses, como matreirice e, na melhor, como falta de inteligência: espera-se que cada qual cumpra seus deveres comunicando-se com os demais pelo computador e não tagarelando com eles.

O escritório *on-line* da década de 1990 reduziu a necessidade daquilo que se convencionou chamar de "esgueiranet": escapadas para o almoxarifado, para a sala de arquivos, para a máquina de fax, para outros computadores, etc.

Assim como o processamento mundial eliminou as pausas na digitação convencional, as comunicações por rede, sobretudo no caso de transmissão de imagens, eliminaram as saídas do trabalho. O que economiza tempo e esforço pode aumentar a produtividade, mas, no todo, produz uma semi-imobilidade perigosa.

A situação tornou-se faustiana. Por um lado, os pesquisadores de comunicações no trabalho estudam maneiras de reduzir a necessidade de se comparecer em pessoa a reuniões. Por outro, os ergonomistas tentam descobrir meios de amenizar os problemas da falta de movimento.

A "*Cama Bárbara*"

Não são só os computadores que nos isolam no escritório moderno: as cadeiras também. Fixam-nos num só lugar, como com correntes. Não é culpa das cadeiras, claro, pois podem tanto isolar-nos quando juntar-nos, dependendo do uso que façamos delas. Thoreau, descrevendo sua cabana no lago Walden, dizia: "Tenho em casa três cadeiras: uma para a solidão, duas para a amizade, três para a sociedade".

As cadeiras não apenas nos isolam como nos machucam, provocando dores crônicas nas costas ou ciática, por causa de um mau desenho. Os modernos desenhistas de móveis de escritório parecem concordar com o original termo chinês para cadeira: cama bárbara.

Os efeitos psicológicos das cadeiras são inúmeros e nem sempre os levamos em conta. Elas podem funcionar como símbolos poderosos de força no escritório e na sala da diretoria. Tenner observa que, de um ponto de vista mecânico, os pesados cadeirões de espaldar alto dos "executivos" "dão *status*, mas não apóiam a parte inferior das costas e passam em alguns círculos como sinais de eminência empresarial".

O Corpo Reage

Como o trabalho moderno se tornou cada vez mais cerebral, o corpo foi ficando isolado. Estamos descobrindo, porém, que o corpo não tolera ser ignorado por muito tempo. Grita para chamar a atenção, como se quisesse de novo participar ativamente das tarefas. E vem sendo ouvido. Como diz Tenner, "Os corpos não eram muito notados na computação até começarem a vingar-se na forma de tempo perdido, processos jurídicos e pedidos de indenização".

Muita atenção vem sendo dada aos chamados distúrbios de traumas cumulativos, que envolvem os membros superiores, como a síndrome do túnel carpal, fruto talvez dos movimentos repetitivos exigidos pelos computadores modernos. Quase sempre ela aflige funcionários que trabalham sentados, de sorte que muitos especialistas acreditam que as cadeiras desempenhem papel-chave no processo. Mas as lesões por esforço repetitivo não se comparam, em freqüência, às dores nas costas. Há quarenta vezes mais casos desses entre funcionários de escritório do que de distúrbios de traumas cumulativos. Os amanuenses apresentam taxas mais elevadas de lombalgias do que os estivadores e caminhoneiros.

É difícil evitar a conclusão de que a psique está envolvida nisso. Num estudo de dores lombares em 31.200 empregados da Boeing Company, na área de Seattle-Tacoma, não se descobriu diferença alguma na incidência de dores e incapacitação entre trabalhadores de colarinho branco ou azul. Não importava se o empregado ficasse de pé na linha de montagem ou sentado no escritório. A explicação melhor era a satisfação com o trabalho, confirmada por supervisores que utilizaram dados durante seis meses antes do surgimento do problema.

A Natureza do Trabalho

Quando fazemos um trabalho que sabemos sem valor, experimentamos a forma de isolamento mais destrutiva possível. Trabalho sem valor significa que também nós não valemos coisa alguma; e sem o senso de valor próprio, sentimo-nos párias, fora do mundo dos vivos.

Em seu nonagésimo aniversário, W. E. B. Du Bois, educador e historiador afro-americano, escreveu para seu bisneto recém-nascido: "A paga de teu trabalho deverá ser a satisfação por havê-lo feito e a necessidade que o mundo tem dele. Se assim for, a vida será o paraíso, ou o ponto mais próximo do paraíso a que poderás chegar. Sem isso — com um trabalho que desprezas, que te aborrece, de que o mundo não precisa —, esta vida é o inferno".

Quantos trabalhadores questionam o valor daquilo que fazem? Quantos sonham com um emprego que propicie um senso de significação, valor e objetivo à sua vida, que afirme seu mérito como pessoa? Quantos desconfiam de que seu trabalho promove o consumismo insensato ou prejudica o meio ambiente, mas não conseguem encontrar outro mais compensador?

Nós *somos* nosso trabalho — para bem ou para mal. "A função de cada homem, seja ela literatura, música, pintura, arquitetura ou outra coisa qualquer, é sempre seu retrato", escreveu Samuel Butler. E se não podemos dizer que amamos realmente nosso trabalho, algo está errado e havemos de pagar o preço da solidão resultante do alheamento psicológico e espiritual de nossas tarefas. "O trabalho é o amor tornado possível", canta o poeta Kahlil Gibran. "E se não consegues labutar com amor e sim com desgosto, melhor fora que deixasses o emprego, te sentasses à porta do templo e pedisses esmolas aos que trabalham com alegria."

Isolamento e Medicina

Por que o isolamento no trabalho deve ser uma preocupação para os profissionais de saúde? Porque tem conseqüências patológicas como as resultantes da síndrome de Sísifo e do John Henryismo, segundo vimos. Há evidências cada vez mais fortes de que o convívio é bom para a saúde. Quanto mais ricos forem os relacionamentos sociais, mais baixa será a incidência de doença e morte por diversas causas. Até os animais gostam que os toquemos, falemos com eles, façamos-lhes festas. Num estudo controlado, a ser discutido mais adiante, coelhos bem-tratados quase não desenvolviam aterosclerose das artérias coronarianas e da aorta, embora ingerissem alimentos com elevada taxa de gorduras.

Portanto, essas questões são pessoalmente relevantes para os profissionais da saúde. Poder-se-ia pensar que a prática médica é imune aos efeitos da solidão e do distanciamento do corpo porque os médicos interrogam os pacientes e procedem a exames físicos, tendo por isso contato com as pessoas e tocando-as. No entanto, os médicos estão tão sujeitos ao distanciamento quanto os modernos trabalhadores em geral. A anamnese vai ficando cada vez mais automatizada. Alguns médicos prevêem que o exame físico se tornará logo uma arte perdida, substituída por varreduras do corpo e outras formas de diagnóstico. Mesmo a psiquiatria, um dos últimos bastiões do diálogo em medicina, se transforma, pois a consulta interpessoal já começa a ser posta de parte em favor da administração de drogas.

Onde Erramos?

Um número cada vez maior de empresas e organizações está tomando medidas para combater o isolamento e a falta de controle vivenciados pelo trabalhador moderno. Eis algumas:

- tornar as equipes de trabalho responsáveis por uma série de tarefas
- introduzir a tarefa comum e o horário flexível
- reciclar o trabalhador
- adotar um estilo de administração menos agressivo
- conceder ao trabalhador mais espaço na tomada de decisões

Devemos ser gratos por esses desenvolvimentos. Mas, em primeiro lugar, por que criamos os problemas? Alguns deles, afinal de contas, parecem óbvios demais em retrospecto. Por que não os vimos vir? Como ressalta Tenner, é difícil evitar a conclusão de que estávamos tomados por nossas fantasias:

A mudança para o monitoramento, administração e distribuição automatizados no escritório moderno prometia uma nova era de mais saúde e satisfação no emprego. Nos locais de trabalho, os profetas da automação vislumbravam uma idade do ouro da criatividade humana, quando os aparelhos elétricos e eletrônicos acabassem de vez com a servidão. O mantra de Thomas J. Watson, da IBM, era: "As máquinas devem trabalhar; os homens devem pensar". Nos anos 1950, os figurões americanos antecipavam que, por volta de 1980, ganhar a vida já não seria nenhum problema.

Acreditar em semelhantes profecias é ser ingênuo. Especialistas de diversos campos asseguravam que os seres humanos não passam de versões complexas de computadores e engenhocas capazes de transformar a nossa vida. Se a solidão e o distanciamento do corpo não afetavam os computadores de grande porte e as telas dos monitores, por que haveriam de afetar-nos? Se os computadores não padeciam de tensão profissional, nós também não devíamos padecer.

A Humanidade dos Homens, a Raticidade dos Ratos

Definir-nos como entidades que só precisam *pensar* no escritório, como afirmava o Watson da IBM, parecia coisa muito *moderna*. Mas mesmo quando tais predições eram feitas, sentia-se que alguma coisa tinha sido deixada de lado. Por exemplo, segundo o psicólogo Lawrence LeShan em *The Dilemma of Psychology* [O Dilema da Psicologia], às vésperas da revolução eletrônica fez-se um retrospecto, até 1911, do material editado pelo prestigioso *Journal of Comparative and Physiological Psychology* e seus predecessores. Os pesquisadores concluíram que a psicologia, tal qual representada nas páginas daquele jornal, "tornou-se uma ciência que estuda ratos. ... O rato, embora represente menos de 0,001% de todas as criaturas vivas, foi usado em 58% dos estudos relatados. O resto dos estudos utilizou primatas (11%), gatos (5,1%), humanos (9%) e pássaros (5%). Outras espécies citadas não chegaram a 1% cada".

Em virtude da decadência do behaviorismo, ratos e outros bichos começaram a perder prestígio como modelos para a compreensão do comportamento humano. Os computadores apareceram como seus substitutos mais atraentes. Pareciam oferecer um potencial infinito para a investigação de nós mesmos: a anatomia e a fisiologia do cérebro funcionavam como *hardware* e a "consciência" (seja lá o que isso for) como *software*. Todavia, os modelos do comportamento humano baseados no computador tinham um ponto em comum com os baseados no animal: os sentimentos eram inapelavelmente ignorados.

LeShan questiona o valor dos animais e dos computadores na compreensão de nós mesmos:

> Os psicólogos acadêmicos, quase sempre, parecem empenhados em lidar o mínimo possível com a vida real. Quando não conseguem colocar ratos brancos no lugar de pessoas, tentam colocar computadores. Assiste-nos todo o direito de perguntar o que o rato e o computador estão fazendo no laboratório de psicologia — o que, em suma, têm eles a ver com as alegrias e tristezas do ser humano. Como disse Arthur Koestler a propósito de dois eminentes psicólogos acadêmicos, "Ambos [Watson e Skinner] estão fazendo questionamentos em alta escala, aparentemente espicaçados por uma ânsia quase fanática de negar a todo custo a humanidade do homem e a raticidade do rato".

Embora o computador ainda seja considerado por muitos o melhor modelo para a compreensão das funções mentais humanas, como é principalmente o caso dos pesquisadores da área da inteligência artificial, nem todos estão convencidos do seu valor. "O computador, provavelmente, não é uma metáfora melhor nem pior para o cérebro do que as antigas metáforas mecânicas", observa o filósofo John Searle. "Aprendemos tanto sobre o cérebro dizendo que é um computador quanto dizendo que é um teclado de telefone, um sistema de telégrafo, uma bomba hidráulica ou uma máquina a vapor."

Locais de Trabalho Internos e Externos

Especialistas em eficiência, consultores ergonômicos e gurus do cronograma jamais resolverão todos os problemas relacionados ao isolamento que enfrentamos nas fábricas e nos escritórios. Suas idéias terão sempre de ser suplementadas pelas dos visionários que refletiram longamente sobre a natureza do trabalho e seu papel na vida humana, bem como sobre nossas conexões uns com os outros.

Em "Somos Transmissores", D. H. Lawrence oferece uma das mais belas descrições do trabalho de que tenho conhecimento: o trabalho como vida, fluxo e caridade:

> Enquanto vivemos, somos transmissores de vida.
> E quando não a transmitimos, ela deixa de fluir em nós.
>
> Se, ao trabalhar, conseguimos transmitir vida ao trabalho,
> A vida, em maior abundância, flui para nós a fim de nos compensar,
>
> E nos deixar prontos para amadurecer com ela ao longo do tempo.
> Dá e te será dado
> Ainda é a verdade da vida. ...
> Significa apreciar a qualidade da vida mesmo onde não exista,
> Mesmo que esteja apenas na alvura de um lenço lavado.

Ao enfrentar os problemas suscitados pela solidão, devemos sempre ter em mente que nosso local de trabalho primário não é o emprego onde passamos oito horas por dia, mas nosso eu interior, nossa psique. É aí que moldamos nossa vida, inclusive as significações e os valores que nos orientam. Muitos de nós projetamos na fábrica ou no escritório as tribulações de nosso local de trabalho interior. Ainda que todas as mazelas do moderno local de trabalho fossem de alguma forma remediadas, nosso desconforto no emprego jamais seria eliminado se não eliminássemos primeiro a solidão e o alheamento que nos vêm de dentro. A realização no trabalho pressupõe a serenidade interior.

Joseph Campbell, o grande estudioso da mitologia, discorreu certa vez a respeito do mal-estar que sentia ao sair de férias. O problema, explicou, cifrava-se nisto: o trabalho *era* seu lazer. Pôr de lado o trabalho durante as férias *diminuía* o prazer ao invés de aumentá-lo.

Quem conhece o trabalho de Campbell conhece também sua dimensão sagrada. Será possível devolver o senso do sagrado ao nosso trabalho? Se for, poderemos entender por que a Ordem Beneditina adotou o seguinte lema: "*Orare est laborare, laborare est orare*" — "Orar é trabalhar, trabalhar é orar".

Nosso tempo é cínico demais para levar a sério a possibilidade de transformar o trabalho? Há a esperança, creio eu, de que se pudermos ser curados por dentro o trabalho seja modificado por fora — mas só então. Robert Frost aludiu a essa possibilidade em "Dois Passeios em Dia de Lama":

> Separe-os quem quiser.
> Meu objetivo na vida é unir
> Passatempo e ocupação
> Como os dois olhos na visão.

4

A Ingestão de Papéis

EM 1992, FUI CONVIDADO A DAR UMA PALESTRA numa magnífica clínica de recuperação em Baja California, juntamente com minha esposa Bárbara, a Dra. Jeanne Achterberg, editora-chefe de *Alternative Therapies*, e o Dr. Frank Lawlis, do conselho consultivo da mesma publicação. O cenário era majestoso: montanhas, extensões desérticas, céus de turquesa. Uma noite, quando dava minha palestra, comecei a sentir-me mal. Febril e com vertigens, tive de fazer um grande esforço para permanecer de pé até o fim. Embora me sentisse realmente péssimo, lembro-me de que achei divertida aquela situação irônica: eu, um médico visitante, ficar doente enquanto discorria sobre saúde! Seria aquilo uma lição cósmica de humildade? Com a ajuda de Bárbara, consegui chegar até o quarto e desabei na cama. Pouco depois, vi-me atacado pelos piores calafrios que jamais me sacudiram. A febre subiu. Eu sabia que contraíra uma infecção e deveria procurar tratamento médico de emergência. Contudo, por razões que mais tarde explicarei, preferi ficar onde estava.

Minha esposa é uma das melhores enfermeiras holísticas que conheço, de modo que me senti em boas mãos. Ela avisou também Jeanne e Frank, que logo me telefonaram. Eu não poderia desejar companhia mais dedicada. Sei que Jeanne e Frank são curadores porque, quando estou com eles, sempre me sinto melhor — e esse é o melhor critério que conheço. Frank, além de tudo, é um xamã nato, tão à vontade com tambores e chocalhos quanto num consultório. Na verdade, seu escritório em Santa Fé lembra uma caverna de xamã, atopetada de máscaras, guizos, penas de aves, couros de animais, totens e amuletos... além de outros objetos indefiníveis.

Tiritante, pedi que Frank me ajudasse escrevendo algumas palavras (as que ele achasse apropriadas) num pedacinho de papel, para apressar minha cura. Minha única exigência foi que não me contasse o que escrevera. Frank concordou — era um xamã pronto para o desafio. Quando terminou, instruí-o a dobrar bem o papel, para que eu não conseguisse lê-lo. Pedi então um copo de água a Bárbara e engoli o papel, que ficara do tamanho de um comprimido. E confiante como se estivesse hospitalizado na mais sofisticada unidade de terapia intensiva do mundo, deitei-me de costas, cerrei os olhos e mergulhei na inconsciência.

Por três dias e três noites senti-me à beira do túmulo — semidelirante, febril, ora consciente, ora inconsciente, fraco demais até para balbuciar. Bárbara descobriu, na manhã seguinte, que diversas pessoas haviam contraído a mesma doença. Algumas estavam tão mal que precisaram voltar às pressas para os Estados Unidos, em busca de tratamento médico de urgência. Mas eu, teimosamente, quis ficar por ali mesmo, sem tratamento a não ser ingestão de líquidos — além do papel que comera. Aos poucos fui me recuperando, embora só voltasse à vida normal semanas depois de voltar para casa.

Frank manteve contato. A princípio, declarou-se desapontado com o papel que escrevera para mim. Mas ponderei que, como eu não morrera, a terapia talvez houvesse funcionado. De fato, se aquele papelzinho fosse uma droga, estaríamos louvando-a por arrancar-me das garras da morte.

Quando optei por ingerir palavras rabiscadas num papel, não pensei estar recorrendo a um novo tratamento. Estava apenas invocando um antiqüíssimo método de cura sobre o qual lera num livro que Jeanne me emprestara, *O Diário de um Infante de Napoleão*, de Jakob Walter, examinado a seguir.

Ingestão de Papéis: Exemplos Históricos

Napoleão Bonaparte invadiu a Rússia a 22 de junho de 1812, após conquistar toda a Europa entre Paris, Hamburgo e Roma. Como explica Louis Leo Snyder em *Great Turning Points in History* [Momentos Decisivos da História], a estratégia do Imperador era simples: assegurar o controle do Leste e com isso forçar a capitulação dos ingleses. Entretanto, por várias razões — doenças, o terrível inverno russo, a incompetência e o nepotismo na cadeia do comando, a insubordinação e queda do moral, os problemas de suprimento e a espantosa resistência dos russos —, Napoleão foi derrotado. Em 18 de dezembro estava de volta a Paris, amaldiçoando o "colosso russo" e denunciando a Rússia como o inimigo da Europa inteira enquanto atravessava, humilhado, o Arco do Triunfo.

Jakob Walter era um soldado de infantaria do Grande Exército de Napoleão, que fizera a Europa tremer. Mas, no fim de 1812, esse exército estava tão desmantelado que praticamente deixara de existir. A maior parte dos seiscentos mil camaradas de armas de Walter já não passava de cadáveres congelados, espalhados pelas estepes russas. Uma das piores catástrofes aconteceu quando os franceses, em retirada, tiveram de cruzar o rio Berezina. Enquanto os russos se aproximavam para o massacre, os soldados de Napoleão tentavam desesperadamente construir pontes. A travessia foi feita em pânico e milhares morreram afogados nas águas frias ou pisoteados pelos próprios companheiros. Em *Guerra e Paz*, Tolstoi comparou o desespero dos sobreviventes ao de um animal ferido "que fareja a iminência da morte e não sabe o que está acontecendo. Ouvindo um bulício, corre ao encontro do venábulo do caçador, volta, arremete de novo e busca, ele próprio, sua ruína".

Louis Constant, criado de Napoleão, escreveu em suas memórias que depois do Berezina a temperatura baixou a tal ponto que se podiam ver pássaros congelados jazendo no chão. Os soldados se sentavam com a cabeça nas mãos e dobravam o corpo para a frente, a fim de aliviar a dor da fome — e muitas vezes eram encontrados mortos nessa posição. O vapor da respiração se petrificava nas sobrancelhas e agulhas de gelo apareciam nos bigodes. Soldados que, devido ao frio, não sentiam dor alguma, queimavam-se nas fogueiras dos bivaques, ao tentar livrar-se das placas de gelo que cobriam suas roupas e corpos. Os artilheiros, para obter algum calor, chegavam as mãos às ventas dos cavalos.

Ao fim da longa retirada, Jakob Walter ficou seriamente enfermo, com calafrios e febre (que "me sacudiam assustadoramente", escreveu mais tarde). Estava tão fraco que, não conseguindo carregar as armas, deixou-as para trás. Mais que qualquer outra coisa, isso mostra quão terrivelmente adoentado estava Walter. Separar-se das armas é uma das maiores desgraças que podem acontecer a um guerreiro, e qualquer deles fará de tudo para evitar que isso aconteça.

Incapaz de prosseguir, Walter e dois camaradas, que também estavam com febre "no mais alto grau", refugiaram-se numa taberna. Eis como ele relata sua recuperação:

> Ao outro dia, um morador da cidade apareceu na estalagem e perguntou o que nos incomodava. Respondemos que todos havíamos contraído a febre. "A febre?", disse ele. "Pois posso ajudá-los a livrar-se dela." E foi o que fez. Sentou-se, rabiscou três bilhetes e mandou que cada um de nós engolisse um. Eu, pelo menos, não acreditava nem um pouco que aquilo pudesse funcionar. Mas mesmo assim comi o meu bilhete. Quando chegou a hora de eu ser desesperadamente sacudido de novo, esperei em vão: a febre se fora e o mesmo acontecera com meus companheiros, ao mesmo tempo! O fato pareceu miraculoso e maravilhoso a todos nós, e agradecemos efusivamente ao bom homem, sem o qual por certo nenhum teria escapado à morte.

A Jornada do Homem Morto

Fato semelhante ocorreu numa das regiões mais inóspitas do sudoeste americano: a *Jornada del Muerto* [Jornada do Homem Morto], uma áspera faixa de deserto de mais ou menos 150 quilômetros entre Socorro e Sierra, no Novo

México. Essa área é tão isolada e inabitável que o governo dos Estados Unidos a escolheu para o Trinity Site, onde se detonou a primeira bomba atômica experimental. Ali, as montanhas forçam o rio Grande a virar para oeste e os caminheiros a ir para leste. Atravessar essa faixa sem água sempre foi uma aventura arriscada.

O historiador e romancista Paul Horgan, em seu livro *Great River: The Rio Grande in North American History* [Grande Rio: o Rio Grande na História Norte-americana], ganhador do Prêmio Pulitzer, conta que o costume de engolir palavras escritas num papel — a terapia de Jakob Walter — foi responsável pelo nome da região.

No século XVII, os espanhóis se esforçavam por manter sua presença colonial entre as tribos *pueblo*, de cujas crenças não partilhavam. Sua cidadela era Santa Fé, fundada em 1610 às margens de um arroio que corre para o rio Grande, distante alguns quilômetros. Durante anos, Santa Fé não passou de um amontoado de casinhas de barro em volta de uma pequena praça — a única cidade espanhola naquela imensa área, além do modesto posto avançado de El Paso.

Embora sua fé católica os obrigasse a adotar uma atitude oficial de horror em relação às superstições dos *pueblos*, os colonos espanhóis ficavam, não obstante, fascinados por elas. Conseqüentemente, diz Horgan, "em Santa Fé as feiticeiras permaneciam à margem da sociedade, assustavam as pessoas, faziam-nas sussurrar e desconfiar". Por exemplo, quando trabalhavam como domésticas, as índias levavam consigo suas crenças ocultas; as mulheres espanholas pediam-lhes ervas e filtros amorosos, para ter sucesso, recuperar objetos perdidos ou garantir proteção mágica.

Certa feita, um jovem espanhol foi admitido num *kiva* nativo, espécie de câmara cerimonial subterrânea. Ali, o rapaz deliberadamente se feriu com uma sovela, sem sentir dor nem sangrar. O curioso fato foi observado por um garoto que o acompanhava e que relatou tudo a um oficial espanhol. Em outra ocasião, na presença do garoto e de duas mulheres, o rapaz golpeou o próprio corpo com uma faca e um canivete, sem provocar ferimentos. Os colonos católicos ficaram horrorizados com tais cenas e concluíram que havia demônios ou bruxas entre eles. Pediram-se explicações. O jovem contou que, durante uma missa, vira aproximar-se um mercador alemão, o qual chegara com o trem de suprimentos e escrevera alguma coisa numas tiras de papel. O homem afirmara que, se o jovem as engolisse, ficaria invulnerável por vinte e quatro horas. Ele comera uma delas imediatamente, descobrindo logo que era incapaz de ferir-se com uma lâmina. O rapaz esclareceu ainda que nos papéis estava escrito: "+A.B.V.A + A.D.A.V.+".

O aterrado oficial espanhol alertou o padre católico da aldeia vizinha de Santo Domingo. Este denunciou o alemão, que foi preso, julgado e encarcerado. Meses depois ele fugiu com a ajuda de um índio e foi para o sul, tomando a estrada que ladeia o rio Grande. Cinco soldados partiram no encalço do fugitivo e de seu cúmplice. Perto da fonte de El Perillo, na longa passagem desértica a leste do rio e das montanhas, os perseguidores encontraram um par de calças azuis e um gibão da mesma cor, costurado com tiras de pele de lontra. Mais além, depararam com um punhado de cabelos e ossos humanos roídos por animais, que os soldados concluíram ser do "bruxo alemão". Como supusessem que o homem fora morto pelo índio com quem viajava, deram ao lugar um nome evocativo do malfadado alemão: Jornada del Muerto.

Comer Palavras: *Esszettel*

As experiências de Jakob Walter e do mercador alemão, no Novo México colonial, ecoam um hábito cujas origens se perdem na noite dos tempos: o de comer preces, versículos bíblicos ou fórmulas mágicas inscritas em diferentes materiais como tiras de papel, cascas de frutas, pão ou a hóstia sagrada da Eucaristia. Em alemão, as tiras de papel são chamadas de *Esszettel* ("papéis de comer") ou *Essbilder* ("imagens de comer"). Às vezes, as letras escritas eram lavadas e bebia-se a água, o que conduzia ao mesmo resultado: a transferência do poder das letras ou palavras. Não se tratava apenas, em absoluto, de um ritual pagão, mas freqüentemente de uma mistura de folclore e crenças cristãs, como quando se traçava uma cruz na casca do pão antes de assá-lo ou comê-lo. A prática se disseminou pela França, Itália, Alemanha e Rússia.

Segundo uma crença comum na Holsácia, as pessoas atacadas de febre deviam escrever a seguinte frase numa tira de papel e engoli-la: "Febre, passa de largo! [Nome da pessoa] não está em casa". Um relatório datado de 1452 informa que as pessoas costumavam escrever coisas assim em maçãs, pedaços de chumbo e outros materiais, dando-os a outros para que os comessem ou levassem ao pescoço. Às vezes, escreviam-se prescrições em pão untado com manteiga, com uma pena mergulhada em tinta. O pão era dado ao enfermo em três sextas-feiras consecutivas, depois do crepúsculo e antes do nascer do sol. Na Saxônia, ministrava-se o pão num prazo de vinte e quatro horas às pessoas mordidas por cães raivosos. No tratamento da epilepsia, escrevia-se uma fórmula mágica em papel, com uma agulha que fora usada para costurar alguma peça de roupa para um morto; a seguir, o papel era aquecido em vapor de leite e dado à criança epilética dentro de um pão com manteiga. Em se tratando de febre, comiam-se três amêndoas gravadas com determinados caracteres. Outra terapia consistia em cortar um bolo em pedaços de sete centímetros, escrever neles a frase apropriada e ministrá-los ao doente.

A prática de comer papéis não se limitava a humanos. Davam-se tiras escritas com fórmulas mágicas aos cães hidrófobos (e fazer isso com cachorros loucos, sem que eles mordessem a pessoa, devia ser muito arriscado) e a outros animais, para prevenir a esterilidade. Os papéis eram ministrados também para evitar a raiva, o que foi sem dúvida uma das primeiras formas de imunização.

Antes de descartar essas crenças como meras superstições, ultrapassadas em nossa marcha rumo às luzes do espírito, convém examiná-las mais a fundo. Quando permitimos que nossos filhos comam doces ou biscoitos confeccionados em forma de bichos, não estamos acedendo às mesmas instâncias reprimidas no inconsciente? Quando assamos bolos no formato de homens, decoramo-los e escrevemos coisas na cobertura, para depois consumi-los membro a membro, acaso não obedecemos a antigos estímulos?

Até os medicamentos que "comemos" lembram as velhas tirinhas de papel. As empresas farmacêuticas imprimem números, nomes e símbolos em seus comprimidos e cápsulas. Decerto não encaram isso como fórmulas mágicas, mas de qualquer modo as inscrições aumentam a eficácia do remédio: comprimidos de aspirina que ostentam a famosa "cruz da Bayer" fazem mais efeito que o produto genérico de idêntica composição.

As cores também importam. Em um estudo, alunos de medicina receberam placebos azuis ou cor-de-rosa com a sugestão, em ambos os casos, de que eram sedativos ou estimulantes. Os que ingeriram os placebos azuis mostraram-se mais sujeitos a vertigens do que os outros, embora as pílulas fossem todas "falsas", absolutamente inócuas.

A surrada explicação para os efeitos das tiras de papel escritas é a resposta-placebo: o poder do pensamento positivo, a sugestão, a expectativa. No entanto, antes de atribuir todas as suas conseqüências à mente, convém ponderar outras razões para sua eficácia. Podemos invocar diversas hipóteses materialistas. O carbono da tinta talvez tenha atuado como um absorvente, capaz de extrair as substâncias nocivas do trato gastrintestinal, numa ação similar à do carvão, que hoje se prescreve para a mesma finalidade. O papel e o pão com palavras escritas podem ter sido contaminados por micróbios bactericidas. Quem sabe que substâncias com valor terapêutico penetraram no corpo de comedores de papel, há séculos?

Ou então — e eis uma possibilidade que me fascina — os papéis serviram de veículo ou intermediário para as intenções, pensamentos, desejos ou preces de quem os administrava (num processo de empatia) — em suma, o que é tradicionalmente chamado de cura psíquica ou espiritual.

Objetos Intermediários e Cura

É fácil menosprezar a crença de nossos ancestrais no poder curativo de papéis escritos, mas nem por isso deixa de ser verdade que os médicos modernos também garatujam em seus blocos de receitas: muitas das quais são inúteis ou mesmo prejudiciais. Como os símbolos mágicos dos papéis de comer, as prescrições nos Estados Unidos trazem sua própria inscrição especial: "Rx", antiga sigla latina para "receita".

Terá o nosso moderno *Esszettel* algo em comum com as fórmulas mágicas, escritas em papel, da Europa medieval? Creio que ambos funcionam como fator de legitimação das intenções da pessoa que os administra, seja ela um curador da Idade Média, um xamã ou um médico moderno de jaleco branco, e quer a intenção receba o nome de pensamento, desejo ou prece. Tanto o papel de comer quanto a receita podem servir de intermediário, que torna a cura possível.

Quase todos os curadores utilizam algum tipo de agente intermediário para simbolizar seu poder e ter acesso a ele. Nós, médicos, vivemos rodeados desses agentes: desde jalecos brancos, estetoscópios, vocabulário mistificador e tomografias computadorizadas até pílulas aos milhares e procedimentos cirúrgicos. Geralmente, negamos que objetos simbólicos possuam de fato algum poder intrínseco. No entanto...

Consideremos o caso de um paciente meu, um adolescente que chamarei de David. Dez anos atrás, ele sofreu um acidente de carro em que fraturou o pescoço e teve afetada a medula espinal. A fratura era entre a segunda e a terceira vértebras cervicais, bem no alto do pescoço, num ponto usualmente fatal. O neurologista que o assistia estava absolutamente certo de que ele ia morrer. Aplicou-lhe um tracionador dos dois lados do crânio, para impedir novos danos à espinha, colocou-o num respirador, inseriu-lhe um tubo de soro e despachou-o para a unidade de terapia intensiva, onde a família poderia fazer-lhe a última visita.

Os parentes foram informados de que David talvez não passasse daquela noite. Ele não podia engolir, não podia respirar por si mesmo, não tinha nenhuma sensação ou movimento do pescoço para baixo. O médico explicou que David só ficara com um filamento de medula e que não poderia sequer ter sobrevivido ao translado para o hospital. Pediu que a família orasse por um milagre, mas apressou-se a acrescentar que jamais presenciara um.

David não morreu conforme o previsto, de sorte que se recorreu a uma traqueotomia. Não houve melhora, mas ele estava consciente e queria falar. Os parentes tentavam ler-lhe os lábios, enquanto David se irritava por não conseguir comunicar-se. Embirrara com o ventilador e desejava livrar-se dele a todo custo.

A família de David pertencia a um grupo religioso cristão que tinha muita fé em curas. Segundo suas crenças, a cura podia ser ministrada imantando-se com poder curativo um objeto físico, o qual era depois colocado em contato com o doente. O grupo costumava passar à volta uma peça de roupa, que cada qual segurava por algum tempo enquanto orava pela cura, e depois vestir a peça no corpo do enfermo. A congregação da igreja de David preparou um pano desses para ele, que seu pai levou ao hospital e amarrou-lhe no braço esquerdo.

David impediu que os enfermeiros removessem o pano. Mesmo depois que ficou imundo não quis que o lavassem, temendo ver neutralizado seu poder curativo.

O paciente requisitou também preces especiais para sua respiração. A família providenciou outra peça ungida pelo grupo da igreja, que foi colocada sobre seu peito.

Aos poucos, foi melhorando. Dez anos depois do acidente, já respira sem aparelhos e ingere uma dieta normal. Consegue levantar-se sozinho da cadeira de rodas elétrica e caminhar um pouco, apenas com a ajuda de uma bengala e algum amparo a seu equilíbrio. Aprendeu a dirigir um veículo especialmente equipado e vai sozinho para a escola.

Embora o neurologista de David continue a não acreditar em milagres, falta-lhe uma explicação para sua sobrevivência e restabelecimento.

Outro caso que envolve um objeto intermediário é o de Tim (18 anos), hospitalizado com graves lesões no peito após um acidente automobilístico. Sua condição pulmonar deteriorou e ele desenvolveu uma síndrome de carência respiratória aguda. Tim precisou ser intubado e colocado num respirador. Incapaz de falar, rabiscou o nome "Willie" para sua mãe. Ela percebeu imediatamente que se tratava de Willie Nelson, o cantor *country* favorito de Tim. Trouxe-lhe então a coleção de fitas de Willie Nelson e um aparelho de som, que colocou ao lado do leito, junto com duas bandanas vermelhas, marca registrada do artista. Tim pediu que a mãe lhe amarrasse uma das bandanas à volta da cabeça e a outra na palma da mão direita. Era muito apegado àqueles objetos e jamais consentiu que fossem removidos, mesmo quando sua condição clínica começou a piorar. Pouco antes de morrer, levantou a mão atada com a bandana vermelha e fez ao pai um aceno característico, que tinha muito significado entre eles. Os parentes compreenderam que o gesto de Tim era sinal de que tudo estava bem e deviam permitir que fosse embora.

Casos assim não são raros. Quem trabalha em UTIs sabe que a família sempre traz, para junto do leito do paciente, objetos significativos para ele: bichinhos de pelúcia, fotografias, crucifixos, etc. Os exemplos acima ilustram as várias maneiras de utilizar tais objetos: tentar deliberadamente infundir neles poderes especiais, como no caso da peça de roupa ungida de preces, e permitir que funcionem simbolicamente, como no caso das bandanas vermelhas.

Experimentos com Objetos Intermediários

Alguns dos mais engenhosos experimentos para investigar o papel dos objetos intermediários na cura foram empreendidos por Bernard Grad, da Universidade McGill, Montreal.

Num desses experimentos, Grad quis saber se a depressão mental poderia produzir efeitos negativos no crescimento das plantas. Essa idéia condiz com a crença de que certas pessoas possuem "dedo verde" e de que os pensamentos ou estados emocionais podem influir fortemente na resposta dos vegetais. Grad aventou a hipótese de que plantas regadas com água manuseada por pessoas deprimidas cresceriam mais devagar que as regadas com água manuseada por pessoas saudáveis. O experimento incluiu um homem conhecido por ter "dedo verde" e dois pacientes de um hospital psiquiátrico: uma mulher com neurose depressiva e um homem com depressão psicótica.

Cada um deles mantinha uma garrafa fechada entre as mãos por trinta minutos. Em seguida, o líquido era vertido sobre sementes de cevada. O homem do "dedo verde" estava confiante e otimista quando segurou a garrafa, e suas sementes germinaram mais depressa que as dos outros dois ou as dos controles. Surpreendentemente, a mulher deprimida e neurótica respondeu ao experimento de maneira muito positiva, fazendo perguntas pertinentes e mostrando grande interesse. Depositou a garrafa no colo, como se se tratasse de um bebê — e as sementes dela cresceram mais rápido que as dos controles. O paciente com depressão psicótica estava agitado e deprimido quando segurou sua garrafa e suas sementes brotaram mais lentamente que as dos controles. O estudo de Grad sugere que as emoções podem influenciar a cura tanto positiva quanto negativamente, sendo os objetos físicos capazes de mediar essas influências.

Grad preparou outro experimento similar, dessa vez com um curador. Algumas sementes de cevada foram danificadas com uma solução salina de 1%. Primeiro, o curador segurou o regador que continha a solução destinada a umedecer as sementes do grupo experimental, na tentativa de mitigar o efeito deletério do líquido. Não se deu o mesmo "tratamento" à solução salina destinada às sementes de controle. O experimento foi repetido três vezes, sempre com o mesmo resultado: as sementes regadas com a solução "tratada" germinavam e cresciam mais que as outras. Esse estudo dá bem a entender que a intenção curativa pode, de algum modo, ser mediada por um veículo ou agente secundário.

Em outro experimento, Grad estudou ratos nos quais o bócio fora provocado pela retirada de iodo de sua dieta, substituído por tiuracil. A taxa de aumento da tireóide foi medida pesando-se essa glândula após sacrificar os animais. Dividiram-se setenta ratos em três grupos; (1) grupo básico de controle, sem nenhum tratamento; (2) grupo tratado, mantido em caixas especiais que o curador manuseava durante quinze minutos, duas vezes ao dia durante a semana e uma vez aos sábados; (3) grupo de controle aquecido, mantido em gaiolas com a mesma temperatura e pelo mesmo espaço de tempo que o grupo anterior. As tireóides do grupo tratado aumentaram bem menos que as de ambos os controles.

Numa variante desse experimento, Grad dividiu 37 ratos submetidos a uma dieta provocadora de bócio em dois grupos, de tratamento e controle. Agora, a cura seria ministrada por intermédio de um objeto: tecidos de lã e algodão mantidos nas mãos do curador durante quinze minutos, uma vez no primeiro dia e duas nos 24 seguintes do experimento. Dez gramas da lã e do algodão "tratados" foram postos em cada gaiola do grupo de tratamento, contendo quatro ou cinco ratos, durante uma hora, de manhã e à noite, cinco dias por semana; quanto aos ratos do controle, ficaram expostos em suas gaiolas a lã e algodão não-tratados pelo curador. Os animais em contato com a substância intermediária manipulada pelo curador desenvolveram bócio muito mais devagar que os do grupo de controle.

Os estudos de Grad são experimentos bem-feitos, que merecem a atenção de quem se interessa pelo papel da intenção mental, da prece e dos objetos intermediários na cura. E eles não são únicos. Cerca de cento e cinqüenta estudos de "cura", nos quais alguém tenta transmitir influência terapêutica a um sistema biológico distante, já foram publicados. Em cerca de metade a dois terços deles, alcançaram-se resultados estatisticamente positivos, o que não é explicável por mecanismos físicos conhecidos; portanto, oferecem grandes desafios (e oportunidades) à nossa compreensão do papel da consciência no mundo, conforme discutiremos mais adiante, no capítulo "A Volta da Prece". Nas palavras de Grad,

> Embora pouco se possa dizer a respeito da natureza da força que produz os efeitos biológicos ... ou do mecanismo graças ao qual ela atua, os experimentos com cura de feridas [não descritos aqui] e crescimento de plantas demonstraram que a chamada "imposição de mãos", pelo menos quando praticada por certas pessoas, apresenta efeitos objetivos demonstráveis — os quais, pelo fato de terem sido provocados em animais e em soluções salinas derramadas sobre plantas, dificilmente se podem explicar como devidos ao poder da sugestão. ... Além disso, a circunstância de o fenômeno ocorrer em animais tão evoluídos quanto os ratos e em organismos tão inferiores quanto as sementes de cevada aponta para a natureza fundamental do que quer que haja produzido tais efeitos. ... Os fenômenos revelados nos experimentos lançam nova luz sobre a unidade básica do homem, do animal e do vegetal.

Embora possam acreditar na prece, muitas pessoas jamais utilizariam um veículo físico em suas orações, como roupa ungida ou água benta, pois consideram tal costume bizarro e arcaico. Mas o veículo está sempre presente, quer o notem, quer não, em virtude da natureza intercessória da prece. *Interceder* vem de uma palavra latina que significa "intermediar". Quando uma pessoa ora por outra, *ela própria* é o objeto intermediário — o intercessor —, que une o alvo de sua prece àquilo que consideram o poder benevolente de um Ser Supremo.

"Quanto a Hospitais..."

Voltando à minha própria experiência com um objeto intermediário (um papel de comer) quando caí doente, durante muito tempo perguntei-me por que resolvera não recorrer a um hospital moderno. Essa é uma decisão que não recomendo. De fato, se um paciente meu estivesse com problema semelhante, eu o internaria num piscar de olhos. Na ocasião, porém, não duvidei de que estava certo.

Em sua pesquisa da vida de Florence Nightingale, minha esposa descobriu há pouco um texto fascinante da autoria dela, "Notas sobre as raças aborígines da Austrália", lido na Inglaterra em 1864 durante a reunião anual da Associação Nacional para a Promoção das Ciências Sociais. O texto descreve perfeitamente a atitude que tomei durante minha doença. Nightingale cita o Dr. Hale, bispo de Perth:

> Quanto a hospitais, lamento dizer que é tão impossível impor aos pobres nativos qualquer forma de restrição, quando adoecem (pois vêem com absoluta desconfiança toda espécie de normas e regulamentações), que algo como o tratamento hospitalar corriqueiro está fora de cogitações em seu caso. ... Sua rebeldia na doença provém de um sentimento mais profundo que a mera inquietude. ... Vivem obcecados pela idéia de que, em qualquer outra parte, estariam melhor do que onde estão.

Nightingale observa que os nativos australianos freqüentemente fugiam dos hospitais. "No entanto aquele pobre-diabo moribundo", contou-lhe o bispo Salvado, de Porto Vitória, "algumas semanas depois, quando todos os que o conheciam julgavam-no morto e enterrado, apareceu forte e saudável como nunca, depois de viajar uns setenta quilômetros ou mais a pé."

Eu não fugi propriamente do hospital quando fiquei doente, mas, como os nativos do relatório de Nightingale, não queria ficar confinado num deles. Não foi uma decisão frívola, pois na qualidade de profissional compreendia a gravidade de minha situação e arrisquei conscientemente a vida em apoio de minha escolha.

Aquela experiência colocou-me face a face com a ambivalência que sinto perante minha profissão. Não estou sozinho: milhares de médicos americanos também se sentem assim. Um exemplo é a Dr. Judith J. Petry, que abandonou a carreira de cirurgiã e é agora diretora clínica do Vermont Healing Tools

Project, em Brattleboro, Vermont, além de consultora em medicina complementar e alternativa em Westminster, no mesmo Estado. "Sempre me perguntam por que deixei a prática da cirurgia", disse ela numa apresentação durante o terceiro simpósio anual "Terapias Alternativas", em 1998,

> e minha única resposta é que aquela prática já não se harmonizava com minhas crenças. Percebi-me incapaz de atuar em todos os níveis do meu ser. Surpreendentemente, as únicas pessoas que não pareceram entender isso foram os cirurgiões. Meus colegas, amigos e mesmo estranhos de outras áreas médicas concordaram e compreenderam imediatamente que é mesmo impossível permanecer saudável quando se pratica a cirurgia. Muitos deram exemplos de sua própria experiência ou da que compartilharam com suas famílias nesse campo — e algumas dessas histórias iam do perturbador ao horrível.

A Dra. Petry resume eloqüentemente a atitude de um número cada vez maior de médicos evocando sentimentos que ajudam a explicar o motivo pelo qual milhões de pessoas procuram hoje a medicina alternativa. Em "Por que os pacientes utilizam medicina alternativa: resultados de um estudo nacional", publicado no *Journal of the American Medical Association,* o pesquisador John A. Astin, da Faculdade de Medicina da Universidade Stanford, sublinha as razões *espirituais* subjacentes às escolhas que as pessoas fazem em assistência médica:

> Os usuários de serviços de saúde alternativos são mais propensos a relatar experiências de transformação em sua perspectiva do mundo, o que dá amparo parcial à hipótese de que o envolvimento com esse tipo de medicina talvez reflita uma mudança de paradigmas culturais relativamente às crenças sobre a natureza da vida, a espiritualidade e o universo como um todo. ... Algumas pessoas podem sentir-se atraídas pelas terapias não-tradicionais porque encontram nelas o reconhecimento da importância de se tratar a doença num contexto mais amplo de espiritualidade e significação.
>
> Os resultados do presente estudo reforçam a noção de que, para muita gente, o uso de serviços médicos alternativos faz parte de um conjunto de valores e crenças culturais mais amplo, capaz de abarcar uma orientação de vida mais holística e espiritual.

Minha decisão de confiar unicamente numa abordagem não-ortodoxa para melhorar não é típica da maioria das pessoas que recorrem à medicina alternativa. "A maior parte dos pacientes parece usar as terapias alternativas em conjunção com o tratamento mais convencional, sem substituí-lo de todo", observa Astin. Eu teria feito o mesmo, caso houvesse disponibilidade, pois o que defendo e quase sempre utilizo em minha própria vida é uma abordagem complementar.

O Alimento como Veículo para o Divino ou o Demoníaco

Comer papéis é um modo de introduzir *boas* influências no corpo. Essa não chega a ser uma idéia radical quando comparada a um dos mais entranhados costumes da cristandade: a Eucaristia. Na Eucaristia, ou Santa Comunhão, acredita-se que um alimento sagrado realmente se transforma no corpo de Cristo, depois de ingerido.

Também o mal pode penetrar no corpo com as coisas que comemos? Os ensinamentos bíblicos sugerem que sim. Depois de revelar aos doze discípulos que um deles o trairia, Jesus deu um pedaço de pão a Judas. Este o comeu e Satã entrou nele. Judas deixou imediatamente o recinto e foi preparar a perda de seu mestre. A prática de abençoar o alimento antes de consumi-lo pode estar relacionada ao temor de que ele se torne um veículo para a entrada de demônios no corpo.

A possibilidade de um espírito entrar no corpo por intermédio da bebida ou da comida era levada bastante a sério na Europa medieval, tendo mesmo influenciado a disseminação dos filtros amorosos. Eis um exemplo relatado pelo teólogo de Harvard Morton Smith em *Jesus, o Mago*: "Fórmula dita à taça. Diga sete [vezes] 'você é vinho; você não é vinho, mas a cabeça de Atena. Você é vinho; você não é vinho, mas as entranhas de Osíris, as entranhas de Iao Pakerbeth, Eterno sol. ... Quando chegar às entranhas de [nome da pessoa], faça com que ela me ame pelo resto da vida'".

Comida e Atitude

É sempre difícil distinguir os efeitos das substâncias ingeridas dos efeitos da imaginação. Isso foi espetacularmente ilustrado num seminário sobre xamanismo dirigido pelo antropólogo Dr. Michael Harner, para o qual eu e minha esposa tínhamos sido convidados. O Dr. Harner sentou-se no meio dos participantes, dispostos em círculo, e sem uma palavra de explicação tirou do bolso um saquinho de papel, onde trazia uma espécie de raiz seca e retorcida. Mordeu um pedaço e engoliu-o. Depois, com voz cerimoniosa, disse: "Vocês não precisam fazer isso" e passou adiante a raiz. Ninguém se recusou a mastigar um pedacinho, é claro. "Agora vão lá para fora", instruiu o Dr. Harner. "Prestem bem atenção às folhas das árvores, às hastes de grama, às nuvens... Voltaremos a nos reunir dentro de uma hora, para partilhar nossas experiências." Quando o grupo se juntou novamente, todos estavam num estado de consciência alterado. Algumas pessoas tinham tido visões gloriosas. Por fim alguém perguntou: "Dr. Harner, que diabo *era* aquilo?" "Uma coisa que você deve ter em sua cozinha", respondeu ele. "Raiz de gengibre: ótimo tempero, mas de forma alguma um alucinógeno."

Com uma simples demonstração, o Dr. Harner trouxera a lume este ponto: muitas vezes é o comedor, não a coisa comida, que importa mais.

Anomalias Nutricionais

O folclore em torno dos objetos intermediários, assim como os experimentos controlados de Grad com eles, sugerem que nossos pensamentos podem alterar os efeitos das substâncias físicas, que então passam a agir sobre o corpo. Incluirá isso os alimentos que comemos?

Hoje, os nutricionistas em geral consideram o corpo humano como uma "caixa preta" que atulhamos com determinados itens. Esses itens são depois processados por substâncias químicas (as mesmas para todos) e em seguida excretados. Essa abordagem acata a máxima de Leonardo da Vinci: "Homens e animais são apenas uma passagem e um canal para os alimentos". O segredo consiste em descobrir o que se deve meter na caixa.

A moderna ciência da nutrição tornou-se, em grande parte, a busca de uma fórmula apta a generalizar-se para o maior número possível de pessoas. Essa tese imperava em meados do século XX, o fastígio das doses mínimas diárias, que se acreditavam prescritas por Deus. Segundo essa tese, todos os seres humanos têm essencialmente as mesmas necessidades nutricionais numa certa faixa etária e conforme o sexo.

No entanto, para onde quer que olhemos, encontramos indícios de que uma fórmula nutricional ideal não existe. Vejamos, por exemplo, o caso de Thomas Alva Edison, um dos mais vigorosos gênios criativos que nossa sociedade já produziu. Pois bem, a dieta de Edison era deplorável. Durante anos, seu único alimento foi o leite e, vez por outra, um copo de suco de laranja. Ele não acreditava em exercício, mascava tabaco continuamente e fumava vários cigarros por dia. No entanto, apesar das úlceras, do diabetes e da doença de Bright, as façanhas de Edison continuaram até o fim de sua vida. É possível argumentar, sem dúvida, que se ele houvesse adotado uma dieta melhor, ficaria mais saudável e até mais criativo; mas se o que comemos é tão importante para a função mental como nos fizeram acreditar, os péssimos hábitos alimentares de Edison deveriam tê-lo transformado numa cavalgadura.

René Dubos (1901-1982), microbiologista, ecologista e filósofo, foi um dos mais famosos cientistas do século XX. Fascinava-o uma surpreendente anomalia nutricional: a enorme variedade de nutrientes com que os humanos podem subsistir. Dubos promoveu a idéia da individualidade nutricional: as exigências alimentares dependem da estrutura da vida da pessoa, o que torna arriscada qualquer fórmula universalizante. "Voltaire era um anão perto de Washington", observou Dubos,

> mas viveu dezessete anos mais que ele e, quase tanto quanto ele, influiu na história. O japonês baixinho do pré-guerra não podia jogar basquetebol com os americanos e ainda assim era bom soldado, tendo depois da guerra obtido grande sucesso no mundo tecnológico e econômico. A nova geração de japoneses, bem-alimentada, é muito mais alta que a precedente; não sabemos, porém, se seus representantes irão viver mais ou ser mais felizes. Uma dieta boa e abundante nos mantém vivos, faz-nos crescer até certo ponto e nos protege de doenças carenciais — mas, a partir daí, realmente não sabemos muita coisa sobre seus efeitos no nosso corpo, na nossa sociedade ou no futuro da nossa civilização.

Dubos não negava a utilidade das generalizações nutricionais amplas, mas insistia em que a individualidade humana fosse sempre levada em conta. A fim de ilustrar, citou dois famosos médicos que conheceu no início de sua carreira no Instituto Rockefeller de Pesquisa Médica. Um deles era Henry William Welch, que deve ser contado entre os maiores arquitetos da saúde pública e privada dos Estados Unidos no século XX. O outro era Oswald T. Avery, famoso por sua pesquisa com doenças infecciosas e por ter sido o primeiro a provar que o ADN é o veículo das características hereditárias. Welch e Avery tinham a mesma estatura, haviam recebido praticamente a mesma educação no colégio e na faculdade, ocuparam-se a maior parte da vida com a medicina acadêmica, permaneceram solteiros, fumavam muito, quase nunca se exercitavam e eram infatigáveis conversadores. Mas, em se tratando de alimentação, estavam a quilômetros de distância um do outro.

Welch gostava de comida farta e tinha um apetite pantagruélico. Preferia alimentos saborosos, bem-condimentados, era louco por doces e insistia em encerrar suas refeições com generosas porções de sorvete de creme (que era de creme mesmo naqueles tempos). Adorava vinho e bebidas fortes. Gabava-se de que sua forma mais violenta de exercício era tirar os sapatos à noite e calçá-los de manhã. Ficou obeso ainda jovem, gostava de piadas e permaneceu intelectualmente ativo até o fim da vida. Morreu de câncer com a idade de 85 anos.

Avery, ao contrário, comia pouco. Sua refeição ideal consistia em duas fatias de torrada, algumas folhas de alface e várias xícaras de café. "Costumávamos dizer que ele mantinha o equilíbrio nutricional apenas absorvendo o nitrogênio atmosférico", escreve Dubos. Nos trinta anos em que Dubos conviveu com ele, o peso de Avery nunca ultrapassou os cinqüenta quilos, mas mesmo assim ele era sempre ativo no laboratório e no debate científico. Sofria de uma forma branda de hipertireoidismo, que se agravou um pouco num período de desapontamento com seu programa de pesquisa. Após a cirurgia e alguns meses de repouso, voltou ao laboratório e retomou o trabalho. Morreu de câncer com 79 anos de idade. Dubos pondera:

> Pelo que sei, não se fez nenhum estudo nutricional com Welch ou Avery. Podemos tomar por pacífico que diferenças genéticas desempenharam um papel em suas atitudes contrastantes frente ao consumo de alimentos e na resposta a ele; mas temos de presumir também que seus hábitos nutricionais e metabolismo foram intensamente afetados por outros aspectos de sua vida, talvez experiências antigas. É preciso mais que o conhecimento dos tipos de comida para criar uma ciência da nutrição humana.

Em estudo realizado com um grande número de mendigos na Índia, registrou-se que todos seguiam há muito tempo uma dieta deficiente em calorias, ferro, cálcio, fósforo, vitaminas A, B, C e D, e proteína animal. Mas, para seu espanto, os pesquisadores descobriram que apenas 4% dos mendigos revelavam sinais óbvios de deficiência alimentar. Além disso, as radiografias mostraram que a maioria deles tinha o esqueleto normalmente calcificado. Entre as mulheres, a dieta não provocara efeitos particularmente deletérios nem na gravidez nem na lactação, e a taxa de crescimento das crianças era apenas um pouquinho mais baixa que a normal.

Como podem criaturas humanas tolerar um padrão dietético tão pobre? Dubos acreditava que o constante armazenamento de substâncias nutritivas no corpo aciona um processo que capacita a pessoa a adaptar-se a um consumo precário. Na década de 1940, ele participou de um estudo na Guatemala. Embora a condição nutricional dos aldeões guatemaltecos fosse das mais penosas, e muitas crianças e jovens morressem de infecção, Dubos relata que

> os que conseguiam atingir a idade adulta, embora magros e de baixa estatura, mostravam-se capazes de maiores esforços físicos que os europeus ou norte-americanos, como carregar fardos pesadíssimos às costas por longas distâncias, subindo e descendo montanhas. Estudos fisiológicos revelaram que eles podiam manter-se com uma dieta capaz de levar à inanição a maioria dos europeus e sobretudo dos norte-americanos. Além disso aqueles magricelas, extremamente subnutridos segundo nossos padrões, em geral viviam até idade avançada.

Insisto nessas anomalias, não para denunciar a ciência da nutrição, mas para sugerir que uma abordagem formular, baseada no físico, que não deixa espaço para nossa vida emocional e espiritual, talvez não tenha em princípio nenhuma chance de se impor.

Lições de Coelhos

A capacidade que têm as emoções de influenciar o nível de nutrição parece profundamente enraizada no mundo animal. Um grupo de pesquisadores da

Faculdade de Medicina da Universidade Estadual de Ohio estudou os efeitos de uma dieta rica em gorduras e colesterol nos ratos. Ao fim de certo tempo, os ratos foram sacrificados e examinaram-se algumas artérias de seu corpo para se obterem evidências de aterosclerose. O processo de deposição do colesterol forma obstruções e ulcerações nas artérias, sendo que nos humanos resulta em moléstias vasculares como anginas e enfartes.

Os resultados do estudo deviam ser previsíveis, pois já se sabia por outros trabalhos que esse tipo de dieta provoca regularmente mudanças ateroscleróticas evidentes no sistema arterial dos coelhos. Porém, quando um punhado de coelhos do teste revelou modificações ateroscleróticas 60% inferiores às do grupo em geral, os pesquisadores ficaram perplexos.

Não foi descoberta nenhuma explicação para esse resultado surpreendente. Mas por fim se atinou com uma variável não-planejada e inesperada: os coelhos menos afetados tinham sido nutridos e cuidados por um pesquisador que, no curso do experimento, costumava tirar os bichinhos das gaiolas, mimá-los, acariciá-los, conversar com eles.

Seria mera coincidência? Muitos biólogos achariam risível a possibilidade de um intercâmbio entre homem e coelho influenciar moléstias vasculares ateroscleróticas e certamente a poriam de lado. Afinal de contas, essas moléstias são um evento *objetivo* que envolve processos moleculares; a guerra contra elas deve ser travada no terreno da célula, não no da psique — eis o pensamento molecular.

A fim de investigar a tal "coincidência", organizou-se um estudo controlado em que dois grupos de coelhos seriam nutridos com a mesma dieta e tratados da mesma maneira; contudo, um dos grupos devia ser removido de suas gaiolas várias vezes ao dia para receber carinho e atenção, sempre da mesma pessoa. Resultado: o grupo mimado revelou outra vez uma incidência de aterosclerose 60% menor.

Para reduzir ainda mais a possibilidade de coincidência, os pesquisadores de Ohio repetiram o teste. Os resultados foram idênticos nos três estudos. O ato de tocar, acarinhar, manusear e conversar afavelmente mostrou-se um fator crucial nos casos dessa doença, que mata mais americanos que qualquer outra.

O Alimento como Objeto Intermediário

O estudo com os coelhos, na Universidade de Ohio, indica que os efeitos da alimentação podem ser alterados pelas emoções. Se estivermos descontraídos e bem-humorados à mesa, responderemos ao alimento de uma maneira mais saudável, como fazem os coelhos? E se nos sentirmos ansiosos com relação à comida, ela nos prejudicará?

Costuma-se dizer que o nosso corpo, e não o que empurramos para dentro dele, está no banco do motorista. Eu, porém, gostaria de sugerir uma possibilidade alternativa: a de que o alimento pode agir como objeto intermediário, à maneira do papel de comer ou da roupa ungida, imbuídos da energia emanada dos desejos, preces, intenções e pensamentos dos homens.

A crença de que o mundo físico, não-humano, é sensível até certo ponto remonta aos tempos antigos. (A sensibilidade no mundo físico será discutida adiante, no capítulo "Como Reencantar o Mundo".) Esse conceito vem ressurgindo graças ao trabalho de estudiosos como David Ray Griffin, professor de filosofia e religião na Faculdade de Teologia de Clarendon e na Escola Superior de Claremont, Califórnia. Em seu livro *Parapsicologia, Filosofia e Espiritualidade*, Griffin postula o pan-enteísmo (oposto ao panteísmo), a idéia segundo a qual existe uma gradação ou espectro do elemento divino na totalidade do mundo natural. Nada, afirma ele, é tão "morto" quanto pensávamos. Lyall Watson assume postura semelhante em *A Natureza das Coisas: A Vida Secreta dos Objetos Inanimados*, em que diz:

> Sou biólogo e, como tal, fui treinado para distinguir o vivo do não-vivo, identificar parâmetros de vida e limitar minha atenção a sistemas orgânicos de certa complexidade. ... Mas a vida, ao que parece, não é assim tão facilmente definível. As "coisas", mesmo as totalmente inorgânicas e inquestionavelmente inanimadas, às vezes se comportam como se fossem seres vivos e até sensíveis.

Watson acredita que objetos físicos possam captar nossas "impressões digitais emocionais" e ficar "imantados por um longo e íntimo contato com uma criatura viva. ... Só pelo fato de os valorizarmos, conseguiremos alterá-los, e também ao modo como se relacionam com o mundo, de uma forma sutil e todavia importante".

Incluirá isso os alimentos que ingerimos?

Anorexia Espiritual

Já não apreciamos um convívio íntimo e amistoso com o alimento. "[Toda a nossa cultura] tem problemas com a comida. Hoje, estamos mais afastados dela do que em qualquer outra época da história", sustenta a Dra. Joan Gussow, professora emérita do Teacher's College, Universidade de Colúmbia.

Nossa desconfiança do alimento tornou-se tão profunda que, ao invés de abençoá-lo antes de comer, deveríamos exorcizá-lo. Em artigo para *Psychology Today*, diz Paul Roberts:

> O fato é que os americanos se preocupam com a comida: querem saber, não se podem ter o bastante, mas se estão comendo muito ou se o que comem é saudável. Indagam se provoca doenças, promove longevidade cerebral, tem antioxidantes, muita gordura ruim ou pouca gordura boa. Não contribuirá essa comida para a injustiça ambiental? Não será um viveiro para micróbios letais?

A afluência é parte do problema. Ela fez com que ficássemos desesperados e obcecados com a comida, hesitantes quanto ao que podemos ou não podemos degustar. "Conseguimos tornar ambivalentes nossos sentimentos com respeito a preparar e comer alimentos — um dos prazeres mais fundamentais, importantes e significativos da humanidade", observa Paul Rozin, professor de psicologia da Universidade da Pensilvânia e pioneiro no estudo das razões pelas quais comemos o que comemos. O alimento se tornou tão abundante, afirma ele, que "ficamos livres para elaborar nossa própria agenda culinária — comer com vistas à saúde, moda, política, etc. —, ou seja, para utilizar o alimento de um modo que muitas vezes nada tem a ver com fisiologia ou nutrição ... [e] que espantaria nossos ancestrais. É o equivalente gastronômico do tempo que hoje nos sobra".

A informação nutricional também contribui para nos confundir e deixar ansiosos. Por exemplo, a partir de 1981 os cientistas começaram a propalar que as fibras solúveis, especialmente de aveia, baixavam o nível de colesterol. A moda desse cereal invadiu meu mundo médico na Dallas Diagnostic Association. Um de meus entusiasmados colegas, que também gostava de cozinhar, começou a trazer biscoitos de farinha de aveia para o escritório, a fim de que nós, pagãos da culinária, ficássemos expostos a essas bênçãos alimentares. Embora os trincássemos obedientemente, a gratidão que meu colega colheu não foi unânime: um gaiato classificou-os de "biscoitos-porrete", e o apelido pegou.

Por volta de 1990, quando os americanos já se enamoravam da farinha de aveia, um grupo de pesquisadores de Boston lançou uma sombra de dúvida sobre seus pretensos benefícios. Frank M. Sacks e sua equipe da Faculdade de Medicina da Universidade de Harvard e Bringham and Women's Hospital deram "suplementos" especialmente preparados na forma de biscoitos e refeições a vinte empregados do hospital. Durante seis meses, metade do grupo recebeu suplementos com alto teor de fibras, contendo farinha de aveia, enquanto a outra metade ingeria alimentos similares com baixo teor de fibras, preparados com farinha de trigo. Depois de uma pausa de duas semanas, os suplementos dos grupos foram trocados.

Nenhuma das dietas afetou a pressão sanguínea e ambas baixaram a média de colesterol dos voluntários de 7 a 7,5%. Não houve diferença significativa entre as dietas em termos de ação anticolesterol. Com base nesse estudo limitado, os pesquisadores concluíram que "a ação anticolesterol da farinha de aveia é mínima" nas pessoas com taxas normais e até nas que apresentam valores elevados. Sugeriram que quem se preocupa com colesterol alto deveria antes aumentar seu consumo de carboidratos complexos, "independentemente do conteúdo de fibras".

Qual o efeito disso na maneira como nos relacionamos com o prato? Que tipo de "impressões digitais emocionais" nosso alimento estará absorvendo de nós, em resultado da ambivalência que provoca?

Política Alimentar

Lembram-se dos bons tempos em que pensávamos que nossas escolhas alimentares afetavam apenas a nós? Agora estamos descobrindo que essas escolhas prejudicam não só nosso corpo, mas também a terra. É a mensagem de um texto intitulado "Impactos Nacionais das Mudanças Dietéticas Recomendadas", lido na reunião anual da Associação Americana para o Progresso da Ciência. Os participantes passaram em revista não apenas as conseqüências salutares de uma "boa" dieta, mas também os efeitos benéficos em tudo, desde terra, água, combustível e uso de minerais até custo de vida, taxas de emprego e equilíbrio do comércio internacional. Cerca de 90% de nossos cereais e legumes e 50% do produto da pesca vão para o gado. J. B. Penn, do Departamento de Agricultura dos Estados Unidos, afirma que uma mudança dietética, de produtos animais para vegetais, cereais e frutas, envolve transferência e reciclagem dos trabalhadores agrícolas. A conseqüente redução nos custos do alimento faria com que os gastos pessoais fomentassem outros setores da economia. A carne, por exemplo, é cinco ou seis vezes mais cara que alimentos com igual teor de proteína vegetal e seu consumo onera em cerca de quatro mil dólares anuais o orçamento de uma família de classe média — incluindo-se aí os custos com tratamento médico.

Os benefícios do abandono de produtos animais são incontáveis. A menor demanda de petróleo, minerais e maquinaria agrícola do exterior, bem como a maior disponibilidade de legumes e cereais para exportação, reduziriam nosso déficit comercial, minimizariam nossa dependência de fontes de energia estrangeiras e fortaleceriam o dólar no mundo inteiro. Assim, ao nosso *medo* da comida, podemos acrescentar agora a *culpa* — culpa por estarmos lesando não apenas a nós mesmos, com nossas escolhas alimentares, mas também ao nosso planeta. Não se sabe até que ponto o medo e a culpa afetam o metabolismo dos alimentos no nosso organismo; mas, sem dúvida alguma, não o ajudam em nada.

A culpa tem desempenhado um papel significativo na nutrição há muito tempo. Ao longo de gerações, o mantra das mães, quando queriam que limpássemos o prato, era: "Pense nos milhões de criancinhas chinesas que passam fome!" No entanto, a culpa que as mamães engendravam era nada em comparação com a que algumas pessoas experimentam ao examinar as repercussões globais de suas escolhas alimentares. Quem não sente uma picada de remorso ao pensar que milhares de acres da floresta tropical amazônica estão sendo desmatados para criar o gado responsável pelo bife de nossos hambúrgueres? Que a fumaça que atormentou o Texas no verão de 1998 subiu para o norte a partir dos incêndios no sul do México, alguns ateados deliberadamente para limpar a terra e abrir espaço ao gado necessário à indústria da carne norte-americana? Que cerca de um bilhão de pessoas, em todo o mundo, vão para a cama todas as noites com fome, quadro que poderia ser revertido se preferíssemos o bife vegetal?

As pressões sociais há muito modelam os hábitos alimentares dos americanos. A antropóloga britânica Mary Douglas informa que, na virada do século XX, a dieta americana cristalizou-se num formato que ela apelidou de "1A + 2B": uma porção de carne mais duas porções menores de legumes ou fécula. Ao chegar ao país, os imigrantes sofreram enorme pressão para se conformar aos hábitos locais.

Para ser bons cidadãos americanos, tinham de comer como os americanos. Roberts conta que as famílias italianas eram constantemente instruídas por "americanizantes" a não misturar seus alimentos. No começo dos anos 1900, um assistente social foi visitar certa família italiana recém-estabelecida em Boston. Estavam se adaptando bem à casa, à língua e à cultura... mas havia um probleminha: "Continuam a comer macarrão", registrou o assistente social. "Não foram ainda assimilados."

O Dr. Harvey Levenstein, autor de *Revolution at the Table* [Revolução à Mesa], observou os mesmos obstáculos no caso de imigrantes poloneses: "Não apenas ingerem um só alimento por refeição como comem do mesmo prato. É, pois, preciso ensiná-los a servir em pratos separados e a não misturar os ingredientes."

Pode ser difícil distinguir correção nutricional de correção política. Quando a apresentadora Oprah Winfrey foi processada em 1997 pela indústria alimentícia do Texas por ter alertado para os riscos potenciais à saúde da "doença da vaca louca", a batalha foi amplamente descrita pela mídia como uma luta ideológica entre liberais e conservadores. Winfrey representaria o pensamento progressista, vegetariano, esquerdista, ao passo que os boiadeiros texanos defenderiam o lucro, o corporativismo rural, o conservadorismo direitista e o colesterol. Os boiadeiros levaram a pior.

Minha padaria favorita chama um de seus bolos mais vendidos de "Bolo de Chocolate de Tríplice Marca-passo", insinuando que comer uma fatia dele é flertar com o suicídio e que quem faz isso é moralmente degenerado. Em contrapartida, mastigar algo com gosto de papelão é em geral considerado um corajoso exercício de desprendimento. Aplicamos valores morais ao que comemos sem perceber, como quando dizemos que ingerir um petisco saboroso é um "pecado".

O moralismo alimentar também influi na maneira como julgamos os outros. Num estudo da Universidade Estadual do Arizona, realizado pelos psicólogos Richard Stein e Carol Nemeroff, estudantes fictícios que estariam consumindo uma boa dieta — frutas, pão caseiro de trigo, frango e batatas — foram classificados pelo grupo de teste como mais éticos, simpáticos, atraentes e vigorosos do que seus colegas que se entregavam a uma "má" dieta de carnes vermelhas, hambúrgueres, fritas, bolos e sorvetes duplos.

Na década de 1920, os consumidores só tinham à disposição umas poucas centenas de produtos alimentícios, e destes apenas alguns exibiam marca. Por volta de 1965, cerca de oitocentos novos produtos eram lançados anualmente. Mil e trezentos apareceram em 1975; em 1985, havia 5.617; em 1995, 16.863 chegaram ao mercado. Hoje, afogamo-nos em opções alimentares. Ante essa situação, muita gente levanta as mãos numa atitude de "que fazer?" e continua a devorar as coisas de que gosta, prestem ou não. Ou hesitam numa "esquizofrenia dietética, tentando equilibrar suas indulgências com acessos de comida saudável, como ingerir três pedaços de bolo de chocolate um dia e apenas fibras no outro" — segundo o artigo de Roberts em *Psychology Today*.

Uma Solução?

Não conheço nenhum remédio para nossas angustiantes atitudes frente à comida. Mas temo que estejamos empenhados, inconscientemente, num experimento colossal, criando incontáveis objetos intermediários sob a forma de alimentos, que imbuímos de atitudes negativas potencialmente nocivas para nós.

Nem tudo está perdido; ilhas de sanidade alimentar ainda existem. Contrastemos, por exemplo, nossas atitudes com as dos franceses: "Na França, não existe ambivalência em relação à comida: ela é apenas uma fonte de prazer, mais nada", relata Rozin.

Também é encorajador que uns poucos especialistas tenham começado a escrever sensatamente sobre as conexões entre nutrição e espiritualidade. Seus livros partem do princípio formular do "tamanho único". Meus favoritos são *Nourishing Wisdom* [A Sabedoria que Alimenta], de Marc David, e *Feeding the Body, Nourishing the Soul* [Nutrir o Corpo, Alimentar a Alma], além das muitas obras do cardiologista Dean Ornish.

Proponho ainda que talvez seja boa idéia resgatar um antigo costume — o jejum — como uma maneira de restaurar o senso de reverência e gratidão por aquilo que comemos. Não sei de meio melhor para neutralizar nossa ambivalência em relação ao alimento do que ficar sem ele por algum tempo. Não falo de pseudojejuns, com seus "sucos" e "frutas" que acabam com qualquer jejum, mas da privação total de alimentos, entremeada aqui e ali de copos de água. Quem se interessar por essa prática venerável terá muita informação ao seu dispor: encontrei 62 livros sobre o assunto. No entanto, antes de iniciar um jejum de verdade, consulte um médico para saber se será seguro. Examine também suas razões para fazê-lo. Você quer apenas perder peso ou pretende explorar sua relação com o alimento e aguçar sua visão espiritual? Obras de cunho médico como *Fasting and Eating for Health* [Jejuar e Comer para Ter Saúde], do Dr. Joel Fuhrman, também podem ajudar, assim como livros espiritualistas como *A Hunger for God* [Fome de Deus], de John Piper.

O jejum pode ajudar-nos a compreender que "comer para ter saúde" é apenas uma das muitas maneiras de abordar a nutrição — aliás, muito limitada. A alma precisa tanto de alimento quanto o corpo. Como disse o epicurista francês Anthelme Brillat-Savarin no início do século XIX, "A verdade é que, ao fim de uma apreciada refeição, tanto a alma quanto o corpo fruem um especial bem-estar... e o espírito se torna mais perspicaz".

5

Guerra: Uma Lembrança do Vietnã

"O OBJETIVO DO SOLDADO É SIMPLES:", disse um amigo meu que trabalhou no Pentágono, "matar pessoas e explodir coisas." Além de serem mortas, as pessoas também se incluem nas "coisas" que voam pelos ares na guerra. A guerra não se limita a despedaçar membros: pode privar-nos até do senso de significação, distorcer o quadro mental com que compreendemos o mundo, embaralhar nossas noções de certo e errado, saúde e doença, egoísmo e heroísmo. A do Vietnã foi como qualquer outra guerra, desse ponto de vista, e no entanto poucos de nós paramos para examinar as coisas enquanto éramos tragados por ela. Eu não fui exceção.

Apresentei-me para servir no Vietnã em 1969, logo que terminei o período de residência. Não havia nada de nobre na minha decisão. Todos os médicos jovens estavam sendo recrutados na época e achei que poderia obter um cargo melhor se fosse voluntário. A estratégia não funcionou.

Durante as seis semanas de treinamento antes da partida para o Vietnã, minha atitude cínica para com os militares agravou-se ao contato com diversos oficiais de carreira designados para nos doutrinar no nosso novo papel de médicos do exército. Espantava-me o entusiasmo deles. Considerava-me um pouco mais prudente, pois conseguia perceber a loucura da guerra e eles não. Fiz o voto solene de que jamais, em circunstância alguma, correria riscos inúteis caso me encontrasse em situação perigosa no Vietnã. Considerava, no entanto, improvável a possibilidade de risco, já que a meu ver as chances de ser lotado num hospital em zona segura eram muito boas.

Outra vez meus cálculos falharam. Deram-me a patente de cirurgião de batalhão — um título pomposo — junto a um corpo de infantaria mecanizada afeto a uma brigada de pára-quedistas. Fiquei perplexo ao saber que realmente existiam cargos assim para médicos. Impingiram-me um fuzil M-16, uma pistola .45, uma cartucheira para munição extra, uma faca de combate e um colete à prova de balas — tudo isso, além da maleta de primeiros-socorros, me acompanharia durante aquele ano.

De novo, o inesperado aconteceu. Depois de alguns dias na linha de frente, comecei a pôr de lado minhas resoluções anteriores e, literalmente, a cortejar o perigo. Apresentava-me como voluntário para patrulhas e missões de ataque; até me inscrevi numa escola de "saltos" de pára-quedas. À medida que ia me identificando com o novo papel, considerei seriamente a possibilidade de voltar aos Estados Unidos para ingressar na Escola de Preparação de Oficiais, de modo a poder regressar ao Vietnã e comandar meu próprio batalhão de infantaria. Quando, após seis meses de serviço arriscado, chegou meu turno de ir para um hospital de retaguarda, recusei a oportunidade e preferi ficar no campo, com todas as suas baixas e carnagem, por mais seis meses — apesar de já saber muito bem que a guerra é insana. Mas eu era assim.

Vietnã, II Corpo, Zona de Desembarque English, 1969. Cheguei ao posto avançado a tempo de ver a tripulação do blindado atingido afastar-se dele. Os homens estavam sujos e cobertos de sangue. Notei que o veículo, parecido com um tanque, tinha um buraco no costado, aberto por uma granada disparada por foguete. De onde vinha todo aquele sangue? Subi no veículo, desci pela abertura até a câmara claustrofóbica e vi-me ao lado de um soldado jovem. Ele não tinha cabeça. Palpei-lhe a base do crânio — um buraco vazio, esbranquiçado, que antes contivera um cérebro. Olhando à volta, vi o tecido cerebral perdido espalhado por todos os lados. A cabeça dele sofrera diretamente o impacto da granada e ambos explodiram.

Sua insígnia me informava que era sargento. Tinha as mãos cruzadas ao colo, como se meditasse. Notei um volume no bolso da camisa do seu uniforme. Desabotoei-o e tirei dali a carteira, estufada de fotografias de sua bela esposa e duas radiosas crianças. A mais velha é uma menina de trancinhas e fitas. Na foto, inclina-se para o irmãozinho e toma-lhe a mão.

Respeitosamente, repus a carteira no bolso do sargento. Em seguida, encostando-me a meu camarada sem cabeça, ombro a ombro, comecei a chorar. Já faz quase um ano que cheguei ao Vietnã e estou farto da carnificina — física, emocional e espiritualmente. Os incontáveis soldados empapados de sangue que socorri e ressuscitei antes de mandá-los para o hospital; os dias passados em cabanas vietnamitas a tratar de malária, tuberculose e doenças exóticas das quais mal fazia idéia; as vezes que escapei afortunadamente à chuva de morteiros; as mais de duzentas horas passadas a bordo de helicópteros, sempre na iminência de uma queda — o caos surrealista reaparece enquanto as lágrimas correm.

"Ei, doutor, por que diabo demora tanto?" Um dos meus médicos está preocupado com o que se passa no interior do veículo. Precisam de mim lá fora. Sufoco a emoção e empurro-a para algum canto de minha mente que reservo para essas ocasiões. Sou responsável por um milhar de homens; o controle emocional é tudo.

Invertendo a hierarquia, bato continência ao camarada morto e digo-lhe adeus. Asseguro-me de que seu bolso está bem fechado para que a carteira não caia quando ele for metido no saco de lona.

Relembro com espanto aqueles meses no Vietnã. Ainda acho difícil acreditar que não só participei da guerra como o fiz com entusiasmo. Acreditava ser imune ao espírito de caserna, mas em pouco tempo orgulhava-me do comportamento que antes repudiava. Tornei-me parte de um grupo de homens que sobreviviam a duras penas enquanto tentavam cumprir o seu dever; e teria dado a vida, assumido todos os riscos para ajudá-los a consegui-lo, como fiz muitas vezes. Os camaradas sabiam que minha devoção por eles não tinha limites e pagavam-me na mesma moeda. Essa dedicação mútua incondicional explica por que, durante um ataque, um soldado de 18 anos atravessou uma plantação de arroz, enfrentando o fogo inimigo, *para me dar um refrigerante*!

Juntamente com os perigos brotavam as mais ferozes sensações e os mais paradoxais prazeres que jamais experimentara. As emoções da guerra são, simplesmente, incomparáveis. Os guerreiros sabem-no bem e essa certeza explica em grande parte o acordo tácito que os liga.

Há muito deixei de procurar explicações racionais para semelhantes experiências, pois elas não existem. O fato concreto é: o empenho no combate é uma das forças mais irresistíveis com que os homens deparam, um poder capaz de amesquinhar qualquer processo de raciocínio que se erga contra ele. Para complicar as coisas a guerra, com todos os seus horrores, é sempre aureolada com uma profusão de virtudes — não apenas sacrifício e heroísmo, que são previsíveis, mas também amor e compaixão, que não o são. Se a guerra extrai o pior do homem, extrai também o melhor. A guerra é a principal atividade humana, em que o bestial e o divino se apresentam lado a lado, na mesma pessoa.

Pelas minhas experiências no Vietnã, creio que ninguém está a salvo das seduções da guerra. Se eu, esquecendo a antipatia e o desgosto pela guerra, pude aceitá-la, desejá-la e *amá-la*, então talvez ninguém consiga escapar de sua atração. Gostaria que minha experiência fosse única, mas, infelizmente, ela é bastante comum e explica por que as guerras não acabam.

Guerra e Sombra

Caí sob o feitiço da guerra em virtude de forças inconscientes que não entendia e, portanto, não podia controlar. Os impulsos psicológicos que compelem os homens à guerra constituem um padrão mental universal, em todas as épocas e culturas — aquilo que o psicólogo C. G. Jung chamou de "arquétipo". Esses fatores não-reconhecidos fazem parte da "sombra", na linguagem de Jung, ou seja, a porção da psique onde se acumulam todos os traços desagradáveis e inaceitáveis que repelimos no nível consciente.

O acontecimento mais importante da história moderna, que nos obriga a confrontar a sombra individual e coletiva, é provavelmente a guerra do Vietnã. Harry A. Wilmer, presidente do Institute for the Humanities em Salado, Texas, é um pesquisador e psiquiatra especializado no tratamento de veteranos do Vietnã que sofrem de trauma de guerra. Em seu livro *Vietnam in Remission* [Vietnã Resgatado], ele declara: "Até o Vietnã, os americanos contentavam-se com descobrir a sombra e o mal apenas nos seus inimigos. Mas, graças àquela experiência, a mídia — e o televisor da sala — mudaram isso. De repente, a tecnologia nos fez ver em *close* não só os horrores da guerra, mas vê-los ao vivo. Isso nunca havia acontecido na história do mundo".

A Culpa é dos Guerreiros

A psique é engenhosa e tudo fará para ignorar seu lado escuro. Isso com freqüência significa atribuir a outros os impulsos sórdidos que palpitam em nós — um mecanismo psicológico de defesa chamado projeção. No caso do Vietnã, o episódio mais gritante de projeção envolveu o tenente William Calley, levado à corte marcial e condenado pelas atrocidades perpetradas na aldeia de My Lay. A condenação de Calley tornou possível para nós afirmar que não chacinamos mulheres e crianças vietnamitas: *ele e soldados de sua laia* o fizeram. No fundo, acusamos milhares de soldados americanos pelos crimes de Calley — guerreiros como Tom, um dos veteranos tratados por Wilmer:

> Tom orgulhava-se de ser um "comedor de poeira" (soldado de infantaria) que conseguiu sobreviver 26 meses no Vietnã. E de fato sobrevivera a duras batalhas, inclusive a Ofensiva do Tet em Hue, capturada por tropas do Vietcongue e do Vietnã do Norte. Tom contou a Wilmer que, quando desembarcou no Aeroporto Nacional de Washington, "uma senhora se aproximou de mim e chamou-me de assassino, batendo-me no rosto com sua bolsa. Eu disse para mim mesmo: 'Droga, foi para isso que voltei?' Saí e tomei uns goles. Não valeria a pena ter voltado, se as coisas fossem tomar aquele rumo".

Outro paciente de Wilmer era Cervando, um rijo ex-fuzileiro que regressou com uma penca de medalhas. Numa sessão, disse a Wilmer: "Olhe à sua volta. Ainda há pessoas com vergonha de dizer 'Sou um veterano do Vietnã', pois temem que os outros evitem falar com elas. Eu mesmo já fui insultado: 'O senhor é um daqueles açougueiros que gostam de matar criancinhas?'"

Mike, também paciente de Wilmer, chegou aos Estados Unidos ferido, aterrorizado e com complexo de culpa por ter sobrevivido a seus camaradas, mas ainda assim feliz por estar em casa. Disse ele: "Desci no aeroporto de San Francisco e corri a um bar. Os freqüentadores resmungaram: 'Que está fazendo aqui? Está louco? Vá para o inferno!' Achei que a mídia nos descrevera como malucos, mas quando deixei o serviço considerei-me normal. Só queria ir embora. Cumpri meu dever e agora que me deixem em paz".

Eric, que perdera um pé numa explosão, sentia tanta vergonha que mentia sobre seu ferimento: "Quando me perguntavam se eu estivera no Vietnã ou o que acontecera com minha perna, dizia ter sofrido um acidente de carro para não dar mais explicações".

O Uniforme e a Lata de Lixo

Meu vôo de volta do Vietnã terminou em Seattle, Washington, no começo da manhã. Ao descer do avião, nem eu nem meus companheiros sentíamos alegria alguma. Também não havia nenhum comitê de recepção nem as fitas amarelas que enfeitaram todas as cidades americanas quando os veteranos da Guerra do Golfo regressaram, na geração seguinte. Quando pus o pé no solo dos Estados Unidos, foi como se entrasse em território inimigo, sensação que eu conhecia muito bem depois de um ano no meio do mato. Planejara a volta com semanas de antecedência. Antes de deixar o Vietnã, comprara algumas roupas civis.

Meu primeiro ato no aeroporto de Seattle foi meter-me num reservado, livrar-me do uniforme e dos coturnos, colocá-los numa lata de lixo e vestir as roupas civis baratas antes de tomar o vôo de conexão para casa. Sabia que ia haver uma passeata pela paz em Washington, D. C., dali a alguns dias, pois a gritaria contra a guerra estava no auge. Eu simplesmente tão tolerava a perspectiva de ser ridicularizado e não estava certo de poder controlar a raiva se alguém me fizesse uma observação cínica. Talvez houvesse agido bem jogando o uniforme no lixo. Lembro que me senti tonto ao sair do reservado com minha nova identidade. Como Tom, Cervando e Mike, só queria esconder-me.

Wilmer, resumindo o modo como os americanos projetaram sua culpa nos veteranos do Vietnã, pode falar por mim: "Não preciso repetir as incontáveis 'recepções' vergonhosas feitas aos veteranos, que eram cuspidos, humilhados, chamados de perdedores, infanticidas, drogados, bombas-relógio..."

Os americanos não detêm o monopólio do tratamento vergonhoso dado aos soldados que regressam. Também os russos encararam seus veteranos do

Afeganistão com desprezo. No dia 9 de maio de 1990, eles foram deixados de fora do desfile que celebrava em Moscou o quadragésimo quinto aniversário da vitória sobre a Alemanha, na Segunda Guerra Mundial. Enquanto as festividades prosseguiam, aqueles veteranos se juntavam no Parque Gorki para celebrar "apenas a sobrevivência".

Pesadelos de Guerra

Ao voltar do Vietnã, retomei o curso médico e completei a residência em medicina interna. Mas, à noite, a guerra estava sempre por perto. Ela me assombrava sob a forma de um pesadelo horrível, que me perseguiu durante quase vinte anos.

> Chamada de emergência no rádio: uma patrulha foi emboscada e houve baixas. Corro para o helicóptero e tomo meu lugar enquanto ele levanta vôo numa nuvem de poeira vermelha. Em questão de minutos estamos sobrevoando o local da emboscada e o aparelho pousa numa clareira. O cheiro de pólvora ainda paira no ar. Estendidos no chão, três jovens imóveis. Examino-os rapidamente e descubro que dois estão mortos. O terceiro vive, mas está pálido, banhado em suor, quase inconsciente. Percebo apenas um ferimento: uma manchinha vermelha acima do coração, a assinatura da granada. Terá o fragmento perfurado a pleura, o pulmão, o pericárdio ou o coração? Sem perda de tempo, colocamos o rapaz no helicóptero. Ele logo perde totalmente a consciência. Não disponho de sangue, injeções, drenos; inicio o procedimento de ressuscitação manual para mantê-lo vivo. Enquanto voamos sobre a floresta rumo ao hospital, sinto-me furioso ao ver aquele robusto e jovem soldado morrer de um ferimento aparentemente tão insignificante.
>
> Pousamos no heliporto; dois médicos ali a postos colocam o rapaz numa maca e correm para a recepção. Sigo-os, mas sou barrado à entrada por um capitão que também é médico. Seu uniforme impecável contrasta com o meu. Gesticula com raiva incontida: "Você não pode entrar neste hospital", esbraveja. Não compreendo; sou médico, o ferido é meu paciente. Mantive-o vivo. "Veja o seu estado!", grita o capitão, apontando para meu uniforme, coberto de sangue e da poeira vermelha do Vietnã. Trago ao ombro o fuzil e a sacola de primeiros-socorros, e, na cintura, a pistola .45. "Você está armado! Isto aqui é um hospital! Não permitimos armas e sujeira no recinto!" De repente, um grupo de médicos me rodeia e tenta afastar-me, como se eu fosse um criminoso. Resisto, mas sou dominado. Depois de me tirarem o fuzil, a pistola e a sacola, jogam-me no chão. Olho para além deles e vejo o jovem soldado, meu paciente, desaparecendo por um corredor. Tenho de ir com ele, tenho de ajudá-lo! Tento levantar-me, mas os vigorosos médicos me imobilizam de novo. "Você não é um dos nossos!", brada o arrogante facultativo. "Vá embora!" Vejo en-

> tão que a porta do hospital foi fechada. Minhas armas estão lá dentro e não posso recuperá-las.
>
> Sem nada com que me defender, sinto-me fragilizado e começo a entrar em pânico. O helicóptero está esperando, o motor continua ligado. Subo para bordo. Devora-me o ódio àquele médico para quem a guerra tem de ser limpa e asséptica. Ele é como muitos médicos de hospital militar que conheci, os quais, embora tenham cargos seguros e instalações confortáveis, vivem reclamando que tiveram a carreira interrompida e que são obrigados a suportar toda sorte de indignidades. Não fazem idéia do que sofrem os "comedores de poeira", os verdadeiros guerreiros, ou os médicos de campo que tentam mantê-los vivos. De volta à selva, assalta-me uma mórbida sensação de pavor.

Até esse ponto do sonho, os eventos eram puramente factuais: o paciente existiu mesmo e eu tinha, de fato, sido barrado e desarmado num hospital de retaguarda quando para lá transferia feridos de helicóptero. Mas depois o sonho tomava forma monstruosa:

> No caminho de volta para a base, onde está localizado meu ambulatório, o helicóptero é derrubado. A tripulação se feriu, mas eu estou incólume. Gritam por socorro e eu não tenho suprimentos. Os vietcongues se aproximam do aparelho abatido; ouço-os deslizar pela selva. Compreendo que vou ser capturado, torturado, executado e mutilado. Instintivamente rebusco minhas armas, esquecendo-me de que já não tenho nenhuma. O pior aconteceu: fiquei totalmente indefeso. Esperando o fim, acordo aterrorizado.

Ano após ano, o mesmo pesadelo. Na tentativa de livrar-me dele, evitava tudo o que me lembrasse o Vietnã. Não via filmes de guerra, não lia livros sobre o assunto e não falava de minhas experiências com ninguém, nem sequer com minha esposa. O Vietnã era assunto encerrado, coisa do passado. Além do mais, achava que meus demônios eram só meus, não havendo razão para soltá-los em cima de quem quer que fosse. Essa atitude não funcionou. Tentar pôr uma tampa em minha psique era o mesmo que tentar repelir o oceano. O pesadelo voltava sempre, tão terrível quanto antes.

A solução veio de um modo inesperado. Dezoito anos depois de meu regresso do Vietnã, fiz uma viagem ao Novo México com minha esposa, Barbie. Em visita a Santa Fé, ficamos no La Fonda, um bonito e histórico hotel localizado na praça. Era tarde da noite e estávamos exaustos. Procurando uma diversão qualquer, ligamos a televisão e metemo-nos na cama. Estava passando um drama sobre o Vietnã. Antes que eu pudesse mudar de canal, o que era meu jeito costumeiro de lidar com coisas relacionadas à guerra, notei que os fatos descritos na tela eram uma reprodução de meu pesadelo — um helicóptero abatido, soldados feridos, o inimigo se aproximando. Fiquei perplexo. O drama televisivo tornou-se tão real quanto o sonho e mergulhei nele de corpo e alma. Mas, em vez de sentir medo e entrar em pânico, como no pesadelo, comecei a soluçar. Logo os soluços se tornaram incontroláveis — rios de lágrimas, arrancos que sacudiam a cama. Os atores até lembravam alguns dos meus antigos camaradas. Mas o que mais me impressionou foi sua inocência. Pareciam tão *jovens — crianças,* quase! A pena que senti deles é inenarrável. Quando o filme terminou, continuei a chorar. Minha esposa me consolava o tempo todo e ainda assim eu não conseguia conter-me. Estava agora no Vietnã e, pela primeira vez em quase vinte anos, permiti que a imaginação resgatasse as lembranças sepultadas. A tampa de minha psique fora completamente retirada e os eventos reprimidos, dolorosos, saíram de lá livremente. Não fiz nenhuma tentativa para controlar ou censurar nada. Horas mais tarde, após ensopar todas as toalhas do banheiro, minhas lágrimas finalmente estancaram.

Exausto, mas infinitamente sereno, deixei Barbie dormindo no hotel e saí para um passeio. Era de manhãzinha e as estrelas já desapareciam. No leste, borrões vermelhos anunciavam a aurora, símbolo de um fim e de um recomeço. O pesadelo nunca mais voltou.

Nós "Entendemos" a Guerra?

A guerra se comporta como uma infecção. Algumas sociedades parecem relativamente imunes a esse "micróbio", enquanto outras demonstram pouca resistência e estão sempre adoecendo. Em seu brilhante livro *Blood Rites: Origins and History of the Passions of War* [Rituais de Sangue: Origens e História das Paixões Guerreiras], a bióloga e escritora Barbara Ehrenreich afirma que, uma vez declarada, a guerra pode "enquistar-se durante gerações, se necessário, na alma humana", vindo à tona inesperadamente numa época posterior. Ao contrário de doenças como a varíola ou o sarampo, a infecção da guerra não traz imunidade permanente. A guerra, no mínimo, destrói o sistema imunológico de uma sociedade contra o conflito armado. Depois que uma nação empunha armas, tende a repetir o gesto. Haverá alguma que só *uma* vez foi à guerra?

Quando a inoculação é suficientemente abundante, infecta todos os Estados. A infecção pode começar como um insulto ao orgulho nacional, uma opressão econômica ou uma invasão de verdade. Ocorrida a provocação, a guerra costuma saltar de país para país, à semelhança da autoproliferação e da propagação de um organismo vivo.

O micróbio da guerra, ao que parece, está se tornando mais virulento. Eis a prova: o século XX provocou 75% das mortes infligidas por ele desde o advento de Roma. Como nas doenças infecciosas, o maior número de baixas é de fracos e indefesos: nos modernos conflitos, 90% dos mortos são não-combatentes, incluindo os idosos, mulheres e crianças. E como muitas infecções, a guerra aumenta a suscetibilidade a outras doenças. Em Rwanda, o cólera exterminou cerca de quarenta e cinco mil pessoas em poucas semanas, no ano de 1990, uma das mais graves e letais epidemias jamais registradas.

Toda uma variedade de "infecções" oportunistas acompanha a guerra, como acontece com diversas moléstias. Considerem-se, por exemplo, as seguintes:

- cem milhões de minas terrestres existentes em 64 nações.
- 2,2 bilhões de hectares de fazendas e florestas destruídos no Vietnã pelo corte, o napalm e o desfolhamento com 72 milhões de litros de herbicidas.
- lixo tóxico resultante da produção e testes de armas, inclusive combustíveis, tintas, solventes, fenóis, ácidos, álcalis, propelentes e explosivos.
- altas taxas de câncer nas imediações de Hanford Reservation, Washington; Rocky Flats, Colorado; e Oak Ridge, Tennessee.
- 4.500 Departamentos de Energia contaminados nos Estados Unidos.
- desnutrição e déficits de inteligência e desenvolvimento que afetarão, a longo prazo, dezessete milhões de crianças privadas de seus lares pela guerra.

Origens da Guerra: As Duas Teorias Dominantes

Há duas teorias dominantes que tentam explicar por que vamos à guerra: (1) a guerra é o melhor método de que dispõem os homens para salvaguardar seus interesses políticos e econômicos coletivos, melhorando assim suas vidas e (2) a guerra é fruto de impulsos sub-racionais semelhantes àqueles que levam as pessoas a cometerem crimes violentos — impulsos que talvez sejam biológicos. A primeira razão é virtualmente incontestável. "Não há dúvida", escreve Ehrenreich, "de que as guerras objetivam, ao menos ostensivamente, assegurar necessidades como terra, petróleo ou 'vantagem geopolítica'."

Será a guerra "biológica"? Quem analisar imparcialmente a natureza decerto pensará assim. Em *On the Mesa* [Na Meseta], o naturalista John Nichols descreve suas observações no lago pluvial de uma meseta do norte do Novo México, depois de uma tempestade de verão: "Horas depois de a água ter-se acumulado, mosquitos e outros insetos aparecem em chusmas. Posso ver nuvens deles nascendo. Logo depois, libélulas verdes sobrevoam a poça lamacenta, perseguidas por agressivas libélulas azuis e cinzentas. Coisinhas miúdas se engalfinham, mastigam, desmembram, comem, digerem, defecam e em seguida olham à volta, famintas, para ver se nada lhes escapou. É a vida elucidada por um perpétuo holocausto. É o mundo da natureza como guerra total!"

Parece mesmo que o Marquês de Sade (1740-1814) tinha razão ao dizer: "Quem mais, se não a Natureza, nos sussurra ódios pessoais, vinganças, guerras, em suma, todos os eternos motivos do crime? ... É impossível para o crime sequer ultrajar a Natureza".

Será essa a nossa herança? Seremos impelidos à guerra por processos mentais ditados em última análise por nosso DNA? "Não há nenhum cálculo biológico direto capaz de induzir o homem a matar-se na guerra", assevera Ehrenreich. "O argumento 'racional' para o sacrifício em combate é que, fazendo isso, promovemos a sobrevivência dos nossos parentes e, portanto, de um material genético semelhante ao nosso — egoísmo disfarçado de altruísmo. Talvez isso explique situações em que os guerreiros tombam lutando por sua família próxima ou clã, mas é exagerado aplicar esse raciocínio aos formidáveis e 'geneticamente poliglotas' exércitos dos países tanto antigos quanto modernos." Ainda assim, a teoria de que a violência humana tem raízes biológicas é imensamente popular, com bom acervo de provas a seu favor. Ao que parece, o problema não consiste em saber *se* temos tendências biológicas a machucar os outros, mas até onde descem essas raízes.

Se nossos genes nos empurram para o campo de batalha, é de esperar que certas formas de violência associadas à guerra também se entranhem na natureza. Um exemplo é o estupro.

A cópula forçada é tão comum na natureza que poderíamos nos perguntar se não constitui a norma. A mosca-escorpião macho é um grande estuprador. Fica de tocaia, à espera da fêmea incauta, e quando ela passa projeta seu abdome flexível e agarra-lhe a perna ou a asa. Embora a vítima quase sempre escape, nem sempre é bem-sucedida e tem de sujeitar-se à cópula. Agressões sexuais ou estupros de gangues são comuns entre os patos selvagens, e as fêmeas são atacadas com tanta impetuosidade que chegam às vezes a afogar-se. Os tubarões azuis assassinos agridem suas próprias fêmeas e parecem incapazes de conviver com elas sem praticar esses atos. O estupro é um padrão comum de comportamento para muitos insetos, rãs, tartarugas; até o de caráter homossexual já foi observado em alguns vermes parasitas.

A despeito do fato de o estupro ser inquestionavelmente corriqueiro na natureza, parece animalesco, bestial, "estranho". No nível humano, violações e pilhagens são coisas que o inimigo malvado pratica. Quando as forças japonesas capturaram a cidade chinesa de Nanjing, em 1937, mais de vinte mil mulheres foram sexualmente torturadas e assassinadas no prazo de um mês — o "Estupro de Nanjing". Em 1943, mercenários marroquinos a serviço da França receberam autorização para violentar dezenas de milhares de mulheres italianas. Gostamos de pensar que "nossos rapazes" nunca fazem tais coisas. No entanto, segundo a escritora feminista Ruth Seifert em seu ensaio "Guerra e Estupro", quando Berlim foi libertada, na primavera de 1945, "As tropas aliadas tiraram férias da guerra e de seus escrúpulos, violentando centenas de milhares de mulheres alemãs, entre as quais havia mesmo vítimas dos campos de concentração nazistas".

A Excitação da Guerra

Quando as pessoas são sugadas pelo buraco negro da guerra, quase sempre ficam cheias de entusiasmo. Nos dias que precederam a Primeira Guerra Mundial, poucos conseguiam resistir aos atrativos do conflito iminente. Ehrenreich revela que Anatole France, embora já com 70 anos de idade, apresentou-se como voluntário e Isadora Duncan se disse toda "chama e fogo" com relação à guerra. Feministas como a inglesa Isabella Pankhurst esqueceram a luta pelo voto feminino para apoiar o esforço de guerra. Até o jovem Gandhi recrutou indianos para o exército britânico. Arnold J. Toynbee, o historiador inglês, foi envolvido pelo frenesi e produziu diversos volumes de "propaganda atroz" como sua contribuição para o esforço de guerra.

O caso de Sigmund Freud é particularmente interessante. Como muitas pessoas, entusiasmou-se com a guerra e por algum tempo, segundo Ehrenreich, canalizou "toda a sua libido para a Áustria-Hungria ... Incapaz, durante semanas, de trabalhar ou pensar em outra coisa, Freud por fim concluiu que existe algo de escuro na psique humana, um desejo perverso de destruir, contrabalançando assim Eros e a vontade de viver". Mas se Freud realmente compreendia o poder do inconsciente, por que se mostrou tão inerme perante o seu próprio? Ehrenreich conclui que, ao analisar a guerra, Freud teve um ponto cego. Não conseguiu "refletir sobre seu próprio entusiasmo, de outro modo não teria jamais aventado que os homens são impelidos à luta por algum instinto cruel e assassino".

Quando a guerra terminou na Europa, em 1918, custara aproximadamente doze milhões de vidas entre os soldados e vinte milhões entre os civis. Mas em 1914 ninguém adivinhava a magnitude do desastre por vir. Na Inglaterra, diz o autor britânico Oliver Thomson em *A History of Sin* [Uma História do Pecado], "a imagem da guerra imperial era impingida aos jovens por meio de maços de cigarros, quebra-cabeças, canções de cabaré, jogos, latas de biscoitos, lanternas mágicas e cartões postais com os dizeres: 'As mulheres da Grã-Bretanha dizem *Vão!*' Embora algumas, como as Peacettes, discordassem, poucas leram nos folhetos a mensagem segundo a qual "o bom soldado é uma máquina impiedosa e desalmada de matar".

Em meio ao frenesi, ninguém acreditaria que seu fascínio pelo conflito iminente talvez se devesse a um instinto grosseiro de chacinar os semelhantes. Todos preferiam justificar-se em termos dos mais nobres sentimentos que o homem pode experimentar — heroísmo, devoção a uma boa causa, camaradagem, patriotismo, desprendimento e sacrifício, ou seja, as mesmas razões que apresentamos hoje em dia.

Ninguém parece imune ao atrativo da guerra. Consideremos os semai senoi, povo da floresta tropical da península malaia, uma das tribos mais pacíficas que se conhecem. Existem treze mil deles e ao que tudo indica nunca se matam entre si. "Jamais nos enfurecemos", afirmam, querendo decerto significar com isso que encontraram meios de canalizar a cólera para formas não-violentas de comportamento. A violência horroriza-os, é inimaginável e aparentemente nunca explode. Eles não precisam de polícia nem de tribunais. Nenhum caso de assassinato, tentativa de assassinato ou mesmo agressão chegou até hoje ao conhecimento das autoridades da Malásia.

No entanto, quando os semai foram alistados no exército britânico para enfrentar rebeldes comunistas durante os conflitos do começo da década de 1950, viram-se subjugados por uma espécie de insanidade que chamaram de "embriaguez do sangue". "Nós matamos, matamos, matamos", confessaram depois. "Sim, estávamos ébrios de sangue." Um deles disse mesmo ter bebido o sangue de um homem que acabara de liquidar. Quando as rebeliões peninsulares cessaram, os semai voltaram para suas aldeias tão serenos e pacíficos quanto antes, como se nada houvesse acontecido.

A Guerra como Sacramento

Posso afirmar, por experiência própria, que a emoção da guerra não encontra paralelo. Esse estado peculiar de consciência é descrito por Ehrenreich em *Blood Rites* como "êxtase", "estado alterado de consciência" "um dos 'pontos altos' da humanidade", "intoxicação social, sensação de pertencer a um grupo maior", "senso de entrega ... de mergulhar num grande todo", satisfação das mesmas necessidades psicológicas providas pelo "amor, religião, embriaguez, arte" e "senso de finalidade transcendente".

Por que vivenciamos a guerra dessa maneira? Ehrenreich sugere uma hipótese fascinante. A chave para sua tese é que a guerra, no curso da história humana, foi dotada de um senso profundo de significação religiosa. Associar a guerra à religião é vê-la como um *sacramento* — um ritual sagrado — e atingir a "culminância espiritual" que acompanha o sagrado. Juntar guerra e religião também possibilita justificar o morticínio e o abandono de normas éticas e morais. "É a religiosidade da guerra, acima de tudo, que a torna imune ao repúdio moral", sustenta Ehrenreich.

Mas qual é, de fato, a conexão entre guerra e religião? Ehrenreich encontra o vínculo no antigo rito do *sacrifício de sangue*. Ao longo da história, mesmo em tempos de paz, as religiões das culturas tradicionais muitas vezes se curvaram ao costume sangrento de matar homens e animais para oferecê-los a seus deuses. Com o tempo, o assassinato e o derramamento de sangue passaram a constituir o próprio cerne daquilo que os humanos consideravam religioso e sagrado.

As hipóteses convencionais apontam para outra direção. A violência dos homens se explicaria melhor como o resultado de nossa longa história de caçadores e exterminadores de animais com vistas à alimentação. Assim, tornamo-nos "matadores de nascença". Incapazes de sufocar as velhas tendências, transplantamos esses hábitos para a era do pastoreio e da agricultura. Quando a perseguição de animais selvagens para a obtenção de alimento fez-se menos necessária, uma nova forma de "caça" surgiu: roubar os rebanhos de outros povos ou o cereal armazenado em suas fortalezas. O nome dessa nova caçada era "guerra". Ora, como o método antigo fora santificado, santificado foi também o novo.

Mas, em primeiro lugar, por que os seres humanos acham atraente a prática do sacrifício de sangue? Ehrenreich acredita que esse ritual se enraíza nos 2,5 milhões de anos durante os quais os homens primitivos viveram em pequenos bandos de caçadores. Há evidências de que, nesse período, os homens não agiam como predadores — ao contrário, eles é que eram impiedosamente predados. Só nas "últimas duas mil gerações, mais ou menos", é que adquirimos a habilidade e a astúcia exigidas para operar a transição entre presa e predador autoconfiante. Essa transição como espécie, afirma Ehrenreich, foi quase inteiramente reprimida porque é mais lisonjeiro supor que sempre estivemos no topo da cadeia alimentar. No entanto, só "recentemente" aprendemos a "não tremer de noite ao mínimo ruído". A transformação gradual de presa em predador reveste importância inimaginável e exige rituais para homenageá-la:

> Os rituais de sacrifício de sangue ao mesmo tempo celebram e reencenam de um modo aterrorizante a transição de presa a predador; o mesmo, afirmo eu ... sucede com a guerra. Em parte alguma isso é mais óbvio que no caso das contendas empreendidas com a finalidade precípua de iniciar os jovens no papel de guerreiros-predadores adultos — ocorrência nada incomum nas culturas tradicionais. Mais importante, porém, é que a ansiedade e a emoção final da transição entre presa e predador matizam os sentimentos que em nós despertam *todas* as guerras, nelas infundindo, pelo menos no caso de alguns e durante algum tempo, sensações tão vigorosas e estimulantes que chegam a ser tidas por "religiosas".

Dessa perspectiva, portanto, a guerra é a resposta à sede ancestral de sacrifício de sangue, que se desenvolveu como uma maneira de celebrar a maior transição que nossa espécie haja porventura conhecido: a passagem da condição de presa à condição de predador.

Em *Dark Nature* [Natureza Sombria], Lyall Watson relembra diversos episódios de sacrifício humano. Pausânias, o historiador grego, fala de uma criança esquartejada e comida durante um sacrifício a Zeus no monte Liceu. Na Europa, Ásia e região do Pacífico há indícios de sacrifícios humanos em pontes, templos, casas e fortalezas, para garantir que essas estruturas encerrem o espírito adequado. Conhece-se bem o apetite dos astecas, maias e incas por semelhante prática. Pois esse assombroso costume ainda persiste. Após um maremoto no Chile, em 1960, os índios mapuche atiraram um menino de 5 anos às ondas, a fim de apaziguá-las. Em 1986, no Peru, um índio aimará foi degolado pelos traficantes de cocaína para "pagar a terra" e assim garantir bênçãos para a nova semeadura.

O sacrifício humano é aceito em nossas tradições judeu-cristãs. Consagram-no o sacrifício interrompido de Isaque por seu pai Abraão; o sacrifício da filha de Jefté e a morte do filho do próprio Deus no Gólgota. O sacrifício cristão ainda atrai. Em 1986, alguns evangélicos de uma aldeia andina cravaram uma estaca no peito de um menino de 9 anos, na tentativa de salvar a vida de um homem doente.

Em *Temor e Tremor*, Sören Kierkegaard, o filósofo dinamarquês, classifica a boa-vontade de Abraão em matar o próprio filho de "monstruoso paradoxo" e não encontra justificativa lógica para ela. Conclui que algo mais deve estar por trás disso, algo que "nenhum pensamento pode captar".

Como o sacrifício animal tornou-se um método inaceitável de derramar sangue, passamos a nos sacrificar uns aos outros nos altares da violência social. O principal instrumento dessa carnificina é o revólver. Segundo Watson, vinte deles são fabricados a cada segundo nos Estados Unidos e vão para setenta e um milhões de lares americanos. Em 1992, houve 13.320 assassinatos com essa arma no país, dos quais apenas 262 foram considerados em legítima defesa. Watson informa que a capacidade humana para o crime induziu o estudioso clássico Walter Burkert a sugerir um novo nome para nossa espécie: *Homo necans* (homem que mata).

Em vingança por terem sido degolados em altares rituais por milênios, os animais começam a alvejar-nos. "Centenas de pessoas são mortas, todos os anos, por armas de fogo disparadas acidentalmente por animais domésticos", revela a pesquisa de Watson.

Gênero e Guerra

Quando os machos *vão* à guerra, alguém os *manda*. Isso significa que a função guerreira masculina evoluiu paralelamente à do papel daquelas que ficam para trás cuidando da casa: esposas, amantes, mães. A descoberta da cumplicidade das mulheres na guerra pode ser um choque para os soldados, como ocorreu ao tenente Adolf Andreas Latzko, que lutou pela Alemanha durante a Primeira Guerra Mundial. Escreveu ele em seu livro *Homens em Guerra* (1918):

> Quereis saber o pior? O pior é a desilusão: a partida. A guerra, não. A guerra é o que tem de ser. Acaso nos surpreenderemos pelo fato de a guerra ser horrível? A única surpresa é a partida. Descobrir que as mulheres são horríveis — aí está a única surpresa. Saber que sorriem e atiram rosas, que renunciam a seus maridos e filhos! Que surpresa! Pois elas nos mandam para a guerra — a nós! Nenhum general nos forçaria a ir se as mulheres não permitissem que subíssemos aos trens, se gritassem que jamais nos olhariam de novo caso nos transformássemos em assassinos.

Os cuidados do lar são geralmente considerados um papel feminino *passivo* — esperar e preocupar-se até "os meninos voltarem". Mas, em tempo de guerra, os papéis femininos são muitas vezes ativos. Como disse C. E. Montague, "ninguém é mais furioso na guerra que o não-combatente". Nos tempos modernos, as mulheres aceitaram missões de porte como aliciar apoio popular, vender bônus de guerra, trabalhar na indústria, lavrar o campo e cuidar dos feridos. As mulheres se transformaram em fabricantes de armas para os soldados da frente de combate, a mais famosa das quais foi Rosie "Rebite", durante a Primeira Guerra Mundial.

A guerra nunca foi um empreendimento totalmente masculino, embora esteja fortemente associada ao macho. Antigos exploradores europeus da África ocidental depararam com um regimento feminino mantido pelos reis do Daomé, equivalente vivo das míticas Amazonas. Deborah Sampson alistou-se na Guerra de Secessão Americana e lutou com denodo, mas só depois de "transformar-se em homem" e assumir-se como "Robert Shirtluff"; ela escondeu seu sexo até ser dispensada por causa de um ferimento no ombro. Observa Ehrenreich em *Blood Rites*:

> A desvantagem feminina na esfera da força muscular foi mitigada há muito pela invenção do arco e flecha, para não mencionar o grande nivelador de nossa era, a arma de fogo. A mulher não apresenta nenhuma inibição natural frente à luta e ao derramamento de sangue. Revoluções e motins sempre utilizaram mulheres como combatentes, talvez porque as forças revolucionárias em geral são menos tradicionalistas e formalistas que os exércitos nacionais. Mesmo como "não-combatentes" elas têm desempenhado funções letais nas guerras dos homens ... As polinésias selecionam e cozinham os inimigos vencidos, para a festa da vitória ... Não há nenhuma razão biológica ou "natural" de peso para os homens terem pontificado com exclusividade no drama da guerra.

Margaret Thatcher, ex-primeira-ministra britânica, venceu a guerra das Malvinas, supriu as forças armadas inglesas com submarinos atômicos e atulhou-os de mísseis balísticos com ogivas nucleares. Indira Gandhi comandou uma ofensiva militar contra o Paquistão e mandou prender seus adversários.

Os esquadrões assassinos do Sendero Luminoso peruano eram compostos quase exclusivamente por mulheres.

Apenas há uma geração, nem sequer se imaginava que um dia fôssemos mandar mulheres ao teatro de guerra. Essa perspectiva chegou a ser utilizada para mobilizar votos contra a Emenda da Igualdade de Direitos à Constituição dos Estados Unidos. Desde então, no entanto, as mulheres passaram a servir em funções ligadas ao combate como ajuste de tiro de artilharia e pilotagem de helicópteros; algumas tornaram-se pilotos de caça ou tripulantes de navios de guerra. Quando onze delas foram mortas e duas capturadas durante a Guerra do Golfo, não houve nenhum clamor especial, diz Ehrenreich. Do ponto de vista de muitas mulheres, isso não foi inteiramente negativo.

A Guerra é Culpa dos Homens?

As pessoas costumam dizer que a guerra resulta de algum defeito incurável do caráter masculino. As mulheres são mais sábias e compassivas, têm coisa melhor a fazer do que guerrear. Se alcançassem posições de comando no Estado, a paz prevaleceria e a guerra se tornaria obsoleta. Contudo, em vista da ferocidade com que elas estão exigindo postos na linha de frente, essa alegação é um tanto falha. Como diz Ehrenreich, "Para quem acreditava que a guerra poderia ser abolida caso se rompessem seus vínculos com o privilégio masculino ... o fim do século XX só pode trazer decepção". O biólogo Howard Bloom concorda. Em seu festejado livro *The Lucifer Principle* [O Princípio de Lúcifer], ele declara:

> É escusado, para as mulheres, atribuir a violência aos homens e seria fútil para os homens atribuir a violência às mulheres. A violência está em ambos. Quando Margaret Thatcher construiu uma esquadra nuclear, não estava agindo de modo caracteristicamente masculino nem caracteristicamente feminino. Nem sequer obedecia a um conjunto de impulsos próprios apenas do ser humano. Thatcher, como a Lívia de Roma, estava dominada por paixões que partilhamos com os gorilas e babuínos, paixões implantadas nas camadas profundas do cérebro tripartido.

É Possível um Mundo sem Guerras?

Enveredar pelo caminho do guerreiro foi um dos acontecimentos mais esclarecedores de minha vida, pois permitiu que eu trouxesse à luz muitas áreas inexploradas do meu inconsciente. Jung chama esse processo de "fazer consciência". Não me orgulho de muitas coisas que encontrei espalhadas pelo porão de minha psique e acho lamentável não ter atinado com um modo menos violento de chegar à autocompreensão. Todavia, a experiência foi benéfica e livrou-me, em grande parte, dos grilhões inconscientes dos impulsos violentos, que pareciam eternos.

Eis algumas das razões pelas quais não sou um pacifista. Obstruir inteiramente impulsos psíquicos profundamente enraizados, como o afã de ir à guerra, parece-me pura sandice, pois no fim essa obstrução suscitará a própria violência que tenta evitar. No entanto, é claro que não podemos mais permitir o tipo de guerra que hoje acontece nos campos de batalha. Nosso mundo é por demais pequeno e frágil, por demais precioso — e as armas são por demais devastadoras. Como, então, lidar com os velhos impulsos?

A resposta é, não abolir a guerra (como se o pudéssemos!), mas achar meios de guerrear com menos violência: por exemplo, defendendo a terra e o meio ambiente ou lutando contra a pobreza, o analfabetismo, a superpopulação e o sofrimento humano sob todas as suas formas. Em outras palavras, praticando a compaixão. Esses empreendimentos acenam com aventura, contato com culturas exóticas e terras estranhas, e até mesmo o risco de dano pessoal ou morte, que são traços destacados dos ritos de passagem e participação na guerra.

No entanto, ao escrever estas palavras, fico de sobreaviso. Insinuar que o impulso belicoso pode ser sublimado em tarefas socialmente úteis é vender a guerra a prazo e correr o risco de ser vitimado por ela no futuro. Nós não escolhemos a guerra, ela nos escolhe; e se esquecemos essa máxima, corremos grave risco. Mesmo quando descrevemos a guerra como um rito de passagem, nós a intelectualizamos. Simplesmente, não conseguimos *imaginar* um meio de escapar à guerra. Como o teórico militar israelense Martin van Creveld disse em seu livro *The Transformation of War* [A Transformação da Guerra], "A necessidade humana de dotar a efusão de sangue com algum significado superior e mesmo sublime é tão elementar que torna o intelecto completamente impotente".

Guerra e Religião

É absurdo dizer que podemos escapar às garras da guerra tornando-nos mais religiosos. A guerra sempre foi um instrumento das grandes religiões do mundo, com a abençoada exceção do budismo.

Conclamar ao extermínio de civis na guerra, inclusive com estupro e morte de crianças inocentes, é bíblico. Depois que as tropas de Moisés derrotaram os midianitas, ele lhes ordenou: "Matai agora todo varão entre as crianças; e matai também toda mulher que conheceu varão, deitando-se com ele. Porém todas as crianças fêmeas, que não conheceram homem, deitando-se com ele, mantende-as vivas para vós".

No Ocidente, costuma-se negar a extensão em que o cristianismo recorreu à guerra. Mas os imperativos cristãos sempre foram militaristas: "Adiante, soldados de Cristo, marchai como para a guerra!" Em *The Code of the Warrior* [O Código do Guerreiro], Rick Fields conta-nos que São Bernardo (cujo nome significa, literalmente, "urso corajoso") disse no século XII, por ocasião das Cruzadas: "O soldado cristão mata impunemente e morre em segurança. Serve a seu próprio interesse quando morre e ao interesse de Cristo quando mata! Por isso empunha a espada!"

Oliver Thomson explica em *A History of Sin* que, no período das Cruzadas (1091-1291), o campo de batalha era considerado um caminho aberto para o céu e o dever de pelejar era pregado em todos os púlpitos. Dos nove milhões de pessoas mortas nesse prazo de dois séculos, aproximadamente metade foi de cristãos. E a outra metade?

> No holocausto geral imaginado pelos cruzados ... o morticínio de judeus, a nação de Judas, não era certamente visto como desumano ... Os judeus, porém, não foram o único povo a sofrer a violência dos cruzados. Houve muitas chacinas gratuitas de muçulmanos: no cerco de Nicéia, em 1907, cabeças humanas eram usadas como projéteis de catapultas; e Ricardo I Coração de Leão (1157-99), homem de idéias morais muito acanhadas, liquidou 2.700 prisioneiros de guerra em Acre, porque os resgates deles tardavam a ser pagos. Ricardo foi também o primeiro governante a generalizar o uso da nova "arma imoral" de seu tempo, a besta, condenada como tal pelo Concílio de Latrão em 1397 e proibida de ser utilizada contra outros cristãos. [Basta quanto ao controle de armamentos.] Ironicamente, Ricardo teve morte lenta por causa de uma ferida provocada por essa arma.

Matar por Cristo tornou-se uma grande atividade quando os cátaros, que estavam entre os últimos europeus adeptos da não-violência, foram tachados de hereges pelo papa Inocêncio III, no século XIII, e exterminados. Os cavaleiros franceses do norte, em paga de indulgências, "assolavam a Provença [onde viviam os cátaros] enforcando, degolando e queimando 'com incontida alegria'", conta Roland H. Bainton em *Christian Attitudes toward War and Peace* [Posturas Cristãs frente à Guerra e à Paz]. Quando a cidade de Béziers foi tomada e perguntaram ao legado papal como distinguir os cátaros dos cristãos verdadeiros, ele replicou: "Matai-os todos; Deus saberá quem são os Seus". Os cavaleiros obedeceram, chacinando vinte mil pessoas. O grande vilão de Béziers foi o cruzado Simão de Montfort (1165?-1218), que gostava de arrancar os olhos e cortar o nariz de suas vítimas.

A Igreja se atrapalhava. No século XIV, escreve Oliver Thomson, "O Catolicismo produziu uma moralidade que encorajava a queima lenta de membros não-ortodoxos de sua própria fé". A onda de tortura saltou o Atlântico e apareceu no protestantismo da Nova Inglaterra. Thomson acrescenta: "Os escrupulosos puritanos achavam bastante ético afogar velhinhas embriagadas, quando as suspeitavam de feitiçaria".

É difícil sustentar que as grandes religiões estão se tornando menos belicosas. Em anos recentes, assistimos a conflitos religiosos na Irlanda do Norte, no Oriente Médio, na Bósnia e outros lugares. Em todos esses exemplos, os adversários ofereceram as mesmas preces ao mesmo deus: "Senhor, fazei com que prevaleçamos sobre nossos inimigos!"

Como acreditar realmente que o objetivo das grandes religiões é mesmo a paz? Embora Jesus tenha descido à terra para "guiar nossos passos na senda da paz" e recomendasse a seus discípulos ficarem "em paz uns com os outros", também advertiu: "Não cuideis que vim para dar paz ao mundo; não vim para dar paz e sim espada" e "Pensais acaso que vim para dar paz ao mundo? Em verdade vos digo que vim trazer divisão". No Velho Testamento, encontramos palavras semelhantes de Jeová, como por exemplo em Isaías 45:7: "Eu formo a luz e crio a treva; eu faço a paz e crio o mal; eu, o Senhor, faço tudo isso".

Não falamos apenas do cristianismo e do judaísmo. Quando se trata de religião, o sangue sempre jorra, inclusive no caso do Islã. No Alcorão, no capítulo intitulado "Arrependimento", lemos que, embora Alá seja bom e misericordioso, deseja não obstante que os fiéis "trucidem os idólatras onde quer que se encontrem. Prendei-os, assediai-os, emboscai-os em toda parte ... Fazei contra eles guerra sem quartel". Isso inclui, em particular, seus antigos vizinhos: "Os judeus afirmam que Esdras é filho de Alá, os cristãos alegam que o Messias é filho de Alá. Eis o que dizem, imitando os infiéis de outrora. Alá confunda suas cabeças! Como são perversos!"

"Em que Canal Está Passando?"

Pouco antes de a Guerra do Golfo eclodir, em 1991, um garotinho de 6 anos quis saber: "Em que canal está passando a guerra?" A resposta, é claro, foi: em todos. Não havia como fugir ao entusiasmo. No país inteiro, as ruas pululavam de demonstrações tanto contra quanto a favor de nosso envolvimento no conflito. Por toda parte, as pessoas se perguntavam: Qual o verdadeiro motivo dessa guerra? Os interesses econômicos e políticos dos Estados Unidos? A liberdade do Kuwait?

Soldados com uniformes de camuflagem para o deserto eram freqüentemente entrevistados na televisão. Queriam "chutar o traseiro de Saddam", e quanto antes melhor. Já os que se opunham a esses soldados gritavam: "Nada de sangue em troca de petróleo!" A cena então mudava para esposas e pais de soldados que, com lágrimas nos olhos, falavam da democracia e dos valores americanos. Mães e pais garantiam que estavam orgulhosos por seus filhos e filhas "servirem". O presidente Bush explicou que estávamos contendo uma "agressão bruta" e insinuou que a guerra era uma pechincha: um "engajamento" limitado agora em vez de uma catástrofe maior no futuro.

Todos diziam que essa guerra seria diferente. Ao contrário dos tempos do Vietnã, agora a América estava unida e nós tínhamos ficado mais espertos; dessa vez não ataríamos as mãos dos nossos soldados, mas deixaríamos desde o início que lutassem apelando para todos os seus recursos. Outra grande diferença do Vietnã era que as drogas e o álcool não existiam naquele teatro de operações islâmico. Em conseqüência de todos esses fatores, previa-se que os problemas psicológicos dos veteranos seriam virtualmente eliminados.

Não aconteceu assim. A Primeira Guerra Mundial teve o choque do bombardeio, a Segunda a fadiga de combate, o Vietnã o stress pós-traumático. Outros termos aplicados em guerras anteriores foram *excitação de guerra, exposição, superexcitação, insolação, saudade* e *nostalgia* (este último, baseado no termo de diagnóstico francês *nostalgie*, que figura nos dicionários médicos desde o século XVII). Um veterano da Guerra Civil, natural de Indiana, contribuiu com uma das melhores expressões gráficas ao descrever suas experiências como "balançar sobre o inferno". *Todas* as guerras engendram cicatrizes na mente e devastações no espírito; o conflito no Golfo Pérsico não foi exceção.

Sete Princípios para os Veteranos

Para aqueles que sofrem as conseqüências da guerra, que conselho daremos a fim de que reconstruam significativamente suas vidas ao voltar? Não sou uma autoridade nesse campo; precisei de quase duas décadas para resolver minhas próprias dificuldades, o que aliás só aconteceu por puro acaso. Mas ainda assim atrevo-me a fazer algumas recomendações. Acompanho-as, pela maior parte, com citações do poeta Rainer Maria Rilke, que passou alguns anos de sua juventude numa escola militar e cujo pai foi oficial do exército. Os conselhos de Rilke em *Cartas a um Jovem Poeta* parecem ir ao coração do problema e sempre me comoveram.

Primeiro princípio. As tristes e assustadoras lembranças da guerra, quer reapareçam em pesadelos, recordações ou sentimentos de culpa e remorso, nunca irão embora se as não encararmos: elas ficam mais fortes quando as trancamos nas sombras do inconsciente. Rilke: "Você teve muitas e grandes tristezas ... Só são perigosas e más as tristezas que carregamos em meio às pessoas, tentando escondê-las; como doenças tratadas de modo superficial e insensato, elas simplesmente se recolhem para reaparecer pouco depois, ainda mais temíveis ... e delas se pode morrer".

Segundo princípio. Encarar essas "tristezas" é uma das batalhas mais difíceis e solitárias que os veteranos terão de travar. Embora se possa pedir a ajuda de outrem — grupos de apoio, encontros de grupos, associações de veteranos, psiquiatras e outros profissionais —, no fim a jornada será empreendida a sós e o problema enfrentado pelo eu individual. Ainda Rilke:

> Nós *somos* solitários. Podemos nos enganar, fingir que não é assim ... Mas como é melhor pensar que é! ... Só existe *uma* solidão, grande e difícil de suportar ... Mergulhar em si mesmo e, durante horas, não ver ninguém: eis o que é preciso fazer. Devemos ser solitários como em criança, quando os adultos rondavam sobrecarregados de coisas supostamente importantes e grandiosas porque eles próprios pareciam muito ocupados e nós não entendíamos nada do que faziam.

Terceiro princípio. A cura pode sobrevir subitamente, inesperadamente, radicalmente — uma ruptura, no verdadeiro sentido da palavra. "Para aquele que se torna solitário, todas as distâncias, todas as medidas mudam; dessas mudanças, algumas ocorrem de repente e então, como sucede ao homem no topo de uma montanha, imagens extraordinárias e sensações singulares eclodem, parecendo quase insuportáveis", diz Rilke.

Quarto princípio. Curar as feridas de guerra freqüentemente envolve um processo de transformação radical, cuja natureza não pode ser predita. A cura pressupõe invariavelmente a passagem da fraqueza para a força, da ignorância para a sabedoria. "Aquilo que nos parece mais bizarro torna-se aquilo em que mais confiamos, em que mais depositamos fé. Como esquecer os antigos mitos sobre dragões que no último momento se transformam em princesas? Portanto, não se atemorize se uma tristeza erguer-se diante de você mais formidável que qualquer outra que haja experimentado."

Quinto princípio. Aferrar-se à síndrome do "Por que eu?" — hostilidade ao "sistema", indignação por ter de servir, ressentimento por causa de uma carreira interrompida, ódio às injustiças da vida — é fracasso certo. Para progredir, é preciso renunciar à cólera. "Você deve pensar que a vida não o esqueceu, que ela o tem em suas mãos e não o deixará cair. Por que atormentar-se querendo saber de onde tudo isso veio e para onde vai?"

Sexto princípio. Seja paciente. Rilke:

> Você deve ser paciente como o enfermo e confiante como o convalescente — pois talvez seja ambas as coisas. Mais: você é também o médico, um médico que precisa cuidar de si próprio. Entretanto, dias há em que o médico nada mais pode fazer que esperar ...
>
> *Viva* as perguntas. Talvez assim, aos poucos e sem o perceber, consiga um dia obter as respostas.

Sétimo princípio. Depois de curar-se, compadeça-se dos camaradas de armas que continuam atribulados e ainda não alcançaram a compreensão. Dê algo em troca, tentando ajudá-los — pois também isso faz parte da sua cura. De novo, Rilke: "Rejubile-se no seu crescimento. Nisso, você não pode certamente ser acompanhado por ninguém, de sorte que cumpre ser gentil com os que ficam para trás; seja calmo e seguro diante deles, não os atormente com suas dúvidas e não os assuste com sua confiança ou alegria, que talvez não entendam. Estabeleça uma comunidade singela e leal com eles.

Uma Saída?

Calcula-se que, hoje, haja mais guerras em mais lugares do que em qualquer outra época da história humana. Que fazer? Pelo menos num ponto, "estamos mais irredutíveis e mais bem-preparados para enfrentar o grande inimigo que é a guerra", acredita Ehrenreich. "Se o século XX fomentou implacavelmente a guerra e os empreendimentos a ela relacionados, iniciou também a resistência humana organizada a esse mal." Como nunca antes, aventa ela, temos a oportunidade de lutar contra a própria guerra direcionando "nossa incestuosa fixação nos combates" para novos tipos de batalhas — pelejando, como dissemos, contra "a possibilidade de mudanças climáticas drásticas, o esgotamento dos recursos naturais, a incansável devastação do mundo microbiano ... [e enfrentando os desafios do] saneamento, nutrição, assistência médica e equilíbrio ambiental".

Algumas das previsões mais mórbidas de nosso futuro vêm de biólogos segundo os quais fomos geneticamente programados para ter um comportamento belicoso, eternamente. Mas o livro de Howard Bloom, *O Princípio de Lúcifer* (nome que ele dá às nossas predisposições inatas ao comportamento perverso), sustenta que podemos desafiar os ditames da natureza:

> Existe, porém, a esperança de que algum dia nos libertemos da barbárie. A evolução presenteou nossa espécie com algo novo: a imaginação. Graças a esse dom, podemos sonhar com a paz. Nossa tarefa — talvez a única capaz de nos salvar — consiste em tornar realidade o que sonhamos: moldar um mundo sem violência. Se alcançarmos esse objetivo, escaparemos ao destino de primogênitos, de herdeiros legítimos dos maiores dons e das mais torpes abominações, como filhos supremos do Princípio de Lúcifer.

O primeiro passo para resistir à guerra é reconhecer seu poder sobre nós. Para tanto, convém escutar as advertências daqueles que conheceram os horrores dos campos de batalha.

Não falo em dar ouvidos ao senso comum — até um papalvo pode nos dizer que a guerra é horrível —, mas em atentar para os *sonhos* daqueles que estiveram lá. Eis a postura recomendada em 1835 por Aléxis de Tocqueville, em *A Democracia Americana*: "Quando as paixões ameaçam controlar a conduta dos homens, devemos prestar menos atenção ao que pensam os experientes e sensatos do que ao que está preocupando a imaginação dos sonhadores".

Se eu tivesse de escolher um sonho merecedor de nossa atenção coletiva, optaria por este, de um camarada do Vietnã, em que aparece a cidade em que exerci a medicina:

> Tento advertir as pessoas de que outra guerra é iminente. Mas elas riem de mim. Estou em Dallas, prestes a embarcar num helicóptero para ir guarnecer uma posição. Insisto: "Ei, vai haver uma guerra! Saiam das ruas e procurem abrigo!" Riem, caçoam, não me ouvem. Ainda procuro argumentar com eles quando os helicópteros levantam vôo e me deixam para trás. Não, não consigo convencer o povo do que vai acontecer.

Segunda Parte

MENTE

Introdução

Não faz muito, minha esposa Barbara e eu fomos convidados para dar, na Índia, palestras cujo tema era a influência da mente sobre a saúde. A situação parecia estranha. A Índia — berço da ioga e do budismo — reconhece há milênios que a mente pode curar doenças. Por que pedir a nós, ocidentais, para ir lá discutir com eles essas questões?

As razões se tornaram claras após as palestras na maior faculdade de medicina de Nova Delhi. Discutíramos as últimas pesquisas sobre mente e corpo e sustentáramos que certas intervenções clínicas, como *biofeedback*, imagens mentais e meditação estavam sendo usadas com bastante sucesso. Pouco depois, fomos informados de que um grupo de estudantes gostaria de falar conosco em particular. Aqueles alunos sérios e diligentes estavam perturbados. Seu porta-voz perguntou, hesitante: "O senhor *realmente* acredita que a mente possa influenciar o corpo?" As idéias que apresentáramos não se coadunavam com seu adestramento científico, segundo o qual o corpo é tudo e a mente é nada. Por um momento fiquei sem fala, entristecido. Aqueles estudantes, os melhores e mais brilhantes da Índia, tinham sido tão vigorosamente doutrinados pela visão ocidental e mecânica da função humana que perderam contato com as grandes noções de sua própria cultura. Para eles, a relação entre mente e corpo tornara-se praticamente inconcebível. Estavam, é claro, apenas seguindo nossa orientação.

No último século, os cientistas do Ocidente não souberam dizer se a mente existe ou não. Por exemplo, um famoso manual de neurologia nem sequer abona *mente* no índice. Quando pediram ao autor que explicasse por que deixara a mente de fora, num livro sobre o cérebro, ele disse: "Era desnecessário introduzir esse conceito". Para ele, a mente era supérflua; só atrapalhava.

Assim tem sido a medicina nos últimos tempos. O paradoxo — cientistas médicos usando a mente para negar a existência da mente — seria divertido se as conseqüências não fossem tão sérias.

Embora seja moda, entre os cientistas, negar que a mente exista, essa tendência está por desaparecer devido a uma série de razões. Simplesmente há fatos demais em nossa existência que não podem ser explicados apenas pela ênfase nas funções do cérebro. Como vimos, nós extraímos significados da vida e esses significados afetam a saúde, para bem ou para mal. Na verdade, a capacidade de formar significados e ter consciência deles é, em grande medida, aquilo que chamamos mente.

Além disso, temos evidências de que a mente pode fazer o que o cérebro não pode. Como veremos na Terceira Parte, a mente pode atuar além do cérebro — a distância, remotamente, mesmo fora do momento atual. Os cérebros são cativos do tempo e do espaço, do aqui-e-agora; as mentes, não. Esses fatos impressionantes mostram com a maior clareza que a mente é algo mais que o cérebro.

Como resultado do novo *status* da mente, a medicina que aborda ao mesmo tempo a mente e o corpo está rapidamente se tornando parte da paisagem médica no mundo ocidental. Hoje, quase todos reconhecem o papel do stress emocional nas moléstias cardíacas, sabem que a depressão pode inibir a função imunológica do corpo e que as pessoas que se preocupam com sua saúde mental — satisfação, alegria e realização — em geral vivem mais e são mais saudáveis que as outras. Esses desdobramentos indicam que a mente, após uma longa ausência, está de volta na medicina.

Agora vamos nos afastar da senda batida para explorar alguns aspectos do papel da mente na saúde.

6

O Reencantamento do Mundo

Tudo está vivo. O que chamamos de morto é uma abstração.
DAVID BOHM

AS ORIGENS DA VIDA são um mistério. Muitos cientistas acreditam que ela surgiu da ação recíproca de moléculas simples, dotadas de carbono, em uma espécie de "sopa" primordial. Ao longo de éons de evolução, esses agregados tornaram-se cada vez mais complexos. Por fim, transformaram-se em organismos unicelulares e formas superiores de vida. A determinada altura da complexidade biológica, algo que hoje chamamos consciência "emergiu". Há muitas variantes dessa história, mas o básico persiste: a mente é um epifenômeno, um subproduto, uma propriedade emergente do corpo e do cérebro materiais.

Mente ou Matéria?

Se você acha estranho que a mente tenha surgido da matéria, não é o único. Dá-se o mesmo com cientistas notáveis como o neurofisiologista Sir John Eccles, Prêmio Nobel, que apresenta uma crítica à nova teoria da consciência em seu livro *The Wonder of Being Human* [A Maravilha de Ser Gente]. Eccles observa: "Não há nenhuma declaração nas 'leis naturais' sobre a emergência dessa entidade estranha e não-material, a mente ou consciência ... Qualquer declaração a respeito do surgimento da mente em determinado nível de complexidade dos sistemas ... é gratuita". Eccles questiona também a visão generalizada de que a mente não pode fazer nada — de que só o cérebro, e não a consciência, é causal: "Se a consciência é casualmente impotente, seu desenvolvimento não pode ser explicado pela teoria da evolução. Segundo a evolução biológica, os estados mentais e a consciência só poderiam ter evoluído *se fossem casualmente capazes* de provocar mudanças nas funções neurais do cérebro, com conseqüente alteração do comportamento".

Eccles afirma ainda que as teorias materialistas da natureza da consciência constituem uma *reductio ad absurdum*. Cita o filósofo Karl Popper, que declarou em sua Palestra Compton: "Na visão do determinismo, qualquer teoria (como, digamos, o determinismo) é sustentada devido a uma certa estrutura do propugnador — talvez seu cérebro. Portanto, nós nos iludimos e somos determinados fisicamente para nos iludir, sempre que acreditamos em coisas como *argumentos* ou *razões*, que nos fazem aceitar o determinismo. Condições puramente físicas, inclusive nosso ambiente físico, induzem-nos a aceitar e dizer tudo o que dizemos e aceitamos".

Popper levanta uma questão séria: por que, afinal, damos ouvidos aos "materialistas mentais"? Se eles estão certos — se a mente é determinada fisicamente por inteiro e o livre-arbítrio não passa de ilusão —, então não chegaram livremente às suas conclusões, mas dizem apenas o que seus cérebros os obrigam a dizer. O cientista-filósofo Willis Harman aponta as dificuldades enfrentadas por todos que perfilham uma visão materialista cabal da consciência: "Durante três séculos e meio a ciência baseou-se na premissa de que a consciência, como fator causal, não deveria ser aceita. Ora, ninguém jamais viveu segundo essa premissa contraditória, ninguém jamais disse: 'Vou viver a vida como se minha consciência — minha mente — não fosse capaz de tomar decisões, fazer escolhas, empreender ações'".

O comportamento dos materialistas sugere que eles na verdade não crêem nas implicações de suas próprias teorias. Parecem supor que, juntamente com alguns de seus colegas, no máximo, dispõem de *certa* liberdade de consciência. Do contrário, como publicariam bravamente artigos, escreveriam livros e dariam palestras para convencer os outros da correção de suas idéias? Por que fariam *lobby* no Congresso a fim de aprovar seus projetozinhos científicos? Se a consciência está ligada no automático, para que se preocupar?

Cientistas Dando Tratos ao Cérebro

O cientista-filósofo David Darling resume os problemas suscitados pela visão materialista da consciência:

Um número crescente de cientistas anda dando tratos ao cérebro para tentar explicar como ocorre a mágica da consciência. Pesquisadores do porte de Francis Crick, Daniel Dennett, Gerald Edelman e Roger Penrose apresentaram recentemente teorias engenhosas. Todos querem explicar, de uma maneira ou de outra, a consciência como epifenômeno de processos físicos e químicos que ocorrem no cérebro — e todos falham por completo. E falham, não porque seus métodos sejam insuficientemente acurados ou detalhados, mas porque estão tentando fazer o que é, de pronto, impossível. A verdade é que *nenhum* registro do que se passa no nível mecânico do cérebro pode explicar por que a consciência existe. Teoria alguma esclarece por que o cérebro não deveria trabalhar exatamente como faz sem provocar o sentimento, que todos temos, do "provável". E há, creio eu, uma razão muito simples para isso. O cérebro de modo algum *produz* consciência, assim como um televisor não cria os programas que exibe.

O quadro da mente ensinado em muitas profissões de fato cheira à certeza. Tem-se a impressão de que as pinceladas largas já estão na tela, restando apenas acrescentar os pormenores. Esse tipo de complacência ocorreu muitas vezes na história da ciência — quase sempre antes de a tampa voar longe em resultado de uma descoberta inesperada. Um dos exemplos mais trepidantes disso ocorreu na física, já ao final do século XIX. Em 1894, o físico Albert Abraham Michelson, que ajudou a pôr de lado a idéia do éter, anotou confiantemente: "As leis fundamentais mais importantes e os fatos da ciência física já foram todos descobertos. Acham-se hoje tão firmemente estabelecidos que a possibilidade de virem a ser suplantados em conseqüência de novas descobertas é remotíssima ... As descobertas futuras têm de ser procuradas na sexta casa decimal".

Pela mesma época, Lorde Kelvin declarou que o trabalho da física e dos físicos já estava praticamente terminado. Salientou que restavam só uns poucos problemas a acertar e chegou a sugerir que os jovens cientistas escolhessem outros campos de atividade. Mas em 1899, apenas cinco anos depois da acomodada previsão de Michelson, o inferno se instaurou na física. Max Planck descobriu que a energia não era regular e uniforme na natureza, mas descontínua, composta de unidades que ele chamou de "quanta". E quando Albert Einstein publicou sua teoria especial da relatividade em 1905, a visão mecânica e inteiramente previsível nunca mais foi a mesma.

Novas Teorias da Consciência

As inconsistências da visão materialista da mente vão se tornando cada vez mais óbvias e os cientistas começam a dizer o que pensam. Um exemplo é David J. Chalmers, matemático, filósofo e especialista em cognição da Universidade do Arizona. Num artigo intitulado "O Enigma da Experiência Consciente", no número de dezembro de 1995 da revista *Scientific American,* ele demonstra que a visão materialista é incapaz de explicar a consciência: "Ninguém sabe por que esses processos físicos [no cérebro] são acompanhados por experiências conscientes. Por que, quando nosso cérebro processa luz de certo comprimento de onda, temos a experiência do púrpura? Por que, em suma, temos experiências? Um autômato inconsciente não trabalharia igualmente bem?"

Chalmers afirma que a atual neurociência só se ocupa do que ele chama de "problemas fáceis" — os meios físicos pelos quais a informação é processada no cérebro. "A confiança da visão reducionista vem do progresso nos problemas fáceis", adianta ele, "mas nada disso faz diferença no que toca ao problema realmente difícil." O "problema difícil" é: por que existem experiências conscientes e como emergem de processos físicos estudados pelos cientistas? Até sabermos essas respostas, não ultrapassaremos aquilo que o filósofo Joseph Levine etiquetou de "hiato explicatório" entre processos físicos e consciência. "Dar esse salto", acredita Chalmers, "exige um novo tipo de teoria."

Chalmers não está sozinho. Ele cita as idéias do físico Steven Weinberg, que descreve o objetivo da física como "uma teoria de tudo", da qual se possa derivar todo o conhecimento possível do universo. "Mas", observa Chalmers, "Weinberg reconhece que há um problema com a consciência. A despeito da força da teoria física, parece que não se pode derivar a consciência das leis físicas ... E se assim é, uma teoria da física não é teoria verdadeira de coisa alguma. Por isso, uma teoria final exige um componente básico adicional."

"Para tanto", continua Chambers, "proponho que *a experiência consciente seja considerada um traço fundamental, não-redutível a nenhum outro elemento básico*" (grifo nosso).

O físico Nick Herbert, em seu livro *Elemental Mind* [Mente Elementar], também sustenta que a consciência é um traço ubíquo e fundamental do mundo, como a massa e a energia.

> Um dos maiores equívocos dos filósofos medievais foi subestimar o tamanho do mundo físico. Este planeta confortável, as sete esferas celestes e os círculos infernais concêntricos de Dante: eis a extensão total do universo, segundo a imaginação da Idade Média. Ninguém, na época, sequer sonhou com outros sistemas solares, muito menos com galáxias disseminadas como poeira num espaço de bilhões de anos-luz de diâmetro. Creio que os modernos cientistas da mente estão cometendo o mesmo erro ao subestimar exageradamente a quantidade de consciência existente no universo. Se a mente é uma força fundamental na natureza, poderemos algum dia compreender que a quantidade e a qualidade da vida sensível acumulada nesse espaço talvez exceda o esplendor físico do universo inteiro da matéria. A meu ver, a consciência se revelará enorme, maior que os nossos sonhos mais desenfreados. Proponho aqui uma

> espécie de "animismo quântico" no qual a mente permeie o mundo em todos os níveis. Proponho a tese de que *a consciência é uma força fundamental que necessariamente colabora com a matéria a fim de engendrar os mínimos detalhes de nosso mundo cotidiano* [grifo nosso]. Proponho, em suma, que a mente é elementar, meu caro Watson.

Estão surgindo novas idéias em oposição aos conceitos materialistas de consciência que ainda prevalecem:

- o físico e prêmio Nobel Brian Josephson, do Laboratório Cavendish da Universidade de Cambridge, acha que pode haver uma conexão entre as forças causais da consciência e o desenvolvimento do campo básico da física que estuda a "não-localização". Sugere que eventos distantes, simultâneos e "não-locais" no nível subatômico talvez ajudem a explicar vários comportamentos não-locais da mente — fatos como a telepatia, a clarividência, as imagens transpessoais e a prece de intercessão a distância. Josephson supõe que essas conexões mentais distantes sejam possíveis graças à habilidade especial dos homens de encontrar significação ou ordem por trás de nossas variadas percepções e experiências.
- o botânico inglês Rupert Sheldrake também acredita, em *Seven Experiments That Could Change the World* [Sete Experimentos Que Podem Mudar o Mundo], que a consciência se estenda para além do local. Embora ela atue por intermédio do cérebro, não se restringe a ele, pensa Sheldrake. A seu ver, a mente não é governada totalmente pelas chamadas leis de ferro da natureza. Na verdade, ele sustenta que tais leis sequer existem. Julga que as leis naturais não são dados imutáveis, mas padrões de ocorrência que, como os hábitos, vão se fortalecendo com a repetição. Quanto mais um evento se dá, com mais probabilidade se dará no futuro. A consciência, conclui Sheldrake, é um fator com capacidade para moldar as leis naturais.
- A bióloga Beverly Rubik, do Institute for Frontier Sciences de Oakland, Califórnia, pensa que a consciência pode agir causalmente e que suas atividades serão por fim compreendidas graças a rupturas no campo da teoria da informação. O vínculo entre consciência e informação é também sancionado pelo matemático e especialista em ciência da cognição Chalmers, que já mencionei.
- O falecido David Bohm, professor do Birkbeck College, da Universidade de Londres, postulou a existência de diversos níveis de ordem na natureza. Há o mundo manifesto ou *explícito* das coisas e acontecimentos que constituem nossa vida cotidiana. Muitos desses níveis são invisíveis, razão pela qual ele os denomina ordem *implícita*. No domínio implícito, tudo — inclusive a consciência — está contido e em contato com o resto. "Assim", afirma Bohm, "somos levados a uma nova noção de *totalidade compacta*, que nega a concep-

ção clássica de analisabilidade do mundo em partes separadas e independentes." Isso quer dizer que tudo pode ser consciente, pelo menos em certo grau.

• Em *Janus: A Summing Up* [Jano: Uma Recapitulação], o falecido romancista e filósofo Arthur Koestler desafiou também a idéia de que a natureza seja composta por unidades independentes de matéria morta e inconsciente. Propôs a hipótese de uma forma de existência de múltiplos níveis sobrepostos de "hólons", que ele chamou de "holarquia". Os hólons existem sob duas formas, relacionadas entre si. Funcionam como todos individuais, semi-independentes, mas ao mesmo tempo integram todos maiores. Por exemplo, o elétron tem certa independência, no entanto une-se a outras partículas para formar o átomo. Do mesmo modo, o homem tem existência singular, mas pertence a um grupo social e cultural mais amplo. Koestler considerava esses aspectos de auto-afirmação e integração como uma característica universal da vida. Percebeu que tais idéias eram antigas, sendo encontradas por exemplo na "harmonia das esferas" dos pitagóricos e na "simpatia de todas as coisas" da escola hipocrática; assim, "há um fluxo comum, uma respiração comum, com todas as coisas ... em estado de simpatia". Koestler observou que

> a doutrina segundo a qual todas as coisas do universo estão interligadas, em parte por causas mecânicas, mas principalmente devido a afinidades ocultas (que explicam também as coincidências aparentes), deu origem não apenas à magia simpática, à astrologia e à alquimia: ela percorre como um *leit-motif* os ensinamentos do taoísmo e do budismo, o neoplatonismo e as filosofias da primeira Renascença. Foi claramente resumida por (entre outros) Pico della Mirandola, cerca do ano 1500: "Em primeiro lugar, há a unidade das coisas pela qual cada coisa é uma em si, consiste de si mesma e é em si mesma coerente; em segundo, há a unidade pela qual uma criatura se junta a outras, de sorte que todas as partes do mundo constituem um mundo".

Esse é apenas um exemplo das muitas idéias sobre a natureza da consciência que estão surgindo. Todas elas postulam que a consciência se estende para além da esfera humana e representa um aspecto fundamental do universo. Embora cunhadas na linguagem da ciência, não são novas. Como observa Darling, "A concepção de que a mente é uma propriedade básica e difusa do universo está no cerne das tradições místicas que remontam a dois mil anos".

O Mundo Encantado

Não faz muito tempo, quase todas as pessoas pensavam assim, como afirma o filósofo da ciência Morris Berman em seu livro *The Reenchantment of the World* [O Reencantamento do Mundo].

A visão da natureza, que predominou no Ocidente até as vésperas da Revolução Científica, era a de um mundo encantado. Rochas, árvores, rios e nuvens eram vistos como coisas vivas, extraordinárias, e o homem se sentia à vontade nesse ambiente. O cosmo, em suma, era um lugar *a que se pertencia*. Um membro dele não era observador distanciado, mas partícipe direto de seu drama. O destino pessoal se entrelaçava com o destino do cosmo, relação que atribuía sentido à sua existência. Esse tipo de consciência — "participativa" — pressupõe a mescla ou identificação com o ambiente e acusa uma totalidade psíquica que de há muito saiu de cena...

A história da época moderna, pelo menos no nível da mente, é a história de um desencantamento progressivo. A partir do século XVI, a mente foi aos poucos sendo expelida do mundo fenomênico. Quando menos em teoria, os pontos de referência para toda explicação científica são matéria e movimento — aquilo a que os historiadores da ciência se referem como "filosofia mecânica". Os desenvolvimentos que abalaram essa mundivisão — a mecânica quântica, por exemplo, bem como certos tipos de pesquisa ecológica contemporânea — não fizeram nenhum arranhão profundo no modo dominante de pensar. Este pode ser mais acuradamente descrito como desencantamento, não-participação, pois insiste numa distinção rígida entre observador e observado. Consciência científica é consciência alienada: não há nenhuma identificação extática com a natureza, mas antes separação total dela. Sujeito e objeto são sempre vistos em oposição mútua. Eu não sou as minhas experiências, portanto não faço realmente parte do mundo que me cerca. A culminância lógica dessa visão de mundo é o sentimento de reificação total: todas as coisas são objetos estranhos, o não-eu; e eu também sou, em última análise, um objeto, uma "coisa" alienada num mundo de outras coisas igualmente sem significado.

Este mundo não foi feito por mim; o universo não se importa comigo e não tenho, no fundo, o senso de pertencer a ele. Só o que sinto é uma enfermidade na alma...

Durante mais de 90% de sua história, o mundo era encantado e o homem se sentia integrado nele. A inversão total dessa perspectiva, ocorrida há não mais que uns quatrocentos anos, interrompeu a continuidade da experiência humana e a integridade da psique. Além disso, quase deu cabo do planeta também. A única esperança, pelo menos no que me diz respeito, reside no reencantamento do mundo. Creio que *estamos* em vias de reencantar o mundo. As forças que favorecem isso vêm de campos tão diversos quanto biologia, física, gnosiologia, medicina e teoria da informação. Se quisermos ter genuína esperança de realizar esses progressos excitantes, teremos de despertar novamente para um tipo de pensamento não muito apreciado na nossa sociedade, chamado ora metafórico, ora simbólico, ora poético, ora imaginativo. Há sempre o perigo de que esse raciocínio conduza a excessos como fantasia desbragada ou mesmo alucinações. Todavia, o pensamento metafórico, poético ou simbólico não é irracional: tem suas próprias leis, embora divirjam daquelas em que se compraz a mente racional.

Para utilizar esse pensamento, precisamos pôr de parte algumas de nossas tendências — como a veneranda idéia filosófica denominada falácia patética. Segundo essa idéia, que muitos materialistas decerto subscreverão, é errôneo atribuir sentimentos humanos a objetos inanimados. Coisas que não são vivas não podem sentir. Equivocamo-nos ao falar em mar "bravio", em canção "triste", em zíper "teimoso".

Nossos predecessores estariam certos? O mundo é mesmo encantado? As coisas podem cobrar vida?

Sob certas circunstâncias, até o mundo inanimado pode manifestar-se de maneira significativa e inteligente. Coisas ditas mortas como pedras, xícaras de café e automóveis às vezes falam, por assim dizer, na sua própria linguagem, rica em sintaxe e informação. O mesmo talvez se dê com os instrumentos que usamos em terapia. Nossos estetoscópios, agulhas de acupuntura, comprimidos, ervas e drogas de todos os tipos são capazes de interagir significativamente conosco.

Sei muito bem que esse tipo de pensamento é considerado mais típico do esquizofrênico que do médico. O leitor talvez se pergunte se não fiquei maluco. Se fiquei, pelo menos estou em boa companhia, pois um número crescente de cientistas respeitados e outros pensadores já começam a cultivar as mesmas idéias, como veremos.

Jung e a Sincronia

O físico F. David Peat, em seu livro *Synchronicity: The Bridge between Matter and Mind* [Sincronia: Uma Ponte entre a Matéria e o Espírito], discute a hipótese de C. G. Jung segundo a qual existe no mundo uma qualidade *psicóide* ou espiritual, que nos prende ao ambiente natural de um modo característico. Esse vínculo pode resultar em *sincronia,* termo que Jung empregou pela primeira vez numa palestra na Clínica Tavistock em Londres (1929) e elaborou mais tarde em *Interpretação e Natureza da Psique* (que escreveu em parceria com o célebre físico Wolfgang Pauli) e em *Sincronia: um Princípio de Conexão Não-causal.* Peat cita a definição de sincronia por Jung como "a coincidência, no tempo, de dois ou mais eventos causalmente não-relacionados, com significado idêntico ou similar ... Coincidências significativas não podem ser tidas por fruto do mero acaso. Se se multiplicam e a correspondência se torna maior e mais exata ... já não é possível considerá-las casuais ... [e sim] como arranjos significativos".

"As sincronias atuam como espelhos dos processos internos da mente e assumem a forma de manifestações exteriores de transformações interiores", diz Peat. "As sincronias, portanto, são muitas vezes associadas a períodos de transformação, como por exemplo nascimento, morte, paixão súbita, psicoterapia, trabalho criativo intenso e até mudança de profissão. É como se essa reestruturação interna gerasse ressonâncias externas ou como se um acesso de 'energia mental' se propagasse pelo mundo físico."

Peat cita um exemplo dado pelo psiquiatra Arnold Mindel, no qual um paciente psicótico declarava ser Jesus, criador e destruidor da luz. No mesmo instante o lustre caiu do teto e atingiu o homem. Há, nesse episódio, uma significação, um conteúdo aparente que parece separá-lo do puro acaso.

Jung registra, em *Lembranças, Sonhos, Reflexões*, uma conhecida sincronia ocorrida em 1909, quando visitou Freud em Viena, três anos antes de interromperem sua colaboração. Jung queria saber a opinião de Freud sobre percepção extra-sensorial. Na época, Freud rejeitava a idéia, mas anos depois tornou-se mais receptivo a ela. Jung narra o que aconteceu:

> Enquanto Freud prosseguia, tive uma sensação estranha. Era como se meu diafragma fosse feito de ferro, que se ia aquecendo ao rubro — uma abóbada incandescente. Nesse momento, houve um barulho tão alto na estante, instalada perto de nós, que nos levantamos de um salto, alarmados, temendo que o móvel caísse sobre nós. Eu disse a Freud: "Aí está um exemplo do fenômeno conhecido como exteriorização catalítica".
>
> "Ora, vamos", exclamou Freud, "isso é tolice!"
>
> "De modo algum, *Herr Professor*. E, para provar o que digo, declaro que daqui a pouco haverá outro ruído!"
>
> Com efeito, mal acabara de falar, a mesma detonação se fez ouvir na estante.
>
> Até hoje ignoro por que tive tanta segurança. Mas eu sabia, sem sombra de dúvida, que o barulho ocorreria de novo. Freud apenas olhou espantado para mim.

A idéia de Jung segundo a qual um estado emocional pode resultar em "exteriorização" física lembra muito a sugestão do físico Peat, de que a natureza espelha nossas emoções — ou, como diz Lyall Watson em *A Natureza das Coisas*, de que ela pode assumir nossas "impressões digitais emocionais".

Os pacientes de Jung muitas vezes eram apanhados na rede de eventos sincrônicos com ele:

> Uma jovem de quem eu estava tratando teve, num momento crítico, um sonho em que ganhava um escaravelho de ouro. Estando ela me contando esse sonho, sentei-me de costas para a janela. Súbito, ouvi um barulho atrás de mim, bem de leve; voltei-me e vi um inseto voador batendo contra a vidraça, do lado de fora. Abri a janela e apanhei a criatura no ar, quando ela entrava. Era a analogia mais próxima com um escaravelho de ouro que encontramos em nossas latitudes, o besouro da roseira (*Cetonia aurata*) que, contrariamente

a seus hábitos, tivera vontade de penetrar num quarto escuro justamente naquele instante.

O Anjo da Biblioteca

As coisas inanimadas às vezes vêm em nosso socorro, o que indica que o mundo realmente se *preocupa* conosco. Isso é ilustrado pelo Anjo da Biblioteca, o malicioso espírito de Arthur Koestler associado às "coincidências felizes" que envolvem bibliotecas, citações, referências, etc. Um exemplo típico foi comunicado a Koestler pela Sra. Rebecca West, que estava pesquisando certo incidente ocorrido durante os julgamentos por crimes de guerra em Nuremberg:

> Procurei material sobre os julgamentos na biblioteca e fiquei horrorizada ao descobrir que haviam sido tratados de forma absolutamente imprópria para pesquisadores. Tratava-se de resumos, catalogados arbitrariamente. Após horas de busca, avancei ao longo das estantes até um bibliotecário-assistente e disse-lhe: "Não consigo encontrar, não existe indicação alguma, deve estar em algum destes volumes". Pousei a mão sobre um volume, apanhei-o e folheei-o distraidamente: era não apenas o volume certo como eu o abrira na página certa.

As Coisas Podem Revidar?

O contrário também acontece. Às vezes, o mundo das coisas se comporta de um modo genuinamente malicioso. Exemplo desses episódios perturbadores, relatado por Peat em *Sincronia*, é o do romance de M. F. Mansfield, *Titã* (1898), sobre o maior transatlântico jamais construído. Como o *Titanic* anos mais tarde, o fictício *Titã* vogou para o Atlântico levando a bordo passageiros ricos e famosos, mas com barcos salva-vidas igualmente insuficientes. O *Titã* bate num *iceberg* e afunda. Seria isso uma correlação puramente casual com o futuro incidente do *Titanic*? Teria Mansfield lido o acontecimento por vir — o que os parapsicólogos chamam de precognição — e transcrito esse conhecimento prévio em seu livro? Ou o mundo inanimado é tão impressionável e tão receptivo que nossos pensamentos podem inscrever e trazer à vida acontecimentos reais que de outra forma não ocorreriam?

Haverá um lado mau da natureza? Podem as coisas revidar? Talvez encontremos pistas disso em acontecimentos que envolvem outro tipo de objeto físico com que os humanos de há muito mantêm intenso relacionamento emocional: pedras preciosas ou jóias.

O Diamante da Morte

Não raro, as pedras preciosas são mais valorizadas que o ouro. Os nativos americanos, que pouco ligavam para o metal brilhante e não conseguiam entender a obsessão dos brancos por ele, apreciavam muitíssimo certas pedras como o quartzo. "A litomania", diz Watson em *A Natureza das Coisas*, "é uma obsessão humana. Em toda parte as pessoas reverenciam, estimam e colecionam uma assombrosa variedade de pedras — não apenas jade, alabastro e turquesa, que têm óbvio apelo visual. Construímos tetos e em geral decoramos nossa vida com coisas que vão desde a rocha bruta até as estelas funerárias, e não é de surpreender que, em virtude de atentarmos intensamente para elas, acabem absorvendo impressões digitais emocionais verdadeiras, o que faz com que, surpreendentemente, os objetos inorgânicos e inanimados se comportem como se fossem vivos."

Watson conta a história do supostamente amaldiçoado diamante Hope como um exemplo de coisas que parecem possuir uma mente malévola. Ninguém conhece a origem dessa pedra azul-escura e em forma de coração, mas corre a lenda de que um ladrão a arrancou do olho de um ídolo sagrado. Foi levado para a Europa em 1669 por Jean Baptiste Tavernier e vendido a Luís XIV, o Rei Sol. Seu sucessor Luís XVI deu-o a Maria Antonieta. Depois que ambos foram guilhotinados em 1793, a pedra desapareceu. Reapareceu em Amsterdã, onde foi relapidada e roubada. O gatuno levou-a para Londres, onde cometeu suicídio em 1830, altura em que passou às mãos de uma família de banqueiros chamada Hope. O diamante tornou-se objeto de acirradas disputas e litígios, sendo vendido em 1901 a um corretor francês, que se matou no prazo de um ano. Tornou-se então propriedade do príncipe russo Ivã Kanitowsky, que o emprestou a Mademoiselle Ladré, atriz dos Folies-Bergère. Quando ela apareceu no palco, na noite seguinte, exibindo a jóia, foi alvejada por um ex-amante. Pouco tempo depois, revolucionários assassinavam o príncipe.

Um joalheiro grego, Simon Montharides, tornou-se o novo proprietário. Caiu num precipício com sua carruagem quando negociava a pedra com o sultão Abdalamide, ou Abdul, o Amaldiçoado, conhecido também como o Grande Assassino da Turquia. Abdul foi deposto logo depois; nesse ponto, o diamante passou, por intermédio dos Cartiers de Paris, para Evalyn Walsh McLean, uma herdeira americana, em 1910. Sabe-se que McLean não se separava do diamante Hope, até que seu filho de 9 anos morreu atropelado por um carro, sua filha de 25 anos sucumbiu a uma superdose de comprimidos para dormir e seu marido bebeu até falecer num hospício. Quando McLean morreu, em 1947, de pneumonia, deixou o diamante em depósito para seus seis netos, até que o mais novo completasse 25 anos. A família contestou o depósito e o diamante acabou vendido para pagar as dívidas e despesas do espólio. Em dezembro de 1967, outra Evalyn McLean foi encontrada morta em sua casa de Dallas — a mais nova ex-co-herdeira da jóia —, pouco depois de seu vigésimo quinto aniversário. A esteira de mortes deixada pelo diamante Hope parece ter-se apagado desde então. Após séculos de peregrinação, ele agora repousa no Instituto Smithsoniano de Washington, D. C.

Quais as possibilidades de que o diamante Hope haja provocado tantas mortes violentas e prematuras? Haverá uma resposta direta? As pessoas que se puderam permitir a posse dessa jóia ficaram, em conseqüência, mais sujeitas a comportamentos desregrados e mortes trágicas? Ou morreriam violentamente de qualquer maneira, mesmo que nunca tivessem ouvido falar no Diamante da Morte? As pedras acaso transmitem mensagens, às vezes negativas? Existirão "bruxarias líticas"?

As Pedras Falam?

Watson relata também uma interessante descoberta feita pelos cientistas do Laboratório de Pesquisas da De Beers em Joanesburgo, em 1965. Eles observaram que o azul-escuro do diamante Hope deve-se à substituição de alguns átomos de carbono por átomos de boro em pontos críticos de sua estrutura cristalina. "Em resultado", diz Watson, "a pedra é e sempre foi um poderoso semicondutor de eletricidade." Esclarecendo que existem fortes semelhanças entre nossos próprios nervos e os semicondutores artificiais, Watson cita a sugestão do químico especializado em estado sólido Don Robins, segundo a qual essas semelhanças podem provocar alguns circuitos de retroalimentação que ligam as energias humanas às de edifícios, pedras e artefatos. Robins aventa que talvez tenhamos a capacidade de imprimir traços eletrônicos ou informacionais em pedras e cristais, e que nossos corpos possivelmente contenham uma "memória lítica" também, pronta a ser acionada e liberada sob determinadas circunstâncias. Robins acredita que a conexão entre seres humanos e pedras seja o mais das vezes de natureza acústica: "Tal registro ocorre como conseqüência direta de sinais sonoros estruturados, como os produzidos por música ritual, cântico, prece, dança, aplauso e canção. Isso explica muito bem a atmosfera, o senso do sagrado comum a templos e catedrais, santuários e colunas, incluindo os que estão em ruínas".

Não quer dizer que as pedras sejam conscientes da mesma forma que os humanos, mas que ainda assim encerrem "um padrão capaz de modelar ou induzir certo tipo de estrutura mental. Em outras palavras, na presença de uma pedra desse tipo podemos nos tornar cônscios de 'ecos do passado', que despertam determinadas imagens mentais". Mas será que esses ecos suscitam os comportamentos que inevitavelmente rondam "pedras amaldiçoadas" como o diamante Hope?

A Vingança das Coisas

No dia 8 de julho de 1995, um sábado, Cecilia Dillenham, organista de uma congregação pentecostal fundamentalista perto de Amarillo, Texas, foi até a igreja ensaiar ao órgão para o culto do dia seguinte. Cecilia não conhecia bem o instrumento. Era um velho órgão alemão de tubos, doado recentemente à igreja por um dos fiéis. O pastor Ethan Paxen, de 42 anos, encontrava-se em seu escritório, preparando o sermão dominical. A organista cumprimentou-o e sentou-se para tocar. Sem que ela o soubesse, o mecanismo de volume do instrumento fora colocado no máximo por "algum idiota". Quando Cecilia feriu a primeira nota — um dó sustenido —, a velha igreja sacudiu-se até os alicerces e as janelas bateram. "Foi como a explosão de uma granada", gaguejou a organista. Em seguida, ouviu um barulho no escritório de Paxen. Correu até lá e viu-o estendido no chão, com as mãos no peito. Foi chamada uma ambulância, mas as tentativas de ressuscitação não tiveram êxito. "O órgão de tubos matou-o, não há dúvida", declarou a chorosa organista. Além disso, previu que a igreja provavelmente devolveria o instrumento que levara seu ministro para o túmulo. "Um órgão imenso como esse é perigoso demais para uma igreja pequena como a nossa", lamentou. Paxen nunca tivera problemas cardíacos. O patologista assegurou que ele morrera de um ataque do coração, aparentemente provocado por pânico ou choque violento.

Como médico, conheço bem as explicações usuais para mortes desse tipo. Mas, quando divago, as perguntas surgem. Uma nota alta terá provocado a morte do pastor ou havia algo de especial com o dó sustenido? A música exibe estranhos poderes. Os médicos sabem, por exemplo, que certas passagens musicais podem induzir ataques epilépticos — a epilepsia musicogênica, conforme relatado por MacDonald Critchley em *Music and Brain* [Música e Cérebro]. Algumas notas foram associadas, no passado, ao mal, sobretudo o si natural, conhecido como "a nota do diabo". Certos tipos de música são ainda considerados demoníacos. Seria inocente o velho órgão alemão? Uma máquina inerte, insensível, destituída de inteligência? Estaria feliz em sua nova casa? Lamentaria ter sido deslocado de sua pátria alemã para as planícies áridas do Texas? Repugnar-lhe-ia o tipo de espiritualidade cultivado pelo pastor Paxen? Detestaria ser cúmplice de sua oratória candente e bíblica? Aborreceria os arroubos de música pentecostal que Cecilia lhe infligia? Teria saudades do glorioso Bach tocado em suas teclas? O órgão realmente se vingou? O homicida dó sustenido seria o modo de o órgão gritar: "*Não vou suportar mais isto!*"?

Os instrumentos musicais estão expostos a um leque maior de emoções humanas do que, talvez, qualquer outro objeto. Canalizamos nossos sentimentos mais íntimos por intermédio deles. Será que, em virtude de sua constante exposição às nossas entranhadas emoções, os instrumentos vibram em uníssono conosco? Podem cobrar vida e como que expressar-se em sua própria língua? Quando falamos de violinos que gemem e cordas que cantam, estamos reconhecendo a existência de vida latente nas coisas? Se soubéssemos ouvir, captaríamos suas mensagens?

Faço essas perguntas com toda a seriedade, pois acredito que tenhamos subestimado as fronteiras da vida e da consciência. Quando maltratadas, as coisas às vezes parecem repostar vingativamente. Considerem-se por exemplo os tacos de golfe de Jean Potevan, que os jogou com a sacola num lago depois de perder três lances no buraco final de uma partida desastrosa, num campeonato francês. Ao lembrar-se de que as chaves de seu carro estavam na sacola, pulou de roupa e tudo na água e afogou-se, enroscado numa moita de ervas aquáticas. Segundo seu colega Henri Levereau, suas últimas palavras foram: "Quero as chaves, mas vou deixar os tacos lá mesmo".

Quando os Carros se Transformam

Talvez os indícios mais fortes de que as coisas podem transformar-se em criaturas humanas surjam de nosso contato com os automóveis. "Nenhum outro artefato inspirou jamais tanta emoção ou constituiu-se em instrumento tão poderoso de mudança e reformulação da imagem da sociedade humana", assevera Watson em *A Natureza das Coisas*.

> Nunca houve máquina tratada a tal ponto como ser, exibindo poderes próprios. A automania assume muitas das características de um culto religioso. O antropólogo Andrew Greeley salienta que toda exibição automobilística é uma prática religiosa altamente ritualizada, uma forma de adoração pública integrada por pompa, esplendor, cariátides sob os traços de modelos famosas, luzes, música, gastos espantosos de dinheiro e uma congregação que cultua com todas as mostras de reverência.

"A autobiografia é evidente em todos os adesivos de pára-brisa: 'Eu chego lá', 'Você só quer o meu corpo' ou o queixoso: 'Lave-me!'", acrescenta Watson.

Os carros encarnam nossas emoções; dão significado à vida das pessoas. E emoção e significação, como vimos, são bons estimulantes do comportamento aparentemente "vivo" dos objetos inanimados. Poderão nossas emoções e significações dar vida aos automóveis? Watson relata diversos casos em que isso parece acontecer.

Na Flórida, em 1978, uma mulher acabara de estacionar seu carro num supermercado quando ele recomeçou a funcionar, deu marcha à ré, precipitou-se sobre ela e perseguiu-a em círculos. Por quinze minutos, os que queriam ajudar foram mantidos a distância. Nos funerais da mulher, alguém observou: "Ela nunca gostou desse carro". Em Sydney, Austrália, em 1981,

Dorothy Woodward tentava subir uma ladeira com o calhambeque que desprezava, quando ele a atirou a um precipício de sessenta metros, matando-a.

Há também o caso do automóvel aberto, construído por Graf e Stift, em que desfilava o arquiduque Francisco Ferdinando quando foi assassinado em Sarajevo, em 1914. Duas semanas depois um capitão do Quinto Corpo Austríaco atropelou e matou dois operários, morrendo ele próprio ao bater numa árvore: dirigia o mesmo automóvel. O veículo passou às mãos de um funcionário do governo iugoslavo, que sofreu com ele quatro acidentes, o último dos quais custou-lhe um braço. "Destruam-no; essa coisa é amaldiçoada!", bradou a vítima. Mas acabou vendido a um médico, que pereceu esmagado por ele. O azarado automóvel ficou com um empresário muito rico, que não levou em conta sua história e mais tarde foi encontrado morto ao volante (tinha se suicidado). Um corredor de automóveis suíço tomou posse do veículo e, logo da primeira vez que saiu a passeio, morreu depois de bater num muro. O carro foi consertado e adquirido por um fazendeiro. Certa feita, após apresentar um defeito, tiveram de rebocá-lo; mas soltou-se, tombou numa curva e matou o proprietário. Um mecânico reparou-o e pediu-o emprestado para levar quatro amigos a uma festa de casamento. Uma colisão frontal com outro veículo liquidou-os a todos. Por fim o governo austríaco interrompeu a chacina comprando e restaurando o carro. Hoje o quatro cilindros de Graf e Stift — o automóvel equivalente ao diamante Hope — está em exibição permanente no Museu do Exército de Viena.

Uma das mais tremendas rebeliões de coisas inanimadas, relata Watson, envolveu o Porsche Spyder comprado pelo ator James Dean em 1955. Após a morte de Dean num acidente, o destroçado Spyder foi adquirido pelo projetista de automóveis George Barris, que queria salvar as peças. O carro quebrou a perna do mecânico ao escorregar da carreta, pouco depois de chegar ao pátio da oficina. Barris vendeu o motor a um médico de Beverly Hills, que era louco por corridas. A primeira vez que competiu com seu carro, no qual instalara o motor do Spyder, bateu e morreu. A transmissão do automóvel de Dean fora comprada por outro médico, seriamente ferido na mesma corrida. A carroceria deveria ir para Salinas, como parte de uma mostra sobre segurança nas estradas; mas a carreta que a levava tombou e deu cabo do motorista. Quando a bordo de outro caminhão em Oakland, não muito depois, a sucata partiu-se em duas: uma parte provocou um acidente ao cair na estrada e a outra continuou até os freios do caminhão falharem, arremessando o veículo contra uma loja. O que restou da carroceria partiu de trem para Miami, a fim de figurar em outra mostra. Nunca chegou a seu destino; provavelmente foi desmontada e levada por fãs de James Dean, durante o trajeto.

"Tudo isso é ridículo", confessa Watson. "Apenas acidentes curiosos, sem dúvida... Mas que fazer com carros que se envolvem em tantas coincidências?"

Implicações na Saúde

Há um verdadeiro "*apartheid* das coisas" em nossa cultura, pelo qual os objetos não merecem o mesmo respeito que os organismos vivos e sensíveis. Declarar que as coisas podem se comportar bem ou mal, ou mesmo comportar-se seja lá como for, soa absurdo aos ouvidos de quem é versado na ciência do século XX. No entanto, elas parecem ser ávidos acumuladores de significações, sobretudo quando ficam constantemente expostas aos homens. Dir-se-iam capazes de captar nossos sentimentos, vibrar com nossas emoções, responder às nossas perguntas e imiscuir-se na nossa vida, quando menos o esperamos. As implicações na saúde são também profundas.

Durante milênios, os curadores cultivaram a habilidade de interagir com o mundo das coisas. Essa habilidade é ilustrada no seguinte episódio, reproduzido em *Elementos Psicológicos nas Tradições Parapsicológicas*, do médico grego Angelos Tanagras, que foi também um almirante várias vezes condecorado da marinha da Grécia. Além de escrever obras eruditas sobre a história e a mitologia helênicas, ele se interessava profundamente pelo que denominava "psicocorpo", a ação dos "impulsos do homem ... sobre a matéria viva e inorgânica".

O caso diz respeito às experiências de A. Laforest, um "literato francês", nas selvas da Colômbia. Certo dia, Laforest entrou no mato para caçar pombos selvagens e, em caminho, encontrou o bedel, pequeno funcionário da igreja de Simiti. Quando lhe perguntou aonde ia, o bedel respondeu: "Vou até a casa de Joselito para acabar com os vermes de seus peixes. É um exorcismo. Ando por toda parte eliminando esses vermes. Só eu, no país inteiro, sou capaz de fazer isso".

Laforest, sem compreender muito bem, ficou calado e acompanhou-o para ver o que acontecia. Logo chegaram à cabana de madeira de Joselito e este informou o bedel de que uns vermes brancos tinham invadido seu estoque de peixes salgados. Mostrou cerca de cem peixes infestados, dependurados de um arame. O bedel examinou-os, viu que estavam mesmo cheios de vermes, e balançou a cabeça: "Só desaparecerão com exorcismo", avisou. Deu um passo atrás e começou a murmurar um encantamento em voz baixa.

"Mal acabara quando os vermes começaram a cair dos peixes como limalha de ferro", afirmou Laforest. Joselito agradeceu ao bedel, como se aquilo fosse a coisa mais natural do mundo.

"Aproximei-me dos peixes para examiná-los", continua Laforest. "Não ficara um só verme. Umas poucas palavras do bedel bastaram para libertá-los da carne onde se haviam metido. Não sei o que aconteceu, mas o milagre foi realizado diante de meus olhos."

Perplexo, Laforest voltou a Simiti, onde correu a ver o padre e contar-lhe o sucedido. O bom homem sacudiu a cabeça: "Não, não se trata de feitiçaria", garantiu, "mas de um exorcismo simples ... acompanhado de muita fé. O bedel é um de meus paroquianos mais humildes e devotos. As palavras, em si, não dizem nada ... Seja como meu bedel e terá os mesmos poderes. ... Tais coisas já não surpreendem ninguém por aqui. Às vezes, as moscas põem ovos na ferida de um cavalo, tornando-a assim fatal. Mas o bedel cura a ferida a distância de vários quilômetros, desde que lhe digam em que parte do corpo do animal se situa".

Tanagras relata um caso semelhante com plantas. Um padre do Cáucaso foi convidado a visitar um fazendeiro russo cuja plantação de girassóis estava infestada de vermes terrivelmente daninhos. O padre começou a recitar, com muita fé, preces especialmente compostas para tais ocasiões por São Basílio e outros santos da Igreja Ortodoxa Grega. Os vermes, que eram em grande número, "foram caindo das plantas e fugiram na direção oposta, como uma pequena torrente".

Métodos parecidos parecem funcionar com insetos. Tanagras conta que, em 1920, durante a ocupação grega da Ásia Menor, um professor grego viajou para a aldeia turca de Eskisehir a fim de examinar as antiguidades locais. Para acomodá-lo, foi requisitada uma casa vazia, mas por cima da porta, a uma altura de cerca de dois metros, formara-se uma colméia de abelhas. Todos os esforços para desalojá-las falharam. A criada, receosa das abelhas, aconselhou que se chamasse um *hodja* local, um sacerdote turco que tinha o dom de "exorcizar" e, portanto, poderia resolver o problema. "O *hodja* apareceu à tarde e deteve-se por algum tempo, orando. As abelhas sumiram e não se encontrou nenhuma delas morta, como seria o caso se houvesse sido aplicado veneno ou fumigação."

Freqüentemente os organismos tomam a dianteira e revidam, como nos acontecimentos que envolveram o diamante Hope e o Porsche Spyder. Um desses incidentes ocorreu com o mais célebre "cirurgião psíquico" do Brasil e me foi contado pelo Dr. Stanley Krippner, diretor de pesquisas do Instituto Saybook de San Francisco. À medida que o dom de curar do homem ia aumentando, seu ego inflava. Tornou-se extremamente arrogante e vaidoso, traços considerados pelos verdadeiros curadores como incompatíveis com sua vocação. No auge da fama e do destempero, ele e um amigo navegavam num bote por um rio caudaloso, quando foram atacados por um enxame de "abelhas assassinas". Por estranho que pareça, elas só caíram sobre o curador, deixando o companheiro ileso. "Elas querem a mim!", gritava o homem, tentando em vão espantar os insetos. "Estão me punindo por meu orgulho! Fui um falso curador!" O coitado pulou na água para safar-se, mas nem assim o conseguiu. Diante dos olhos estupefatos do amigo, as abelhas picaram-no até a morte.

Uma bela história sobre a interação homem-inseto originou-se há muitos anos na comunidade Findhorn, Escócia. Por muitos anos os moradores não apenas sobreviveram como prosperaram numa das regiões mais inóspitas do país. A Findhorn atribui seu sucesso, em grande medida, a uma visão espiritual da vida, sobretudo no que toca aos trabalhos de lavoura e jardinagem. Suas crenças, literalmente, dão frutos; a produtividade de seus campos é lendária.

A certa altura, a cozinha de Findhorn se viu infestada de baratas. Eliminar os bichinhos com inseticidas ou fumigações contrariava a crença da comunidade, segundo a qual toda vida é sagrada. Tais procedimentos eram inaceitáveis, mas algo tinha de ser feito. O quê? Após muita deliberação, resolveram negociar firmemente com a praga. Encheram diversas latas de lixo com restos suculentos, que qualquer comunidade de baratas gostaria de ganhar, e instalaram-nas a certa distância das casas. "Vocês não podem ficar na cozinha", anunciaram às baratas. "Temos um lar melhor para todas. Devem evacuar o recinto até o final da semana, ou adotaremos medidas mais severas para expulsá-las." Segundo os relatos, os bichos aceitaram a oferta. No prazo marcado, a cozinha estava livre deles — e sua população, nas latas de lixo, floresceu.

Xamãs e Hospitais

A conexão com a cura xamânica, que existe há pelo menos cinco mil anos, deve ser óbvia. Os xamãs consideram vivo o mundo inteiro. Quando se propõem curar, viajam para outras dimensões, onde encontram benevolentes espíritos animais que os assistem em suas tarefas. Mas encontram também as entidades malignas que causaram a doença, com as quais negociam a fim de obter a cura do paciente. "Expulsar vermes" de animais e plantas, ou banir abelhas e baratas, lembra muito a terapia xamânica. Ambas as formas pressupõem a crença de que o mundo está vivo. Se corretamente trabalhadas, as coisas podem comunicar-se conosco e, até, vir em nosso socorro.

Tenho a forte suspeita de que vestígios de xamanismo são encontrados em qualquer hospital moderno. Todos sabem que certas enfermeiras e médicos possuem talentos incomuns para lidar com os doentes. Os pacientes deles simplesmente "melhoram". Desenvolvem poucas complicações, como infecções, recuperam-se e recebem alta mais depressa. Presumo que, além das habilidades técnicas que empregam na situação, tratam com bactérias, células cancerosas, células T e B, etc., como todos os bons xamãs.

Parece haver também um lado irreverente — que equivale ao mau comportamento à beira do leito — em que as coisas inanimadas agem de modo negativo para com determinados indivíduos, poupando outros. No dia 4 de novembro de 1924, numa tecelagem de Yorkshire, Inglaterra, três teares se quebraram ao mesmo tempo no mesmo galpão. O gerente convocou seus melhores mecânicos, que não encontraram nada de errado e repuseram as máquinas em funcionamento. Pouco depois registraram-se vários outros problemas semelhantes, em seqüência. Incapaz de descobrir a causa, o gerente chamou os técnicos da Associação de Pesquisas de Tecelagem. As sugestões deles foram acatadas, mas de novo as máquinas pararam sem razão aparente. O caos continuou até que uma jovem de 19 anos, Gwyne, que começara a trabalhar há pouco naquela seção, foi casualmente transferida para outra área da fábrica. Os problemas a acompanharam. O proprietário foi posto a par do caso; ele, porém, era "um rijo filho de York, que zombava de contos de 'bruxas' em suas instalações" — isto é, até que Gwyne entrou numa sala onde a produção ia a pleno vapor e pediu simplesmente para andar entre as máquinas com as mãos nos bolsos. Em questão de segundos os teares começaram a falhar. Gwyne foi levada em seguida para outro galpão, onde tudo se repetiu. Por fim, quando a jovem era instada a sair da fábrica, mais sete máquinas pararam de funcionar. "A infeliz Gwyne foi proibida de aproximar-se novamente de um tear e aproveitada como garçonete da cantina."

Muitos profissionais da saúde têm decerto trabalhado com colegas que são o equivalente médico de Gwyne. Conheci médicos cujos pacientes pareciam adoecer constantemente e reaparecer repetidas vezes no hospital, onde permaneciam por mais tempo. Esses profissionais estão sempre sobrecarregados. Acho que todos conhecemos médicos que jamais chamaríamos para cuidar de nós.

Que dizer dos objetos inanimados que utilizamos na terapia? Serão capazes de responder às nossas emoções, sentimentos e significações? As coisas inanimadas podem ferir ou matar pacientes, conforme sugerido pela carreira do diamante Hope e do Porsche Spyder? Os efeitos tóxicos e fatais das drogas e procedimentos cirúrgicos são pura casualidade? Ou injeções, cápsulas, comprimidos e bisturis se revoltam? Por que certas terapias parecem colaborar com determinados médicos e não com outros? E por que, no caso, os resultados de estudos controlados como que espelham as emoções e significações dos cientistas que os conduzem? A Dra. Marilyn Schlitz, diretora de pesquisa do Instituto de Ciências Noéticas de Petaluma, Califórnia, empreendeu estudos controlados que, aparentemente, provam haver correlação entre as crenças e atitudes preexistentes do pesquisador principal e seus resultados clínicos. Que se passa? Enquanto continuarmos a acreditar que o mundo material é constituído de matéria inerte, ficaremos sem saber.

Se nós, profissionais da saúde, utilizarmos nossos "petrechos médicos" com um senso de santidade e respeito, eles se mostrarão agradecidos e os efeitos colaterais diminuirão? Se dissermos "obrigado" aos estetoscópios, retratores e otoscópios por seus serviços, eles se entregarão a nós de bom grado? Descobriremos que somos capazes de ouvir melhor, ver melhor e fazer melhor com esses instrumentos se os tratarmos com mais deferência?

O Novo Animismo

Muita gente acha que estamos fazendo grandes progressos ao introduzir a consciência na cura. No entanto, embora o aperfeiçoamento da meditação, hipnose, imaginação, prece, auto-responsabilidade e prevenção envolva a consciência, esse aperfeiçoamento não vai muito longe. A atual postura frente à consciência na cura é excessivamente conservadora.

Considere-se o modo como falamos da consciência. O mais das vezes, em medicina, referimo-nos aos efeitos da *minha* consciência no *meu* corpo. A medicina da mente-corpo tornou-se na verdade uma medicina da "minha mente, meu corpo". Essa evolução não é errada, mas é incompleta. Ainda não aceitamos plenamente as provas das manifestações não-locais ou transpessoais da consciência: a capacidade que *minha* consciência tem de afetar *seu* corpo a distância — mesmo quanto você não está cônscio disso — e a capacidade que *sua* consciência tem de fazer o mesmo.

Nossa postura atual frente à consciência não é apenas conservadora, mas também arrogante. "Consciência", para muitos de nós, é algo totalmente antropocêntrico — algo reservado aos seres humanos e a nada mais. Continuamos a nos manter à parte dos chamados organismos inferiores e do mundo "inanimado", que teimamos em considerar inconscientes por definição. Tagarelamos bastante a respeito de consciência — mas arranhem a superfície das pessoas que acreditam nos "poderes da mente" e descobrirão, sem dúvida, que acreditam apenas na condição especial dos homens e na inferioridade do resto do mundo.

A integração da consciência e da cura exige muito mais. Não basta atribuir significação à *nossa* mente, à *nossa* consciência. Devemos levar em conta também a consciência das *coisas* — células e tecidos, bactérias, instrumentos que usamos, medicamentos que receitamos, uniformes que vestimos, edifícios onde trabalhamos.

Estou ciente dos perigos aqui envolvidos. Mas não temamos cair na fantasia ao explorar, de novo, um mundo animado. Recordemos que, pela maior parte da história da raça humana, esse ponto de vista pareceu natural. Só há pouco perdemos o rumo, mas vamos achá-lo novamente. Ainda existem guias. E lembremos também que temos uma vantagem sobre nossos predecessores: as idéias de cientistas que, como vimos, estão formulando teorias da natureza da consciência — e da consciência da natureza — a fim de ajudar-nos a lidar com esse domínio encantado.

Abramos espaço ao "novo animismo" — não só porque, intuitivamente, parece certo agir assim, mas também porque nossos dados o exigem. Ainda não examinamos os dados empíricos que amparam a perspectiva de uma consciência difusa, mas eles são muitos. Manifestam-se em diversas áreas da ciência investigativa, revelando a capacidade que a consciência tem de atuar não-localmente em conjunto com o mundo animado e inanimado — áreas como interação homem/máquina, imaginação transpessoal, estudos de PC (psicocinese) e prece de intercessão a distância, em que as pessoas contatam organismos não-humanos "inferiores" como bactérias, fungos, fermentos e células de vários tipos. Esses achados empíricos apontam para um mundo não-sensível que, entretanto, responde ao pensamento e às emoções humanas, não podendo por isso ser tão morto quanto imaginávamos.

Como Encontrar o Canal Certo

William James disse: "Não há realmente nenhum método científico, ou de outra natureza qualquer, graças ao qual possa o homem movimentar-se em segurança entre os perigos opostos de acreditar muito pouco ou acreditar demais. Arrostar tais perigos é, aparentemente, a tarefa que nos cabe, de sorte que encontrar o canal certo entre eles constitui a medida da sabedoria".

Como encontrar o canal certo? No mínimo, devemos atentar para aquilo que Hermann Hesse chamou de "sussurros de nosso sangue" — intuições, pressentimentos, palpites. Nada disso é novo: todos os bons cientistas já o fazem. Em seguida, devemos ouvir as histórias e experiências que, como as descritas neste capítulo, brotam espontânea e inesperadamente na vida das pessoas. Em terceiro lugar, cumpre submeter nossas conclusões e teorias a rigorosos testes experimentais. Se agirmos assim, talvez reaprendamos a ouvir a voz das pedras.

7

Cócegas

Um mito apache conta que o criador dotou os bípedes humanos com a capacidade de fazer tudo: falar, correr, ver e ouvir. Mas não ficou satisfeito até que esses bípedes pudessem fazer mais uma coisa: rir. Assim, homens e mulheres riram, riram, riram! Disse então o criador: "Agora estão prontos para viver".

O humor pode reinar no céu, conforme sugere a história, mas muitas vezes foi escasso cá embaixo. Embora toleremos o riso nas crianças, quando elas se aproximam da idade adulta pedimos-lhes, metaforicamente, que apaguem o sorriso do rosto, ajam como gente grande, cresçam e sejam sérias.

Nossas religiões muitas vezes reforçaram essa mensagem. Como que vítimas de uma ressaca puritana, freqüentemente ensinaram que o riso está bem perto do pecado. Brian Luke Seaward fala das tormentosas relações entre piedade e brincadeira no seu livro *Managing Stress* [Como Controlar o Stress]: "Nem sempre o riso foi visto com agrado", observa ele. "Os europeus, na Idade Média, e os puritanos, nas costas orientais da América do Norte, entre outros, achavam que o riso era obra do diabo. Pessoas surpreendidas a gargalhar se viam denunciadas como bruxos e bruxas, quando não passavam por possessos de Satã. A expressão do humor era considerada pecaminosa em diversas seitas cristãs ... Só no século XX é que as pessoas começaram a arriscar um sorrisinho em fotografias."

O escritor e psiquiatra Raymond Moody, em *Laugh after Laugh: The Healing Power of Humor* [Riso após Riso: O Poder Curativo do Humor], cita uma observação feita por Lorde Chesterton em 1748 sobre a força corruptora do riso: "O riso, em qualquer ocasião, é imoral e indecente. O riso obscurece a verdade, endurece o coração e estupidifica o intelecto. O cavalheiro só é visto, no máximo, a sorrir, nunca a gargalhar".

Felizmente, nem todos os grandes pensadores ocidentais eram tão caturras; eles perceberam que uma vida sem humor deixava de lado alguma coisa vital. Goethe: "O homem compreensivo acha tudo engraçado; o homem racional, quase nada". Schiller: "O homem só se torna plenamente humano quando brinca". Schopenhauer: "O senso de humor é a única qualidade divina do homem".

Definições de Humor

As tentativas de definir o humor e o riso são muitas vezes, elas próprias, hilariantes.

- "O riso é um reflexo. A palavra reflexo é uma ficção."
- "O riso é a resposta comportamental ao humor."
- "O riso espontâneo é produzido pela contração coordenada de quinze músculos faciais num padrão estereotipado, seguida de respiração alterada."
- "O sorriso envolve um grupo complexo de movimentos faciais ... o recuo e o arqueamento dos cantos da boca, o levantamento do lábio superior, que descobre parcialmente os dentes, e o encurvamento dos sulcos existentes entre as comissuras da boca e as narinas ... a formação de rugas sob os olhos ... e o brilho cada vez mais intenso do olhar."

Embora essas definições procurem ser fisiologicamente precisas, não dão conta da *experiência* do humor e do riso — não dizem o que eles *são*. Para perceber a diferença, basta-nos examinar um fenômeno corriqueiro, mas espantosamente complicado: as cócegas.

"A brincadeira inofensiva de fazer cócegas resistiu a todas as tentativas de encontrar uma fórmula única para explicar a causa do riso; tem sido a pedra de tropeço que obrigou os teóricos do cômico a desistir ou impugnou suas teorias", afirma Arthur Koestler em seu famoso livro *The Act of Creation* [O Ato de Criação]. A certa altura, acreditou-se que o riso resultante das cócegas era um reflexo puramente automático em resposta ao estímulo físico da pele, mas essa visão é simplista demais. "Se uma mosca pousa na barriga de um cavalo", explica Koestler, "uma espécie de onda de contração percorre o couro do animal — o equivalente à contorção da criança na qual se fazem cócegas. Entretanto, o cavalo não ri quando lhe fazem cócegas e a criança, nem sempre." Darwin e outros naturalistas interpretavam a contorção reflexa como um mecanismo inato de defesa que protegeria de ataques certas áreas vulneráveis do corpo: axilas, solas dos pés, pescoço, ventre, flancos. Mas qual a sua conexão com o riso?

Para entender as cócegas, cumpre recorrer à mente. As crianças só riem quando percebem as cócegas como "um ataque simulado, uma carícia disfarçada em agressão branda". Isso ajuda a explicar por que as crianças só riem quando outros lhes fazem cócegas e não elas mesmas, sustenta Koestler, e também por que a brincadeira do "esconde-esconde" é tão eficaz para provocar risadas. A surpresa, igualmente, desperta o riso, como quando se fazem cócegas em momentos e locais inesperados, por exemplo.

Para que as cócegas façam os bebês rir, eles precisam sentir-se seguros, observa Koestler. Experiências feitas com bebês de menos de um ano de idade revelaram que eles tinham quinze vezes mais chances de rir quando as mães, e não estranhos, lhes faziam cócegas. As mães são confiáveis; com estranhos, nunca se sabe se suas ameaças são verdadeiras ou não.

Fazer cócegas em crianças pode ensinar-nos muita coisa a respeito do riso nos adultos. Nas encenações cômicas, por exemplo, o ator se comporta como um pretenso agressor, mas nós sabemos que a agressão não é real. Sentimo-nos seguros e rimos. O mesmo sucede quando consentimos em ser vitimados pelos filmes de terror e rimos quando o "horror" é mais intenso.

Humor e Cérebro

Acaso teremos um "centro do humor"? Que parte do cérebro trabalha quando rimos? Peter Derks, pesquisador do College of William and Mary, tirou eletroencefalogramas de pessoas a quem apresentara material humorístico. No início da piada, predominou a atividade do hemisfério cerebral esquerdo, à medida que o sujeito analisava e processava a informação. Depois a atividade dominante transferia-se para o lóbulo frontal, que é o centro das emoções. Momentos depois, quando o sujeito procurava "pegar" a piada, o hemisfério direito entrava também em atividade. Alguns milésimos de segundos mais tarde, antes da explosão de riso, uma atividade cerebral mais intensa manifestava-se no lóbulo occipital, onde ocorre o processamento de informação sensorial. Depois que a pessoa "pegava" a piada e tinha início o riso, as ondas delta se avolumavam e atingiam um crescendo. Os achados de Derks indicam que não existe nenhum "centro do humor", mas que diversas partes do cérebro trabalham em conjunto quando sentimos deleite e rimos.

Um estudo sobre o fluxo de sangue no cérebro, com tomografia de emissão de pósitrons, traz mais informações a respeito do funcionamento do cérebro quando se vivenciam emoções positivas. Os pesquisadores analisaram o fluxo de sangue cerebral durante estados de tristeza e alegria em mulheres saudáveis. Na alegria, não se observou nenhum aumento de fluxo em parte alguma do cérebro; na verdade, registrou-se mesmo um decréscimo de fluxo nas áreas corticais pré-frontal e têmporo-pariental, indicando que a emoção positiva coloca o cérebro momentaneamente em repouso — "exatamente o que parece desejável para a cura".

Os Efeitos Físicos do Humor

Os últimos vinte anos foram uma era de ouro da pesquisa do humor. Entre os mais instigantes achados experimentais, contam-se os seguintes:

- A experiência do riso está associada a uma diminuição do nível de sorocortisol e a um aumento de atividade dos linfócitos T, do número e atividade de células assassinas naturais e do número de células T dotadas de receptores auxiliares/supressores. Esses achados implicam que o riso ameniza o reflexo estressante do corpo e aumenta a atividade imunológica.
- Quando os sujeitos assistiam a um filme cômico ou edificante, registrava-se aumento de imunoglobulina salivar A (IgA), que segundo se acredita protege contra certos vírus.
- O riso parece ser uma espécie de "corrida interna", como diz o escritor e editor Norman Cousins. De início, o riso promove a aceleração dos batimentos cardíacos e da freqüência respiratória, aumenta a pressão sanguínea e o consumo de oxigênio, contrai os músculos da face e do estômago, e relaxa os que não estão envolvidos no processo. Logo após a explosão de riso, no entanto, esses índices cardiovasculares caem abaixo dos valores prévios de repouso.
- Quando os pesquisadores pediram a atores profissionais e cientistas que imitassem expressões faciais emotivas prototípicas, e depois vivenciassem diversas emoções recordando antigas experiências, registraram-se impressionantes diferenças no ritmo cardíaco, na temperatura das mãos, na resistência da pele e na tensão muscular. Ao contrário das mudanças observadas em estado de cólera e medo, a felicidade provoca aumentos bem menos significativos no ritmo cardíaco e na temperatura das mãos.
- A experiência de emoções positivas como a felicidade, durante o exercício, parece gerar efeitos cardiovasculares benéficos.
- Pessoas que alegaram recorrer ao humor para enfrentar as dificuldades da vida apresentaram a mais elevada concentração inicial de IgA salivar, mostrando que encarar consistentemente a vida com alegria melhora a capacidade imunológica.
- As lágrimas em resposta ao riso e à dor são de composição diversa das provocadas artificialmente, como ao cortar cebolas. "As lágrimas emocionais" revelam maior concentração de proteínas e toxinas: portanto, devem auxiliar o corpo a livrar-se de substâncias indesejáveis.

Humor e Medicina

A medicina, como a religião, muitas vezes se mostrou intolerante ao humor. Uma de minhas mais remotas lembranças de um ambiente médico evoca solenidade e apreensão. Em criança, costumava ir com meus pais visitar parentes enfermos no Hospital Cox, pequena instalação de vinte leitos na cidadezinha rural de Groesbeck, centro do Texas. Nunca me esquecerei de um cartaz exibido em todas as paredes, mostrando uma enfermeira bonita, séria e de touca branca com um dedo nos lábios, no gesto universal de silêncio; "pssss!" era o título. Ela parecia dizer: "Não estou brincando!" e olhar diretamente para mim, como uma gárgula ameaçadora, não importa para onde eu me voltasse. Impossível escapar dela. Ficava completamente intimidado e não daria um pio no hospital do Dr. Cox mesmo que minha vida dependesse disso.

A atitude da medicina frente ao humor tem outro lado, uma aceitação e flexibilidade que nunca morreram. O poder terapêutico de um coração leve foi reconhecido já na antiguidade. Para dar apenas um exemplo, Henri de Mondeville, professor de cirurgia na Europa do século XIV, aconselhava: "Cuide o cirurgião para regular o regime geral da vida do paciente tendo em vista a alegria e a felicidade, permitindo que parentes e amigos próximos o divirtam contando-lhe anedotas".

O acontecimento mais notável da história recente, que trouxe o humor para a ribalta médica, foi a doença de Norman Cousins. Em 1964, ele recebeu o diagnóstico de espondilite anquilosante, com grave inflamação da espinha dorsal e das articulações. A menor atividade, como virar na cama, era-lhe insuportavelmente dolorosa. Cousins procurou aprender o máximo possível sobre sua doença e descobriu que havia conexões aparentes entre stress psicológico e certas moléstias. Se as emoções negativas têm algo a ver com as doenças, poderia a pessoa, deliberadamente, recorrer às emoções positivas para recuperar a saúde? Com a ajuda de seu médico, Dr. William Hitzig, Cousins saiu do hospital e foi para um hotel das imediações. Encomendou livros de humor, bem como filmes do Gordo e o Magro e dos irmãos Marx. Um amigo, Alan Funt, contribuiu com trechos clássicos de seu popular programa de televisão, *Candid Camera*. Cousins ficou encantado ao descobrir que dez minutos de boas gargalhadas lhe asseguravam duas horas de sono sem dor. Isso se tornou um elemento importante de seu tratamento.

O Dr. Hitzig também ficou intrigado. Monitorou os níveis de sedimentação de Cousins, uma medida de inflamação no corpo, avaliando-os antes e depois da resposta dele a situações engraçadas em livros e filmes. Hitzig observou que apenas uns momentos de riso solto correspondiam à redução de algumas unidades da taxa de sedimentação. Mais importante: a redução se mantinha e era cumulativa.

Cousins fez reflexões sobre seu problema no livro *Anatomy of an Illness* [Anatomia de uma Doença], que causou sensação no mundo inteiro. Ele percebeu que algo mais que o riso estava envolvido na sua recuperação. Por exemplo, tomou grandes doses de vitamina C além de concentrar-se em emoções positivas. E o humor não foi a única emoção para a qual apelou: "Tentei pôr em jogo o leque total das emoções positivas", declarou ele, "como amor, esperança, fé, vontade de viver, regozijo, objetividade, determinação".

Cousins teve o cuidado de não recomendar o riso como panacéia. "Sem dúvida, o que funcionou para mim não funcionará necessariamente para todos. As pesquisas até agora realizadas apontam para um vínculo entre riso e aumento de imunidade, mas seria errôneo e irresponsável sugerir que o riso — ou as emoções positivas em geral — têm validade universal ou automática, quaisquer que sejam as circunstâncias. As pessoas respondem de modo diferente ao mesmo estímulo. O humor de uma não é o humor de outra. O tratamento da doença deve ser cuidadosamente adaptado ao perfil do paciente."

Acima de tudo, Cousins não quis contrapor o riso à terapia médica ortodoxa. Prossegue ele: "Fiquei espantado ao ler nos jornais que, em minha opinião, o riso era um substituto para os cuidados médicos convencionais ... Mas eu enfatizei que o meu médico esteve sempre envolvido no processo e que considerávamos o riso como uma metáfora para o espectro total das emoções positivas".

As reservas e precauções de Cousins, no entanto, passaram quase despercebidas. Na imaginação do público, ele literalmente gargalhara até curar-se e uma nova especialidade, a humorterapia, acabara de nascer.

Teorias do Humor

Que é humor? Por que as pessoas riem? Essas não são perguntas fáceis e ninguém ainda respondeu satisfatoriamente a elas. Em *Humor: God's Gift* [Humor: um Dom de Deus], Tal D. Bonham cita quatro grandes teorias sobre a razão pela qual achamos certas coisas engraçadas:

A Teoria da Superioridade

A teoria da superioridade, talvez a mais antiga do humor, é muitas vezes atribuída a Platão (século IV a. C.). Segundo essa teoria, rimos dos equívocos e infortúnios dos outros porque isso nos faz sentir superiores e aumenta nossa auto-estima. "Tipicamente, quanto maior a dignidade do objeto do riso — por exemplo, as trapalhadas do presidente Ford no golfe, o príncipe Charles e seu Ouija Board ou o vice-presidente Dan Quayle e suas gafes verbais —, mais alta é a gargalhada", afirma Brian Seaward em *Managing Stress* [Como Controlar o

Stress]. O humor oriundo da superioridade pode ser doloroso quando se está em sua extremidade errada, como ocorre com as piadas preconceituosas sobre sexo, raça e etnia. Podemos vislumbrar o potencial aflitivo desse tipo de humor no sarcasmo, palavra derivada do grego *sarkazein*, que significa "despedaçar carne como um cão".

Curiosamente, rir à custa dos outros faz parte da nossa herança religiosa. Segundo uma pesquisa, treze das vinte e nove referências ao riso no Velho Testamento prendem-se a escárnio, irrisão, zombaria ou desdém, com apenas duas "nascidas de um coração alegre e folgazão".

Desde cedo aprendemos a rir do próximo. "Uma pesquisa com escolares americanos de 8 a 15 anos concluiu (o que não chega a surpreender ninguém) que 'a mortificação, o embaraço ou a confusão dos outros provocam prontamente o riso, enquanto uma observação fina e espirituosa quase sempre passa despercebida'."

Tudo isso indica que o humor tem o seu lado negro. Em *The Act of Creation* [O Ato de Criação], Koestler chama a "teoria da superioridade" de "teoria da degradação", considerando-a a mais persistente do tipo na história:

> Para o próprio Aristóteles, o riso estava estreitamente associado à fealdade e ao aviltamento; segundo Cícero, "a esfera do ridículo inclui, até certo ponto, a grosseria e a deformidade"; no dizer de Descartes, o riso é uma manifestação de alegria "mesclada de surpresa, ódio ou ambas as coisas"; na lista de objetos risíveis de Francis Bacon, o primeiro lugar fica para a "deformidade". Diz Hobbes no *Leviatã*: "A paixão do riso nada mais é que uma glória súbita suscitada por uma súbita percepção de algo grandioso em nós mesmos, se comparado com a insignificância dos outros ou com a nossa própria, de antanho".

A Teoria da Incongruência (Surpresa)

Segundo a teoria da incongruência, o humor surge quando a mente depara de súbito com um desfecho inesperado — uma pequena emboscada do intelecto. Quando pensamos que as coisas vão para um lado e de repente elas vão para outro, quase sempre achamos isso engraçado. Koestler dá ao fenômeno o nome de "bissociação": a conexão de dois ou mais elementos que acreditávamos separados.

Durante recente encontro dos editores de *Alternative Therapies in Health and Medicine* [Terapias Alternativas em Saúde e Medicina], discutíamos vários artigos de pesquisa que haviam sido apresentados para publicação. Percebendo que precisávamos relaxar um pouco, Michael Villaire, nosso editor-presidente, fez circular uma folha de papel onde se via o desenho de um acidente automobilístico. A vítima estava estatelada na rua e rodeada por uma multidão de curiosos, enquanto uma mulher abria violentamente caminho para ir ajudá-la. A legenda dizia: "Saiam da frente! Sou homeopata!" Todos riram a bom rir, quando nossas mentes racionais colidiram com o inesperado: a teoria da incongruência entrara em ação.

A Teoria do Alívio

Freud achava que as pessoas riem para aliviar as tensões nervosas geradas por pensamentos reprimidos, impulsos hostis e desejos sexuais. A seu ver, quanto mais severa a repressão desses pensamentos, mais solto o riso em resposta ao humor. Entram nessa categoria as piadas sujas (que, vale ressaltar, aparecem numa pesquisa de *Psychology Today* como as mais populares no mundo inteiro).

Muitas pessoas criticam asperamente essa forma de humor, o que no entanto pode ser um equívoco. Em seu consagrado livro *Women Who Run with the Wolves* [Mulheres que Correm com os Lobos], a estudiosa junguiana Clarissa Pinkola Estés afirma que o humor sexual pode desempenhar um papel salutar:

> Seríamos capazes de considerar sagrados o sexual e o irreverente? Sim, quando são remédios. Jung observou que, quando alguém aparecia no seu consultório queixando-se de algum problema sexual, esse problema era quase sempre mais da alma e do espírito que do corpo. Mas quando a pessoa relatava um problema espiritual, este muitas vezes era de fato de natureza sexual.
>
> Nesse sentido, a sexualidade pode funcionar como remédio para o espírito, sendo portanto sagrada. Quando o riso sexual é remédio, é remédio sagrado. E tudo aquilo que provoca um riso curativo é sagrado também. Se o riso ajuda sem prejudicar, se o riso aligeira, recompõe, reorganiza e confirma o poder ou a força, temos um riso que gera saúde. Quando o riso faz as pessoas felizes por viver, alegres de estar aqui, mais conscientes do amor, mais repletas de Eros; quando anula sua tristeza e as isola da ira — ele é sagrado. Quando as pessoas se sentem maiores, melhores, mais sensíveis, mais generosas, isso é sagrado ... Na natureza selvagem, o sagrado e o irreverente, o sagrado e o sexual não estão separados, mas juntos.

O Dr. Clifford C. Kuhn é professor de psiquiatria na Faculdade de Medicina da Universidade de Louisville e especialista nos efeitos terapêuticos do humor. É conhecido como o Doutor Sorriso e atua também como comediante profissional. Certa feita, deu-me uma demonstração inesperada e pessoal da "teoria do alívio" do humor. Em 1994 fui convidado a dar uma palestra em Louisville, Kentucky, e descobri satisfeito que o Dr. Kuhn estaria presente. Fomos apresentados antes do início da palestra e ele se sentou na primeira fila. Eu falava já há cinco minutos, sobre um assunto sério para um público mais sério ainda, quando relanceei o olhar na direção do Dr. Kuhn. Ele parecia muito atento, com um rosto impassível... mas usava um nariz vermelho de palhaço. Não pude conter o riso! A audiência talvez achasse que eu estava ultrapassando os limites, mas não conseguia parar de rir. Só depois de algum tempo retomei a palestra. Kuhn não estava querendo atrapalhar nem ser desrespeitoso. Apenas percebeu que tanto eu quanto o público precisávamos de um pouco de descontração e, de fato, conseguiu aliviar nossas tensões.

A Teoria da Divindade

"Terá Deus senso de humor?", pergunta Seaward na obra citada. "Muitos teólogos acham (e esperam) que sim."

O riso sempre esteve associado à esfera divina. Kierkegaard certa vez teve um encontro fictício com Mercúrio, o grande velhaco da mitologia grega, e descobriu que os deuses apreciam muitíssimo o riso:

> Aconteceu-me uma coisa maravilhosa. Fui arrebatado ao sétimo céu, onde os deuses estavam reunidos em assembléia. Por uma graça especial, permitiram que eu expressasse um desejo. "Queres o quê?", perguntou-me Mercúrio. "Mocidade, beleza, poder, vida longa, donzelas formosas ou outra glória qualquer das que temos em depósito? Escolhe; mas uma só." Por um instante, hesitei. Em seguida, voltei-me para os deuses e disse: "Ilustríssimos contemporâneos, eis minha escolha: que eu tenha o riso sempre ao meu lado". Nenhum deles murmurou uma palavra sequer; mas todos se puseram a rir. Concluí daí que meu desejo seria atendido e que os deuses sabiam exprimir-se com propriedade, pois para eles não seria de bom gosto pontificar em tom grave: "Assim seja".

Ao longo da história, mestres sábios insinuaram que o entendimento espiritual provém de uma atitude descontraída e que é um erro levar muito a sério os assuntos do espírito. Como disse o mestre zen Sengai,

> Coisas há que até o sábio deixa de fazer,
> Enquanto o tolo acerta no alvo.
> Ao descobrir de repente o caminho da vida
> No seio da morte, começa a rir de bom grado.

De que modo o riso catalisa a evolução psicológica e espiritual? Considere-se o seguinte:

- Ele pode revelar a verdade nua a respeito de nós mesmos, que não aceitaríamos em outras circunstâncias.
- O humor tem o poder de derribar as paredes do ego ao invés de reforçá-las. Como diz o erudito judeu Speed Vogel, "O humor e a meditação alcançam

às vezes os mesmos objetivos. Ambos nos ajudam a deixar que as coisas fluam: mostram que não somos o centro do universo".

- O humor dissolve as barreiras entre nós e os semelhantes. "O humor é uma espécie de cola que une as pessoas pelo menos enquanto se conta uma piada; e a união é um componente do bem-estar espiritual", afirma Seaward. E cita Victor Borge: "O sorriso é a menor distância entre duas pessoas".
- O humor e o riso não apenas reduzem as barreiras que separam as criaturas humanas como ajudam a eliminar as obstruções entre nós mesmos e o Absoluto — Deus, Deusa, Alá, Tao, Universo. Mais especificamente, o humor e o riso nos fazem ver que, para começar, tais barreiras nem sequer existem.

Muitas linhas da pesquisa moderna indicam que certos aspectos da consciência humana não podem ser confinados a pontos específicos do espaço (cérebros e corpos) ou do tempo (o momento atual). Essa qualidade da mente é não-local: não se situa no aqui-e-agora, mas dissemina-se pelo espaço e o tempo. Isso quer dizer que, em nós, alguma coisa é literalmente divina, à imagem e semelhança de Deus — onipresente, imortal, eterna. O riso livre e autêntico pode ser um modo de entrar em contato com essa percepção, pois quando rimos deixamos de lado o "pequeno eu" que nos define e nos limita. Escreve o estudioso zen e tradutor R. H. Blythe: "O riso é um estar espiritualmente aqui e em toda parte, uma expansão infinita e atemporal do ser que é, não obstante, inalienável. Quando rimos, livramo-nos das opressões de nossa personalidade e da personalidade dos outros — e até da de Deus, que também se dissolve no riso".

O riso às vezes provoca o êxtase, aventa Blythe. "Êxtase" vem do grego *ekstasis*, "estar fora do lugar". O riso nos desloca, lembrando-nos que estamos em *todos* os lugares, que não somos limitados nem pelo tempo nem pelo espaço. Penetrar nesse domínio sem fronteiras pode resultar num prazer indescritível. A experiência extática foi descrita pelo poeta Tennyson: ele descobriu ser capaz de provocá-lo repetindo seu nome, método que em si mesmo já parece engraçado.

> Nunca tive revelações por meio de anestésicos; mas uma espécie de êxtase em vigília (à falta de termo melhor), isso experimentei freqüentemente desde a infância, sempre que me encontrava sozinho. Muitas vezes ocorreu quando eu repetia meu nome para mim mesmo, mentalmente: então, de súbito, como que devido à força da consciência da individualidade, essa mesma individualidade parecia dissolver-se e esfumar-se num ser ilimitado. Não se trata de um estado compósito; é o mais claro de todos, o mais certo, absolutamente além das palavras, no qual a morte é quase uma impossibilidade ridícula, a perda da personalidade (por assim dizer), a indistinção e a única vida verdadeira. Envergonho-me desta paupérrima descrição. Mas não disse que tal estado está além das palavras?

Em *Thinking Body, Dancing Mind* [Corpo Que Pensa, Mente Que Dança], C. A. Huang e Jerry Linch observam que, na escrita chinesa, o riso é representado por um caracter que lembra "um homem de pernas e braços abertos, ereto para o céu, balançando como bambu ao vento" — o Homem Selvagem e a Mulher Selvagem, presos à terra mas mergulhados também no céu, cujos risos ecoam pelo universo inteiro.

Aqui, chegamos à associação, feita ao longo da história, entre espiritualidade e pessoas loucas, incluindo bufões, bobos-da-corte e truões que nos fazem rir. Em inglês, "bobo" (*silly*) vem do grego *selig*, que significa "abençoado". Jacob Boehme, o grande místico alemão do século XVI, explica por que os indivíduos interessados em buscas espirituais são freqüentemente considerados loucos: "Sem dúvida, o mundo tem razão em censurar-vos como insanos, pois caminhais em sentido contrário ao dele. E não deveis vos surpreender quando as crianças zombarem de vós, chamando-vos de doidos varridos. É que o amor divino é insensato para o mundo, mas sábio para os filhos de Deus. Assim, sempre que os homens descobrem o fogo sagrado do amor nos filhos de Deus, imediatamente concluem que eles enlouqueceram e estão fora de si".

A própria Bíblia defende esse ponto de vista: "Mas Deus escolheu a sandice do mundo para confundir os doutos" (I Cor. 1:27) e "Se algum de vós se acha sábio neste mundo, faça-se louco para se tornar sábio" (I Cor. 3:18).

A conexão entre loucura e espiritualidade não foi esquecida no circo Barnum e Bailey. Seaward narra que, anos atrás, quando o circo patrocinava serviços dominicais para os empregados, os coroinhas eram sempre os palhaços.

Do "Ah! Ah!" ao "Ah!"

No curso da história, descoberta científica e folguedo muitas vezes se deram as mãos. Koestler cita vários exemplos em *O Ato de Criação*. A máquina a vapor foi inventada como um brinquedo mecânico por Hierão de Alexandria no século I d. C., quase dois mil anos antes de sua reinvenção e seu emprego prático. Especialistas holandeses em óptica construíram diversos "brinquedos telescópicos" que Galileu transformou na luneta astronômica. No século III a. C., Apolônio de Perga estudou a geometria das seções cônicas apenas por divertimento; dois mil anos mais tarde, elas possibilitaram a Kepler postular a órbita elíptica dos planetas. A paixão pelos dados fez com que o cavaleiro de Méré consultasse Pascal sobre um sistema seguro de jogo; dele nasceu a teoria das probabilidades, um dos pilares da ciência moderna. Por isso Laplace observou: "Coisa notável, uma ciência que começou com considerações de jogatina passou a examinar os mais importantes objetos do conhecimento humano".

A psicóloga Alice M. Isen, da Universidade Cornell, acha que o riso aumenta a criatividade. Um de seus estudos desafiava os sujeitos a fixar uma vela na parede de modo tal que a cera derretida não pingasse no chão. Os que haviam assistido a um curta-metragem cômico conseguiram encontrar soluções mais inovadoras que os demais. Isen acredita que o grupo passou da "rigidez funcional" para a "flexibilidade criativa" depois de ver o filme.

Muitas vezes equacionamos criatividade com novidade, com algo que não existia antes. Entretanto, "o ato criativo não é um ato de criação no sentido do Velho Testamento", lembra Koestler. "Ele não tira uma coisa do nada, mas desvenda, seleciona, remodela, combina, sintetiza fatos, idéias e faculdades já existentes ... O conhecimento que o homem tem das mudanças das marés e das fases da lua é tão antigo quanto sua constatação de que as maçãs caem ao chão quando maduras. No entanto, a associação desse e de outros dados igualmente conhecidos, na teoria gravitacional de Newton, alterou a mundivisão da humanidade."

A remodelação de fatos e idéias preexistentes, sustenta Koestler, explica o grande paradoxo da criatividade: quanto mais original é uma descoberta, mais óbvia parece posteriormente. É o que leva as pessoas a bradar: "Mas isso eu já sabia!" ou "Eu já tinha pensado nisso!" em resposta a rupturas inovadoras.

Nos anos 1940, diz Koestler, o matemático Jacques Hadamard estudou os hábitos criativos dos grandes matemáticos. Eles são freqüentemente vistos como "lógicos frios, cérebros eletrônicos montados em galhos secos". Mas Hadamard descobriu que, mesmo nesse domínio altamente racional, "a invenção e a descoberta ... ocorrem graças à combinação de idéias".

Por que não conseguimos controlar a criatividade? Por que ela é tão esquiva? De novo, há paralelos entre criatividade e humor, que pressupõem ligações imprevisíveis na mente. Quando ouvimos uma boa piada, permitimo-nos ser arrastados por ela. Se adivinhássemos o desfecho, a piada não teria graça nenhuma. No processo, consentimos em ficar indefesos e *renunciamos ao controle*. O momento criativo "funciona" como uma boa piada. Tanto o humor quanto a criatividade exigem renúncia ao controle e ingresso num estado de abandono passageiro. Criatividade e humor são surpresas que brotam das sombras da ignorância. E não existe palco melhor para elas do que a mente inconsciente — em sonhos, por exemplo.

Numa tarde de 1865, Friedrich August Kekule von Stradonitz, professor de química em Ghent, adormeceu e teve o seguinte sonho, segundo narra Alexander Findlay em *A Hundred Years of Chemistry* [Cem Anos de Química]:

> Arrastei a cadeira para diante do fogo e pus-me a cochilar ... De novo os átomos carambolavam diante de meus olhos. Desta vez, os grupos menores ficaram modestamente em segundo plano. Meu olho mental, aguçado por repetidas visões desse tipo, podia agora distinguir estruturas maiores, de múltiplas conformações; longas fileiras, às vezes muito próximas umas das outras, mas todas agitando-se e retorcendo-se como serpentes. Ora vejam! Que seria aquilo?

Uma das cobras mordeu a própria cauda e sua forma bailava zombeteiramente diante de meus olhos. Num átimo, despertei ... Aprendamos a sonhar, cavalheiros.

A serpente, mordendo a própria cauda, mostrou a Kekule que certos compostos orgânicos não são estruturas abertas, mas cadeias ou anéis fechados. O sonho de Kekule — um remanejamento, uma reestruturação, uma perspectiva nova da disposição das coisas — revelou-se uma das pedras angulares da ciência moderna e, literalmente, mudou a história do mundo.

A boa piada brinca conosco; renunciamos ao controle, permitimos que ela escarneça de nós e seguimo-la para onde for. O mesmo acontece com a criatividade científica, embora esse ponto seja muitas vezes subestimado — sobretudo pelos próprios cientistas, que gostam de equiparar "ciência" a "controle".

As "conexões" atuam no processo criativo de outra maneira importante. A vida do gênio criativo quase nunca é cuidadosamente planejada. O mais das vezes parece caótica, imprevisível, aleatória — uma colcha de retalhos de eventos amontoados sem muita lógica ou razão. As pessoas criativas tendem a interessar-se por uma profusão de coisas e costumam ter dificuldade para permanecer na linha. Koestler dá a essa qualidade o nome de "potencial múltiplo" e acredita que ela seja partilhada pela maioria dos grandes cientistas. Kepler queria ser teólogo até lhe oferecerem um emprego de matemático numa escola de província. Darwin, preparando-se para a carreira de ministro religioso numa zona rural, teve a boa sorte de ser convidado para participar da expedição do *Beagle*, experiência sem a qual jamais seria capaz de escrever *A Origem das Espécies*. Alexander Fleming, o descobridor da penicilina, optou pela profissão médica porque seu irmão também optara. De início trabalhou no Saint Mary's Hospital, onde passaria a vida inteira por ter jogado contra a equipe de pólo aquático da instituição. Escolheu a bacteriologia para seu campo de pesquisa porque um certo cientista não queria vê-lo desligar-se do clube de tiro do Saint Mary: Fleming tinha boa pontaria. Os cadernos de anotações de Pasteur e algumas de suas observações casuais revelam numerosos projetos e idéias que, se concretizados, conduzi-lo-iam para rumos diferentes, posto que igualmente férteis. O verdadeiro gênio, dizia Samuel Johnson, "tem uma mente vasta, acidentalmente voltada para determinada direção e pronta para todas as coisas, mas que as circunstâncias escolhem para uma só".

O humor, na medida em que nos ensina a não nos levarmos muito a sério, talvez nos inspire a fazer conexões mais ricas na nossa vida. Se nos permitirmos um pouco de descontração, escaparemos à tirania dessa praga moderna — a "trajetória profissional" — que julgamos percorrer, mas que na verdade passa *por cima de nós*? Que pensariam homens tão diferentes quanto Arquimedes, Galileu, Newton, Faraday, Franklin ou Edison do típico "plano de carreira"? A tendência fatal para a superespecialização, na ciência em geral e na medicina moderna em particular, estará sufocando a "versatilidade, a mobilidade vivaz" que Koestler atribui ao gênio criativo? Se deixarmos que uma certa confusão se instale jocosamente na nossa vida — como numa boa piada –, nós nos tornaremos mais criativos?

"Humor" é a palavra latina para "umidade" ou "líquido". A etimologia sugere imagens de água, que no budismo e no taoísmo representa o fluxo da liberdade e a perfeição da natureza. O humor possui uma qualidade aquática. Para captar uma piada sutil, temos de nos deixar levar pelo fluxo e permitir que o intelecto vogue de cá para lá. Os gênios criativos, ao longo da história, encarnaram essa liberdade e o poder que ela engendra.

Alimentemos o "Palhaço Interior"

Patty Wooten, enfermeira e fundadora-presidente da Jest for the Health of It Services, em Davis, Califórnia, ocupa-se dos problemas de stress profissional entre suas colegas. Ela empreendeu um estudo para investigar o possível papel do humor no desenvolvimento de um senso maior de controle e poder pessoal nas enfermeiras. Queria saber se as 231 enfermeiras da Pensilvânia, Kentucky e Califórnia, que estudou recorrendo a métodos padronizados, acreditavam estar no controle ou ser controladas por eventos externos, bem como o grau do senso de humor delas. O grupo experimental completou um curso de humor de seis horas e os sujeitos receberam permissão e instruções para utilizar apropriadamente o que aprenderam em pacientes e colegas. Ela descobriu que havia uma significativa diminuição na medida do *locus* de controle externo do grupo experimental, sem grandes mudanças no grupo de controle. "O estudo indica", conclui Wooten, "que se alguém for incentivado e orientado para empregar o humor, alcançará na vida um senso de controle." Aconselha a nos mantermos em contato com o "palhaço interior", essa "natureza jocosa e brincalhona que todos possuímos, mas às vezes não aceitamos em virtude da seriedade de nosso trabalho".

Advertência

Norman Cousins, como vimos, advertia contra generalizações em torno dos efeitos terapêuticos do humor. Em seu entender, o humor era uma metáfora para um conjunto de emoções e não apenas para a hilaridade. Há indícios de que Cousins estava certo e de que não existe uma relação linear ou invariável entre humor e saúde.

Não nos enganemos: a ciência suscita mais perguntas sobre o humor do que responde. O humor, na verdade, é como o elétron: observá-lo atentamente modifica-o — o mesmo princípio da incerteza do humor. Admiro-lhe essa qualidade. Ela sugere que há boa dose de mistério em toda boa piada e para mim, intuitivamente, isso está certo.

Do ponto de vista científico, ninguém jamais explicou satisfatoriamente por que nós, os humanos, temos o dom de rir. Talvez conduzíssemos melhor nossos negócios se sempre estivéssemos emocionalmente equilibrados — sem os baixos da depressão nem os altos da jocosidade. Decerto, o riso é fisiologicamente útil, mas outras criaturas passam muito bem sem ele: por que nós também não?

Acontece que, por mais improvável que pareça, o humor existe — como uma bênção concedida contra toda a expectativa.

8

Como Aceitar o Trapaceiro

O unilateral é vulnerável.

JEREMIAH ABRAMS,
The Shadow in America [A Sombra na América]

RESOLVER PROBLEMAS É UMA das grandes alegrias da prática da meditação, principalmente quando a solução enriquece a vida de uma pessoa doente. Durante meu curso de medicina, os alunos de cirurgia costumavam chamar-nos, aos residentes, de "*swamis*" e "ledores de bolas de cristal". Esses apelidos gentis, que aludiam a nossos métodos de resolver problemas, insinuavam que estávamos fadados a pensar ao invés de fazer — sendo este último o território deles. A observação não deixava de ser correta. Muitos médicos são instruídos para tornar-se pensadores, analistas, lógicos. Quando deparamos com problemas clínicos como câncer, cardiopatias ou AIDS, a busca de soluções começa pela certeza de que precisamos de mais fatos e informação, para formar um substrato sobre o qual a razão possa operar. Somente uma abordagem alicerçada na análise e na razão, dizemos, tem chance de funcionar.

Em contraste, muitas culturas reconheceram que o tratamento intelectual dos problemas da vida é excessivo. Elas respeitavam bastante a irracionalidade e a loucura sob suas diversas formas — brincadeira, humor, absurdo, leviandade. Uma das expressões mais universais desse ponto de vista é a figura do trapaceiro, que surge na mitologia e no folclore de praticamente todas as culturas da terra.

Na psicologia moderna, *trapaceiro* é muitas vezes empregado em conexão com uma força universal ou esquema da mente — o que o psicólogo C. G.

Jung chamou de arquétipo — que representa o lado caótico, irracional e imprevisível do pensamento e comportamento humanos. A esse aspecto da mente opõe-se o lado lógico, analítico e intelectual que privilegia a ordem, a precisão e o controle. Segundo os postulados da psicologia das profundezas, há que haver um equilíbrio entre esses dois vetores da psique para se ter uma perfeita saúde mental. Quando predomina o lado racional ou irracional, forças de autocorreção entram em cena para restaurar ao menos uma aparência de harmonia entre ambos. Os numerosos contos de trapaceiros mostram como isso funciona na vida cotidiana.

Devotamo-nos à ordem e à razão em quase todas as áreas da vida moderna. Os aspectos confusos, desagradáveis e insensatos da natureza humana ficam em segundo plano ou são inapelavelmente rejeitados. Porém, ignorar tais aspectos — que todos possuímos em maior ou menor grau — não os elimina, apenas empurra-os para o inconsciente, às vezes chamado "sombra". O trapaceiro age, portanto, à margem da percepção consciente, mas sempre de dentro da mente humana, nunca de fora. Nós *somos* o trapaceiro; e quando falamos dos fenômenos que lhe dizem respeito, falamos de aspectos de nós mesmos. Por isso o trapaceiro foi chamado de *speculum mentis*: espelho da mente.

O Trapaceiro na América do Norte Nativa

O folclore do trapaceiro floresceu na América do Norte nativa, bem como em todas as culturas tradicionais do mundo inteiro. O trapaceiro não apenas exibe seus truques, bufonerias e comportamentos grosseiros nos contos indígenas, mas aparece também como criador, herói cultural e professor. É em parte divino, em parte humano e em parte animal; não tem moral e provoca confusões cômicas. Embora surja quase sempre como coiote nas lendas do Sudoeste, Grande Bacia, Califórnia e Grandes Planícies, muitas outras criaturas entram também em cena, inclusive o corvo, o abutre, o coelho, a aranha, o guaxinim, o gambá, o urso, etc., segundo o *Dicionário de Mitologia Americana Nativa*, de Sam Gill e Irene Sullivan. Figuras de trapaceiros proliferam também fora das culturas nativas, como a da Grécia antiga, onde se mostram sob os traços de Prometeu, Epimeteu e Hermes. Na Idade Média européia, o bobo da corte ou truão desempenhava as funções de trapaceiro. Em nossa época palhaços, comediantes, atores de cinema e personagens de *cartoons* fazem o mesmo.

Segundo Gill e Sullivan, o termo "trapaceiro" (*trickster*) provavelmente foi utilizado pela primeira vez em 1878 pelo padre Albert Lacombe em seu *Dicionário da Língua dos Cree*, onde esclarece que o nome da personagem dos índios Cree, Wisakketjak, significa "o patife, o embusteiro". "*Trickster*" foi adotado por Daniel Brinton num artigo escrito em 1885, "O herói-deus dos algonquinos como impostor e mentiroso", em que menciona o emprego dado ao termo por

Lacombe. Logo depois, a palavra foi popularizada para designar um tipo característico da mitologia norte-americana nativa.

Entretanto, "*trickster*" não é termo ou categoria utilizada por nenhuma cultura norte-americana nativa; trata-se antes de um neologismo acadêmico destinado a tornar mais compreensíveis diversas personagens norte-americanas com traços comuns. Como quase sempre sucede, uma vez inventado, o termo adquiriu mais prestígio e concretude — ao menos para os acadêmicos — do que as figuras do Coiote e do Corvo, tidas por trapaceiros. Em suma, fala-se do trapaceiro antes como pessoa do que como categoria criada para facilitar o estudo. Uma lista dos autores que se ocuparam do trapaceiro equivale a um *Who's Who* nas ciências sociais, humanas e psicológicas.

O Trapaceiro e a Medicina Moderna

A ciência moderna pretende ser científica, o que naturalmente levou a uma confiança excessiva na razão. O princípio do trapaceiro revela que um equilíbrio intrínseco de forças ocorre na psique quando a razão — ou qualquer outra qualidade — predomina. Os fenômenos que envolvem o trapaceiro manifestam-se na medicina moderna?

Sem dúvida, todas as pessoas dedicadas aos serviços de saúde têm mais cedo ou mais tarde de arrostar o fato de que as terapias médicas, por mais eficazes e consagradas que sejam, às vezes se mostram caprichosamente frustrantes e até prejudiciais. Isso é verdadeiro não só para as drogas e os procedimentos cirúrgicos como para os métodos alternativos/complementares, baseados na consciência, que estão se tornando cada vez mais populares. As terapias, todas elas, só funcionam por algum tempo; são espetaculares para certas pessoas, mas não para outras — e às vezes matam ao invés de curar. Nunca se pode prever, com certeza, se determinada terapia dará resultado; só se pode chegar a uma probabilidade estatística. Além disso, estudos científicos considerados corretos não raro só fornecem dados conflitantes. Freqüentemente revelam que terapias antes tidas como eficazes na verdade são danosas, ou vice-versa.

A perspectiva do trapaceiro mostra que alguns desses problemas e paradoxos podem ser o resultado da confiança excessiva na lógica, análise e razão — os verdadeiros esteios da ciência moderna. O trapaceiro está presente na medicina? As provas disso são subjetivas; não dispomos de nenhum aparelho de detecção para registrar a presença direta dele. A despeito dessa limitação, porém, podemos vislumbrar as pegadas do trapaceiro em certas áreas específicas da medicina contemporânea, áreas em que a confusão e o caos se manifestam em grau alarmante. Veremos que a confusão muitas vezes assume a forma de paradoxo.

• Num estudo relatado por T. E. Strandberg no *Journal of the American Medical Association*, 3.490 executivos suecos procuravam por todas as formas reduzir os fatores de risco de doenças cardiovasculares. Após cinco anos de intervenção e um total de onze anos de acompanhamento, eles conseguiram reduzir esses riscos em cerca de 46%, mas ainda assim apresentaram uma taxa de mortalidade mais alta que a dos sujeitos de controle.

• No estudo amplamente divulgado "Mr. Fit" (*Multiple Risk Factor Intervention Trial*), estudiosos de 22 centros médicos de pesquisa dos Estados Unidos avaliaram quase treze mil homens. Metade deles foi estimulada pelos médicos a reduzir os fatores de risco de moléstias cardíacas. No entanto, ao fim de sete anos, sua taxa de mortalidade revelou-se mais alta que a do grupo de controle, por motivos ainda em debate.

• Embora se saiba que o exercício tem muitos efeitos benéficos sobre o coração e o sistema circulatório, "ainda não há nenhum dado clínico provando que a atividade física gradual, num grupo de pessoas sedentárias, reduz a taxa de doença, em comparação com controles sedentários", segundo um estudo de 1991 publicado no *Journal of the American Medical Association*.

• Um estudo publicado nos *Archives of Internal Medicine* ressalta que "há grandes variações no diagnóstico por raios X da pneumonia" — em outras palavras, esse diagnóstico depende muito de quem vê a radiografia. Mais: "Essa variação não diminui com a experiência".

• A *Science News* afirma com respeito a um estudo sobre o cálcio: "Uma vez que a maioria dos cálculos renais é formada de cálcio, os médicos freqüentemente recomendavam aos pacientes que já haviam sofrido desse mal que reduzissem o consumo de cálcio ... Mas uma equipe de pesquisadores da Harvard School of Public Health relata que consumidores de uma dieta rica em cálcio enfrentavam 34% menos riscos de desenvolver cálculos nos rins que as pessoas com dieta restritiva dessa substância. 'Isso contraria tudo o que aprendemos', declara o nefrologista Gary C. Curhan, que chefiou a pesquisa.

• "Apesar de o exame de saúde periódico ter sido introduzido há mais de oitenta anos, ainda é motivo de controvérsia na medicina interna. Há poucos dados de estudos controlados que documentam a eficácia desses exames em adultos; no entanto, sua popularidade alimenta uma indústria de milhões de dólares nos Estados Unidos", diz H. C. Mitchell em *Annals of Internal Medicine*.

• "Um novo estudo sugere que médicos e enfermeiros ofereçam este conselho aparentemente paradoxal aos pacientes que aguardam cirurgia: 'Não relaxe, continue tenso'." Embora os exercícios de relaxamento antes da operação ajudem as pessoas a se sentirem menos inquietas, pesquisadores que investigaram a ansiedade antes da cirurgia descobriram que as maiores elevações pós-intervenção em adrenalina e cortisol, dois hormônios associados à reação corporal ao stress e ao perigo, eram muito maiores em pacientes que faziam tais exercícios do que nos sujeitos de controle.

• Um estudo envolvendo homens com baixa taxa de colesterol, publicado em *Science News*, afirma: "Nem sempre se pode vencer em tudo: novas evidências indicam que homens mais idosos, com baixos níveis de colesterol, apresentam sintomas mais graves de depressão do que outros com níveis moderados ou altos ... Diversas tentativas de redução do colesterol provocaram inesperado aumento no número de suicídios e mortes violentas ... Nem a perda de peso (que com freqüência faz diminuir o colesterol) nem a existência de vários problemas clínicos explicam o vínculo entre colesterol e depressão".

• "Os fatores de risco das moléstias coronarianas, atualmente conhecidos, só explicam cerca de 50% dos novos casos", diz R. S. Eliot no *Journal of the American Medical Association.*

• Mulheres que trabalham fora têm menor pressão sanguínea que as donas de casa, conclui um estudo em *Science News*. "Basicamente, a teoria segundo a qual o stress do trabalho torna as mulheres tão suscetíveis quanto os homens [à pressão alta] não se sustenta."

• Dados sobre mortalidade infantil, apresentados no *Journal of the American Medical Association*, desafiam a tese amplamente aceita de que as mulheres americanas, que têm em geral níveis mais elevados de educação, emprego e renda, geram filhos mais saudáveis que as imigrantes. De acordo com estatísticas do município de San Diego, de 1978 a 1985, as mais baixas taxas de mortalidade infantil foram observadas em mulheres do sudeste da Ásia e hispânicas, muitas delas nascidas no exterior — ao passo que as mais altas envolviam mulheres brancas e afro-americanas, em sua maioria nascidas nos Estados Unidos. Os Estados Unidos, que se orgulham de possuir o mais avançado sistema de saúde do mundo, estão em 22º lugar na taxa de mortalidade infantil, em comparação com outros países desenvolvidos, segundo relatório publicado em *The Sciences*. Em 1992, os gastos das empresas com assistência médica superaram seus lucros. No entanto, oferecemos menos serviços e temos menor expectativa de vida ao nascer do que muitas outras nações industrializadas.

• Conforme dados publicados no *Journal of the American Medical Association*, todos os anos morrem 225.000 pessoas nos hospitais americanos como resultado de erros médicos e efeitos colaterais de drogas. Isso faz da internação a terceira causa de morte nos Estados Unidos, depois das cardiopatias e do câncer.

Nossa maneira usual de encarar esses paradoxos consiste em elaborar mais e mais estudos para esclarecer as ambigüidades. Os problemas, dizemos, não se devem às falhas da razão, mas à falta de informações suficientes sobre as quais possa a razão trabalhar. Poderemos debelar a confusão com bons estudos? Seria insensato não utilizar nosso intelecto o mais intensamente possível. Mas até que ponto a razão nos serviria sem ficar sujeita às forças autocorretivas e intrapsíquicas da irracionalidade e da imprevisibilidade?

Em medicina, não se vê com bons olhos a imposição de limites à razão. Isso cheira a derrotismo. Contudo, a perspectiva do trapaceiro *não* insinua que os problemas enfrentados sejam avessos a tratamento ou que a razão, de algum modo, atue de maneira "errada", mas que não podem ser solucionados apenas com a interferência da lógica. Não conseguimos chegar às soluções valendo-nos unicamente da razão, como quase sempre tentamos fazer. O caminho para a luz talvez seja, paradoxalmente, irracional.

A Medicina Alternativa e o Trapaceiro

Todas as escolas de cura adotam algum tipo de mitologia. A medicina moderna cultiva largamente o mito do herói, baseado não apenas na razão, mas também no esforço, vontade e coragem. A medicina alternativa/complementar também não deixa de situar-se num quadro racional e causal. Se você fizer X, obterá Y — quer X signifique ingerir vitaminas ou chás, recorrer à homeopatia ou à prece, mentalização ou meditação. Nos círculos alternativos, tanto quanto na medicina ortodoxa, a energia e a firmeza heróicas são também muito enfatizadas, resumindo-se nos conselhos corriqueiros aos pacientes: "Seja forte", "Assuma a responsabilidade", "Lute contra a doença".

Quando a medicina complementar tenta assumir o rigor intelectual da ortodoxa, corre o risco de, também ela, ignorar as forças da trapaça existentes na psique. Nesse caso, torna-se suscetível à imprevisibilidade e confusão que com tanta freqüência assolam a medicina convencional. O campo da medicina alternativa não está imune aos efeitos da trapaça; ele não goza de privilégios especiais. O trapaceiro semeia desordem *sempre* que a hiperintelectualidade se manifesta.

Muitos pesquisadores e especialistas em medicina alternativa acham praticamente impossível enquadrar certos métodos terapêuticos nas estratégias racionais preconizadas pela ciência biomédica contemporânea, como a metodologia duplamente cega. Consideremos, por exemplo, estudos sobre o efeito da prece em pacientes gravemente enfermos. Como estabelecer um grupo de controle que, por definição, não receba prece? As pessoas que enfrentam doenças sérias em geral oram por si mesmas, pertençam ou não a um grupo de controle. E mesmo que não o façam, seus parentes e amigos o fazem por elas. Ninguém jamais descobriu uma maneira de anular o "problema da oração alheia". Uma pesquisa alternativa seria estudar os efeitos da prece, não nos seres humanos, mas nos não-humanos — observar, digamos, esses efeitos nos níveis de crescimento de bactérias e fungos ou nas taxas de cura de feridas cirúrgicas praticadas em cobaias. Sem dúvida as bactérias e cobaias do grupo de controle não rezam por si mesmas, nem as outras o fazem por elas.

A despeito dessas dificuldades, não devemos abandonar as costumeiras formas de pesquisa baseadas na razão em favor da abordagem do "tudo funciona", pois tal abordagem conduziria ao excesso oposto, em que se emprega razão de menos e não de mais. Temos de dilatar ao máximo os limites da razão em nossas estratégias de pesquisa, reconhecendo desde o começo que esses limites existem. Também devemos procurar de bom grado alternativas criativas, quando deparamos com paradoxos insolúveis.

O Trapaceiro e o Processo Criativo

O trapaceiro, portanto, não quer que *abandonemos* por completo as faculdades racionais, mas que o racional seja complementado pelo irracional a fim de desenvolver-se plenamente. E em parte alguma essa lição é mais clara do que no processo criativo dos grandes cientistas.

Quando Jonas Salk estava pesquisando a vacina que levaria o seu nome contra a poliomielite, resolveu descansar um pouco do trabalho e foi para o mosteiro de Assis, na Itália. Salk interessava-se muito por arquitetura, e seu contato com as formas e os espaços, a luz, os materiais, as cores e a história do mosteiro tiveram um profundo impacto na sua mente e no seu espírito. Ele ficou extremamente energizado. "Sob aquela influência", lembrava-se mais tarde, "eu intuitivamente elaborei a pesquisa que, sabia-o, resultaria na desejada vacina. Voltei ao meu laboratório de Pittsburgh a fim de validar aqueles conceitos e descobri que estavam de fato corretos!"

A experiência de Salk não é única. Ao longo da história, os pesquisadores muitas vezes só têm tido êxito depois de permitir que o folguedo e outras distrações se misturem ao intelecto — em suma, quando convidam o trapaceiro a participar.

Arthur Koestler observa em *O Ato de Criação*:

> O ato da criação, na medida em que depende de recursos inconscientes, pressupõe um relaxamento dos controles e uma regressão aos modos de ideação indiferentes às regras da lógica verbal, imunes à contradição, alheios aos dogmas e tabus do chamado senso comum. Na fase decisiva da descoberta, os códigos do raciocínio disciplinado são provisoriamente abolidos — como no sonho, no devaneio, nos vôos maníacos do pensamento, em que o fluxo da ideação jorra livremente graças, por assim dizer, à sua própria gravidade emocional, de um modo aparentemente "fora da lei".

Os paradoxos presentes no processo de criação são vividamente exemplificados na vida do cientista inglês Michael Faraday (1791-1867), um dos maiores físicos da história. Talvez o mais espantoso em Faraday fosse a precariedade de seus conhecimentos e dons em matemática (ele "só conhecia os rudimentos da aritmética", diz Koestler). Faraday mostrou-se um visionário no sentido literal do termo. Conseguia ver linhas contíguas em torno de ímãs e correntes elétricas como curvas no espaço, para as quais cunhou a expressão *linhas de força*. Para ele, esses padrões eram tão reais quanto a matéria sólida. Aquelas imagens "erguiam-se ante seus olhos como coisas", afirma Koestler, e mostraram-se incrivelmente fecundas, levando à invenção do dínamo e do motor elétrico, além de estabelecer o postulado da luz como radiação eletromagnética.

Na década de 1940, Jacques Hadamard fez pesquisas sistemáticas sobre a psicologia dos matemáticos altamente criativos, cuja obra em geral é considerada o exemplo acabado da razão e da lógica. Em sua obra *The Psychology of Invention in the Mathematical Field* [A Psicologia da Invenção no Campo Matemático], ele esclarece que, "entre os matemáticos nascidos ou residentes nos Estados Unidos, praticamente todos evitam não só o uso de palavras mentais como também o uso racional de quaisquer signos algébricos ou de outra natureza qualquer. Eles preferem imagens mais vagas. As figuras mentais são quase sempre visuais, mas às vezes podem ser de outro tipo: cinéticas, por exemplo. Há ainda as auditivas, e mesmo essas apresentam em geral um caráter vago".

Einstein foi um dos sujeitos da pesquisa de Hadamard. Eis como ele próprio descreve seu procedimento criativo: "As palavras, como elementos de linguagem, não parecem desempenhar nenhum papel no meu mecanismo de pensamento. Esses elementos são, antes, imagens e símbolos mais ou menos claros. As combinações, ao que tudo indica, constituem o traço fundamental do pensamento criativo — e isso antes que surjam conexões com esquemas lógicos lingüísticos ou outras formas de comunicação".

Relatos assim contradizem a visão estereotipada segundo a qual a pesquisa criativa não passa de um exercício intenso da mente racional. Há, na criatividade, um aspecto velhaco, incontrolável e imprevisível, que repele a razão. Isso implica que a "criatividade sob encomenda", tão preconizada em seminários de fim de semana, é uma contradição.

Escrevendo na década de 1950 para a *Scientific American*, Frank Barron, especialista em psicologia da imaginação, conseguiu captar a natureza esquiva do processo criativo:

> As pessoas criativas aceitam mais do que ninguém a complexidade e a desordem. Em sua preferência generalizada pela confusão, voltam-se para a percepção nebulosa da vida inconsciente e respeitam as forças do irracional em si mesmas e nos semelhantes. O homem criativo não apenas reverencia sua própria irracionalidade como considera-a a fonte mais fecunda de seus pensamentos. Repele a exigência social de calar na alma o primitivo, o ignaro, o ingênuo, o mágico, o absurdo. Quando pensa de um modo tido por condenável, os colegas o tomam por desequilibrado mental. Ora, esse desequilíbrio talvez seja mais saudável que danoso. A pessoa verdadeiramente criativa está pronta a abandonar as velhas classificações e a reconhecer que a vida, sobretu-

do a sua, que é única, apresenta inúmeras possibilidades. Para ela, a desordem é a ordem em potencial.

As palavras de Barron podem muito bem constituir um "Manifesto do Trapaceiro", já que enfatizam o papel dos elementos irracionais e caóticos da psique no processo de criação.

Um de meus colegas na prática da medicina interna queria saber como estimular o impulso criativo dos médicos da nossa equipe. Viajante incansável, ele sabia que era importante montar um palco para as idéias criativas — por exemplo, visitando lugares desconhecidos, como fez Salk. Ele propôs então que cada médico tirasse de vez em quando uma folga e saísse da cidade, para estudar um assunto de seu interesse pessoal e depois relatar o que descobrira ao grupo — o que animaria tanto o médico quanto seus colegas. Como estímulo, os médicos seriam pagos por isso. A proposta foi estrondosamente rejeitada. O exemplo mostra que nós, os médicos, como praticamente todos os outros profissionais, fazemos o possível para permanecer na rotina — que é mortal para nossas potencialidades criativas.

Na mitologia grega, o trapaceiro clássico é Hermes, o mensageiro de pés alados dos deuses e patrono do discurso, da comunicação e da escrita, cuja primeira ação quando criança foi roubar os bois de Apolo. Assim, vemos nele as qualidades do gatuno, do patife e do mentiroso, articuladas com a arte de expressar-se.

Isso pode ser uma estranha combinação de talentos; mas, se observarmos atentamente, veremos que o vínculo entre burla e comunicação faz sentido. Uma vez que as ações do trapaceiro são paradoxais, confusas e caóticas, somos apanhados desprevenidos e confrontados com significações e esquemas inteiramente novos. G. K. Chesterton, o escritor inglês, enfatizava o potencial de "ruptura" dizendo que o paradoxo é a verdade de cabeça para baixo. Frente ao paradoxo, descobrimos conexões e esquemas de que antes sequer suspeitávamos. É como se nossos modos normais de percepção fossem ludibriados. A mente lógica, acostumada a caminhos batidos, desvia-se provisoriamente para outras formas de percepção. Um novo canal de comunicação com o universo abre-se de repente e revela-nos padrões superiores: a criatividade e a descoberta como farsa travestida de razão.

"Ele Confunde a sua Cabeça"

Os mesmos processos ocorrem na cura.

Myrin Borysenko, conhecido especialista em imunologia da Faculdade de Medicina da Universidade Tuffs, ficou impressionado com a obra de David McClelland, de Harvard, sobre o impacto da crença na cura. Certa feita, perguntou a McClelland de que modo um curador de Boston curava as pessoas: "Ora, ele confunde a sua cabeça", respondeu McClelland.

Uma manhã, no laboratório, Borysenko começou a sentir sintomas de gripe: febre, dores no corpo, tosse e congestão nasal. Cerca de meio-dia, estava péssimo. Incapaz de continuar trabalhando, resolveu ir para casa e meter-se na cama. No caminho, lembrou-se do curador sobre o qual falara com McClelland. Por que não consultá-lo? Afinal, disse para si mesmo, ninguém ficaria sabendo de nada.

Foi encontrar o tal curador numa zona deteriorada da cidade. Ao subir as escadas vacilantes, começou a inquietar-se: "E se meus colegas me surpreendessem aqui?" A porta do apartamento do curador estava aberta, como se Borysenko fosse esperado. Entrou e viu um gordalhufo afundado num sofá, vendo novela na televisão e bebendo vinho pelo gargalo da garrafa. Reunindo toda a sua coragem, Borysenko disse: "Ouvi falar que você cura pessoas. Pode curar a minha gripe?" Sem desviar os olhos do televisor, o homem vasculhou o assoalho à cata de um frasco contendo um líquido vermelho. "Vá até o banheiro, encha a banheira pela metade, ponha este negócio na água e fique sentado lá por trinta minutos. Vai sair curado".

Ele fez o que o curador determinou. Metido na banheira, com aquela água avermelhada até o peito, deu-se conta do absurdo da situação. Achou-se tão tolo que começou a rir incontrolavelmente. E ainda ria quando percebeu que a meia-hora já passara. Vestiu-se e voltou para a sala, onde encontrou o gordo ainda enfronhado em sua novela. Ele disse apenas: "Você já está curado". E indicou a porta.

No carro, a caminho de casa, Borysenko começou a sentir-se diferente. Já não tinha nenhum sintoma de gripe. Estava bem — tão bem que resolveu voltar ao trabalho. Lá ficou até tarde. À noite, depois de contar o caso à esposa, despia-se para ir para a cama quando ela se pôs a rir. Olhando-se ao espelho, Borysenko descobriu por quê. Estava todo vermelho do peito para baixo.

O curador de Borysenko era um trapaceiro de primeira linha. Contrariava expectativas, instaurava confusão e invertia as categorias normais do pensamento. Borysenko fora induzido a renunciar a tudo aquilo em que acreditava com respeito a curas, pusera o intelecto em suspenso e simplesmente "deixara acontecer".

É muito natural investigar abordagens terapêuticas absolutamente objetivas, que possam ser aplicadas com êxito a todas as pessoas com a mesma doença. Pode-se, por exemplo, reduzir a experiência de Borysenko a um algoritmo pelo qual todo paciente com diagnóstico de gripe seja aconselhado a colocar certa porção de líquido vermelho em sua banheira. No entanto, quando utilizadas de maneira repetitiva e formular, essas abordagens raramente funcionam tão bem como no caso de Borysenko, talvez porque não "confundam a cabeça", segundo as palavras de McClelland. Esse é, talvez, o significado do adágio: "Recorra a medicamentos novos sempre que possível, enquanto eles ainda funcionarem".

A Arrogância e o Trapaceiro

O escritor Richard Smoley captou perfeitamente a essência do trapaceiro num artigo da revista *Gnosis*:

> Enquanto mentirmos para nós mesmos, o Trapaceiro estará conosco. Aparecerá quando menos esperarmos, para nos embaraçar, para nos fazer de bobos diante de um grupo de intelectuais a quem tentamos impressionar, para nos coagir a perder o café da manhã com um contato comercial importante. Sim, ele irá embora se o escorraçarmos, mas voltará a fim de vingar-se. A única maneira de nos livrarmos dele é escutar atentamente suas mensagens — e admitir a verdade sobre nós em toda a sua beleza e fealdade.

O trapaceiro engana os outros, mas também é enganado freqüentemente. As peças que prega muitas vezes se voltam contra ele próprio. Suas histórias mostram que a humilhação nunca está longe; por isso, adverte-nos contra a arrogância e os excessos.

Em 1994, eu preparei uma importante palestra durante vários dias. Na véspera do Dia das Bruxas, tive um sonho que constituiu boa lição sobre as armadilhas do orgulho:

> Aguardo o momento de falar a uma prestigiosa audiência. O cenário é majestoso: uma estrutura externa de colunas coríntias de mármore em semicírculo, com um pódio no centro. Albert Einstein irá me apresentar. Ele se levanta e caminha para o pódio. Acho-o um tanto diferente. É alegre e animado, não a figura avuncular, tímida e santa que eu esperava. Pressinto que algo pouco usual vai acontecer. Einstein me apresenta com um floreio e eu avanço para o pódio a fim de proferir a minha palestra sensacional. Ouço murmúrios entre os solenes cientistas sentados ao lado de Einstein, que vieram do mundo inteiro para me ouvir. E, súbito, percebo a causa dos sussurros: estou seminu, trajando apenas um calção branco e preto. Por algum motivo, não me perturbo; sei que as coisas se complicaram, mas tenho de encará-las. Peço desculpas, dirijo-me para o lado esquerdo do palco e descubro ali um vestiário masculino. Entro, fecho a porta e vejo uma muda completa de roupa dependurada na parede, como que à minha espera: um *smoking* preto e uma camisa branca, combinando com meu calção, e justamente do meu número. Sei que a interrupção é temporária e não irá estragar a palestra. Visto-me, volto ao palco, subo de novo no pódio e prossigo, mas agora com mais cautela.

Em medicina, muitas vezes nos pilhamos simbolicamente sem roupas. A arrogância e a imprudência costumam montar o cenário para essas situações humilhantes. Quando nos apressamos a garantir aos pacientes que "tudo irá bem", que a terapia recomendada é eficaz ou que descobriremos o problema quando diagnósticos anteriores falharam, estamos nos preparando para ser ludibriados. "Você pode quebrar a cabeça o quanto quiser", reza um ditado russo, "mas nunca irá inventar nada melhor que pão e sal."

Que aconteceria se a medicina moderna se tornasse todo-poderosa? E se os curadores, um belo dia, conseguissem debelar todas as doenças e fazer as pessoas viver para sempre?

Uma história dos Winnebago adverte contra a hubris que muitas vezes acompanha essas fantasias:

> A Lebre resolveu ajudar os seres humanos e tornar todos os animais indefesos contra ele. "Os homens viverão em paz e para sempre", garantiu ela. Mas sua sábia Avó não concordou: "Meu neto, essa conversa me deixa triste. Como conseguirá fazer com que os homens vivam para sempre, como você? O Criador não os fez assim. Todas as coisas precisam ter um termo". O corpo da Avó começou a desintegrar-se diante dos olhos da Lebre. "Se as pessoas vivessem eternamente, logo encheriam a terra", prosseguiu ela. "Haveria então mais sofrimento do que agora, pois algumas passariam fome se se multiplicassem demais. Por isso tudo tem um fim." A Lebre ficou desconsolada. Seus motivos eram tão edificantes!

Em *The Way of the Ways* [O Maior dos Caminhos], de Herrymon Maurer, Lao-tsé, tido como fundador do taoísmo na China, por volta do século VI a. C., também adverte contra as incessantes tentativas da razão para manipular as coisas:

> É nefasto progredir na vida,
> Ofensivo controlar a respiração com a mente.

Esses conselhos são muitas vezes tidos como recomendações antiquadas para nos recolhermos à passividade, mas a lição é mais profunda. Não há luz sem trevas, parecem dizer-nos, nem vida sem tribulações. Os opostos se interpenetram e se sustentam um ao outro, como nos lembra o elemento de trapaça da psique. Não se pode ter apenas um deles. Quando olvidamos essas polaridades eternas, pagamos um preço alto.

O Trapaceiro é Perigoso?

Uma das maneiras mais comuns de lidar com os padrões de trapaça da psique é intelectualizá-los. Segundo esse ponto de vista, se lermos um número suficiente de livros sobre o folclore do trapaceiro, acabaremos por decifrar o significado das histórias que correm a respeito dele e escapar das armadilhas que elas denunciam. Mas, em princípio, esse projeto é inviável por duas razões. Primeira: o elemento de trapaça está tão arraigado no inconsciente que escapa ao alcance da razão; pertence ao que se chamou de inconsciente *real*. Segunda: uma parte do trapaceiro recusa-se a ser analisada; quanto mais agressivamente a razão procura dominá-lo, mais ferozmente ele resiste.

O antropólogo Barre Toelken relata sua experiência de quarenta anos com os navajos do sudeste de Utah, durante os quais pesquisou suas histórias sobre as trapaças do Coiote. Certa feita, o informante navajo perguntou-lhe: "O senhor está preparado para perder um parente?" Toelken não entendeu. "Bem", prosseguiu o homem, "quando alguém se mete com a feitiçaria, precisa pagar o preço, que é a morte de um membro da família." O contador de histórias navajo percebeu que Toelken examinava os contos do Coiote intelectualmente, analisando-os, discutindo as partes e os motivos em separado, à maneira típica dos acadêmicos. Quando os contos são desmembrados assim, acreditam os navajos, os diversos elementos soltos podem ser usados por feiticeiras a fim de promover desarmonia e comprometer a cura. Por isso temiam que Toelken, sem saber, estivesse flertando com a bruxaria. "Meu conselho", continuou o informante, "é que o senhor não se aprofunde nesse assunto, do contrário terá de haver-se com as feiticeiras."

Depois que o contador de histórias narrou a Toelken os contos do Coiote, uma série de calamidades sobreveio ao informante e seus familiares. O homem teve um problema nas pernas e depois morreu do coração ao sair de uma sauna. Um acidente automobilístico deu cabo de sua neta e quase foi fatal para sua filha. Um filho ficou esquizofrênico. Um irmão morreu esmagado por uma pedra. A família se dispersou. Até o filho adotivo navajo de Toelken cometeu suicídio. Toelken se pergunta se tudo não passou de coincidência ou se os incidentes foram o castigo pela divulgação dos contos do Coiote. E responde: do ponto de vista da razão, são decerto coincidências; da perspectiva dos navajos, são a punição pelo mau uso das histórias.

Toelken por fim concluiu que, embora determinada área da pesquisa erudita possa ser "interessante" e "importante", tais motivos nem sempre justificam a continuidade do projeto. "Assim como um momento de iluminação às vezes induz o estudioso a ir em frente, também pode revelar a necessidade de parar", comenta ele. Resolveu, pois, abandonar essa área de trabalho de campo, pois "há grande possibilidade de que se torne perigosa tanto para os informantes quanto para mim mesmo e minha família". Toelken não recomenda a ninguém que evite o estudo dos fenômenos ligados ao trapaceiro. Mas deixa entrever que, se a pessoa decidir pesquisar tais matérias, talvez precise pagar caro por isso.

Diversos psicólogos, que mergulharam nas profundezas do inconsciente, passaram a reverenciar esse aspecto da psique. Caso típico é o de C. G. Jung, que escreveu sobre a loucura na tentativa de compelir o inconsciente a revelar seus segredos. Para ele, é necessário ter paciência e esperar que o inconsciente resolva abrir-se por si mesmo. No futuro os experimentos serão selecionados com respeito — como se a pesquisa fosse a exploração de um espaço sagrado — e somente depois de madura reflexão sobre as conseqüências dessa empresa intelectual?

Fique "Ligado" ou Tome Cuidado

Por que nós não conseguimos operar tão racionalmente quanto um computador? Por que a psique se rebela quando nos tornamos exageradamente lógicos e analíticos? Por que precisamos de um equilíbrio entre o racional e o irracional, o espontâneo e o controlado? Por que necessitamos de experiências irracionais como o riso, a brincadeira e o amor?

Não escolhemos ser malucos, irracionais ou folgazões; essa necessidade é inata. A maluquice condiciona nossa saúde psicológica; podemos ter deficiência de maluquice como de vitaminas.

A necessidade de equilíbrio entre as forças racionais e irracionais, na psique, é com freqüência condenada pelos pensadores "sérios", que não vêem limites na busca da racionalidade. Costumam dizer que não temos coragem de seguir o intelecto e que a queda na irracionalidade se deve a uma fraqueza nervosa. Esse ponto de vista talvez seja mais heróico que sábio, pois ignora os fatos impressionantes da experiência humana e os achados da moderna psicologia a respeito do papel do inconsciente na vida mental. O psicólogo transpessoal Ken Wilber escreve com acerto: "No final das contas, ou você possui [seus opostos] ou eles o possuirão — a Sombra sempre tem algo a dizer ... Ou ficamos, prudentemente, 'ligados' aos nossos opostos ou os nossos opostos nos forçarão a ter 'cuidado' com eles".

Orgulhosos como somos dos feitos da razão, sempre nos sentimos tentados a repelir o irracional em favor da ordem e do controle. Jamais, porém, baniremos o trapaceiro, pois isso equivaleria a amputar uma parte vital de nós mesmos, inclusive a necessidade de criar, brincar e amar — em suma, de sermos humanos.

9

A Mente-truta

DURANTE MINHA FASE DE CRESCIMENTO, nos anos 1940, só se falava em vitaminas e microelementos. Os publicitários acossavam as mães, afirmando que, se elas *realmente* amassem seus filhos, teriam de abarrotá-los de vitaminas todos os dias. Se isso era verdade, então meu irmão, minha irmã e eu vivíamos mergulhados em amor. Ainda posso ver mamãe inclinando-se sobre mim, com um frasco de óleo de fígado de bacalhau enriquecido de vitamina D numa das mãos e uma colher na outra. Eu suportava esse ritual diário invocando uma curiosa fantasia: Deus criara a vitamina D expressamente para os Dosseys. Isso significava que minha mãe era um instrumento da vontade de Deus e o mínimo que eu podia fazer era ajudá-la a cumprir sua divina missão engolindo aquela gosma.

No entanto, a despeito dessas desagradáveis experiências com o óleo de fígado de bacalhau, meu relacionamento com os peixes melhorou. A pesca era uma das poucas oportunidades de recreação disponíveis para mim e para meu irmão gêmeo nas pradarias do centro do Texas, e nós a aproveitávamos bem. Eu rezava para chover — não por causa das plantações, mas porque o meu pai, não podendo trabalhar no campo molhado, certamente nos levaria para pescar. Ir pescar com papai era um ritual mágico que começava com a coleta de minhocas no quintal — minhocas compridas, gordas e preguiçosas, verdadeiros monstros em comparação com os bichinhos hiperativos, delgados e tirotóxicos vendidos nas lojas especializadas. Uma de minhas mais vívidas lembranças desse tempo são os saltos das botas de papai, enquanto ele avançava a passos de gigante por campos e bosques, atrás de um local especialmente piscoso.

A pesca era a nossa droga, e logo meu irmão e eu ficamos viciados. Rios e lagos não existiam; ali era a pradaria texana e o "local piscoso" não passava de uma lagoa ou um "tanque" sem nenhum encanto, um simples buraco no chão, em local desolado, onde bois e vacas iam dessedentar-se. Conhecíamos todos os pontos de pesca em nossa região do condado de Limestone e os proprietários sempre nos davam permissão para pescar. Quase sempre tínhamos êxito e voltávamos para casa com uma enfiada de percas, bagres e às vezes até uma perca negra, que achávamos o peixe mais majestoso do mundo.

Ficamos conhecendo muitos pescadores e alguns deles deixavam que os acompanhássemos. Um de meus favoritos era um fazendeiro que pescava todos os domingos de manhã, em vez de ir à igreja, motivo pelo qual era considerado um réprobo pelos devotos. Ele ria das críticas, dizendo que estava mais próximo de Deus ao pescar do que num templo. Eu acreditava.

Esse foi meu primeiro vislumbre de que a pesca pode colidir com a religião. Ávido por resolver a tensão entre ambas, comecei a atentar para as histórias da Bíblia, relativas a peixes, que ouvia na igreja. Se lermos nas entrelinhas, fica claro que os peixes podem servir de mensageiros ou instrumentos especiais de Deus, o que para mim era consolador. Impressionava-me sobretudo a história de Jonas e a baleia (eu ignorava então que as baleias são mamíferos e não peixes), do Velho Testamento. Minhas racionalizações a propósito de pescarias iam longe. Eu achava muito significativo que Jesus houvesse escolhido *pescadores* para seus discípulos. E qual foi o alimento que ele multiplicou para matar a fome da multidão que fora ouvi-lo? *Peixe*, mais alguns bocados de pão. Também prometeu aos seguidores transformá-los em *pescadores* de homens, insinuando que um glorioso destino aguarda os aficionados da pesca. Já então, minha análise estava terminada: a religião ocidental era um veículo para a pescaria, portanto passei a considerar meu dever pescar o máximo possível.

Os Peixes como Mensageiros

Não percebia na época, evidentemente, que existe um imenso cânone de mitologia universal a indicar, como na Bíblia, que peixes e pescarias são mediadores entre o sagrado e o profano. Não faltam contos em que os peixes conferem poderes, idéias e mudanças especiais — o peixe dourado cujo ventre contém um anel mágico, a sereia que desperta o pobre pescador da vida cotidiana para a transcendência, o peixe que guia o marinheiro por águas traiçoeiras.

Esses mitos persistem porque algo no nosso íntimo responde às forças misteriosas que jazem nas profundezas escuras e aquáticas. Toda vez que um pescador lança o anzol a um rio, lago ou oceano, percebe vagamente que algo de estranho irá acontecer a qualquer momento. O ato de pescar é sempre um mergulho no desconhecido mítico. Eis por que referir-se à pescaria como mera "recreação" é uma irreverência. Poderíamos então dizer que o capitão Acabe andava às voltas com uma "pesca esportiva" quando perseguia a baleia branca em *Moby Dick*, de Melville.

A pesca é imantada de poderes míticos, sendo uma das atividades mais comuns em que a realidade mítica se insinua na vida diária. Por isso as pescarias são muitas vezes marcadas de acontecimentos bizarros e assombrosos. Vejamos o que sucedeu a Robert Johansen, de 15 anos, que num dia do verão de 1979 foi pescar no fiorde de Oslo, na Noruega. Em geral não apanhava nada, mas na ocasião fisgou um bacalhau de dez quilos e foi correndo mostrá-lo à avó, Thekla Aanen, de Larkollen. Estando ela a preparar o peixe para o jantar, encontrou em suas vísceras um anel de diamantes — uma jóia de família que perdera quando nadava no fiorde, três anos antes.

Consideremos também a experiência de John Cross, de Newport News, Virgínia, que perdeu um anel em 1980 quando atravessava a Hampton Roads durante uma tempestade. Dois anos mais tarde ele apareceu dentro de um peixe servido em seu restaurante favorito de Charlottesville.

Nada disso é novo. Nos tempos antigos, Polícrates, tirano de Samos, fez a oferenda do seu sinete de ouro e esmeraldas lançando-o ao mar, mas o sinete voltou para ele na barriga de um peixe. São Mungo, bispo e padroeiro de Glasgow, salvou a reputação de uma mulher casada a quem se acusava de ter dado seu anel perdido a um amante. Depois de orar a noite inteira, o bispo pediu que o primeiro peixe apanhado na manhã seguinte no rio Clyde fosse levado diretamente para a sua mesa. Dentro dele estava o anel. O bispo Gerboldo, após ser expulso de seu palácio em Bayeux, atirou o anel episcopal ao mar e, desgostoso, retirou-se para um mosteiro. Pouco depois, apanhou-se um peixe que trazia o anel no estômago. A congregação que expulsara o bispo ficou impressionadíssima e devolveu-lhe o cargo.

Que sucede aqui? As dimensões míticas dessas estranhas ocorrências não escapam a Lyall Watson, que as relata em *The Nature of Things: The Secret Life of Inanimate Objects* [A Natureza das Coisas: A Vida Secreta dos Objetos Inanimados]. "Os peixes, afora sua tendência a engolir miudezas, são um poderoso símbolo da maternidade e do útero — 'de onde todos os tesouros fluem' —, de sorte que não é surpresa alguma vê-los ocupados em *restaurar a totalidade* [grifo nosso] e promover as uniões. Esse reforço arquetípico encoraja a narração de tais fatos, dando-lhes credibilidade ainda hoje e trazendo mitos antigos de volta à vida."

A Pesca de Vara como Terapia Alternativa

A tese de Watson, segundo a qual os peixes podem atuar como agentes de restauração da *totalidade*, implica que também são capazes de mediar a *cura*, pois totalidade e saúde são coisas afins. E, de fato, peixes e pescarias constituem uma terapia alternativa para os doentes.

Tomemos o caso notável de Mike Crockett, co-autor de um livro sobre pesca de vara chamado *Flywater*. Segundo todas as medidas convencionais, a vida de Crockett foi um sucesso: tinha uma bela esposa, dois filhos maravilhosos, uma carreira brilhante, uma casa de férias nas montanhas, amigos que estimava — "quase tudo o que sempre quis", diz ele, "e mais do que esperei". Então, no início dos anos 1990, na mesma semana em que lhe nascera mais uma filha, Crockett recebeu notícias devastadoras: os nódulos que notara recentemente eram uma forma incurável de linfoma. Apesar das sessões de quimioterapia, o médico aconselhou-o a colocar seus negócios em ordem.

Crockett sabia que não tinha tempo a perder. "Comecei a mexer com a papelada do inventário e percebi que aquela atividade me desagradava", explica ele. Passou a concentrar-se em atividades mais gratificantes e eliminou as outras, resolvido a "tentar alguma coisa nova como a essência da vida".

Poucos meses após seu diagnóstico de câncer, durante uma viagem ao Colorado, pediu a um amigo que o ensinasse a pescar com vara no rio San Miguel. "Seria difícil imaginar um lugar mais bonito para um retiro ou uma experiência de cura", diz Crockett a respeito do pequeno rio que flui por entre *canyons* de arenito e florestas de abetos, amieiros e choupos. Começando como aprendiz, em dois dias ele já dominava suficientemente o ofício para apanhar algumas trutas. Embora fosse um tempo de preocupação e inquietação com o futuro, Crockett deu-se conta de um fenômeno muito interessante: quase todos os momentos que passava na margem do rio eram de descontração e prazer. Escreve ele: "Pescar — com vara — era a única prática que me livrava da ansiedade provocada pelos problemas em suspenso. Às vezes, constituía mesmo um alívio da dor física e das náuseas. Com o tempo, passei a encarar a pescaria como terapia. O ato de colocar a isca, esticar a linha, atirar o anzol e acompanhar a flutuação da bóia, tudo isso se torna uma espécie de meditação, de recreação espiritual".

Crockett sobreviveu a duas sentenças de morte, meia dúzia de sessões de quimioterapia e diversas hospitalizações. A certa altura, tornou-se resistente a todos os medicamentos e teve de ir ao Centro Médico da Universidade de Stanford para um tratamento experimental de dois meses com anticorpos monoclonais. Porém, depois dos testes iniciais, descobriu-se que só da segunda vez, após mais de cinqüenta tentativas semelhantes, o anticorpo não reagia com as células de Crockett, e o tratamento foi abandonado. Ele e a esposa procuraram tirar o melhor da situação: resolveram passar o resto do verão no Colorado, junto ao rio San Miguel, para pescar o máximo de trutas possível. Quando foi consultar seu médico, dois meses depois, já sabia antes mesmo dos exames que melhorara e que três anos de enfraquecimento constante iam ser revertidos. O médico não conseguiu explicar essa estranha recuperação, mas aconselhou-o a persistir no que andava fazendo.

Crockett não sabe bem o que aconteceu. Escreve ele:

Não estou aqui a propalar que a pesca de vara cura o câncer. Depois que a medicina convencional se mostrou impotente no meu caso, entrei a experimentar todas as terapias alternativas que me chamavam a atenção. É possível que uma ou todas elas tenham contribuído ... Só posso dizer o seguinte: a pesca, mais que qualquer outra atividade, liberta minha mente e alimenta minha alma. E sei que o tempo passado junto ao rio quase sempre me proporcionou uma intensa sensação de bem-estar — a sensação de estar enraizado no presente, sem outras necessidades ou preocupações que não as atuais ... Há um velho ditado segundo o qual não se pode entrar duas vezes no mesmo rio. O rio é sempre novo; o homem muda sempre.

"Chuvas de Peixes"

A estranheza mítica do peixe alcança grandes alturas, literalmente. Às vezes, peixes caem do céu sobre a cabeça dos homens — fenômeno conhecido como "chuva de peixes". Peixes cadentes têm ferido pessoas no rosto, escorregado por seus colarinhos, estilhaçado seus pára-brisas, entupido as calhas de suas casas e paralisado o trânsito. É como se não pudessem esperar para ser apanhados e procurassem voluntariamente o pescador.

Numa manhã de outubro de 1947, A. D. Bajkov, biólogo marinho do Departamento Americano de Vida Selvagem e Pesca, tomava o café da manhã com sua esposa num restaurante de Marksville, Luisiânia, quando "a garçonete informou-nos de que peixes estavam caindo do céu nas ruas e quintais. Saímos correndo para pegar alguns". Bajkov identificou quatro espécies, inclusive uma perca-de-boca-larga de vinte centímetros, *Micropterus salmoides*, que veio cair justamente a seus pés. O incidente foi relatado em *Science*, uma das mais respeitadas publicações científicas do mundo. O relato de Bajkov é interessante por mostrar que semelhantes eventos têm sido testemunhados por observadores experientes, inclusive cientistas de primeira plana.

Outra chuva de peixes típica ocorreu no dia 8 de maio de 1985. A princípio, Louis Castoreno pensou que alguém lhe pregava uma peça quando dúzias de peixinhos caíram no seu quintal, aparentemente de uma nuvem escura que passava. "Um monte deles caiu de uma só vez", disse Castoreno. "Fiquei assustado. Um porta-voz local do Serviço Nacional de Meteorologia explicou que isso vinha acontecendo nos últimos cinco anos, quase sempre antes de um ciclone ou tempestade violenta."

Os peixes praticam essa façanha há muito tempo. O grego Ateneu, por volta do ano 200 d.C., mencionou várias chuvas de peixes no seu livro *O Banquete dos Sofistas*, resumo da obra de oitocentos autores que ele lera na biblioteca de Alexandria, antes de esta ser destruída. Sob o título de "Chuvas de Peixes" (*De pluvius piscium*), escreveu: "Fênias, por exemplo, conta no seu livro *As Regras de Éreso* que no Quersoneso choveram peixes durante três dias inteiros. E Filarco, em seu quarto livro, afirma que muitas pessoas, em diversos lugares, presenciaram chuvas de peixes (às vezes, girinos)".

No final do século XIX, um pequeno grupo de cientistas destacados começou a colecionar casos de peixes que caem do céu. Entre eles, contavam-se o meteorologista D. P. Thompson e o naturalista George Buist, ingleses, o astrônomo francês Camille Flammarion e o naturalista alemão G. Hartwig. Em 1917, Waldo McAfee, biólogo do Centro de Pesquisa Biológica dos Estados Unidos, publicou um célebre relato desses estranhos acontecimentos, o mesmo fazendo J. R. Norman num artigo de 1928 para a *Natural History Magazine*, com o título instigante de "Peixes que vêm das nuvens". A qualidade das provas é excelente, com um registro de casos bem-observados. Embora até agora ninguém tenha filmado ou fotografado uma chuva de peixes, diversas fotografias foram tiradas depois da queda.

O fenômeno é universal. Foram documentados casos na África do Sul, Índia, Guam, Austrália, Inglaterra, América do Norte e outras áreas, envolvendo diversas espécies: vairões, esgana-gatas, eperlanos, percas, caranguejos, caracóis, savelhas, etc. Alguns dos peixes caem vivos, incólumes e saltitantes; outros, esmagados e mortos; outros, ainda, congelados, como no incidente da Luisiânia descrito por Bajkov. Em geral, ficam confinados a uma área relativamente pequena. Um aspecto curioso das chuvas de peixes é que, muitas vezes, eles são de uma única espécie, o que causa espanto se, como vários cientistas acreditam, forem arrebatados por ciclones e torvelinhos de grandes lagos ou oceanos.

Como os peixes fazem isso? Inúmeras teorias foram apresentadas, o que parece denunciar que ninguém na verdade sabe coisa alguma a respeito. Umas até parecem ter sentido, enquanto outras são bizarras e até hilariantes.

• Os principais candidatos são os torvelinhos, tufões e trombas-d'água. Os peixes cadentes às vezes chegam congelados e misturados a granizo, indicando uma estadia tormentosa nas alturas. Entretanto, essas condições meteorológicas nem sempre se acham presentes, como no bem-observado caso Bajkov, quando o tempo estava "nublado mas calmo". Se torvelinhos e ciclones sobre a água explicam tudo, por que então, pergunta-se Robert Schadewald, de Minnesota, pesquisador desses eventos, "temos tantas chuvas de peixes na Grã-Bretanha e nenhuma em Minnesota, a 'Terra dos Dez Mil Lagos?' assolada por uma média de dezessete ciclones por ano?"

• A "hipótese do vômito" também é popular. Os grandes pássaros comedores de peixes às vezes os engolem inteiros ou carregam-nos no bico, podendo quando perturbados em pleno vôo vomitá-los ou deixá-los cair. Isso explicaria a queda de um peixe, mas não de um cardume inteiro — a menos, como insinuaram alguns, que bandos gigantescos de pássaros vomitassem sua refeição num ato coordenado absolutamente notável.

• Alguns peixes, como a corcoroca cintilante da Austrália, empreendem longas migrações saltando de poça em poça formada por chuvas recentes ou cheias de rios. Certos teóricos alegam, pois, que os peixes na verdade não caem das alturas, mas "voam" baixo. Contudo, muitos episódios envolvem peixes que não migram dessa forma.

• Talvez os peixes sejam teletransportados a distância graças a processos físicos ainda desconhecidos da ciência. Isso, dizem os defensores da teoria, explica por que chegam incólumes e saudáveis.

• Há quem imagine existir um depósito insuspeitado de vida orgânica em algum ponto do céu, espécie de Atlântida aérea. Quando sacudido pelo trovão, seu conteúdo se desloca e cai na terra.

• Fala-se também em "teoria da latência", segundo a qual os peixes são criados espontaneamente pouco antes de cair, graças aos poderes fertilizantes da chuva atuando sobre ovos que jazem numerosos, em estado latente, no meio da poeira. Isso talvez não seja tão absurdo quanto parece. Alguns peixes e batráquios podem mergulhar em estado de torpor por longos períodos e reviver com a chegada das chuvas e inundações. Isso, porém, não explica os peixes vistos realmente a cair do céu, as chuvas de espécies que não dormitam e os peixes de grande porte.

• Temos, finalmente, a velha cartada dos céticos e cínicos, a "hipótese do peixeiro fantasma". "Exemplo disso ocorreu em 1881, quando grandes quantidades de caramujos e caranguejos caíram sobre a cidade inglesa de Worcester. As autoridades supuseram então que um peixeiro maluco, esgueirando-se pelas ruas sem ser visto, atirara milhares de caramujos pela traseira de sua carroça."

Há falhas em todas essas teses. Schadewald, por exemplo, calculou após cuidadosos experimentos que a velocidade final de um pequeno peixe cadente é de mais ou menos 45 km por hora. Embora alguns peixes se espatifem no chão, muitas vezes isso não acontece a nenhum deles. Por que, após um choque tão violento, não ficam todos parecendo patê de anchova?

Cabe ao leitor julgar se tais hipóteses são produtos da lucidez ou do desespero. Se os peixes têm senso de humor, talvez estejam rindo de algumas delas.

Embora as teorias que levam em conta o vento gozem de preferência, nenhuma explica todas as quedas registradas, principalmente as que ocorrem com tempo calmo. Até que uma explicação satisfatória seja aventada, é-nos lícito deixar a imaginação explorar as dimensões míticas desse estranhíssimo fenômeno. A imaginação mítica tem a liberdade de fazer perguntas que seriam embaraçosas para a nossa mente prática do dia-a-dia. Nas chuvas de peixes, eles vêm nos "pescar", como nós os pescamos? Por que não se deixam estar tranqüilamente em seu ambiente aquático? Essas chuvas revelam uma necessidade primordial de desafiar as limitações impostas pela gravidade? Terão os peixes, como os homens, o desejo de voar? Esperam até ser arrebatados por um vento suficientemente forte, tal qual o falcão ou a águia quando aproveitam as correntes ascensionais para pairar nos ares? Quando vêm chocar-se contra a nossa cabeça ou o pára-brisa, estarão tentando chamar a nossa atenção? Procuram transmitir-nos alguma mensagem? Anseiam por comunicar-se? Eles se *preocupam* conosco?

A Pesca e as Crianças

Poderíamos supor que os peixes *realmente* se preocupam conosco, a julgar pelos benefícios terapêuticos que os homens recebem do contato com eles.

Algumas das melhores observações sobre o bem que a pesca traz à saúde são do psicólogo Paul Quinnett, no seu admirável livro *The Pavlov's Trout* [A Truta de Pavlov]. Quinnett, que mora na região noroeste do Pacífico, pescava com seu filho num rio do leste do Estado de Washington, num dia cálido de primavera, em 1980, quando uma sinistra nuvem caliginosa amontoou-se no ocidente. O céu foi se tornando cada vez mais ameaçador e uma substância pulverulenta, de cor cinza, começou a cair do céu.

"Papai, vamos ser sepultados vivos por essa coisa!", gritou o garoto. "Acho melhor darmos o fora daqui. Essa não é uma nuvem normal."

Quinnett sabia que o reator nuclear de Hanford estava localizado a menos de cento e cinqüenta quilômetros do riacho. Embora o filho houvesse fisgado seis trutas, ele próprio não pegara nenhuma. Se Hanford fora pelos ares, pensou ele, aquela seria sua última chance.

"Só uma truta, antes que fique escuro demais", propôs Quinnett, lançando de novo o anzol ao ver um peixe saltar.

A caminho de casa, ouviram pelo rádio que o monte Santa Helena entrara em erupção e instaurara um verdadeiro pandemônio naquela parte do país. Com os limpadores de pára-brisa acionados para varrer a cinza que caía, a conversa se encaminhou naturalmente para os casos extremos — vida, morte, imortalidade. Quinnett, que considerava a pescaria e a escatologia como primos em primeiro grau, aproveitou a oportunidade para falar ao filho sobre um homem que, a seu ver, tivera uma boa morte.

"Uma *boa* morte?", estranhou o menino. Que poderia haver de bom na morte? O velho, explicou Quinnett, era um lenhador que na verdade só vivia para pescar. Quando sua esposa morreu, vendeu a casa da família e comprou uma cabana no litoral de Washington. Não mexeu em nada por ali e logo o lugar estava cheio de morangos silvestres que, juntamente com a caça e a pesca, ajudavam a mantê-lo. Um dia, pescando com um amigo debaixo de chuva, fisgou uma grande truta americana. Por muito tempo esforçou-se para puxá-la e finalmente posicionou-se de modo a deixar a truta entre ele e a praia. Nisso, com a vara arqueada e o peixe prateado debatendo-se na água rasa, acenou ao amigo e caiu, vitimado por um ataque cardíaco. Suas últimas palavras foram: "Caí na rede!"

Quinnett acredita sinceramente que a pesca pode salvar e que, graças a essa atividade, melhoram nossas chances de sermos apanhados pelas redes do Todo-poderoso. Ele merece ser ouvido. Além de pescador fanático, é grande autoridade em abuso de drogas e suicídio, com inúmeros livros a seu crédito. Dirige os Serviços Adultos no Centro Comunitário de Saúde Mental de Spokane, Washington, e integra o corpo docente do Departamento de Psiquiatria e Ciência Comportamental da Faculdade de Medicina da Universidade de Washington. Gosto muito de *A Truta de Pavlov*, em parte porque parece ser o único livro sobre pesca que não tenta ensinar-nos a pescar.

Quinnett mostra grande entusiasmo por um programa de prevenção de drogas de nome "Fisgado pela Pesca, Não pelas Drogas". "É sem dúvida, no gênero, o empreendimento mais excitante jamais concebido para escolas e comunidades", garante ele. Esse programa, muito elogiado, oferece um guia do professor que sugere atividades e lições para crianças de todas as idades, a partir do jardim-de-infância. "Os objetivos são simples: fisgar meninos e meninas numa prática saudável e duradoura que ensina os princípios da autopreservação, do espírito esportivo e do comportamento ético, ao mesmo tempo que aperfeiçoa os relacionamentos."

Um rapazinho de 14 anos chamado Matthew Deakins foi quem deu a idéia do programa. Disse que ficava ocupado demais com a pesca para sair por aí atrás de drogas e que aquela atividade lhe permitia "pensar bem nas coisas". "Gosto dessa campanha", explica Quinnett, "porque nossas escolas montam poucas equipes de basquetebol e futebol, só alguns garotos tocam na banda e apenas as meninas mais atiradas se tornam líderes de torcida. Entre as 'estrelas', no alto, e os obscuros, embaixo, fica a grande maioria de crianças que apenas passam pela escola, sem chamar a atenção, sem ser reconhecidas e sem ter um propósito em mira — muito menos paixão. De certa forma, em se tratando de drogas, são as mais expostas ao risco da experiência, abuso e vício."

Por que pescar? Quinnett explica isso também: "Ao peixe pouco importa que você seja talentoso, inválido, cego, gordo, magro, alto, baixo, desta ou daquela cor. A pesca pode recompensar imediatamente *qualquer* criança; dá a todas um campo de jogo nivelado e as mesmas chances. Pegar um peixe talvez não chegue a ser tão emocionante quanto fumar *crack*, mas o *processo* graças ao qual uma criança é 'fisgada' pela pesca implica algo que a droga jamais substituirá: o relacionamento positivo com outros seres humanos. É esse relacionamento, e não a pesca em si, que pode salvar um jovem".

A única coisa mais forte que a bebida e as drogas, assevera Quinnett, é o amor; não apenas o amor sexual, mas também o da humanidade, fraterno, paterno — o tipo de sentimento que, a seu ver, pode ser robustecido e alimentado num barco de pesca ou na margem de um rio.

O grande motivo pelo qual os jovens se empanturram de drogas, diz Quinnett, especialista em abuso e reabilitação de viciados, é não gostarem muito de si mesmos. A pesca pode ajudar? "Acho que sim", responde ele, "pois torna-se um vício positivo." Mas para que substituir um vício por outro? Muito simples: as drogas matam, a pesca não. Embora possamos ter problemas com a freqüência exagerada das pescarias, ficar maníacos por linhas e anzóis afiados, ou mentir compulsivamente sobre a quantidade de peixes apanhados e o tamanho daquele que escapou, esses hábitos não destroem o fígado, o cérebro, a família ou os amigos, pondera Quinnett maliciosamente. Ao contrário, reforçam a auto-estima dos jovens e lhes dão prazer.

Para Quinnett, no entanto, a pesca é mais que um instrumento para a evolução e a maturidade psicológica. Trata-se, no fundo, de um caminho espiritual e de uma possível maneira de responder às questões básicas da vida, entre as quais as seguintes: "Qual o objetivo do homem? Que lugar ocupa no universo? Que sucede após a morte? Por que só os grandes levam a melhor?" E, por fim: "Pescar ou cortar a linha? Eis a questão".

Mente-truta: Um Estado Alterado

Conheço vários pescadores que, orgulhosamente, se chamam de "cabeças de peixe". É o modo de admitirem que substituíram seus miolos por trutas, que literalmente a pesca os fez enlouquecer. Isso pode parecer um exagero a quem nunca experimentou tal tipo de sandice. Mas, na verdade, a pescaria *pode* implicar um estado alterado de consciência com três traços distintivos.

Por um lado, o tempo parece correr mais lento quando pescamos — marca registrada da meditação, contemplação e oração autênticas. Certo dia um colega meu, oncologista, desarmou-me com esta frase: "Muitas vezes me pergunto por que tantas pessoas começam a pescar depois de saber que estão com câncer". A idéia lhe ocorrera enquanto pescava na semana anterior, ocasião em que ganhou uma bela queimadura de sol. "Quando você está sentado num barco, sem fazer nada a não ser esperar o beliscão do peixe, o tempo se arrasta", disse ele. "Não sei de método melhor para encompridar os dias. É um lazer perfeito para quem sabe que vai morrer e precisa aproveitar o tempo."

O segundo traço característico do estado alterado de percepção que os pescadores experimentam é a superação da dualidade: o mundo já não está separado de nós, "lá fora". A palavra "não-dual" significa "não-dois", a indicar um senso de unicidade com tudo o que existe. Milhões de pescadores e pescadoras conhecem muito bem esse estado mental, embora não o articulem dessa maneira. Às vezes ficam tão absorvidos na pescaria, tão identificados com ela que se *tornam* o peixe — e não apenas o peixe, mas também a água, a mata e as montanhas, que fazem igualmente parte de sua experiência imediata. Com freqüência a pessoa, quando pesca, acha tudo perfeito e correto, e com tudo se mescla. Essa experiência tem outra face: o peixe atrai o pescador.

As pessoas familiarizadas com o misticismo concordarão que semelhante experiência lembra o estado de unicidade a que aspiram. Para ser um pescador às direitas, não basta dominar a técnica de escolher iscas e atirar anzóis. É preciso *pensar* como um peixe e *identificar-se* com ele. Por isso a "mente-truta" equivale à Grande Mente dos budistas, em que se renuncia ao senso do eu separado e se entra num estado transpessoal e universal. A isca de mosca (*fly*) é uma metáfora perfeita para essa transformação, pois ao entrar na Mente-truta, a pessoa voa (*fly*) ou paira acima da auto-identificação e perde-se na unidade que aproxima as criaturas.

Passei à beira de rios muitos momentos em que o mundo inteiro parecia ter mudado — por exemplo, em Clark's Fork, na divisa entre Montana e Wyoming, envolvido por um lusco-fusco gelado e cinzento, a observar uma corça que viera com seu filhote até a margem do regato; ela me reconheceu, entrou comigo na corrente, bebeu seu gole de água cristalina, deu-me adeus com um gesto e desapareceu silenciosamente na floresta. De outra feita, estava pescando num trecho limpo do rio Pecos, no norte do Novo México, quando de súbito o sol poente transformou a água numa torrente tal de ouro e azul que quase temi fosse atear-lhe fogo. Sensação parecida tive certa tarde num *canyon* remoto do rio Mora, onde a luz solar nunca acaricia a água — sítio tão primitivo que me fazia estremecer e recordava-me a existência de locais tão sagrados que o homem não os devia nunca pisar. Houve ainda um dia muito especial passado às margens de um afluente do Yellowstone, em Wyoming, enquanto um bisão solitário pastava nas imediações. Depois de fisgar uma grande truta assassina, ajoelhei-me ao lado dela num banco de areia e, com mãos trêmulas, removi cuidadosamente a isca. Então, tomado de um sentimento de extrema afeição por aquele peixe magnífico, ergui-o com ambas as mãos e dei-lhe um beijo (*kiss*) no focinho, antes de devolvê-lo ao remoinho das águas. Quando, mais tarde, contei esse caso a meu irmão, ele me disse que o gesto pode ter sido mais apropriado do que eu supunha, pois o nome científico da truta arco-íris, parenta próxima da truta assassina, é *Oncohryncus mykiss*.

Todavia, a experiência de pesca mais memorável de minha vida, que faz empalidecer as demais, ocorreu numa tarde quente de julho, quando a vovó Dossey levou-nos, a mim e a meu irmão gêmeo, para pescar pela primeira vez na vida, quando tínhamos 4 anos de idade. Ao ouvi-la anunciar a aventura, ficamos perplexos. Para nós, seria o mesmo que ir à lua, pois nem sabíamos o que significava *pescar*. Ela juntou todos os petrechos (linhas, anzóis, bóias, chumbadas) e lá fomos nós por uma estrada poeirenta, rumo a uma lagoazinha sob uma estreita ponte de madeira. Vovó capturou um gafanhoto, empalou-o no anzol e atirou a linha. A chumbada desapareceu imediatamente e logo voltou com um pequeno peixe-lua brilhante. Meu irmão e eu estávamos mesmerizados, boquiabertos. Jamais víramos coisa igual! A magia que encanta as crianças quando pela primeira vez vão à pesca penetrara em nós para nunca mais sair. Depois que nossa catatonia se dissipou, vovó nos convidou a tentar — e, aí pelo final da tarde, ambos havíamos apanhado peixes e nosso mundo mudara para sempre.

Não tenho a pretensão de entender essa força, mas ela sem dúvida está ligada ao inconsciente. Parece mais intensa quando se pesca com vara, à beira da água, que é um símbolo da mente inconsciente. Portanto, em termos simbólicos, pescar significa aderir ao mistério. Kitty Pearson-Vincent, fotógrafa e escritora, considera os peixes como "criaturas de outro mundo ... As trutas são sonhos flutuando no inconsciente esquivo. Quando seguramos um nas mãos, ainda que por pouco tempo antes de devolvê-lo às águas, sobrevém-nos o mesmo senso de revelação que costuma ocorrer à noite, ao acordarmos de repente tentando arrancar um sonho dos umbrais sombrios do sono".

Isso nos leva à terceira conexão entre a pescaria e a experiência mística do desapego, da despreocupação com este ou aquele resultado de nossas ações. A pesca de vara lembra-nos, humildemente, que não podemos *obrigar* as coisas a acontecer. Nós apenas escolhemos uma isca e colocamo-la no anzol o mais cuidadosamente possível: depois, com respeito, aguardamos o resultado. Ocorre o mesmo que num bom experimento de laboratório, o qual, se conduzido adequadamente, convida a natureza a manifestar-se de determinada maneira.

Levo muito a sério o convite da pesca e tenho um ritual que sempre pratico antes de atirar o anzol pela primeira vez. De pé na margem do rio, mergulho num estado de prece em que comunico aos peixes o que pretendo fazer. Em seguida, convido-os a participar do ato, caso queiram, e esclareço que irei soltá-los depois de os apanhar. Muitos deles, podem crer, recusam.

Associar pescaria e desapego pode parecer contraditório, pois muitos pescadores se orgulham da quantidade e tamanho dos peixes que fisgam. Mas uma nova ética chamada "pegue e solte" já tem curso entre pescadores de todos os tipos hoje em dia, o que sem dúvida apresenta grande afinidade com o ideal místico do desapego. Eles reconhecem, com isso, que há na pesca algo mais importante do que conservar o pescado. Talvez compreendam a verdade da máxima de Henry David Thoreau: "Muitos pescam a vida inteira sem perceber que não estão atrás de peixes" — e preferem, em conseqüência, devolver o que apanharam.

Em *Flyfishing through the Midlife Crisis* [Pesca de Vara na Crise da Meia-idade], Howell Raines, ex-correspondente na Casa Branca e jornalista político do *New York Times*, conta que na mocidade pescava com um objetivo em mente: tonelagem. O número e o tamanho dos peixes que pegava eram tudo. Quando ficou mais velho e aderiu à pesca de vara, contudo, alguma coisa mudou. Por fim, não lhe importava mais pegar ou não pegar peixes.

Na pesca, os homens parecem ter mais dificuldades para aprender as lições do desapego. As mulheres, por outro lado, costumam absorvê-las intuitivamente. Dave Drecker é proprietário do pesqueiro Complete Fly Fisher em Wise River, Montana. Cerca de metade de seus clientes são do sexo feminino e, em agosto, ele promove a "semana só para mulheres". Decker e seus guias apreciam a paciência delas. "Os homens medem o sucesso pelo tamanho do peixe apanhado", diz Decker. "As mulheres pouco se importam com isso. E adivinhem quem pega mais?"

A radiologista e pesquisadora científica Kathryn Ann Morton é um caso a ressaltar. Todos os verões vai para o Complete Fly Fisher a fim de aprimorar suas habilidades. "Gosto de atirar o anzol, pois isso exige precisão, e gosto mesmo que não fisgue nada", declara ela. "A recompensa é o ato em si... ainda que seja sempre bom puxar uma grande truta cinzenta." A paciência de Kathryn à beira da água parece conseqüência de seu trabalho de pesquisadora profissional. "Passo o tempo tentando descobrir padrões ocultos em imagens complexas", diz ela. "Uma das coisas que mais me atraem na pescaria é a possibilidade de ver justamente imagens: por sob a superfície das águas, noto mudanças sutis que indicam a presença de um peixe em algum lugar por ali."

Para muitos, a pesca funciona também como retiro espiritual ou refúgio psicológico — um momento de repouso durante o qual se pode restaurar o equilíbrio e a sanidade. Em seu livro *The Face of Battle* [A Face da Batalha], o historiador militar inglês John Keegan revela que a pesca desempenhava essa função num dos cenários mais improváveis: a guerra. Desde meados do século XIX, a ampliação do campo de batalha ocorreu tão rapidamente que nenhum general conseguia estar presente nos sucessivos pontos críticos para comandar seus homens, como fez Wellington em Waterloo. O trabalho primário dos generais, hoje, tem de ser feito em seu gabinete, antes do início da batalha. Anteriormente à Primeira Guerra Mundial, uma das obras literárias mais populares entre os soldados do exército britânico era um conto do general Sir Edward Swinton, intitulado *A Sense of Proportion*" [Senso das Medidas]. A personagem principal era um general evidentemente calcado no lendário marechal alemão Helmuth von Moltke, "que após elaborar seus planos na véspera da batalha, passava o resto do tempo pescando trutas, certo de que fizera tudo o que podia".

Sei que minhas analogias entre pesca e experiência religiosa ou espiritual vão, para algumas pessoas, longe demais. Muitos podem pensar que sofro de uma imaginação exagerada, superaquecida. Outros talvez tenham uma visão nebulosa da pesca em geral e achem-na espiritualmente incorreta. Mas aqueles para quem a pesca é sintoma de ruína espiritual, por favor, tentem ver as coisas de outra perspectiva. Ao longo da história, a pesca muitas vezes tem sido encarada como um empreendimento espiritual legítimo. Foi recomendada por um mestre do porte de ninguém menos que Jesus Cristo. "Vá para o mar", ordenou a Pedro certa feita, "atire o anzol e traga o primeiro peixe que apanhar." Eis aí Jesus como instrutor de pesca.

A Literatura de Pesca

Dado que pode ser uma experiência beatífica, a pesca é notoriamente difícil de descrever. Por isso, creio eu, grande parte da literatura sobre o assunto decepciona. O tema da pesca ainda não teve o seu Shakespeare, o que nos deixa livres para tratar como quisermos, desajeitadamente embora, dessa empresa mistificadora. O fato talvez explique, como salienta Howell Raines, por que existem cerca de cinco mil obras sobre pesca em língua inglesa, ou seja, a mais extensa literatura jamais produzida sobre qualquer esporte, e por que hoje em dia toda boa loja de pesca tem sua seção de livros.

A pesca sempre corre o risco de ser romantizada e o ego dos pescadores está sempre pronto a inflar-se; não surpreende, portanto, que pesca e pescadores sejam alvos prediletos dos gozadores. Um epigrama atribuído tanto a Samuel Johnson (1709-1784) quanto a Jonathan Swift (1667-1745) reza: "A pesca pode ser um divertimento agradável; mas comparo-a a uma vara provida de linha com uma minhoca numa ponta e um idiota na outra".

Mas nem todos são tão cínicos assim. O romancista Robert Traver, em seu "Testamento de um Pescador", também alude ao lado espiritual da pesca:

> Pesco porque gosto de pescar; porque amo as cercanias onde os peixes pululam, que são invariavelmente belas, e odeio os ambientes onde multidões de pessoas se acotovelam, que são invariavelmente horrendos; porque, pescando, fujo dos comerciais de televisão, dos coquetéis e das reuniões sociais; porque, num mundo em que quase toda gente passa a vida fazendo o que detesta, minhas pescarias são ao mesmo tempo uma fonte inestancável de prazer e um pequeno ato de rebeldia; porque as trutas não mentem, não tagarelam, não se deixam comprar nem impressionar pelo poder, mas respondem apenas à mansidão, à humildade e à infinita paciência; porque a meu ver a humanidade está percorrendo este caminho pela última vez e não tenciono de modo algum desperdiçar a viagem; porque, graças a Deus, não há telefones perto de águas piscosas; porque só nos bosques encontro sossego sem solidão; porque beber de uma velha caneca de lata sempre sabe melhor por ali; porque talvez, um belo dia, consiga apanhar uma sereia; enfim, não porque acho a pesca tremendamente importante, mas porque considero igualmente triviais muitas das preocupações humanas — e nem de longe tão divertidas.

A Pesca como Proteção

O medo de maldições e feitiços é antigo no mundo, e os métodos que os homens excogitaram para proteger-se da malevolência alheia são dos mais variados. À primeira vista, muitos parecem ridículos. Outros, porém, talvez revelem algum substrato racional se os examinarmos de perto, inclusive certas práticas mais ou menos ligadas à pesca.

Pense-se na velha crença de que uma bruxa pode ser desmascarada se atravessar água corrente. Quando pela primeira vez li a respeito desse método de proteção, meus pensamentos se voltaram para um cenário de pescaria num rio de montanha, que se cruza várias vezes no curso de um dia. A água é cristalina, o cenário majestoso, o ar puríssimo. Estou tão animado que sinto poder resistir a *qualquer coisa* negativa — até à influência das bruxas, caso existam. Eternamente em busca de (mais outra) razão para ir pescar, passei a dar grande importância a esse método de proteção e recorro a ele sempre que possível.

Não há nisso unicamente racionalização. Sabemos hoje que a atitude positiva e o exercício corporal acionam uma série de eventos físicos e mentais que podem estimular a função imunológica e melhorar o desempenho cardiovascular. Talvez sejamos atraídos por atividades como excursionar ou atravessar regatos de montanha porque aprendemos, ao longo das gerações, que isso nos faz bem. Cruzar regatos de montanha nos torna mais saudáveis, mais fortes, mais resistentes — enfim, mais "protegidos".

Os Dois Sexos e a Pesca

Muitas pessoas consideram Izaak Walton o pai da pescaria por causa de seu livro *The Compleat Angler* [O Pescador Completo], publicado na Inglaterra em 1653. No entanto, o primeiro tratado conhecido sobre o assunto, em inglês, foi escrito por volta de 1496 por uma freira católica, irmã Juliana Berners, em quem Walton se inspirou (e de quem, segundo alguns, surrupiou) bastante. A irmã Juliana escreveu o *Treatyse of Fysshinge wyth an Angle* [Tratado de Pesca com Anzol], que constitui um dos capítulos do *Livro de Santo Albano*. Portanto, a pesca tem mãe e não pai — e mãe espiritual, ainda por cima. "Tudo o que se escreveu sobre pesca provém da irmã Juliana", declarou Howell Raines em *A Pesca de Vara na Crise da Meia-idade*. "Os estudiosos, na maioria homens, há pouco puseram em dúvida sua autoridade. Talvez isso se deva à inveja, pois raros autores conseguiram exprimir melhor a alegria primitiva do esporte." A irmã Juliana também é responsável pelas primeiras instruções escritas, na Inglaterra, sobre o preparo de iscas artificiais.

Raines prossegue citando outras mulheres importantes na história da pesca. A primeira americana a estudar o modo de imitar insetos aquáticos com iscas artificiais foi Sara J. McBride, de Rochester, Nova York. Ela escreveu sobre seus experimentos com ninfas num aquário doméstico em 1876, treze anos antes de Theodore Gordon, o "pai" da pesca americana com vara, fisgar sua primeira truta marrom. Mary Orvis Marbury, filha de C. F. Orvis, inventora do moderno molinete e cuja firma ainda é justamente famosa, ocupou-se do negócio de iscas artificiais e publicou um livro marcante, *Favorite Flies and Their Histories* [Iscas Favoritas e Suas Histórias], em 1892. Carrie Stevens, americana, inventou os *streamers* na década de 1920 (*streamers* são iscas artificiais que imitam peixes e não insetos) e os padrões que criou ainda são muito apreciados. Joan Wulff, que dá aulas para mulheres em sua escola perto do rio Beaverkill, em Lew Beach, Nova York, é a atual grande dama da pesca de vara. Foi a única mulher a vencer um campeonato nacional de arremesso de linha, competindo apenas com homens.

Muita gente tem a idéia estereotipada de que pescarias são "coisa de macho". Entretanto, dos cinqüenta milhões de pescadores dos Estados Unidos, dezoito milhões são mulheres, duzentas mil das quais pescam regularmente.

Pescaria e Romance

John Donne (1572-1631), poeta inglês, fala de pesca e romance no mesmo tom em seu exaltado poema "A Isca":

> Vem viver comigo, sê meu amor.
> Provaremos prazeres novos:
> Areias douradas, arroios cristalinos,
> Linhas de seda, anzóis de prata.

O mesmo sentimento é evocado pelo quadro de Renoir *Pescador com Vara e Linha*, no qual um homem em trajes formais — paletó, gravata e chapéu — pesca à margem de um ribeiro enquanto uma mulher magnificamente vestida (amiga? esposa? amante?) está sentada a pouca distância, costurando ou talvez lendo. O quadro transpira a característica ternura de Renoir e insinua que a pesca pode ser um veículo de harmonia e amor.

Por experiência própria, atesto que Renoir está certo. Embora minha esposa Barbara jamais tenha colocado uma isca num anzol nem queira aprender a fazê-lo, pescamos juntos há já três décadas, em rios e lagos de todo o continente. Ela é uma autora prolífica e muitas vezes leva consigo uma pequena biblioteca e material de escrita em nossas viagens. Teve inúmeras idéias brilhantes naqueles sítios. É também exímia no tricô e teceu belíssimas peças em cenários espetaculares à margem de lagos alpinos e rios. A pesca sempre nos aproximou. Por isso sei que Donne não exagerava e que Renoir acertou bem no alvo.

"Agora Ele Pode me Possuir"

Conheço um distante lago glacial numa zona primitiva das montanhas do centro de Idaho, que para mim tem todos os atributos do paraíso. As margens são eriçadas de penedos grandes como casas e fechadas por paredões graníticos de três lados, nos quais se abrigam as águias. Suas águas transparentes fervilham de trutas assassinas que, no curso dos anos, têm me atraído mais que eu a elas. Algumas vezes, sua carne me alimentou junto à fogueira. Quando morrer, quero retribuir o gesto determinando que minhas cinzas sejam atiradas àquelas águas, para inserir-se na cadeia alimentar das abençoadas criaturas e, literalmente, transformar-se em *trutas*.

Durante anos supus que esse desejo era mera idiossincrasia, mas talvez seja mais comum do que pensei. Escrevendo para a revista *Fly Fisherman*, Nick Lyons menciona um amigo que sempre parava numa ponte quando ia pescar num rio distante da Nova Inglaterra. O homem, já cinqüentão, avistara o que lhe pareceu a cauda ondulante de uma gigantesca truta marrom, a projetar-se uns sete metros para fora da água, perto do primeiro pilar. Talvez fosse apenas uma alga ou uma sombra; mas, no ano seguinte, viu-a nitidamente: um peixe de cerca de quatro quilos, com quase meio metro de comprimento, a maior truta em que pusera os olhos num rio do Leste. Caminhou para a água e tentou lançar a linha, mas as correntes o impediram. Podia subir à ponte e tentar capturar o grande peixe valendo-se de outros recursos, mas isso não o interessava.

Toda vez que ia pescar no rio, três ou quatro vezes por estação, o homem se detinha na ponte e observava demoradamente aquele trecho de águas tranqüilas, como se praticasse um ritual. Fora da estação de pesca, sonhava com o peixe e calculava novas estratégias, mas nenhuma jamais funcionou. Em dois anos, o peixe desapareceu e reapareceu. Isso continuou durante dez anos e o pescador começou a desconfiar de que o peixe não era o mesmo. A truta marrom original, já velha quando a avistara pela primeira vez, sem dúvida morrera e fora substituída por outra igualmente grande.

O homem nunca se cansou de pensar nela, nem de persegui-la sem êxito. Ficou velho e não pescava tanto quanto antes, por causa de uma artrite. Isso só fez com que a tivesse ainda mais presente em seus pensamentos, "o primeiro peixe e seus sucessores mesclados num só, transcendendo-se a si mesmos e tornando-se uma espécie de emblema". Em julho de 1997, avistou-a pela última vez.

O velho declarou que jamais voltaria a pescar; contraíra um câncer, que progredia rapidamente. Disse à esposa que queria ser cremado e que um amigo espalhasse suas cinzas a montante do rio, para que a corrente as levasse até a grande truta:

"Aquele peixe deu-me muita satisfação anos a fio, quando eu pensava nele, observava-o, postava-me com a vara junto ao pilar. Todas as vezes sentia-me invadido pela esperança; e, quando o avistava, voltava radiante..." Deteve-se por um momento: "Éramos muito ligados, como você sabe".

O amigo respondeu que sabia.

"E agora, como não pude possuí-lo, ele pode possuir-me."

Terceira Parte

NÃO-LOCALIDADE

Introdução

CERTAS COISAS EXIGEM TEMPO para que nos acostumemos a elas. A Internet e o *e-mail*, por exemplo. Embora hoje eu nem sequer possa me imaginar privado desses recursos, resisti-lhes durante anos, racionalizando minhas objeções de todas as formas possíveis. Se mal conseguia pôr em dia minha correspondência, por que complicá-la ainda mais acrescentando-lhe outro veículo? Além disso, a idéia de mensagens eletrônicas parecia impessoal e desumana: iria eu, então, degradar a qualidade de meu relacionamento com os amigos? Muitos dos colegas que já se tinham familiarizado com o correio eletrônico riam de minhas reservas, acusando-me de antiquado e insistindo em que eu precisava modernizar-me. Finalmente, cedi. Em uma semana notei que todos os meus preconceitos eram infundados. O *e-mail*, na verdade, aproximou-me ainda mais dos amigos e deu mais eficiência ao meu trabalho, enquanto a Internet abria fontes de informação que eu nunca pensara existir. Entretanto, nenhuma das antigas alegações de meus amigos em defesa da comunicação eletrônica havia sido convincente: tive, eu próprio, de fazer a experiência do *e-mail* e da Internet para que ela ganhasse substância.

A mente não-local ou infinita, que passaremos a examinar, é parecida. A idéia de que ela possa ser mesmo infinita é tão absurda, tão irracional, que exige a experiência pessoal para fazer sentido.

Não-local significa "não aqui, não agora". O termo *não-localidade* tem sentido específico em física, onde é empregado para descrever subpartículas como os elétrons e os fótons quando agem como se não estivessem confinados a determinados pontos do espaço e do tempo — quando, em suma, aparecem concomitantemente em todos os lugares, como se não viajassem no tempo.

Por milênios as pessoas observaram que a consciência parece muitas vezes comportar-se da mesma maneira, qual se, também ela, escapasse aos limites espaciais e temporais. Por exemplo, há quem narre episódios antes que aconteçam ou perceba coisas distantes, fora do alcance de seus sentidos. Esses fenômenos são conhecidos como clarividência, telepatia e precognição — percepção extra-sensorial, ou PES. Esses acontecimentos foram peremptoriamente negados nos tempos modernos porque os cientistas se aferram a um conceito local da mente: ela só atuaria nos limites do corpo e no momento presente, o que em princípio repele a possibilidade de eventos mentais não-locais.

Contudo, em vista de nossa lamentável ignorância da natureza da mente, precisamos ser cautelosos ao dizer o que ela pode ou não pode realizar. Ninguém na verdade conhece a origem da consciência, seu destino após a morte ou o modo como interage com o cérebro. O fato nu e cru é que a visão local da mente não passa de uma hipótese, de uma crença arraigada que, em face das evidências de que dispomos, dá-nos uma falsa idéia do que somos.

Quando comecei a explorar a natureza não-local da consciência, pouco antes de formar-me em medicina, pensava estar envolvido apenas num exercício intelectual e filosófico. Mas, à medida que ia acatando as evidências científicas em favor da idéia de que a mente pode atuar para além do corpo, entrei a ter experiências pessoais que confirmavam essa tese. Por três vezes ocorreram-me sonhos precognitivos reveladores de detalhes que só mais tarde se materializariam. No exemplo mais completo, sonhei com episódios relativos a um paciente que vim a conhecer no dia seguinte. O sonho foi muito específico e minucioso, e dificilmente teria ocorrido por acaso. Logo concluí que minhas perguntas sobre a natureza da consciência não eram meras especulações intelectuais: influenciavam concretamente a saúde e a cura.

Como o confronto com a Internet e o *e-mail* me havia mostrado, a experiência pessoal da mente não-local e infinita é necessária para que se torne real a nossos olhos. Mas como? No fim das contas, não é coisa por demais difícil. Esses eventos, de fato, já fazem parte da vida de bilhões de pessoas no mundo inteiro. Freqüentemente ocorrem em conseqüência de uma disciplina espiritual como a meditação ou a prece. Outras vezes, irrompem quer estejamos prontos, quer não. Eis uma prova: em 1987, um estudo do Centro Nacional de Pesquisas de Opinião, da Universidade de Chicago, revelou que 67% dos americanos já tinham tido experiências mentais não-locais como clarividência, telepatia e precognição. Pesquisas similares em toda a América do Norte, Grã-Bretanha, Oriente Médio, Brasil e Austrália deram resultados parecidos: mais de metade da população relatou tais eventos em suas vidas.

Assim como os cegos que tateiam as diversas partes de um elefante e apresentam diferentes definições do animal, abordagens variadas da mente proporcionam visões conflitantes do que ela é. Eis por que filósofos, neurocientistas, físicos, xamãs, espiritualistas e teólogos quase nunca estão de acordo quanto à natureza da consciência: eles observam, em separado, suas diversas expressões. Sem dúvida, cada abordagem pode acrescentar algo de valioso à nossa compreensão da mente, mas erramos ao considerar qualquer uma delas completa. Em virtude disso é que enveredamos por um caminho errado em medicina, no século XX: achamos que identificar a mente com o cérebro explicava tudo. Essa perspectiva forçou-nos a negar a possibilidade de atuação da mente para além do cérebro e de essa atuação não-local poder afetar a saúde humana.

Antes, porém, de examinarmos o alcance infinito da mente, vale reconhecer que essa visão não é nova: transpira de todas as grandes tradições espirituais desde o começo da história. Nova, como veremos, é a ciência que ampara a tese segundo a qual a mente não-local afeta a saúde e a cura.

A idéia de uma consciência não-local é uma das mais majestosas e gloriosas que podemos conceber: mente infinita, mente imortal. Examinemo-la de perto.

10

Um Tipo Diferente de DNA

Vejo aí o símbolo de uma mente
Que se alimenta do infinito.

WORDSWORTH,
O Prelúdio

CERTA MANHÃ, ENCONTRAVA-ME no meu consultório do Centro de Diagnóstico de Dallas quando uma paciente bateu à porta e, sem esperar resposta, ignorou a enfermeira e foi entrando. Era uma mulher de meia-idade, inteligente e muito bem-sucedida na sua profissão. Eu cuidava dela há anos e considerava-a minha amiga. Parecia preocupada, à beira das lágrimas. Sem perder tempo com formalidades, foi diretamente ao ponto:

"Preciso de sua ajuda", disse. "Esta noite, em sonho, vi três manchinhas brancas no meu ovário esquerdo. Receio que sejam câncer."

Aquilo era tudo — nenhum sintoma, apenas um sonho inquietante. Por causa de minhas próprias experiências oníricas, a que aludi na introdução à Terceira Parte, também relacionadas à saúde e que se revelaram espantosamente proféticas, o relato da mulher me intrigou. Fomos para a sala de exames. Mas, embora os resultados fossem negativos, ela não se acalmou.

"O sonho foi um dos mais vívidos que já tive", insistiu ela. "Não consigo tirá-lo da cabeça. Sei que algo está errado."

"Vamos fazer então um ultra-som para ter uma imagem de seus ovários", sugeri.

Ela aceitou imediatamente. Escoltei-a pelo corredor até o departamento de radiologia e apresentei-a ao radiologista, um colega realista de soberba habilidade técnica. Quando ele lhe perguntou qual era o problema, a mulher relatou o sonho sem hesitação: três manchinhas brancas no seu ovário esquerdo. O radiologista não ficou lá muito entusiasmado e lançou-me um olhar do tipo "você-deve-estar-brincando". Era aquela, evidentemente, a primeira vez que trabalhava com base num sonho. Deixei-os a sós e voltei para o consultório, a fim de ver outros pacientes.

Uma hora depois o radiologista me procurou. O fato de ter decidido entregar-me o resultado pessoalmente sugeria ter descoberto alguma coisa interessante, o que era um mau sinal. Além disso, estava nervoso e pálido, como se houvesse visto um fantasma.

"Algo errado?", perguntei. "O que achou?"

"Três manchinhas brancas", respondeu ele, hesitante. "No ovário esquerdo."

"Câncer?"

"Não. Cistos ovarianos, completamente benignos."

"Como os que ela viu em sonho?", tripudiei.

"Sim", murmurou ele. "Como no sonho."

Coincidência?

Os céticos em tais assuntos afirmam que o fato de minha paciente ter visto três manchas brancas no seu ovário esquerdo, em sonho (o que se revelou verdadeiro), não passou de um acaso, "desses que acontecem". Pura coincidência, um vínculo casual sem significação entre eventos isolados. Casos desses *têm* de ser fortuitos, insistem os céticos, pois os humanos não podem ver dentro do próprio corpo nem no futuro.

Além disso, sustentam, nós só recordamos os sonhos que dão certo, nunca os que falham, e isso cria a ilusão de que é possível adquirir conhecimento por intermédio deles. Se, estatisticamente, compararmos os acertos lembrados com os erros esquecidos, veremos que nada de extraordinário se passa e que os sonhos "válidos" são incidentes puramente casuais.

Esse raciocínio, porém, é fácil demais. Não é absolutamente correto que as pessoas só se lembram de sonhos que se revelaram verdadeiros. Além do mais, constitui presunção e arrogância declarar que eventos da vida de outra pessoa carecem de estrutura ou significado. "Medidas de significado" não existem, de modo que a percepção de padrões e conexões, inclusive em sonhos, é bastante subjetiva. O que não significa nada para uma pessoa pode significar muito para outra. Não bastasse isso, algumas pessoas são hábeis em perceber significações, enquanto outras se mostram incapazes de detectar conexões e padrões, mesmo tendo-os diante dos olhos.

Como se costuma dizer, "Tudo o que conta não pode ser contado". E mesmo quando as coisas *podem* ser contadas e analisadas estatisticamente, obtém-se às vezes um quadro falso. Em parte alguma isso é mais verdadeiro que na percepção não-local a distância, particularmente nos sonhos. Segundo as estatísticas, por exemplo, se o sonho de minha paciente com seu ovário esquerdo fosse seguido de vários outros sem fundamento, ele seria tecnicamente insignificante, imputável ao acaso. Mas a mulher jamais aceitaria que fosse mesmo sem significado, mero fruto do acaso, e não há especialista vivo em estatística que provaria estar ela errada. A razão é que as experiências humanas são muitas vezes singulares, tão raras e idiossincráticas que tornam insignificante a idéia de uma significação estatística. Por exemplo, um grande atleta pode correr um quilômetro em quatro minutos só uma vez em sua vida, entre as centenas de corridas de que participa. A análise matemática declararia estatisticamente insignificante esse feito único, atribuindo-o ao acaso. O atleta, porém, sabe que seu desempenho não foi casual, mas fruto de anos de treinamento e dedicação. Quando cruzou a linha de chegada, o acaso não estava à vista. Ficaria furioso se um estatístico fosse até ele e declarasse que seu feito era apenas "uma dessas coisas que acontecem". Assim também, na análise do significado dos sonhos, a abordagem estatística é limitada. Mas a despeito disso a estatística continua sendo uma das armas favoritas dos refutadores de sonhos.

Muitos profissionais da saúde repelem a significação dos sonhos como se de fato os compreendessem, o que é pura fanfarronice. A compreensão científica dos sonhos é bastante precária. Como afirma o Dr. James Pagel, chefe da seção de estudos do sonho da Associação Americana de Distúrbios do Sono, "[O sonho] é ainda uma ciência modestíssima. Não sabemos sequer por que dormimos, muito menos por que sonhamos".

Dada a nossa extrema ignorância do assunto, a principal causa da rejeição da significação dos sonhos parece ser o preconceito. A maioria dos profissionais de saúde aferra-se a uma visão de mundo que não permite aos sonhos revelarem fatos reais. Temem eles que, se os sonhos desnudarem patologias no nosso corpo e anteciparem doenças, a medicina ficará reduzida a uma prática divinatória e profética, como sucedeu ao radiologista que considerou tolo o sonho de minha paciente. Isso reflete a situação descrita pelo eminente biólogo Theodosius Dobzhansky: "Nenhuma prova é suficientemente forte para fazer aceitar uma conclusão emocionalmente desagradável".

Rejeitar os sonhos é negar nossa própria história. Os médicos gregos, que lançaram as bases da medicina atual, confiavam normalmente nos sonhos dos pacientes em seus *asklepiones*, templos de cura, para captar a natureza das doenças. Muitos médicos de hoje acham isso uma falha da medicina grega e não um elemento a ser levado a sério.

Os pontos cruciais para nós, modernos, são as idéias sobre a natureza da mente e o modo como adquirimos informação no mundo. Atribuir significação aos sonhos implica renunciar ao postulado segundo o qual conhecemos as coisas apenas através dos sentidos físicos. Para obter informação não-localmente e ultrapassar os sentidos, teríamos de reescrever nossos manuais e modificar nossa mundivisão. É bem mais fácil e menos perigoso continuar relegando os sonhos válidos aos arrimos surrados da ilusão, coincidência e acaso.

Não digo que não haja coincidência e ilusão na esfera dos sonhos, premonições, pressentimentos e intuições. As pessoas notoriamente vêem padrões e conexões irreais, sobretudo em matéria de saúde. Santo Agostinho, por exemplo, achava que todas as doenças dos cristãos eram provocadas por demônios e descobria provas disso em toda parte. Mais tarde, os médicos abandonaram a teoria de Agostinho em favor da noção de que a doença se deve ao desequilíbrio dos quatro humores — e também encontravam provas em apoio dessa tese. Hoje, o pêndulo da ciência deslocou-se para o outro extremo, no qual a credulidade e as provas insuficientes foram substituídas pela covardia intelectual frente a certos tipos de fatos, em especial a natureza da consciência. Como observou David Bohm, um dos próceres da teoria quântica no século XX, a grande realização da ciência moderna é a confiança no fato — e sua falha se deve a que só algumas espécies de fatos são permitidas.

O Radar da Saúde

Ouvi, de centenas de pessoas, experiências a atestar que elas são capazes de saber coisas de um modo inexplicável convencionalmente. Essas mensagens ocorrem não apenas em sonhos, mas também sob a forma de premonições, intuições e pressentimentos vagos. Impressiona-me o fato de muitos desses casos relacionarem-se com a saúde, dos quais o sonho descrito acima é exemplo típico.

Por que a ênfase na saúde? O motivo, creio eu, é que dispomos de um aspecto de consciência orientado para a sobrevivência, apto a ultrapassar os sentidos normais e a operar a distância — não-localmente, infinitamente — no espaço e no tempo. É como se tivéssemos uma espécie de radar da saúde sempre a varrer o mundo à cata de ameaças à nossa integridade. Podemos chamá-lo de DNA (*Distant Nonlocal Awareness*, Percepção Não-local a Distância), uma forma diferente do ácido desoxirribonucléico que forma nossos genes.

Penso que minha paciente apelou para essa capacidade em seu sonho. Percebeu uma ameaça à sua sobrevivência, um desarranjo em seus ovários. A informação não era totalmente exata; ela suspeitava que as três manchas significavam câncer, quando não passavam de cistos benignos. Isso indica que a capacidade de conhecimento não-local funciona de modo imperfeito. Exagera os perigos e mostra-se sensível demais — o que, da perspectiva da sobrevivência, é melhor do que não ser sensível absolutamente. Talvez isso explique por que nem sempre os sonhos são válidos. O patamar do sistema de alarma é baixo; tem um gatilho delicadíssimo, o que resulta às vezes em vários alarmas falsos para um verdadeiro. Para cada advertência real sobre nossa saúde, temos de suportar inúmeras que não o são. Também aqui isso é bom: o leão escondido na moita, que *não* vemos, é o que nos devora.

O desafio para as pessoas dotadas desse sistema de alarma consiste em distinguir os rebates falsos dos verdadeiros. As que, segundo meu conhecimento, são hábeis em decifrar seus próprios sonhos afirmam que os válidos têm certas qualidades que os diferenciam dos demais. Os sonhos que se revelam verdadeiros possuem uma qualidade noética ou numênica, como se fossem "mais reais que o real". Em contraste, durante um sonho falso, a pessoa sabe muito bem que tudo não passa de "um sonho". Além disso, os sonhos válidos costumam repetir-se, qual se clamassem por atenção. Minha paciente parecia capaz de explicar a diferença entre sonhos comuns e incomuns. Nunca antes fizera estardalhaço depois de um sonho relacionado à sua saúde e desde então não mais o fez. A vida onírica daquela mulher parecia bem-equilibrada, ensinando-lhe quando levar a sério um sonho e quando descartá-lo.

A Ciência do DNA

Do ponto de vista *biológico*, a existência de uma percepção não-local a distância faz muito sentido, pois é justamente o tipo de habilidade que, cedo ou tarde, um organismo inteligente e voltado para a sobrevivência deve desenvolver — um processo de detecção capaz de nos inteirar de ameaças fora do alcance de nossos sentidos físicos. Todo organismo dotado dessa habilidade pode patrulhar os horizontes espaciais e espirituais remotos, surpreender perigos iminentes e tomar as medidas de defesa necessárias. Na linguagem da biologia evolucionista, semelhante organismo assegurar-se-ia a vantagem na parada alta da sobrevivência do mais apto.

Já, do ponto de vista *físico*, a pergunta é: Qual seria o mecanismo dessa operação? Em anos recentes, destacados cientistas propuseram vários modelos de consciência que encarnam essa qualidade da mente. Vamos retomá-los por alto:

- David J. Chalmers, matemático e cientista da cognição da Universidade do Arizona, aventou que a consciência é fundamental no universo, talvez no mesmo nível que a matéria e a energia. Não deriva de coisa alguma e não pode ser reduzida a nenhum outro elemento básico. Sua tese liberta a consciência do confinamento local ao cérebro e abre a porta aos eventos não-locais, mediados por ela, como os que vimos discutindo.

• O físico Amit Goswami, do Instituto de Ciência Teórica da Universidade do Oregon, propôs a teoria da Ciência na Consciência (*Science Within Consciousness*, SWC), em que a consciência é reconhecida como um fator fundamental e causal no universo, independente do cérebro, corpo ou momento atual.

• O físico Nick Herbert propôs há muito tempo uma tese parecida. Sustenta que a consciência povoa o universo e que nós subestimamos demais sua "quantidade", assim como os físicos antigos subestimavam exageradamente o tamanho do universo.

• O físico ganhador do prêmio Nobel, Brian D. Josephson, do Laboratório Cavendish da Universidade de Cambridge, insinua que a consciência possibilita "a utilização biológica da não-localidade quântica". Acredita que os eventos não-locais não só ocorrem no nível subatômico como, graças à atuação da mente, podem ser ampliados e manifestar-se na nossa experiência cotidiana sob a forma de fatos mentais distantes, de grande variedade.

• Rupert Sheldrake, botânico inglês, sugeriu um quadro não-local da consciência em sua conhecidíssima "hipótese da causação formativa". Sheldrake acha seu modelo bastante promissor no que toca aos eventos mentais distantes.

• O teórico de sistemas Ervin Laszlo supõe que eventos não-locais, mediados pela consciência (como prece intercessória, telepatia, precognição e clarividência) possam ser explicados por desenvolvimentos, em física, concernentes ao vácuo quântico e ao campo zero.

• O falecido físico David Bohm acreditava que a consciência está presente em tudo, em maior ou menor grau. "O material é também mental e o mental é também material", asseverava. "A separação de ambos, matéria e espírito, é mera abstração. Tudo é um." A visão de Bohm, como as hipóteses acima, liberta a consciência de seu confinamento ao corpo e torna possíveis, em princípio, os fenômenos distantes e não-locais que examinamos.

• Robert G. Jahn e seus colegas do Laboratório de Pesquisas de Anomalias de Engenharia, de Princeton, elaboraram um modelo da mente no qual a consciência opera livremente no espaço e no tempo para provocar mudanças concretas no mundo físico. Essa hipótese baseia-se em provas experimentais que constituem o maior banco de dados já reunido sobre os efeitos da intencionalidade a distância.

• O matemático C. J. S. Clarke, da Faculdade de Estudos Matemáticos da Universidade de Southampton, pensa que "é necessário considerar a mente o aspecto-chave do universo". Sua hipótese assenta numa abordagem quântica lógica da física e toma a não-localidade como ponto de partida.

- Erwin Schrödinger, o físico ganhador do prêmio Nobel cujas equações estão no centro da moderna física quântica, afirma em seu livro *Que É a Vida?*: "A mente, por sua própria natureza, é um *singulare tantum* — isto é, a soma total das mentes é um".
- Sir Arthur Eddington, eminente astrônomo-físico, é citado em *Quantum Questions* [Questões Quânticas], de Ken Wilber: "A idéia da Mente universal ou *Logos* talvez seja, penso eu, uma inferência bastante plausível considerando-se o presente estado da ciência; pelo menos, harmoniza-se com ele".
- Sir James Jeans, matemático, astrônomo e físico britânico, afirma em sua obra *Physics and Philosophy* [Física e Filosofia]: "Quando nos vemos no tempo e no espaço, nossas consciências são obviamente os elementos separados de um conjunto de partículas; mas quando vamos além do tempo e do espaço, talvez sejam ingredientes de um único fluxo contínuo de vida. O que ocorre com a luz e a eletricidade sem dúvida ocorre também com a vida. Na esfera dos fenômenos, os indivíduos levam existências separadas no espaço e no tempo, ao passo que na realidade mais profunda, além do tempo e do espaço, talvez sejamos membros de um corpo único".

Embora essas hipóteses sejam recentes, integram uma antiga tradição científica. Mostram que a visão não-local da consciência não é uma radicalização, como os críticos muitas vezes alegam. Ao contrário: alguns dos maiores cientistas do século XX apoiaram um modelo ampliado e unitário da mente, apto a explicar as intenções mentais a distância que temos estudado.

Empatia

A percepção não-local a distância envolve outras pessoas, principalmente aquelas com as quais desenvolvemos laços de empatia e afeto. O caso seguinte, relatado por L. A. Dale no *Journal of the American Society for Psychical Research*, constitui exemplo típico:

> Uma mulher, certa tarde, teve forte percepção de que seu filho de 6 anos estava saindo para o mar num pequeno bote. (Tudo o que sabia no momento da experiência era que o menino ficara brincando com as irmãs a cerca de dez quilômetros de casa, numa praia de Long Island Sound.). Ouviu então o filho gritar: "Mamãe, mamãe!" Ficou bastante inquieta, mas, como não tinha carro, não pôde ir até a praia. Ajoelhou-se e rezou fervorosamente para que o menino fosse salvo, ficasse sentado no barco e não se levantasse. "Sabia que, se ele se pusesse de pé, estaria perdido." Antes que a mulher corroborasse a veracidade de sua experiência, contou-a a algumas amigas, uma das quais atestou posteriormente o fato. No fim do dia, soube que por ocasião da experiência a criança estava realmente vogando para o mar num barquinho, mas fora resgatada por pessoas

que a ouviram gritar "Mamãe, mamãe!" Elas declararam que o menino só não se afogou porque permaneceu sentado, sem tentar levantar-se.

Como vimos, muitos especialistas descartam tais fenômenos como simples coincidências. Mas, quando eles envolvem grande número de pessoas ao mesmo tempo, a força explicativa da coincidência se desvanece, como neste exemplo do biólogo Lyall Watson, em *The Dreams of Dragons* [Sonhos de Dragão]:

> O coral da pequena cidade de Beatrice, em Nebraska, geralmente começava a cantar às sete e meia, mas na noite de 1º de março de 1950, todos os quinze membros estavam atrasados. A esposa do ministro, que tocava o órgão, ainda passava as roupas de sua filha. Uma soprano terminava sua tarefa de casa de geometria; outra não conseguia ligar o motor do carro. Dois tenores ouviam, em suas respectivas casas, o fim de uma transmissão esportiva. O baixo resolvera tirar um cochilo e adormecera profundamente. Houve dez motivos separados a explicar o atraso nada usual dos cantores. Às sete e vinte e cinco daquela noite, a igreja foi completamente destruída por uma devastadora explosão.
>
> Se considerarmos que cada cantor se atrasava uma vez em quatro ensaios, então a chance de todos se atrasarem no mesmo dia era de mais ou menos uma em um bilhão. Isso, embora improvável, não é necessariamente espantoso. Pode acontecer. Mas que acontecesse na mesma noite em que a caldeira explodiu é bem mais que espantoso: beira o inimaginável. Coincidências desse tipo exigem explicação.

Mas que tipo de explicação? Prefiro uma que faça sentido em termos biológicos, como o senso de sobrevivência capaz de vislumbrar o futuro, adquirir informações a respeito da saúde, trazê-las para o presente e revelá-las a nós, permitindo-nos responder de modo a garantir a saúde e a vida.

Um Santo na Paróquia: Por que o DNA Opera Inconscientemente?

Nenhum dos cantores de Beatrice tomou consciência de que havia evitado o desastre graças ao atraso e todos apresentaram explicações absolutamente convencionais para não chegar na hora. Isso indica que nossa faculdade de sobrevivência não-local opera no nível do inconsciente.

Por que esse valioso recurso atua fora da percepção? As vantagens são muitas. As funções físicas vitais, como respiração, batimentos cardíacos, pressão sanguínea e atividade imunológica, tendem a automatizar-se, fugindo à interferência do consciente. Embora seja verdade que podemos aprender a exercer controle consciente sobre esses processos, até um grau limitado, por meio da ioga ou de treinamento de *biofeedback*, eles permanecem pela maior parte autônomos, independentes das rédeas do consciente. E é uma bênção que assim seja, pois, quando os encaramos conscientemente, quase sempre confundimos tudo. Se, por exemplo, as pessoas prestam muita atenção ao ato de respirar, correm o risco de sofrer hiperoxigenação e desmaio. De igual modo, se tentarmos conscientemente assumir o controle do sistema de alerta não-local, provavelmente estragá-lo-emos.

Há fortes razões socioculturais que explicam por que a percepção não-local foi repudiada. Recordemos o velho ditado: "Nenhum padre quer um santo em sua paróquia". Os santos fazem o resto das pessoas sentir-se inferiores. Assim também, as que alegam poder intuir o futuro são muitas vezes malvistas pela comunidade, que as considera esquisitas, distantes, mentalmente enfermas ou demoníacas. No Ocidente, tais criaturas foram em geral marginalizadas, degradadas; não raro se viram acusadas de feitiçaria ou heresia, pagando com a própria vida. (A situação é diferente nas culturas nativas, é claro, onde os modos de conhecimento não-locais constituem parte valiosa do repertório de todo xamã.)

Em virtude de as sociedades ocidentais terem muitas vezes agido criminosamente para com essas pessoas, uma variedade disfarçada de conhecimento não-local é mais segura que a óbvia. Um dos modos mais eficazes de ocultar esse aspecto consiste em sepultá-lo no inconsciente, quando se manifesta. Assim, essa faculdade passa despercebida não apenas dos outros, mas até do próprio indivíduo que a possui — a ocultação mais cabal de todas.

Quando a percepção não-local a distância opera no nível inconsciente, seus possuidores não notam se ela está funcionando ou não. Caso adquiram informação desse tipo, atribuí-la-ão a outros fatores, como sucedeu aos quinze membros do coral de Beatrice. Ora, não se podendo invocar nenhuma razão convincente, sempre é possível lançar mão da coincidência. Isso evita a repulsa da comunidade ao conhecedor, que estará tão ignorante do que aconteceu quanto os demais. Então, todos sacodem a cabeça e pasmam para as maravilhas da coincidência, preservando a ficção de que os sentidos físicos são tudo.

Paradoxo: acabamos por desdenhar um aspecto que nos podia ser extremamente útil. É como se negássemos nossos próprios batimentos cardíacos.

O Ego Reage

Se podemos obter informação não-local, então as operações da nossa mente não se confinam, é claro, ao cérebro e ao corpo. Adquiri-la implica que a consciência humana é algo mais que esses elementos físicos e que as barreiras entre nós e os outros não são tão formidáveis quanto supomos. O fato é óbvio para quem quer que já se sentiu a partilhar pensamentos ou emoções com um semelhante a distância — experiência, aliás, das mais corriqueiras. Quando isso acontece, percebemos num átimo que as essas barreiras não passam de ilusão.

É como se estivéssemos separados por uma membrana porosa que permite o trânsito de informação pelo tempo e pelo espaço, e como se fôssemos um organismo ampliado suprido por uma só mente. Essa visão coletiva da consciência sempre repugnou às pessoas que privilegiam a individualidade a expensas da conexão. O ego resiste à idéia de pertencer a um todo maior: teme ser tragado, perder a identidade própria. Assim se explica por que os argumentos assacados contra a natureza não-local e unitária da consciência são tão veementes — e por que os fatos são quase sempre ignorados.

Sem dúvida, um senso saudável de individualidade é imprescindível para uma condição mental normal. Mas surgem problemas quando o *self* ou ego assume o controle e passa a negar os aspectos coletivos e compartilhados daquilo que somos. A fim de explicar convenientemente a experiência humana, precisamos reconhecer o espectro total da consciência, inclusive nosso lado ampliado e não-local.

Isso não é fácil. Nossa cultura quer que sejamos indivíduos, únicos na espécie. Nós, americanos, adoramos a imagem do pioneiro, do inovador solitário que se adianta em todos os campos, cuja mais recente expressão é o garoto ".com", que passa as noites esgazeado diante do computador. Dada a nossa preferência pela individualidade, não admira que tendamos a acreditar que só obtemos informação do mundo como indivíduos, por intermédio dos sentidos, sendo esse o único modo de percepção existente.

A Síndrome da Morte Súbita de Crianças

Vejamos outro exemplo de como a nossa mente consegue ultrapassar os sentidos e recolher informações úteis sobre o futuro. A Síndrome da Morte Súbita de Crianças (*Sudden Infant Death Syndrome*, SIDS) constitui um problema trágico em que a criança morre durante o sono sem causa aparente. Em 1993, pesquisadores do Southwest SIDS Research Institute, de Lake Jackson, Texas, fizeram um estudo com pais que perderam filhos assim. Foi-lhes perguntado se, em algum momento, sentiram que algo iria acontecer à criança. Vinte e um por cento responderam que, de fato, tiveram essa premonição; em contrapartida, apenas 2,1% dos pais de crianças falecidas por outras causas disseram o mesmo. Para garantir que seus achados eram sólidos, os pesquisadores perguntaram a um grupo adicional de controle (uma seqüência de duzentos pacientes de uma clínica pediátrica suburbana) se alguma vez haviam pressentido o falecimento de seus filhos, sem que isso sucedesse: só 3,5% responderam que sim.

Os pais de crianças vitimadas pela morte súbita relataram que, quando comunicaram sua premonição a médicos, cônjuges ou amigos, raramente foram levados a sério. Embora solicitassem do pediatra cuidados e avaliações adicionais para a criança, nada além das medidas de rotina foi recomendado para *nenhuma* das vítimas da SIDS. Quando instados a tomar precauções especiais com a criança aparentemente saudável, os médicos reagiram tranqüilizando os pais ou mostrando-se ofendidos.

A explicação convencional é que os pais notaram alguns indícios sutis de que algo estava errado com os filhos; eles não conseguiriam, nem isso é possível, ler o futuro e descobrir ameaças iminentes à saúde das crianças.

Os céticos, de há muito, favorecem a explicação dos "indícios sutis" para tais acontecimentos. No auge da "pesquisa psíquica", que conquistou a Inglaterra e a Europa a partir de meados até fins do século XIX, a "hiperacuidade dos sentidos" era a maneira popular de descartar os casos de telepatia e clarividência. Os céticos alegavam que, assim como os cegos aprimoram o tato, algumas pessoas possuem sentidos físicos muito aguçados, que lhes facultam percepções a distância. Aferravam-se a essa hipótese mesmo quando os sujeitos estavam separados por quilômetros de distância ou ficavam inteirados de episódios antes que acontecessem. Os céticos não percebiam que, assim fazendo, atribuíam aos sentidos físicos poderes tão ultrajantes quanto a magia que teimavam em negar. Bem mais simples seria admitir que lidavam com a capacidade de percepção não-local a distância.

A Mente Não-local na História

O conceito de percepção não-local a distância é antigo. Inúmeros termos foram propostos, no passado, para essa idéia: Mente Universal, Consciência Cósmica, Mente Una, Consciência Divina ou Crística, Mente Búdica e por aí além. O cerne dessas perspectivas é uma inteligência infinitamente extensa que agrega todas as pessoas numa existência partilhada. Como disse Hipócrates, "Há um fluxo comum, uma respiração comum, todas as coisas se juntam por laços de simpatia". Pico della Mirandola, o filósofo renascentista, achava que o universo é governado por um princípio similar de totalidade — "uma unidade graças à qual uma criatura se liga às outras e as partes do mundo constituem um mundo". Mais recentemente, o filósofo Hegel (1770-1831) chamava as trocas mentais a distância de "vínculo mágico". Julgava que "o espírito intuitivo vence as fronteiras do tempo e do espaço; apreende coisas distantes, coisas do passado e coisas do futuro". Arthur Schopenhauer (1788-1860), filósofo do século XIX, aventou que um acontecimento poderia figurar em duas ou mais cadeias diferentes de circunstâncias, ligando profundamente os destinos de várias criaturas. Acreditava numa forma de comunicação entre as pessoas, em sonhos. De igual modo, o psicólogo suíço C. G. Jung (1875-1961) cunhou o termo *sincronia* em seu livro *Estrutura e Dinâmica da Psique* a fim de descrever experiências aparentemente coincidentes, mas muito significativas para a pessoa envolvida. Os eventos sincrônicos, afirmava Jung, atestam um "princípio conetivo não-causal" que escapa às leis da física clássica.

Essa linhagem de filósofos postula uma unidade oculta que subjaz à aparente divisão. Assim, nossos predecessores de modo algum se surpreenderiam com a possibilidade de os destinos de quinze membros do coral de Beatrice, Nebraska, se interpenetrarem ou de os pais das crianças vitimadas pela morte súbita terem pressentido o que iria acontecer.

A História Teria Sido Diferente?

Vários exemplos perturbadores indicam que a história poderia ter sido outra caso as pessoas atentassem para o radar do seu coração quando este as advertia de perigos iminentes. Em seu livro fundamental *Our Dreaming Mind* [Nossa Mente Onírica], Robert L. Van de Castle, ex-diretor do Laboratório do Sono e dos Sonhos da Faculdade de Medicina da Universidade da Virgínia, dá inúmeros exemplos de "sonhos que mudaram o mundo", na antigüidade, e de outros que *poderiam* tê-lo mudado se houvessem sido levados a sério. Uma das variedades é a dos sonhos proféticos que envolvem crimes. Van de Castle alude ao sonho em que o presidente Lincoln se viu assassinado, duas semanas antes do acontecimento; ao sonho do bispo Joseph Lanyl, da Hungria, que "assistiu" aos disparos contra o arquiduque Francisco Ferdinando da Áustria, episódio causador da Primeira Guerra Mundial; o bem-documentado sonho em que George Wallace Jr. previu a tentativa de assassinato contra seu pai em 1972, e muitos outros.

Outro sonho fatídico é relatado por Dean Radin em *The Conscious Universe* [O Universo Consciente]. O sonho de Lincoln com sua própria morte chamou muito a atenção, mas pouca gente sabe que na noite do crime o general Ulysses S. Grant e sua esposa Julia iriam acompanhar o casal Lincoln ao teatro Ford, em Washington. Grant era então a vedete da cidade; poucos dias antes, recebera a rendição do general confederado Robert E. Lee, pondo fim à Guerra Civil. Acompanhar o presidente Lincoln era uma grande honra, que Grant dificilmente teria recusado. Todavia, naquela manhã, a Sra. Grant teve um forte pressentimento de que ela, o general e o filho não deveriam comparecer ao teatro à noite, devendo antes deixar Washington imediatamente e ir para sua casa em New Jersey. Por razões óbvias, o general Grant protestou; mas a inquietação da esposa foi crescendo ao longo do dia e por diversas vezes insistiu com o marido para partirem. Grant enfim cedeu. Chegaram a Filadélfia ao mesmo tempo que a notícia da morte do presidente. Mais tarde, souberam que ficariam no camarote de Lincoln e que o general também estava na lista das vítimas do ator John Wilkes Booth.

Van de Castle cita ainda outro sonho envolvendo assassinato, pouco conhecido mas vividamente pormenorizado. Quem o relatou foi John Williams, da Cornualha, a 3 de maio de 1812. Sonhou que estava no saguão da Câmara dos Comuns quando viu entrar um homenzinho de casaca azul e colete branco. Percebeu também um sujeito de jaqueta marrom com esquisitos botões metálicos, o qual imediatamente disparou uma pistola — um jato de sangue espirrou do lado esquerdo do colete do homenzinho, que desabou no chão. O assassino foi imobilizado por várias pessoas que se achavam no local. Williams perguntou então a identidade da vítima: ninguém menos que Spencer Perceval, secretário do Tesouro.

Williams despertou e contou o sonho à esposa, que o aconselhou a não fazer caso daquilo. Voltou a dormir e teve a mesma visão pela segunda vez. De novo a esposa resmungou que era apenas um sonho. Mas, quando este se manifestou pela terceira vez naquela noite, Williams perturbou-se. Consultou diversos amigos sobre se seria conveniente alertar alguma autoridade. Eles o aconselharam a não dizer nada, para não ser ridicularizado ou considerado fanático. Cerca de uma semana depois, a 11 de maio, Perceval foi assassinado no saguão da Câmara dos Comuns. "Os pormenores do assassinato", diz Van de Castle, "inclusive as cores das roupas e os botões da jaqueta do assassino, além da localização do fluxo de sangue no colete de Perceval, foram idênticos aos que Williams viu em seu sonho."

Além do Anedotário: O que os Experimentos Revelam

A ciência já começa a ir além do anedotário e a documentar a percepção não-local a distância. Nos últimos trinta anos, mais ou menos, fizeram-se diversos estudos para determinar se as pessoas são capazes de intercambiar informações a distância, durante o sono ou o sonho — a chamada telepatia onírica. Em *O Universo Consciente*, Dean Radin alude a uma meta-análise de 450 sessões de telepatia onírica publicadas em jornais de 1966 a 1973. Quando os experimentos individuais foram combinados e se tomou a evidência como um todo, a taxa de sucesso para as 450 sessões foi de 63%. Nesse resultado, as possibilidades de acaso são de 1 para 75 milhões.

A reprodução é vital em qualquer área controvertida da ciência, principalmente em se tratando de manifestações não-locais da consciência. Aqui, ela é uma força e não uma fraqueza. Em "Meta-análise de PES em Estado Normal", trabalho apresentado durante a trigésima sexta convenção anual da Associação de Parapsicologia, a psicóloga britânica Julie Milton, da Universidade de Edimburgo, Escócia, relatou sua análise de 78 estudos, publicados de 1964 a 1993, em que os sujeitos tentaram obter informação por percepção extra-sensorial (PES) independentemente dos sentidos físicos. Os experimentos foram relatados em 55 publicações por 35 pesquisadores, envolvendo 1.158 sujeitos, a maioria voluntários que, segundo se sabia, não eram especialmente dotados. Julie Milton achou o desempenho geral altamente positivo, com possibilidades de acaso de 1 para 10 milhões.

Influência Retroativa

A evidência apresentada acima é de que a percepção não-local a distância opera independentemente do espaço. Outros dados sugerem que também funciona fora do tempo, como os colhidos pelos estudos sobre visão remota realizados durante duas décadas no Laboratório de Pesquisas de Anomalias de Engenharia (PEAR) de Princeton. Segundo o protocolo do PEAR, uma pessoa tenta transmitir mentalmente uma mensagem específica a um receptor que pode achar-se até mesmo do outro lado do mundo, enquanto o receptor tenta captar a mensagem enviada. Esta é escolhida aleatoriamente num banco de dados, por computador, e o escore de acertos e erros se faz segundo um método de avaliação computadorizada. Centenas de testes com visão remota foram conduzidos no PEAR com considerável sucesso, revelando possibilidades de acaso de 1 para 100 bilhões. Radin esclarece que, na maioria dos testes, o receptor "capta" a informação do emissor precognitivamente — às vezes vários dias *antes* de ser enviada e mesmo selecionada pelo computador! Esses estudos foram reproduzidos por diferentes pesquisadores em diversas instituições, diz Radin, entre elas o Instituto de Pesquisas de Stanford (possibilidades de acaso, 1 para 1 bilhão) e a Science Applications International Corporation (SAIC). Esses resultados apareceram em prestigiosas publicações científicas como *Nature, Proceedings of the IEEE* e *Journal of Scientific Exploration*. Após avaliar os testes da SAIC, patrocinados pelo governo, Ray Hyman, o psicólogo da Universidade do Oregon que é o mais conhecido crítico dessa matéria, baixou a guarda: "Se há falhas aí, não sei quais são".

Também nosso conceito de tempo foi abalado por estudos sobre influência intencional retroativa. William Braud, professor e diretor de pesquisa do Instituto de Psicologia Transpessoal de Palo Alto, Califórnia, além de co-diretor do Centro William James de Estudos da Consciência, do mesmo instituto, revisou todos os estudos empreendidos nesse campo. Neles, as pessoas tentam "voltar" no tempo a fim de influenciar episódios que presumivelmente já se deram, mas talvez não sejam fixos. Em cinco experimentos com objetos inanimados, como geradores eletrônicos de produção aleatória, as pessoas conseguiram influenciar essa produção *depois* que a máquina começou a funcionar, quando a produção anterior não fora registrada. Havia menos de 1 possibilidade em 10.000 de que os resultados positivos pudessem ser explicados pelo acaso. Braud reviu também os resultados de dezenove experimentos semelhantes, dessa feita com sistemas vivos, humanos e não-humanos. As possibilidades de acaso eram de 32 em 100 milhões.

Holger Klintman, do Departamento de Psicologia da Universidade de Lund, Suécia, iniciou uma série de experimentos no começo da década de 1980 em que se mostrava à pessoa uma mancha colorida — verde, vermelha, azul ou amarela — seguida do nome da cor (isto é, as palavras *verde, vermelho, azul* ou *amarelo*). Klintman pedia aos participantes que dissessem em voz alta o nome da cor logo que a mancha lhes era mostrada, e em seguida pronunciassem também o nome apresentado o mais rapidamente possível. Descobriu que, quando a cor combinava com o nome que se lhe seguia, os participantes pronunciavam este último rápida e corretamente; mas quando a cor destoava do nome subseqüente, a tarefa se tornava muito difícil e frustrante, com os sujeitos pronunciando o nome da cor com extrema lentidão.

Klintman resolveu calcular o tempo gasto na pronúncia do nome da mancha colorida, que era o primeiro estímulo. Para seu espanto, descobriu que a reação inicial era mais rápida quando a mancha combinava com o nome que iria em seguida ser apresentado e mais lenta quando iria haver disparidade. Mas como a pessoa poderia saber que os dois elementos *iriam* combinar-se? Para Klintman, isso representava o que ele chamou de interferência de tempo invertido, na qual de alguma maneira um evento posterior retroage, provocando interferência cognitiva quando o estímulo futuro deixa de combinar com ele e tornando mais lento o primeiro tempo de reação. Elaborou mais tarde um experimento duplamente cego com 28 sujeitos, para testar sua hipótese. As possibilidades de acaso foram de 1 para 67. Realizou um total de cinco experimentos bem-sucedidos, cada um ligeiramente diferente do outro, que resultaram num total de 1 possibilidade de acaso para 500.000.

Resposta ao Futuro

O pesquisador Dean Radin e seus colegas da Universidade de Las Vegas queriam saber se o sistema nervoso central responde a eventos futuros, que ainda não se produziram. Valeram-se da conhecida "resposta orientadora", gerada por um organismo em situação de luta ou fuga. Quando os humanos se defrontam com uma crise ou ameaça desconhecida, ocorre uma resposta característica do sistema nervoso autônomo: as pupilas se dilatam, as ondas cerebrais se alteram, a atividade das glândulas sudoríparas se intensifica, o ritmo cardíaco se descontrola e as extremidades se descolorem, devido à constrição dos vasos sanguíneos. Essas alterações fisiológicas fazem sentido biológico, pois em caso de perigo aguçam nossas percepções, aumentam nossa força muscular, reduzem o risco de hemorragia externa e, de um modo geral, melhoram nossas possibilidades de sobrevivência à ameaça.

Os sujeitos, no estudo de Radin, sentaram-se diante da tela de um computador. Pela mão esquerda dos participantes, Radin e sua equipe mediam três respostas fisiológicas que indicam estímulo fisiológico: ritmo cardíaco, quantidade de sangue nas pontas dos dedos e atividade eletrodérmica ou condutância epidérmica, que é um índice de sudorese. Com a mão direita, os sujeitos operavam um *mouse*. Quando pressionavam o botão, o computador selecionava ao acaso uma imagem de uma série de 120 fotografias digitalizadas de alta resolução. O computador aguardava cinco segundos, com a tela escura, depois mostrava a imagem por três segundos. A tela escurecia novamente por cinco segundos, seguindo-se um período de descanso de cinco segundos. Ocorria então outra tentativa. Participaram 24 sujeitos, que observaram um total de novecentas imagens. As fotos eram de dois tipos, calmas e emotivas. As calmas figuravam cenas naturais, paisagens e pessoas alegres; as emocionais mostravam-se perturbadoras, chocantes ou estimulantes, trazendo cenas eróticas, poses sexuais e autópsias repugnantes.

Durante os cinco segundos depois que os sujeitos comprimiam o botão do *mouse* e a tela escurecia, sua atividade eletrodérmica se intensificava em antecipação da foto subseqüente: o que não é nenhuma surpresa. O achado curioso, no entanto, foi que essa atividade aumentava *mais* quando o quadro seguinte seria emotivo. Em outras palavras, os participantes "representavam" seu futuro estado emocional *antes* que as fotos emotivas fossem vistas. Radin e seus colegas deram a isso o nome de "efeito pressentimento" (com o significado de "pré"-sentimento ou sentimento anterior). O professor Dick Bierman, psicólogo da Universidade de Amsterdã, reproduziu os resultados de Radin usando as mesmas fotografias.

Resumindo esses estudos, Radin sustenta: "Os experimentos com o tempo de reação de Klintman e com o pressentimento psicológico indicam que, sob certas circunstâncias, podemos consciente ou inconscientemente responder a eventos futuros, que não temos meios normais de conhecer".

Fato interessante, os dois estímulos futuros que mais agitaram os sujeitos de Radin e Bierman foram fotografias de conteúdo sexual ou violento. Do ponto de vista biológico, isso faz sentido. Se um organismo pressente a iminência de atividade sexual, ele se prepara para procriar; e se pressente que algo de violento ou perigoso irá acontecer, tenta evitá-lo. Esse pré-conhecimento favorece a vida, a reprodução e a sujeição aos imperativos evolucionistas.

Tais estudos são "suavizadores temporais", que amenizam nossas rígidas categorias de passado, presente e futuro; os especialistas discutem muito a maneira de interpretá-los. Acaso nos dizem que o futuro retroage para afetar o presente? A ser assim, que significa o tempo? Podem os efeitos vir antes das causas? E que dizer do livre-arbítrio? Se sabemos o que vai acontecer, o futuro não estará já determinado? Comentando esse tipo de perguntas, Radin confessa: "Elas esquentam meus miolos". Os meus também.

Embora não entendamos plenamente o significado desses vários achados experimentais, parece haver cartas suficientes na mesa da ciência para banir de uma vez por todas a idéia de uma consciência limitada ao cérebro. As noções convencionais diluem-se num modelo de consciência não-local, pois só um modelo não-local da mente pode acomodar a independência do espaço e do tempo demonstrada por experimentos concretos (e por nossa experiência pessoal também).

É principalmente a "empáfia acadêmica", diz o físico Russell Targ, que impede a aceitação ampla desses dados. Não importa: a roda da ciência gira devagar, mas gira sempre. A mente não-local ainda será oficialmente reconhecida; e, face ao rápido acúmulo de evidências, podemos prever com segurança que esse dia não está longe.

Além dos Sentidos

O professor David Ray Griffin acredita que superestimamos o papel dos sentidos físicos. Griffin é figura de destaque na filosofia contemporânea. Leciona filosofia da religião e teologia na Faculdade de Teologia de Claremont e na Claremont Graduate School, Califórnia, sendo uma das mais respeitadas autoridades na obra do matemático-filósofo Alfred North Whitehead, um dos gigantes do pensamento ocidental no século XX.

Griffin acredita que, basicamente, não obtemos informação do mundo *por intermédio* dos sentidos, mas pela *superação* dos sentidos. Como alega em seu livro *Parapsychology, Philosophy, and Spirituality*, "A percepção sensorial é na verdade uma forma rara de percepção, exemplificada apenas pelas mentes de animais dotados de sistema nervoso central ... A percepção sensorial não representa, de forma alguma, nosso modo único ou mesmo principal de percepção ... A percepção não-sensorial, sim ... Na percepção não-sensorial, sempre percebemos diretamente não apenas os eventos contíguos como também os remotos. Ou seja, a percepção a distância atua continuamente".

Se Griffin está certo — se um modo de percepção não-local e não-sensorial é o nosso instrumento básico de conhecimento —, como fazer para aperfeiçoar sua função? Se pudéssemos escapar às nossas convicções habituais, ao nosso modo convencional de dispor as coisas, a percepção não-local a distância seria mais óbvia e mais poderosa?

Hipnose

Durante décadas, pesquisadores do campo da parapsicologia recorreram à hipnose para fazer justamente isto: superar tendências e hábitos arraigados na esperança de obter mais pleno acesso às percepções não-locais. Em 1994, os psicólogos Rex Stanford e Adam Stein, da Saint John's University, Nova York, publicaram uma meta-análise de estudos sobre percepção extra-sensorial (PES), comparando o emprego da hipnose com os estados normais de consciência. Descobriram 29 estudos válidos, dos quais 25 forneciam informação suficiente para analisar os resultados experimentais. Esses estudos haviam sido publicados em jornais por onze pesquisadores diferentes, de 1945 a 1982. A hipnose produziu significativos efeitos de PES, com possibilidades de explicação casual da ordem de 1 para 2.700. Já os estudos de percepção comum apresentaram possibilidades de explicação casual de apenas 1 para 8. A meta-análise parece indicar que, quando removemos nosso filtro mental, como no estado hipnótico, as formas de conhecimento não-locais tendem a manifestar-se.

Carneiros e Bodes

Certas pessoas acham as formas de conhecimento não-locais tão implausíveis que nenhuma quantidade de provas consegue demovê-las. Como declarou um pesquisador cético, "Nem cem experimentos com dez milhões de tentativas, realizados por cem diferentes investigadores, com possibilidades totais de explicação casual da ordem de 1 para 1.000", conseguiriam fazê-lo aceitar a PES. Os pesquisadores investigaram se as crenças pró ou contra as percepções não-sensoriais realmente influenciavam sua ocorrência. O estudioso de parapsicologia Dean Radin registra esses achados em seu livro *The Conscious Universe*: "Este se revelou um dos mais consistentes efeitos experimentais em pesquisa psi [parapsicologia]. Foi jocosamente apelidado de efeito 'carneiro-bode' pela psicóloga Gertrude Schmeidler, a qual em 1943 sustentou que um dos motivos de os céticos não relatarem experiências psi era o fato de, subconscientemente, procurarem evitá-las. Às pessoas que as relatam, Schmeidler chamava de 'carneiros'; aos céticos, de 'bodes'".

Em 1993, o psicólogo Tony Lawrence, da Universidade de Edimburgo, publicou uma meta-análise de todos os experimentos carneiros-bodes realizados entre 1943 e 1993, envolvendo uma seleção limitada de escolhas, como na adivinhação de cartas de baralho. Descobriu 73 relatórios publicados por 37 pesquisadores diferentes, registrando mais de 685.000 respostas de 4.500 sujeitos. Os resultados apontavam decisivamente para o efeito carneiro-bode, com os crentes saindo-se melhor do que os descrentes (possibilidades superiores a 1 por 1 trilhão). Deveram-se tais resultados à circunstância de os pesquisadores não divulgarem estudos em contrário, que poderiam anulá-los (o chamado efeito "gaveta de arquivo")? A análise mostrou que seriam necessários cerca de 1.726 estudos não-publicados para cada publicado a fim de eliminar as diferenças entre carneiros e bodes. Lawrence descobriu mais tarde que os resultados não poderiam ser explicados por diferenças na qualidade dos estudos ou por uns poucos estudos com resultados excepcionalmente consistentes. E concluiu: "Os resultados dessa meta-análise são bastante claros: se você acreditar na paranormalidade, obterá mais pontos, em média, nos testes PES de escolha forçada do que quem não acreditar".

Conheço, por experiência própria, a resistência à percepção não-local. Os sonhos de precognição a que já me referi ocorreram em série no período de umas poucas semanas. Depois cessaram e nunca mais os tive. Muitas vezes, pergunto-me por quê. Terá meu filtro mental contra essas experiências começado a funcionar quando meu ego tentou dilatar meus limites pessoais? Não raro digo a mim mesmo que gostaria de ter tido mais experiências desse tipo, mas devo admitir que sou terrivelmente hipócrita nesse ponto. Por exemplo, eu poderia recorrer à hipnose, a qual, como mostra a pesquisa acima discutida, é um dos meios de estimular esses fenômenos; nunca, porém, fiz isso. Reconheço minhas hesitações — como muita gente — em mergulhar a fundo nas dimensões não-locais da psique. Ostento muito confortavelmente minha identidade local, limitada pelos sentidos. Mas minhas experiências pessoais com o conhecimento não-local, acanhadas embora, foram bastante benéficas. Rasgaram para mim um panorama da realidade que afetou profundamente meu modo de ver o mundo e abriu meus olhos para as ótimas pesquisas realizadas nesse campo.

Sentimentos Partilhados

A *percepção* não-local a distância às vezes se dilui em *sentimento* não-local a distância. Por exemplo, quando uma pessoa sabe não-localmente que um ente querido está com problemas, muitas vezes exibe os mesmos sintomas físicos que ele. Quase sempre, porém, o exame físico do "recebedor" é inconclusivo.

O psiquiatra Ian Stevenson, da Universidade da Virgínia, avaliou as implicações clínicas desse fenômeno. Considere-se o fato de que muitas pessoas procuram médicos ou psiquiatras sem apresentar nenhuma causa óbvia para seus sintomas. Poderiam suas queixas originar-se de algum indivíduo distante, com quem estejam unidas não-localmente por laços de empatia? Stevenson acha que a resposta talvez seja sim. Escreve ele em *Telepathic Impressions* [Impressões Telepáticas]: "Creio que, se os psiquiatras refletissem mais sobre a possibilidade de influências paranormais em seus pacientes, atinariam com as razões de certas mudanças inexplicáveis no estado destes".

O Lado Escuro

Não podemos suscitar crises na vida das pessoas e estudar seus efeitos distantes em outras, sob condições controladas. Por sua própria natureza, esses eventos são espontâneos e anedóticos. Ainda assim, merecem atenção. Stevenson menciona um paciente cuja evolução clínica aponta para a ligação de sintomas mentais com acontecimentos não-locais a distância. O paciente era um professor de 45 anos, tão deprimido que necessitara de hospitalização. Um dos motivos de sua depressão foi o conflito com colegas de departamento. Recebeu medicação, mas as circunstâncias externas de sua vida não mudaram durante o período em que Stevenson o observou. Embora o paciente parecesse melhorar, certo dia ele piorou muito e queixou-se de deterioração emocional. "Descobriu-se depois", diz Stevenson em *Telepathic Impressions*, "que isso coincidiu, no tempo, com reuniões de seus opositores do departamento, os quais de fato conspiravam para tirá-lo do cargo."

Os paranóicos freqüentemente alegam que sentimentos hostis lhes estão sendo comunicados por meios extra-sensoriais. O psicanalista Jan Ehrenwald sugere em *Telepathy and Medical Psichology* [Telepatia e Psicologia Médica] que eles, como o paciente de Stevenson, talvez sejam afetados pelos desejos e pensamentos negativos de outros, por intermédio da percepção não-local a distância.

Partilhar não-localmente pensamentos e sentimentos às vezes assume dimensões macabras, como sucedeu aos gêmeos que Rozalia Cosma deu à luz em 1962 na cidade de Brasov, Romênia. Ela os chamou Rômulo e Remo, em lembrança das lendárias crianças gêmeas abandonadas para morrer no Tibre, mas recolhidas e aleitadas por uma loba. Rômulo tornou-se o fundador e primeiro rei de Roma.

Como não raro sucede a gêmeos, os dois romenos partilhavam sensações a distância. Quando um sofria um acidente, o outro sentia a dor.

Já crescidos, Remo estabeleceu-se em Cluj, no centro da Romênia, e Rômulo no porto de Constanta, no Mar Negro, a uns oito quilômetros de distância. Como adultos, continuavam a partilhar sintomas. Contraíram icterícia ao mesmo tempo. Quando Rômulo fraturou uma perna, durante uma excursão aos Cárpatos, Remo caiu da escada em Cluj e teve a mesma sorte.

No outono de 1987, Remo começou a namorar Monika Szekely; uma semana mais tarde, Rômulo também começou a namorar uma garota chamada Monika. Na primavera seguinte, Remo desposou sua Monika e em 1989 mudou-se para um apartamento novo. O casamento logo desandou e o casal brigava diariamente. Às dez horas da noite do dia 16 de maio de 1993, Remo chegou em casa embriagado e a esposa gritou-lhe que desejava arranjar um amante. Ele a empurrou contra a parede e Monika apanhou uma faca de cima da mesa. Remo arrebatou-lhe a arma e golpeou-a doze vezes. À meia-noite, compareceu a uma delegacia e entregou-se.

Às onze horas daquela mesma noite, Rômulo teve uma conversa com sua Monika. Embora, até então, o relacionamento de ambos houvesse sido bom, Rômulo inexplicavelmente foi dominado pela cólera e estrangulou-a. Contou à polícia, em Constanta: "Não sei por que cometi esse crime monstruoso. Quando comecei a estrangular minha garota, senti-me impulsionado por uma força estranha. Não conseguia ou não queria resistir a ela". Os investigadores descobriram que Remo perpetrara seu crime poucos minutos antes do irmão.

Por que não a Alegria?

Por que, com tanta freqüência, a informação não-localmente partilhada entre pessoas distantes é negativa? Talvez porque, com relação às percepções positivas, o valor de sobrevivência das negativas seja mais alto. Diz Stevenson em *Telepathy Impressions*: "Será uma falha dos seres humanos o fato de nem sempre se darem notícias de acontecimentos felizes por meio de processos extra-sensoriais? Ou a comunicação da alegria não tem para nós tanto valor de sobrevivência quanto a das desgraças?"

Segundo Stevenson, Gerhard Sannwald, em sua análise da informação não-localmente partilhada, descobriu que em apenas 15% dos casos o conteúdo emocional era positivo, ao passo que em 85% era negativo. Nos 15% de casos envolvendo sentimentos positivos, a comunicação não-local foi quase sempre do tipo "eu estou bem".

Caso famoso dessa espécie, relatado por Stevenson, é o do general John C. Frémont, um dos primeiros exploradores do oeste americano. No inverno de 1853-54, ele empreendeu uma expedição às Montanhas Rochosas, com grave risco de morrer de fome ou sofrer danos físicos. Entrementes sua esposa, que estava em Washington, D. C., sentia-se tão preocupada que perdera o sono e o apetite. Sempre lhe sucedia isso durante as expedições do marido. Súbito, a partir do nada, ela teve o pressentimento insofismável de que o general já não corria perigo. Tranqüilizada, mergulhou num sono profundo, que lhe restaurou as forças.

Por fim chegaram-lhe notícias de que, no instante do pressentimento, o general acabava de conduzir seu grupo a um local onde encontraram alimento, abrigo e repouso, após um longo período de extrema penúria. O general confirmou que a experiência da sra. Frémont coincidira de perto com o momento em que, vendo seus camaradas reconfortados, sentara-se para descansar e redigir seu diário. Naquela hora, só desejara que "a sra. Frémont de algum modo ficasse sabendo que o perigo passara e tudo estava bem comigo".

Individualidade: O Preço que Pagamos

Coincidência? Muita gente espera que sim, pois acha revoltante a idéia de nossas ações serem influenciadas pelo comportamento e os pensamentos de uma pessoa distante. O sistema jurídico vigente repousa na premissa de que o cidadão é responsável por seus atos; ora, se estivéssemos vinculados não-localmente em pensamentos e atos, quem seria indiciado? Numa sociedade em que todos são responsáveis, ninguém o é. Por isso, se levarmos a sério a idéia de interconexão não-local, suscitaremos uma onda de auto-indulgência e uma epidemia de desordem social — tais as advertências que nos fazem.

A falácia dessa concepção reside no pressuposto de que temos de escolher entre duas alternativas incompatíveis: ser responsáveis individualmente ou afundar numa massa amorfa e homogênea em que a responsabilidade individual se evapora. A escolha é sem dúvida falsa, pois todos temos *ao mesmo tempo* características individuais e coletivas.

Se, com franqueza, reconhecêssemos nossa unicidade não-local uns com os outros, o resultado seria *maior* responsabilidade pessoal e *mais* harmonia social — não o contrário. Pagamos elevado preço por negar a unidade assegurada por nossa conexão não-local. As grandes guerras do século XX e os conflitos que ainda assolam o mundo — na Irlanda do Norte, nos Bálcãs, no Oriente Médio — são alimentados pela crença na singularidade, especificidade e superioridade de uma religião, raça ou sistema político, bem como dos indivíduos que os constituem. Não é a unidade não-local e sim a individualidade empedernida que pode provocar nossa ruína. Sem o senso de integração com os semelhantes, desaparecem a empatia, a compaixão e a caridade, substituídas pelo egoísmo e pela intolerância.

Ironicamente, reconhecer a transindividualidade nos robustece como indivíduos. Ficamos mais fortes unidos. A escritora Elizabeth Berg exprime bem esse paradoxo: "Há um valor incrível no serviço ao próximo. Acho que, se a maioria das pessoas que atulham os consultórios dos terapeutas fosse induzida a meter mãos à obra e ocupar seu posto na linha de montagem, sentir-se-iam aliviadas de terríveis fardos".

A interconexão não-local não depende de nossa licença. Estamos ligados quer o percebamos, quer não; e constantemente nos influenciamos uns aos outros, para bem ou para mal. Negar as conexões não-locais não as elimina; a negação significa apenas que elas operam fora da nossa consciência e, portanto, escapam ao nosso controle. Admitir sua existência nos permite trazê-las para a esfera da percepção consciente e refreá-las até certo ponto quando nos empurram para direções patológicas, conforme sucedeu aos gêmeos romenos.

Ser influenciado por uma coisa não é o mesmo que ser controlado por ela. Podemos ser influenciados não-localmente por outros sem ser controlados por eles e sem renunciar à responsabilidade pessoal — mas apenas *se* reconhecermos que essas influências existem. A maneira mais certa de perder o autocontrole é negar que estejamos não-localmente conectados e adotar a ficção social de que somos indivíduos sempre a agir independentemente.

Respeitar a unidade não-local exige que desdenhemos o envolvente apelo da Nova Era à "unicidade" — esse estado fictício em que todas as preciosas diferenças se esbatem numa "abençoada" igualdade. A promessa das interconexões não-locais não é nem bênção nem igualdade, mas totalidade.

O Cérebro como Transmissor

Atualmente, muitos cientistas de destaque acreditam que o cérebro, de alguma maneira, *produz* o estado que chamamos de consciência. Essa tese restringe a consciência ao cérebro físico, ao corpo e ao presente, descartando a percepção não-local a distância que estamos examinando. De tempos em tempos, no entanto, uns poucos estudiosos aventam que o cérebro não produz a consciência, apenas a *transmite*. As teorias da transmissão postulam que a consciência existe para além do cérebro e do corpo, acatando portanto a percepção não-local a distância.

Um exemplo foi o psicólogo de Harvard, William James (1842-1910), considerado o pai da psicologia americana. James debateu com os materialistas de seu tempo a natureza da consciência. Seus argumentos ainda são válidos. Em 1898, proferindo sua anual Conferência Ingersoll em Harvard, intitulada "Imortalidade humana: duas supostas objeções à doutrina", James afirmou: "A verdade é que uma pessoa *pode conceber o mundo mental por trás do véu sob forma tão individualista quanto queira, sem detrimento para o esquema geral em que o cérebro é representado como um órgão transmissor*".

O neuropsiquiatra Peter Fenwick é outro exemplo. Ele se destaca hoje, na Grã-Bretanha, como a maior autoridade clínica em experiências de quase-morte (EQM), mas começou a explorar essa área no papel de cético. Quando, pela primeira vez, percebeu o grande interesse demonstrado nos Estados Unidos por esses casos e soube que americanos atravessavam túneis para encontrar seres de luz, hesitou. Farejou aí algum "fator Califórnia" e duvidou que essas experiências cruzassem o Atlântico e alcançassem a Inglaterra. No entanto, foi ficando cada vez mais intrigado com os relatos e, quando anunciou publicamente seu interesse por eles, viu-se em meio a um dilúvio de histórias praticamente idênticas às da América. Fenwick e a esposa, Elizabeth, recolheram os detalhes de quase 350 episódios de quase-morte de pessoas de toda a Inglaterra, Escócia e Gales. Esses achados estão em seu livro *The Truth in the Light* [A Verdade na Luz]. Trata-se de uma obra séria porque foi escrita por um neurologista experiente, que conhece bastante a consciência e o funcionamento do cérebro.

Fenwick examina as diversas hipóteses aventadas para explicar as EQM. Serão tais experiências induzidas por drogas, falta de oxigênio ou ação do dióxido de carbono? Serão alucinações, experiências dissociativas ou sonhos? Serão produzidas pelo medo ou por uma leve disfunção dos lobos temporais do cérebro? Serão provocadas por um afluxo de endorfinas, os opiatos normalmente segregados no cérebro? Fenwick examina metodicamente os prós e os contras de cada possibilidade, concluindo que nenhum desses mecanismos é válido:

> Sem dúvida, deve haver estruturas cerebrais que medeiam a EQM, talvez as mesmas que medeiam toda experiência mística ... No entanto, a pergunta capital ainda está sem resposta. Por que essa experiência coerente e altamente estruturada ocorre às vezes durante a inconsciência, quando é impossível postular uma seqüência organizada de eventos num cérebro desorganizado? É-se forçado a concluir, ou que a ciência ignora algum vínculo essencial, apto a explicar como experiências organizadas ocorrem em cérebros desorganizados, ou que certos tipos de experiência são transpessoais — isto é, dependem de uma mente não limitada ao cérebro.

Fenwick leva muito em consideração a hipótese segundo a qual o cérebro transmite, mas não produz a consciência. Também ele acha William James um dos mais lúcidos adeptos da teoria da transmissão; a seu ver, as idéias de James "são tão válidas para a ciência de hoje quanto o foram há quase um século".

Subjacente à teoria da transmissão há, como vimos, o pressuposto de uma forma de consciência exterior ao cérebro. O cérebro está em contato com essa fonte, recebendo e processando as informações dela recebidas. Fenwick supõe que as lembranças são armazenadas em parte no cérebro e em parte algures. Esse repositório externo de consciência é compatível com o fato de ela sobreviver à morte do cérebro e do corpo. Também ajudaria a explicar por que muitas pessoas se sentem parte de um todo maior.

Fenwick reconhece os problemas oferecidos por esse modelo. A seu ver, "enfrentamos uma dificuldade: no momento, não se conhece nenhum mecanismo que ligue o cérebro e a mente dessa maneira ou que permita o armazenamento de lembranças fora do cérebro". E acrescenta:

> Outra debilidade das teorias da transmissão em geral é que, mesmo se estiverem corretas, não são fáceis de testar. Uma teoria da transmissão implicaria que, como a mente é transmitida por intermédio do cérebro, distúrbios na função cerebral gerariam desordens mentais, devido à interrupção da transmissão. Mas é possível argumentar da mesma forma dizendo que a mente está localizada no cérebro e é uma função deste. Também nesse caso uma desordem da função cerebral produziria uma desordem mental. Não há experimento capaz de distinguir facilmente essas duas possibilidades.

Embora todas as teorias da transmissão sejam especulativas, é fácil incidir num padrão duplo ao avaliá-las. Os cientistas convencionais muitas vezes repelem essas teorias porque, como bem reconhece Fenwick, elas não dão nenhuma explicação de como uma mente externa atuaria de concerto com um cérebro material. No entanto, a idéia que prevalece na ciência atual — a de que a consciência é produzida pelo cérebro — não passa também de pura especulação. Conforme disse brilhantemente o filósofo Jerry Fodor, "Ninguém faz a mínima idéia de como uma coisa material [o cérebro, por exemplo] possa ser consciente. Ninguém sabe sequer o que seria imaginar uma coisa material consciente. Basta isso quanto à filosofia da consciência".

Apesar de todas as teorias da consciência serem especulativas, as da transmissão apresentam uma vantagem: acatam os dados empíricos em favor da consciência não-local a distância e não nos obrigam a negar nossa própria experiência.

As teorias da transmissão da consciência, no entanto, ostentam o nome errado. *Transmissão* vem de uma palavra latina que significa "enviar para ou através". Não se tem indício de que algo seja realmente transmitido ou enviado durante as experiências não-locais e há boas razões para isso. Se a consciência é genuinamente não-local, como indicam as evidências, é infinita e onipresente no espaço e no tempo. Não existe, pois, um lugar em que a consciência *não esteja*, significando isso que coisa alguma precisa locomover-se do ponto A para o ponto B: já está lá. Ademais, se a mente é genuinamente não-local, a idéia de um depósito exterior ao cérebro para a consciência é absurda: depositar alguma coisa é confiná-la e a essência da não-localidade é o *não*-confinamento ou ausência de localização. Num modelo não-local da consciência, portanto, não há por que indagar como a consciência é transmitida e onde se localiza o depósito externo da memória, pois no caso tais perguntas são supérfluas.

Portanto, "transmissão" é um conceito extraído da cosmovisão clássica e mecânica. Quando aplicado aos fenômenos não-locais, dá uma falsa impressão da consciência. No entanto, a teoria da transmissão não deixa de ser um avanço com respeito às imagens baseadas no cérebro, pois liberta a consciência deste. Um dia, quando aprendermos a pensar e a falar com desenvoltura sobre os fenômenos não-locais, criaremos um vocabulário específico, imune ao contágio de termos tirados das concepções clássicas. Até lá, talvez convenha conservar "transmissão" nas citações, a fim de enfatizar seu emprego provisório e restrito.

Para termos uma pequena chance de compreender a relação entre mente e cérebro, precisamos aprender a pensar não-localmente. De outro modo estaremos sempre a remoer problemas que, no fundo, não se aplicam ao mundo não-local.

A Dimensão Não-local

Já cheguei a acreditar que a melhor maneira de os profissionais da saúde superarem as barreiras que ergueram contra a percepção não-local a distância era terem eles próprios uma experiência desse tipo. Não estava, porém, muito certo. Essas experiências são comuns e ocorrem o tempo todo — de fato, constituem a norma. Para retomar a tese do filósofo David Griffin, o conhecimento não-sensorial é o nosso modo *básico* de adquirir informação. Quer dizer que não precisamos nos afastar do caminho habitual para *ter* experiências não-locais; basta prestar atenção a elas.

O Dr. William B. Stewart é diretor clínico do Institute for Health and Healing e da Health and Healing Clinic do California Pacific Medical Center, Califórnia. Bill se esforça há muito por reintroduzir o verdadeiro tratamento e a verdadeira cura em medicina. Há poucos anos, alguém ficou sabendo dos excitantes progressos realizados pelo Califórnia Pacific e telefonou em busca de mais informações. Foi Bill quem atendeu. A pessoa perguntou: "O senhor por acaso tem um visionário em sua equipe?" Bill, que é oftalmologista, respondeu: "Não sei de nenhum visionário por aqui, mas serve um oculista?"

Achei ótima a resposta de Bill. Não precisamos de visionários exóticos para nos ajudar a atingir a dimensão não-local da consciência, para sabermos quem somos. Precisamos apenas de despertar.

11

A Volta da Prece

MARGARET MEAD, A FAMOSA ANTROPÓLOGA, disse certa feita: "A prece não utiliza energia artificial, não queima combustível fóssil e não polui". Mas tem outro atributo que Mead não mencionou e que deve ser do interesse de todos os profissionais da saúde: aparentemente, ela funciona. Um acervo impressionante de provas indica que a prece e a devoção religiosa estão associadas a tratamentos bem-sucedidos.

À medida que essa informação foi se tornando cada vez mais conhecida, a prece começou a voltar para a medicina após ter quedado à margem pela maior parte do século XX. Esse fenômeno suscitou toda uma variedade de respostas, que vão da bazófia à confusão e ao horror.

"A Prece Realmente *Funciona*?"

Deparei com uma dessas respostas em 1996, quando fui convidado a fazer palestras e consultas num grande hospital de Nova York. O dia começou com uma conversa com a equipe, na qual discuti as novas evidências científicas em favor da eficácia da prece intercessória. Passei em revista vários experimentos importantes que chamaram a atenção do mundo médico e resumi alguns dos estudos ainda em curso. Mais tarde, encontrei-me com o pessoal do departamento de assistência. Antes do início da discussão, um religioso aproximou-se de mim. Parecia perturbado. Trabalhava em tempo integral naquele departamento, dedicando a vida a oferecer orientação espiritual aos moribundos e a rezar por eles, além de tentar ajudar psicológica e espiritualmente a equipe de profissionais. Disse-me: "Por favor, preciso esclarecer um ponto. Ouvi sua palestra hoje de manhã. E, se bem entendi, o senhor afirma que a prece intercessória realmente *funciona*?"

Por um instante permaneci boquiaberto, sem saber o que responder. Embora a vida daquele homem estivesse mergulhada em prece, ele certamente tinha dúvidas profundas quanto a seus efeitos. Quando deu com provas de que a prece intercessória pode realmente funcionar, ficou atônito e confuso. Conversamos em particular por alguns instantes e eu confirmei meus comentários anteriores. Admirei a honestidade dele: nem todos somos tão corajosos a ponto de alardear nossas dúvidas sobre o assunto.

Essa experiência reforçou minha crença de que mesmo os "verdadeiros crentes" muitas vezes duvidam, em algum nível mental, da eficácia da prece e de que mesmo os religiosos profissionais podem sentir-se chocados ao descobrir que a ciência tem algo positivo a dizer sobre a oração. Os motivos são sem dúvida complexos, mas traem as tempestuosas relações entre ciência e religião nos últimos dois séculos, particularmente desde a época de Darwin. Quando se travaram batalhas entre esses dois campos, nem sempre a religião se saiu bem. Por isso, muitos crentes se mostram compreensivelmente espantados com o que a ciência diz de sua fé.

Outra objeção dos religiosos à entrada da ciência em seu território é a atitude estereotipada frente ao pensamento científico, que muitos de nós consolidamos durante o processo de educação e socialização da América no século XX. A seguinte mensagem foi transmitida a praticamente todos os alunos de nossos colégios e universidades: "Você pode viver a vida de duas maneiras. Pode ser intelectual, racional, analítico e científico ou então intuitivo, espiritual e religioso. Esses dois vetores da psique são incompatíveis entre si; não é possível adotar a ambos".

Quase todos escolhemos um ou outro caminho e sofremos o resto da vida em conseqüência dessa divisão artificial. Avanços na pesquisa da prece revelam, porém, que as duas opções não são de modo algum incompatíveis. Ciência e religião *podem* caminhar juntas; nós *podemos* escolher ambos os vetores.

Que é Prece?

Já perguntei a milhares de americanos o que eles entendem por prece. E concluí que a imagem mais comum da prece em nossa cultura, se fôssemos realmente honestos, seria: "Orar é falar em voz baixa ou alta a uma figura paterna branca, masculina e cósmica".

Sem dúvida, essa é uma visão muitíssimo limitada e culturalmente condicionada da prece. Ela descarta grandes setores da população mundial e mesmo de nossa própria sociedade, que não partilham essa perspectiva. Por exemplo, certas pessoas acreditam que a oração é mais uma questão de *ser* que de *fazer* — como Thomas Merton, que certa feita observou que rezava *respirando*. E muita gente que ora não cultiva a idéia de um deus masculino ou mesmo de um deus de qualquer espécie. Consideremos o budismo, uma das maiores religiões do mundo: o budismo não é deísta, mas a prece tem grande importância em sua tradição. Os budistas endereçam suas orações ao universo, não a um deus pessoal. Essa fé, portanto, viola inúmeros dos postulados que estabelecemos a respeito da natureza da prece. Deveremos informar aos budistas e a outros que se desviam de nossa norma cultural que na verdade não estão orando?

Na discussão que se segue, adotarei de propósito uma definição ampla e ambígua de prece: "A prece é a comunicação com o Absoluto". Essa definição é inclusiva, não exclusiva; afirma a tolerância religiosa; convida as pessoas a determinarem por si mesmas o que é "comunicação" e quem ou o que possa vir a ser o "Absoluto". É ampla o suficiente para incluir pessoas de todos os credos, que participaram como sujeitos de várias pesquisas sobre prece.

Que é prece *intercessória*? *Interceder* vem do latim *inter*, "entre", e *cedere*, "ir". Conforme já discutimos, a prece de intercessão é portanto uma intermediação — um ato de pleitear a causa de outra pessoa. A prece intercessória é muitas vezes chamada de prece a distância porque a pessoa por quem se intercede freqüentemente está longe daquela que ora.

Há grandes diferenças de opinião sobre até que ponto os dados experimentais confirmam a prece intercessória — e parte da dificuldade em identificar o trabalho nesse campo provém da falta de acordo na linguagem. Se se fizer uma busca eletrônica usando *prece* como palavra-chave, provavelmente só aparecerá meia dúzia de estudos, e ainda assim de qualidade duvidosa. Por outro lado, o médico Daniel J. Benor escreveu uma obra em quatro volumes, *Healing Research* [Pesquisa de Cura] (os dois primeiros já foram publicados), que cita perto de 150 estudos, muitos deles excelentes e a metade dos quais apresenta resultados estatisticamente significativos.

Vários pesquisadores evitam usar a palavra *prece*, preferindo um termo mais neutro como *intencionalidade distante*. Ainda que seu experimento de fato envolva a prece, muitas vezes não empregam esse vocábulo nos títulos de seus ensaios. Se seus sujeitos oraram, os pesquisadores costumam dizer que eles se "concentraram" ou fizeram "esforço mental" para produzir o efeito em apreço. Em outras ocasiões, utilizam expressões como *cura mental, cura psi* ou *cura espiritual* para descrever seu trabalho.

Talvez não devamos censurar muito os pesquisadores nesse ponto. A pesquisa dos efeitos não-locais da consciência passa em geral por domínio da parapsicologia. E esse campo já é conturbado o bastante para que introduzamos nele o barulho que cerca o conceito de prece intercessória a distância. Entretanto, a aversão dos pesquisadores à palavra *prece* tem seu preço: a dificuldade de identificar estudos sobre prece e cura, bem como a possibilidade de subestimar o número de experimentos existentes nessa área.

Em contrapartida, algumas pessoas religiosas desconfiam bastante da "parapsicologia" e deploram a prática dos parapsicólogos de equiparar prece com intenção mental, atenção, concentração ou meditação. Acham que os parapsicólogos, agindo assim, desonram a prece e desrespeitam as tradições espirituais que a esteiam. Aprecio essas reservas; mas, depois de estudar a prece e a parapsicologia por muitos anos, sinto que uma separação clara entre os dois campos não existe e é impossível traçá-la. Em experimentos de parapsicologia nos quais os sujeitos tentam influenciar seres vivos a distância, os participantes, para cumprir sua tarefa, não raro oram ou entram num estado mental sagrado, reverente e que lembra muito a prece. Por outro lado, quando as pessoas oram, costumam ter experiências paranormais como telepatia, clarividência, precognição, etc. Quem duvidar disso fará bem em ler a obra erudita do filósofo Donald Evans, *Spirituality and Human Nature* [Espiritualidade e Natureza Humana], ou o clássico do historiador Brian Inglis, *Natural and Supernatural: A History of the Paranormal* [Natural e Sobrenatural: Uma História da Paranormalidade].

Um exemplo de como é difícil, se não impossível, separar a parapsicologia (às vezes chamada "psi") da oração aparece num estudo de Erlendur Haraldsson e Thorstein Thorsteinsson, no qual os sujeitos tentavam mentalmente aumentar a taxa de crescimento de culturas de fermentos. O título do trabalho, "Efeitos Psicocinéticos no Fermento: Uma Investigação Experimental" não dá idéia de que prece e curadores espirituais estiveram envolvidos. Os pesquisadores recrutaram sete sujeitos — dois curadores espirituais que recorriam à prece, um médico que empregava a cura espiritual e a oração na sua atividade e quatro estudantes sem experiência ou interesse pessoal no assunto. Os sujeitos foram solicitados a "dirigir seus efeitos curativos" para acelerar o crescimento de fermentos em 120 tubos de ensaio. O estudo foi bem planejado e valeu-se de controles apropriados. Os resultados indicaram que a "concentração ou intenção mental" de fato afetava o crescimento do fermento. Quem mais teve êxito foram os dois curadores espirituais e o médico, com quatorze possibilidades de acaso em cem mil; os estudantes, em contraste, que não se interessavam por prece ou cura, ficaram no nível casual.

O título do trabalho sugere tratar-se de um estudo de parapsicologia e psicocinese ("mente atuando sobre a matéria"); todavia, um olhar mais atento mostra que se tratou obviamente de um experimento sobre os efeitos da prece. E por causa do título ele talvez não seja identificado como integrante da literatura sobre prece e cura. Esse experimento exemplifica bem até que ponto são artificiais as fronteiras entre prece e parapsicologia.

Felizmente, a histórica antipatia entre religião e parapsicologia parece estar diminuindo. O *Journal of Religion and Psychical Research*, publicado nos Estados Unidos, e o *Christian Parapsychologist*, publicado na Grã-Bretanha, procuram aproximar os dois campos. O último periódico começou a aparecer em

1953, por obra de um grupo de religiosos e leigos britânicos que estavam, segundo o programa do jornal, "convencidos de que os fenômenos psíquicos são muitíssimo importantes para a fé cristã, tanto na vida quanto na morte ... Porém, os estudos psíquicos podem fazer tanto mal quanto bem se encetados fora da esfera da vida espiritual, da prece, do culto e do serviço aos semelhantes".

Outro indício do novo diálogo entre religião e parapsicologia: Michael Stoeber, professor-assistente do Departamento de Religião e Educação Religiosa da Universidade Católica da América, e Hugo Meynell, professor do Departamento de Estudos Religiosos da Universidade de Calgary, coeditaram um livro muito aclamado pela crítica, *Critical Reflections on the Paranormal* [Reflexões Críticas sobre a Paranormalidade], que examina temas de mútuo interesse tanto para a parapsicologia quanto para a religião.

Exame do Campo

Estudos sobre a intencionalidade da prece a distância nos sistemas vivos envolvem ao mesmo tempo humanos e não-humanos. William G. Braud, diretor de pesquisas do Instituto de Psicologia Transpessoal de Palo Alto, afirma que "pessoas são capazes de influenciar, mentalmente e de longe, toda uma variedade de sistemas-alvo biológicos, inclusive bactérias, colônias de fungos, algas móveis, plantas, protozoários, larvas, bichos-de-conta, formigas, galinhas, ratos, gatos e cães, bem como preparados celulares (células sanguíneas, neurônios, células cancerosas) e atividades enzimáticas. Em 'pessoas-alvo' humanas, movimentos dos olhos, movimentos musculares, atividade eletrodérmica, atividade pletismográfica, respiração e ritmo cerebral foram estimulados". Como já mencionamos, Benor identificou cerca de 150 estudos desse tipo em sua análise de quatro volumes.

O mais famoso estudo sobre prece no século XX, envolvendo humanos, foi publicado em 1988 pelo médico Randolph Byrd, cardiologista da UC San Francisco School of Medicine. Byrd distribuiu 393 pacientes da unidade de terapia coronariana do Hospital Geral de San Francisco por um grupo que recebia prece intercessória e por um grupo de controle. As preces eram endereçadas por pessoas de fora do hospital; não lhes foi pedido que orassem determinado número de vezes, mas sempre que achassem conveniente. Nesse estudo duplamente cego, em que nem os pacientes, médicos ou enfermeiros sabiam quem estava recebendo as preces, os que as receberam melhoraram em vários sentidos. Houve menor número de óbitos em seu grupo (embora esse fato não tenha sido estatisticamente significativo); exigiram menos intervenções de traquéia e oxigenações; dispensaram drogas mais fortes, inclusive diuréticos e antibióticos; apresentaram menor incidência de edema pulmonar; e, com pouca freqüência, tiveram de submeter-se à ressuscitação cardiopulmonar.

O estudo de Byrd ilustra algumas das dificuldades de avaliar os efeitos da prece intercessória em humanos. Numa variante de estudo controlado — o teste de um novo medicamento, por exemplo —, o grupo de controle não recebe o tratamento que está sendo avaliado. Mas em estudos de prece que envolvem pacientes com doenças graves, os sujeitos do grupo de controle podem orar por si mesmos ou receber preces de parentes e amigos — o que introduz o problema da "prece de estranhos". Ainda que o grau de prece externa seja o mesmo para os dois grupos, de tratamento e controle, resta uma dificuldade séria. Se ambos os grupos recebem preces, o experimento deixa de ser um teste do tipo "prece contra não-prece" e transforma-se num teste de *grau* ou *quantidade* de prece. "Pode suceder que os esforços dos estranhos [recrutados para orar pelo grupo de tratamento com prece] sejam superados pelo ardor dos que estão diretamente envolvidos com os pacientes", explica o professor de física Russel Stannard, da Universidade Aberta da Inglaterra. Se assim é, ambos os grupos podem beneficiar-se igualmente da prece, sem diferenças significativas detectáveis entre eles. Em jargão técnico, isso se chama "redução das dimensões do efeito" entre os grupos. O problema talvez seja metodologicamente decepcionante porque significa que a prece pode parecer ineficaz ainda quando funcione. E, embora se consiga abordá-lo com métodos sofisticados de pesquisa, apresenta-se como sério obstáculo em quase todos os estudos sobre prece que envolvem pessoas doentes.

Os pesquisadores excogitaram modos de superar o problema da autoprece dos integrantes do grupo de controle — por exemplo, utilizando como sujeitos crianças e recém-nascidos enfermos ou adultos inconscientes e com dano cerebral, que não orassem nem pudessem orar por si mesmos. Isso, contudo, ainda não elimina o surpreendente efeito da prece endereçada por entes queridos ou amigos.

Os críticos então alegaram que estudos controlados da prece são inviáveis, pois a oração de estranhos não pode ser eliminada do grupo de controle. Entretanto, um estudo controlado nem sempre exige que o grupo de controle não se exponha à variável a ser testada. Exemplo disso é o teste controlado de tratamentos com grandes e pequenas doses de um determinado fármaco, em que *tanto* o grupo de controle *quanto* o de tratamento recebem a droga. É o mesmo caso da maioria dos estudos com seres humanos que envolvem a prece intercessória.

Mas essas dificuldades de pesquisa podem ser totalmente superadas se não-humanos, ao invés de humanos, forem utilizados como sujeitos. Quando, por exemplo, se manipulam as taxas de crescimento de bactérias por meio de preces, os organismos do grupo de controle presumivelmente não oram por si mesmos e seus congêneres não o fazem por eles. Isso torna possível uma grande precisão em estudos de prece de não-humanos e talvez explique por que as dimensões de efeito desses estudos às vezes superam as observadas em experimentos com humanos.

Embora o esquema do estudo de Byrd possa ser aperfeiçoado, ele merece crédito por ter conduzido o experimento. Byrd estabeleceu um princípio: a prece intercessória a distância pode ser estudada como uma droga nos seres humanos, de modo controlado e em ambiente médico conveniente. A contribuição de Byrd é fantástica — não por ele ter concluído o primeiro estudo sobre a prece (muitos outros o precederam) ou porque seu trabalho foi impecável, mas porque quebrou um tabu contra a prece como tema de pesquisa médica.

Objeções à Pesquisa da Prece

A *Comunidade Religiosa*

Quando comecei a examinar experimentos que envolviam a prece, supus que as pessoas religiosas ficariam satisfeitas ante as provas científicas em favor da eficácia da oração. Causou-me, pois, surpresa descobrir que certos grupos religiosos respondiam a esses achados com veementes objeções. Havia várias razões para semelhante atitude.

Muitas pessoas acham que a prece condiz melhor com a cerimônia religiosa do que com o ambiente frio da experimentação científica, como se estivesse envolta num halo celeste e pudesse facilmente ser conspurcada quando utilizada para propósitos seculares. A ordem beneditina talvez discordasse dessa restrição. Ela escolheu para seu lema a frase *Orare est laborare, laborare est orare:* "Orar é trabalhar, trabalhar é orar." E quando se trabalha num laboratório? A prece não pode fazer parte do trabalho em laboratório, como insinua a postura beneditina? Por que a prece pode ser autêntica na igreja e não no laboratório?

Às vezes, uma ligeira mudança de perspectiva nos faz ver como a prece pode ser utilizada nas situações mais inverossímeis. Jean Kinkead Martine relata uma conversa entre dois monges zen. Ambos prodigiosos fumantes, queriam saber se era lícito fumar durante a oração. Decidiram ir cada qual procurar o abade do mosteiro para perguntar a opinião dele e depois cotejar as respostas. Disse um deles: "Perguntei 'É permitido fumar durante a oração?' e fui severamente repreendido". E o outro: "Eu perguntei 'É permitido orar enquanto se fuma?' e fui encorajado".

Martine sustenta: "Orar enquanto se digita um texto ou se fala ao telefone — isso exigirá um tipo diferente de prece, como o que os monges zen descobrem depois de muito treinamento —, algo como a súplica muda que uma pessoa profere quando dirige por uma estrada coberta de gelo ou quando empreende uma tarefa quase impossível?" Gosto das imagens de Martine — "a súplica muda", etc. Sujeitos de estudos sobre intencionalidade a distância recorrem a essa "súplica muda". Eles tentam induzir, estimular e de alguma forma conduzir o experimento rumo a determinado resultado, por meio da prece.

Em meu livro *Healing Words* [Palavras Que Curam], introduzi o conceito de "plenitude da prece" a fim de mostrar como a oração pode tornar-se parte de nossas tarefas cotidianas. A plenitude da prece é mais uma questão de *ser* que de *fazer*. Descobri que isso tinha sentido para muitos médicos. Um eminente cirurgião escreveu-me dizendo que, depois de se formar, deixara de lado a prece e nunca, formalmente, orara por seus pacientes. Todavia, após refletir sobre o conceito de plenitude da prece, concluiu que na verdade sempre o faz — por meio de sentimentos de empatia, zelo e compaixão por eles. A seu ver, a cirurgia é um contínuo exercício de oração.

Os que se opõem às pesquisas da prece consideram esses experimentos obra de hereges, que querem "testar Deus". Na minha opinião isso não faz justiça aos cientistas que investigam o assunto e é, ainda por cima, irracional. Acreditará alguém que um cético empedernido gastaria um tempo precioso e seus minguados recursos de pesquisa esmiuçando fenômenos que de antemão rejeita? Os pesquisadores, em geral, escolhem tópicos que julgam plausíveis, não os que acham falaciosos.

De fato, a atitude da maioria dos que investigam a prece parece exatamente o contrário de "testar Deus". Uma pesquisadora afirma que, quando realiza um experimento desses, não monta uma armadilha, mas abre uma janela por onde o Todo-poderoso se manifeste. Outro investigador afirma que conduzir um experimento de prece é como preparar um elegante jantar em casa. Quando a mesa está posta e a refeição servida, ele abre a porta da rua e espera pacientemente que alguém apareça. Se chega um convidado (se o experimento funciona), a refeição é um sucesso; se não, ele volta à prancheta para esboçar uma situação mais convidativa. Conheço a maior parte dos que pesquisam nessa área e acredito serem algumas das pessoas mais espiritualizadas com quem tive contato. Sei que, na opinião deles, é possível levar a cabo experimentos de prece com um senso profundo de sacralidade, reverência e respeito.

Descobri que havia uma objeção mais sutil aos experimentos de prece por parte de certos grupos religiosos. Eles pareciam perturbados pela ausência de conexão entre o *efeito* da prece e a *filiação religiosa* da pessoa que ora. Os experimentos mostravam claramente que nenhuma seita detém o monopólio da prece, sendo esta um fenômeno universal comum a toda a humanidade e não restrito a um grupo específico. Algumas congregações fundamentalistas consideram essa implicação ofensiva e preferem condenar todas as provas experimentais em favor da prece na tentativa de preservar seu próprio senso de singularidade.

Outros, ainda, repudiam a prece em benefício de animais — atitude muito disseminada, mesmo entre os devotos praticantes da oração. Há pouco, recebi carta de uma mulher da Itália. Seu gato fora atropelado por um carro e estava com os membros paralisados. Quando ela pediu aos frades locais que rezassem pelo bichinho, responderam que seria inútil porque os animais não têm alma e por isso não reagem à prece. A mulher ficou triste ao saber que seu amado gato estava fora do alcance da oração. É paradoxal que essa opinião se originasse não longe de Assis, a terra de São Francisco, que sem dúvida lamentaria a postura discriminatória dos modernos frades em relação aos animais.

Susan J. Armstrong, professora de filosofia e estudos da mulher na Humboldt State University, examinou longamente essas questões num ensaio intrigante: "Almas em Processo: Uma Investigação Teórica sobre Psi Animal". Observa ela que o papa João Paulo II reafirmou recentemente a antiga doutrina cristã de que os animais também têm alma, o que sem dúvida significa que podem ser objeto de preces. Diz Susan: "Numa homilia no Vaticano, em 1989, o papa citou o Salmo 104, onde se diz que os animais receberam o alento vital de Deus, e pediu 'solidariedade para com nossos irmãozinhos'".

Parte da resistência à prática de orar pelos animais em experimentos formais deve-se ao abismo entre humanos e não-humanos, que se foi alargando com a urbanização. Quando a América era mais rural, a prece por animais era muito comum e parecia naturalíssima. Eu cresci numa fazenda do Texas e, embora nunca rezássemos por ratos ou micróbios, orávamos sempre por porcos, vacas, cavalos, sementes e plantas, como fazem os fazendeiros no mundo inteiro. Mesmo na América urbana milhões de vegetarianos sentem-se tão ligados aos animais que acham impensável comê-los. Muitos oram e trabalham diligentemente pelo bem-estar dos bichos e pela preservação das espécies ameaçadas. Há veterinários que julgam normal rezar por seus pacientes. Já entrei em igrejas, nos Estados Unidos, que ajudavam a encontrar lares para animais sem-teto e praticavam a "prece pelos bichos de estimação" como parte do culto. Sentimentos de piedade, amor e apego para com não-humanos, embora muito variáveis, são ainda assim corriqueiros e amparam a idéia de que a eficácia da prece pode ser estudada experimentalmente tanto em homens quanto em bichos.

Vacas são uma coisa; bactérias, outra. Muita gente estranha que alguém possa amar micróbios, fungos, sementes, ratos, etc., o bastante para orar por eles ou acha que estudos com microrganismos invisíveis não devem envolver a prece porque não há nenhuma injunção bíblica para rezar contra ou a favor de micróbios. Ora, a Bíblia é muda nessa questão porque os conceitos de bactérias, fungos, fermentos e vírus eram desconhecidos naqueles tempos. Assim, temos de decidir por nós mesmos se é lícito ou não orar por tais criaturas.

Há recomendações bíblicas indiretas para a prece contra ou a favor dos micróbios. Por exemplo, quando oramos pelos doentes, como somos instados a fazer, no número deles se incluem muitas vezes os que sofrem de infecções. Uma prece *a favor* de alguém que sofre de uma moléstia infecciosa é uma prece *contra* os microrganismos que a provocaram, quer o percebamos quer não. De igual modo, quando pedimos que nosso alimento (nunca estéril) seja abençoado, estamos presumivelmente requerendo que as bactérias nele contidas sejam postas fora de combate. Uma recomendação para orarmos *a favor* dos micróbios pode ser encontrada no pai-nosso. Quando imploramos o pão nosso de cada dia, rezamos ao mesmo tempo pelas células de fermento que o fizeram crescer.

Os micróbios *não* são insignificantes se comparados aos homens, pois sem eles a vida humana não seria possível. Todos os sistemas ecológicos dependem de microrganismos. Seria dispensável orar por essas criaturas quando nossa vida está inextricavelmente ligada à delas?

Confrontadas com evidências experimentais de que a prece pode de fato acelerar ou retardar o crescimento microbiano, certas pessoas aferradas à tese antropocêntrica da prece recorrem a uma derradeira objeção: tais efeitos não se deveriam realmente à prece, mas à ação da "mente sobre a matéria" ou a alguma "força mental" que eles nunca conseguiram esclarecer qual seja. Muitos condenam esses efeitos como "obra do diabo" e ponto final. Outros desfecham ataques *ad hominem* contra os que se metem com semelhantes experimentos, os quais estariam tentando alardear seus próprios poderes e não os de Deus — prova cabal de que tais atitudes são corruptas e blasfemas.

Talvez a maior evidência de que esses estudos envolvem a prece genuína seja o fato de respeitados curadores espirituais muitas vezes participarem como sujeitos, como vimos no experimento de Haraldsson e Thorsteinsson. Outro exemplo é o estudo realizado com a conhecida curadora espiritual Olga Worrall, que durante anos conduziu serviços de cura baseados em orações na New Life Clinic da Igreja Metodista Unida de Monte Washington, Baltimore. A sra. Worrall era reverenciada como uma humilde serva de Deus por todos quantos a conheciam. Certa feita, ela aceitou o convite da física Elizabeth A. Rauscher e da biofísica Beverly A. Rubik para participar de um experimento laboratorial com bactérias. Primeiro, pediu-se que Worrall inibisse a atividade bacteriana numa determinada fase do experimento. Quando a boa senhora objetou a utilizar preces para ferir criaturas de Deus, o estudo foi modificado para permitir que ela ajudasse e não prejudicasse os microrganismos, protegendo-os dos efeitos letais dos antibióticos. Os resultados mostraram que ela era capaz disso. É difícil repudiar o estudo em apreço alegando que não envolveu prece genuína, com a qual a sra. Worrall estava intimamente familiarizada.

Será que, nesses experimentos, os que oram glorificam a si mesmos ao invés do Todo-poderoso, como tantas vezes se insinua? Estarão colocando o próprio ego em primeiro lugar? Pelo que sei, essa objeção pode ser válida em alguns casos. Mas então se aplica a preces oferecidas não só no laboratório como também na igreja. Não conhecemos a fundo o coração das outras pessoas. Esse fato mostra quão temerário é julgar a sinceridade das preces alheias, ocorram dentro ou fora do laboratório.

A Comunidade Científica

Segundo parece, no seio da comunidade científica está cada vez mais se firmando a opinião de que a prece intercessória pode ser investigada como qualquer outro fenômeno, conforme se vê pelos estudos ora em curso em inúmeras instituições acadêmicas. No entanto, entre os cientistas, continua a haver oposição, oriunda principalmente de uma minoria pequena, mas estridente.

Os que se erguem contra a idéia da prece intercessória fazem-no sobretudo movidos pela idéia de que a consciência humana deve em geral ser equacionada com as operações do cérebro, significando isso que os efeitos da mente se limitam à massa encefálica e ao corpo físico. Nos termos dessa tese, a consciência não pode em princípio fazer com que as coisas aconteçam a distância, por si mesma ou por intermédio de um instrumento transcendente. A partir de semelhante perspectiva, a prece intercessória desperta o velho bicho-papão da "ação fantasmagórica remota" e é considerada ultrajante.

Se os fenômenos mentais a distância e a prece intercessória são mesmo tão absurdos quanto afirmam alguns céticos, por que um número cada vez maior de destacados cientistas os está investigando? De acordo com uma teoria, ou os pesquisadores são incompetentes, mentirosos e palradores ou seus miolos não estão trabalhando bem. Essa tese foi exposta por G. R. Price em artigo de *Science*: "Minha opinião concernente aos achados desses pesquisadores é que muitos deles são fruto de erros gráficos e estatísticos, bem como do uso não-intencional de pistas fornecidas pelos sentidos — e que *todas as evidências extracasuais não-explicáveis dessa maneira originaram-se de fraude deliberada ou leve transtorno mental*" [grifo nosso].

Provavelmente todos os céticos que se opõem à prece intercessória negam também o campo da parapsicologia, que investiga fenômenos mentais distantes como telepatia, clarividência, precognição, psicocinese, etc. Com efeito, os céticos repudiam a prece intercessória e a parapsicologia quase pelas mesmas razões. Parecem convencidos de que esses fenômenos violam a tal ponto as leis da física que devem ser descartados *a priori*.

O eminente físico Gerald Feinberg discorda. Falando sobre precognição — isto é saber de algo antes que aconteça, talvez o fenômeno parapsicológico mais perturbador de todos por lembrar de perto a profecia —, ele escreve: "Se esses fenômenos de fato ocorrem, não se precisa de nenhuma mudança nas equações fundamentais da física para descrevê-los". Além disso, o psicólogo

Paul Meehl e o filósofo da ciência Michael Scriven ressaltaram que muitas das objeções dos céticos à intencionalidade mental remota repousam em dois postulados altamente questionáveis: o de que o atual conhecimento científico é completo e o de que a PES — como também a prece intercessória, poderíamos acrescentar — necessariamente conflitam com ele. O epidemiologista Jeffrey S. Levin, uma das maiores autoridades nas correlações entre prática religiosa e saúde, propôs um modelo teórico da força terapêutica da prece que coloca esse fenômeno inteiramente dentro da respeitabilidade científica.

A alegação dos céticos, segundo a qual os efeitos a distância da prece simplesmente *não podem* ocorrer porque não existe nenhuma teoria científica aceita que os justifique, é bem típica. Em ciência, como todos sabem, a demonstração de fatos empíricos muitas vezes precede o desenvolvimento de uma teoria explicativa. Em sua *Introduction to the History of Medicine* [Introdução à História da Medicina], Fielding H. Garrison lembra o costume de lavar as mãos antes de fazer um parto ou cirurgia. Quando Ignaz Semmelweiss, em 1848, provou cabalmente a eficácia dessa prática, seus colegas não acreditaram nele. Na época, a teoria microbiana da doença não existia ainda e a idéia de lavar as mãos era considerada grotesca. Semmelweiss foi afugentado para Viena e daí para Budapeste, acabando por ficar mentalmente desequilibrado em conseqüência da ferocidade das críticas. A teoria completa em apoio da higiene das mãos apareceu mais tarde e só então Semmelweiss foi vindicado.

Fatos similares ocorreram na América. Garrison informa que, quando o médico de Boston Oliver Wendell Holmes também propôs a lavagem das mãos e a higiene escrupulosa a seus colegas, em 1843, foi violentamente combatido pelos proeminentes obstetras de Filadélfia, Hugh Hodge e Charles Meigs.

Casos desses mostram que é possível, para a ciência, avançar em meio a uma densa névoa teórica. Considerem-se as várias terapias hoje corriqueiras, como o uso de aspirina, quinino ou penicilina. Por muito tempo soubemos que elas *funcionavam* antes de saber *como*. Hoje estamos no mesmo pé com relação à prece intercessória: os dados que a amparam vieram antes do desenvolvimento de uma teoria geralmente aceita. Isso não deve alarmar ninguém que tenha mesmo uma pálida idéia de como a medicina evoluiu ao longo do tempo.

Às vezes um fato científico é aceito e nunca explicado. No século XVII, quando Newton excogitou a hipótese da gravitação universal, seus contemporâneos bradaram que ele estava cedendo ao misticismo. Desaprovavam a face misteriosa da gravidade porque Newton não sabia explicar *por que* os corpos se comportavam de acordo com aquelas leis e *como* objetos físicos se afetavam a distância. "Essa preocupação já não nos incomoda, mas não porque a tenhamos explicado", observa o filósofo Eugene Mills, da Virginia Commonwealth University. Apenas nos acostumamos à idéia e o mesmo pode acontecer com a prece intercessória.

Por outro lado, alguns objetam que discorrer a respeito de provas em favor da prece intercessória induzirá hordas de doentes a aferrar-se às orações, utilizá-las exclusivamente e abandonar o tratamento da "medicina verdadeira" — com conseqüências letais. Essa preocupação parece irracional. Pesquisas do Gallup e do National Opinion Research Center, da Universidade de Chicago, revelam que a grande maioria dos americanos (de 80 a 90%) *já* oram regularmente: não começam a orar só quando adoecem. Também não se mostram dispostos a renunciar à medicina ortodoxa quando enfrentam uma crise de saúde. Embora algumas religiões como a Christian Science preceituem o uso exclusivo da prece durante a doença, as pesquisas indicam à saciedade que quase todos os americanos são muito pragmáticos quando caem doentes. Recorrem tanto aos métodos terapêuticos convencionais quanto aos complementares, inclusive a prece, e quase nunca optam por uma única abordagem.

O Desmascaramento dos Impostores

Além das acusações de metodologia falha, fraude deliberada e cérebros anormais, os céticos não raro alegam que esses estudos são realizados por cientistas marotos, longe do cenário acadêmico, que seus trabalhos não são lidos em jornais conceituados, que os resultados negativos nunca aparecem (efeito "gaveta de arquivo") e que nenhum estudo foi reproduzido ainda. Muitas dessas aleivosias eternas são completamente falsas.

Como vimos, as evidências em prol da prece intercessória não se restringem a um único tipo de organismo; os "alvos" incluem todo um espectro de criaturas como seres humanos, animais, bactérias, fungos, tecidos cancerosos ou saudáveis e preparados enzimáticos. A variedade de alvos, aqui, é muitíssimo importante. Os críticos insistem em que tais efeitos se devem unicamente a processos psicológicos como sugestão e expectativa — a resposta-placebo. No entanto, a presença de não-humanos nesses estudos refuta o argumento — exceto se os céticos acharem que micróbios, enzimas e células possuem vida emocional similar à das criaturas humanas.

Os pesquisadores no campo da intencionalidade a distância e da prece muitas vezes lecionam em faculdades de instituições prestigiosas, inclusive as grandes escolas de medicina. Muitos de seus estudos obedecem a elevados padrões científicos — inclusive a distribuição aleatória e os procedimentos de controle —, sendo que não poucos foram reproduzidos. Além disso, os trabalhos mais rigorosos, aqueles que envolvem não-humanos, é que em geral produzem os resultados mais sólidos e significativos — exatamente o oposto da acusação dos céticos.

Isso não significa que todos os estudos empreendidos nessa área sejam perfeitos. A qualidade dos experimentos varia em qualquer campo da ciência e o mesmo ocorre aqui. Ao focalizar uma ou outra área, devemos procurar os melhores estudos disponíveis e tentar discernir a direção geral para a qual apontam. Tal postura contrasta com a estratégia de muitos céticos, que freqüentemente mencionam os piores estudos nos quais deitam os olhos e, generalizando, condenam o empreendimento todo.

Não há nenhum "estudo definitivo" que prove irrefutavelmente a verdade da prece intercessória. Nesse campo, como em muitas outras áreas da ciência médica, é a concatenação e a conexão de várias linhas de evidência que contam, não o que mostra um estudo isolado.

A Nova Face do Ceticismo

Alguns dos céticos mais bem-informados a respeito de efeitos mentais a distância parecem assumir postura defensiva. Como reconhece o psicólogo Ray Hyman, também ele cético, "o panorama do funcionamento psíquico parece melhor que nunca. Os achados atuais indicam que algo além da casualidade estatística está ocorrendo. Devo admitir que não disponho de uma explicação pronta para esses efeitos observados".

Eis aí uma concessão importante, pois tende a deslocar o debate e investigar, não *se* esses eventos ocorrem, mas *como* ocorrem. Ainda assim, Hyman e seus inúmeros colegas céticos ainda hesitam em admitir a realidade de tais fenômenos. Continua ele: "Desvios estatísticos inexplicáveis, contudo, não significam nem de longe provas cabais da cognição anômala" — e, presumivelmente, também da prece intercessória. Essa resposta parece caprichosa e arbitrária em excesso, indicando um padrão duplo. Quais estatísticas são aceitáveis e quais não? Podemos escolhê-las ao acaso? Se negarmos a validade da abordagem estatística em parapsicologia ou prece, como defendê-la em outras áreas polêmicas da ciência?

"O mais importante indício de uma mudança [em favor desses fenômenos controvertidos] são as atitudes dos céticos empedernidos, que aos poucos vão se abrandando", diz o pesquisador Dean Radin, do Boundary Institute of Los Altos, Califórnia, em seu livro *The Conscious Universe* [O Universo Consciente]. Radin, que fez pesquisas de ponta em parapsicologia para a AT&T, Contel, Departamento de Psicologia de Princeton, Universidade de Edimburgo e governo dos Estados Unidos, cita o exemplo do falecido Carl Sagan, que dedicou a vida a educar o público em assuntos de ciência. Radin nota que no livro de Sagan *The Demon-Haunted World* [O Mundo Assombrado pelo Demônio], de 1995, "saturado de agudo ceticismo" quanto a contatos imediatos com alienígenas, canalizações, curadores, o "rosto" na superfície de Marte e "praticamente tudo o mais que se pode achar numa livraria de Nova Era", encontramos uma espantosa admissão em um parágrafo perdido no meio de 450 páginas:

> No momento em que escrevo, há três sugestões no campo da PES que, na minha opinião, merecem estudo mais sério: (1) que só pela força do pensamento as pessoas podem (até certo ponto) afetar seqüências aleatórias de números em computadores; (2) que as pessoas, sujeitas a privação sensorial branda, conseguem receber pensamentos e imagens "projetadas" para elas; e (3) que crianças muito novas às vezes relatam pormenores de uma vida anterior, os quais após investigação se revelam acurados e elas não poderiam conhecer a não ser por meio da reencarnação.

A admissão de Sagan, como a de Hyman, implica que a resistência dos cientistas aos comportamentos não-locais da consciência humana — entre os quais podemos incluir a prece intercessória a distância — está efetivamente afrouxando.

Durante muitos anos, a arma favorita dos críticos foi que não havia provas em favor da prece intercessória e dos efeitos mentais a distância. Mas, à medida que foram surgindo as evidências experimentais, com qualidade cada vez melhor, eles começaram a desencavar uma velha acusação: a de que não existe nenhuma teoria científica aceita para explicar tais fenômenos. Essa acusação não leva em conta os significativos progressos no âmbito da ciência que dão apoio teórico aos fatos em apreço, inclusive a prece intercessória. O modelo de consciência necessário para acomodar as intenções mentais remotas é aquele que, a meu ver, reconhece o aspecto não-local da mente. *Mente não-local* é uma expressão que introduzi em 1989, em meu livro *Recovering the Soul* [O Resgate da Alma]. Segundo esse conceito, como vimos ao longo destas páginas, a consciência não pode ser completamente localizada ou confinada a pontos específicos do espaço, como cérebros ou corpos, nem a pontos determinados do tempo, como o instante atual.

Algumas Advertências

Muitas das teorias aventadas para explicar a percepção não-local a distância baseiam-se em desenvolvimentos e interpretações da física quântica. Tenhamos em mente, porém, que a física — quântica ou outra qualquer — não explica a consciência nem demonstra a eficácia da prece. A palavra *quantum* vem sendo aplicada ultimamente a tudo, desde psicologia até cura, passando pelo golfe. Sem dúvida, ainda ouviremos falar em "prece quântica".

Não há e nunca houve consenso em torno da natureza da consciência, entre os físicos ou os cientistas em geral. Alguns respeitados pesquisadores no campo da neurofisiologia, como William H. Calvin, duvidam que a física possa contribuir para a compreensão da consciência. Assevera ele em seu livro *How Brains Think* [Como Pensam os Cérebros]: "A consciência, em qualquer de suas muitas conotações, certamente não está localizada nos porões da física ... Esses físicos da consciência usam conceitos matemáticos antes para confundir que para esclarecer ... Costumam, os tais teóricos, evitar a palavra 'espírito' e tagarelar sobre campos quânticos. Tudo o que conseguiram foi substituir um mistério por outro".

Alguns físicos de destaque são reticentes quanto à possível contribuição de sua disciplina para nosso entendimento da espiritualidade. Por exemplo, o falecido John S. Bell, cujo célebre teorema suscitou imenso interesse na esfera da não-localidade quântica, disse: "Temo que a física não haja progredido o bastante para associar-se à psicologia, à teologia ou à sociologia ... Não creio que o teorema Bell nos aproxime mais de Deus".

Todavia, quando encaixado no contexto da multiplicação de pesquisas sobre prece intercessória, talvez esse ponto de vista seja por demais conservador. Na opinião de um número cada vez maior de cientistas, a física abre uma boa janela para os interessados em prece e intencionalidade remota. No mínimo, ela como que nos dá *permissão* para pensar que a consciência pode manifestar-se não-localmente no mundo. Por quê? A física hoje reconhece a existência de eventos em escala quântica que são decisivamente não-locais, como as correlações entre partículas subatômicas distantes. Esses eventos partilham três características notáveis, segundo Nick Herbert em *Quantum Reality* [Realidade Quântica]. Diz-se que são *imediatos* (ou seja, ocorrem simultaneamente), *não-mediados* (não dependem de nenhuma forma conhecida de energia para sua "transmissão") e *não-atenuados* (sua força não diminui com o crescente distanciamento espacial). *A prece intercessória a distância lembra muito esses eventos*. Portanto, se os físicos atinaram com processos não-locais no nível subatômico, é-nos lícito explorar também o mundo macroscópico à cata de provas da existência de eventos não-locais como a prece intercessória a distância. A importância dessa contribuição da física é monumental, pois ajuda a legitimar o debate em torno da "ação mental remota" e da prece intercessória, que a ciência guardou para si durante séculos.

Outra advertência: temos de reconhecer que os experimentos controlados testam apenas um aspecto da prece e são portanto muito limitados. Para citar o físico britânico Russell Stannard mais uma vez, "A prece, como um todo, é multifacetada, pois consiste de culto, ação de graças, contrição, desprendimento, contemplação, meditação, etc. A intercessão não passa de um de seus componentes. Mais: o experimento focaliza apenas as preces intercessórias feitas em benefício de estranhos. Como muitos outros, suspeito que o cerne da prece intercessória tem mais a ver com os moribundos, envolvendo antes as orações de entes queridos e amigos íntimos que as de estranhos distantes".

Mas não sejamos aqui *demasiado* modestos. Como sustenta o físico Daniel J. Benor num levantamento do estado atual desse campo, "Há número suficiente de estudos bem-elaborados e bem-conduzidos que demonstram, estatisticamente, efeitos significativos em apoio da tese segundo a qual a cura se deve a uma intervenção poderosa".

Um Olhar para o Futuro

Embora precisemos de mais dados experimentais (cientistas de todos os campos dizem isso), o maior obstáculo que enfrentamos para levar a sério a prece intercessória não é, cuido eu, a falta de evidências empíricas. O maior obstáculo parece ser a falta de imaginação. Incapazes de descobrir *como* a prece funciona, muitas pessoas declaram que ela *não pode* funcionar. A menos que aprendamos a ver o mundo de outra maneira, não aceitaremos as provas em favor da prece intercessória que já existem, por mais eloqüentes que sejam. O físico e pesquisador Jan Ehrenwald, escrevendo para o *Journal of Nervous and Mental Disease*, mostra o que temos de enfrentar:

> É paradoxal que, mais de meio século depois do advento da física relativista e da formulação da mecânica quântica, as modernas teorias da personalidade ainda se enraízem na tradição clássica judeu-cristã, aristotélica ou cartesiana. Nossos modelos neurofisiológicos do organismo, nossos conceitos psicológicos e psicanalíticos sobre a "mente" situam-se no espaço euclidiano e conformam-se em tudo a princípios mecanicistas, newtonianos e causativos.
>
> Quais são as características do modelo clássico? Ele concebe a personalidade como um sistema fechado, autocontido e homeostático que opera num universo desdobrado por um espaço-tempo pré-relativista, sujeito às leis rígidas de causa e efeito. Encontra sua tradicional representação pictórica na figura desenhada por Leonardo da Vinci, em que um homem de proporções ideais, confortavelmente abrigado no duplo recinto do círculo e do quadrado, se isola do resto do mundo.

Mesmo aqueles que acreditam na prece intercessória parecem, em geral, ofuscados pelas imagens clássicas a que Ehrenwald se refere, lamentavelmente falhas. Concebem a prece como uma espécie de sinal energético emitido para o Altíssimo, o qual funciona à maneira de uma estação de satélite que transmite o efeito ao destinatário da oração. Em nenhum estudo sobre a prece e a intencionalidade remota essas imagens são adequadas. Ademais, a doce esperança de muitos parece ser que, um belo dia, algum tipo de "energia sutil" seja detectado para explicar os efeitos a distância da prece. Embora isso possa de fato acontecer, as evidências de que ora dispomos indicam que os conceitos clássicos, baseados na energia, são insuficientes para explicar a ação da prece intercessória — novas imagens se fazem necessárias.

Sem dúvida, caso disponhamos de dados reveladores de que podemos afetar *positivamente* sistemas vivos a distância por intermédio da prece, isso significa que podemos também *prejudicá-los*. Essa consideração incita todos a buscarem abrigo, inclusive os que acreditam na prece — porque, como disse certa feita o filósofo Allan Watts, queremos manter limpas as camisas de Deus. Será difícil. Vários estudos sobre intencionalidade remota, utilizando bactérias e fungos, revelam claramente que não só podemos estimular suas taxas de crescimento como *inibi-las*. Essa perspectiva não deve assustar-nos. Às vezes, é preciso que a prece seja *hostil* — como quando oramos para um câncer ser destruído, para que uma obstrução coronariana seja removida, para que os vírus da AIDS sejam liquidados.

Até que surjam explicações científicas da prece intercessória, não precisamos suspender a nossa crença na prece nem negar a sua evidência. E mesmo quando essas explicações surgirem, "É coisa de Deus!" ainda permanecerá uma alternativa perfeitamente razoável, pois toda teoria nova levanta mais problemas do que resolve. Afinal, é impossível para qualquer teoria científica, em princípio, negar a existência e os atos do Absoluto.

Salientemos ainda que a prece não *necessita* da validação da ciência. Não precisamos sustar o fôlego à espera dos resultados do próximo estudo duplamente cego sobre a oração. As pessoas a testam na própria vida e a vida de cada um é o melhor laboratório que existe. Entretanto, a ilusão é possível e a ciência funciona como uma salvaguarda eficaz contra algumas formas de ludíbrio. Em nossa cultura, ela se tornou inegavelmente um poderoso árbitro de como elaboramos nossa visão de mundo e como vivemos nossa vida. Portanto, se a ciência diz algo de positivo sobre a prece, mesmo os que já acreditam nesta se fortalecem em suas convicções.

A Reespiritualização da Medicina

Os estudos sobre prece intercessória e intencionalidade remota constituem a melhor oportunidade para um diálogo sério entre ciência e espiritualidade. Esse debate precisa ir adiante de qualquer maneira, principalmente no campo da medicina.

A medicina moderna tornou-se uma das profissões menos espiritualizadas em nossa sociedade. Dado que eliminamos por completo o componente espiritual da cura, muitos curadores ao longo da história veriam nossa profissão, hoje, como uma prática inerentemente perversa. Lamentariam termos espremido os sucos da vida e banido o coração de nossa vocação. Os médicos têm necessidades espirituais como qualquer outra pessoa e nós pagamos um preço alto por ignorá-las. Simplesmente não parece bom praticar uma medicina em que só o físico importa; alguma coisa ficou de lado, incompleta.

André Malraux, o falecido romancista francês e ministro da Cultura de seu país, disse que o século XXI seria espiritual ou não seria nada. Muitas vezes penso o mesmo da medicina. Ela *será* reespiritualizada ou deixará de existir na forma que desejaríamos. Mas há esperança: a pesquisa científica dos efeitos terapêuticos da prece, empatia e amor apontam para a reespiritualização da medicina.

12

Que Tem o Amor a Ver com Isso?

Não pergunto o que sentem os feridos,
Eu próprio me torno o ferido.
WALT WHITMAN,
Leaves of Grass

Quando o Amor Morre

Para perceber a importância do amor na cura, basta observar o que acontece quando ele morre, como sucedeu no seguinte caso relatado pelo especialista em ética médica Eric Cassell: "Nos anos 1930, minha avó foi consultar um especialista por causa de um melanoma no rosto. No decorrer da consulta, quando ela lhe fez uma pergunta, o médico esbofeteou-a e rosnou: 'Eu faço as perguntas aqui. Só eu falo'. Seria imaginável um episódio desses hoje em dia? O melanoma pode não ter mudado muito nos últimos cinqüenta anos; mas a profissão médica mudou".

Incidente parecido ocorreu numa unidade de terapia coronariana onde um ancião de 80 anos fora internado em conseqüência de um ataque cardíaco fatal. Uma hora depois da internação, seu cardiologista insensato irrompeu na sala de espera onde a idosa esposa do paciente, sabendo que ele estava morrendo, chorava. O médico gritou, furioso: "Seu marido está impossível! Recusa-se a cooperar com tudo o que tento fazer por ele!" A velhinha não sabia o que responder. Por fim, em meio às lágrimas, implorou: "Doutor, ele não o faz por maldade. É um bom homem. Por favor, não o queira mal por isso!"

É tentador, para os médicos, dar as costas a semelhantes incidentes e dizer que são inusitados, excepcionais. Hoje, não nos comportaríamos assim com nossos pacientes. Entretanto, no cotidiano agitado da medicina de alta tecnologia, é muito fácil desviar os olhos do amor. E quando o fazemos, o hospital se transforma numa câmara de horrores — como no caso seguinte, extraído de um artigo com o título intrigante de "Morte por Destruição da Vontade", publicado nos *Archives of Internal Medicine*:

> Uma senhora de 93 anos foi internada a contragosto na unidade geriátrica de um hospital psiquiátrico, apresentando um quadro de perda crescente de memória e deterioração nos cuidados de sua casa, onde morava sozinha. Era funcionalmente independente, alegre, afetuosa e amável para com toda a equipe. Após duas semanas sem ocorrências notáveis na unidade, foi transferida para uma clínica médica a fim de fazer exames de sangue. Diante da equipe de médicos, negou quaisquer sintomas de doença e garantiu: "Estou tão bem quanto os senhores". O exame físico revelou uma massa abdominal dura de 4 cm, no lado inferior esquerdo.
>
> O exame de sangue mostrou um grau significativo de anemia. Recomendou-se um raio-X do cólon e uma transfusão. Imediatamente começaram os problemas, com a paciente externando o desejo de voltar para casa. Imobilizaram-na com uma jaqueta, mas ela continuou cada vez mais agitada e rebelde. Aplicaram-lhe então correias nos pulsos e nos pés. Houve séria altercação quando a anciã conseguiu libertar-se e esgueirar-se para o corredor. Os seguranças foram chamados e subjugaram-na depois de muita luta. De novo aplicaram-lhe correias.
>
> Após o incidente, notou-se grave mudança nos seus modos. Ela parecia desanimada e vencida. Dizia aos funcionários que estava para morrer "porque Deus queria". Na manhã seguinte, as correias foram removidas, o tratamento revisto e uma atendente contratada para vigiá-la. O filho visitou-a naquele dia e ficou impressionado com a mudança psicológica que percebeu na mãe. Disse que, a seu ver, o hospital a estava matando e que a velhinha perdera de todo a vontade de viver.
>
> No terceiro dia de hospitalização, tentou-se sem sucesso uma lavagem intestinal com bário. Fez-se uma transfusão de sangue. Radiografias do tórax mostraram uma área anormal no lobo direito superior, com cavidades aparentes [sugerindo tuberculose]. A paciente foi então isolada e prescreveu-se tratamento empírico para possível tuberculose pulmonar.
>
> A anciã não parecia muito doente, comia bem e andava pelo quarto. No quinto dia, porém, declarou: "Vou morrer logo". Três horas depois estava quase sem pulso e respirava com dificuldade. Tentou-se a ressuscitação cardiopulmonar, mas sem êxito.
>
> A autópsia identificou um carcinoma do ceco, sem indício de metástase. Uma área de endurecimento foi constatada no lobo superior direito do pulmão. As culturas se revelaram negativas. Não se notou evidência alguma de

doença cardíaca. O exame do cérebro não mostrou oclusão, amolecimento, tumor ou hemorragia.

Quando o caso foi posteriormente discutido, os membros da equipe envolvidos no tratamento da anciã não deram mostras de terem percebido nenhum vínculo potencial entre os fatos de seu internamento, sua alteração de humor e comportamento, e sua morte [grifo nosso].

O autor do relatório, Dr. Bruce E. Robinson, da Faculdade de Medicina da Universidade do Sul da Flórida, Tampa, mostra como esse caso poderia ter sido enfrentado com mais compaixão a cada passo. E conclui com um prudente comentário: "A história dessa mulher serve para lembrar-nos da relação crítica entre mente e corpo, além das conseqüências letais que são possíveis quando a esquecemos". E continuaremos a nos esquecer até reservarmos espaço, na cura, para o amor e a empatia.

A empatia "consiste especificamente na capacidade de os médicos se colocarem no lugar dos pacientes que procuram sua ajuda". É a disposição para partilhar os sentimentos e emoções dos semelhantes. Se a empatia tivesse estado presente, faria com que a equipe encarregada do tratamento da anciã de 93 anos se perguntasse: Que queria *ela*? Como viveu a experiência do hospital? Não seria mais humano permitir que ela vivesse tranqüilamente seus últimos dias, sem os rigores das correias? Uma vez que a equipe se mostrou incapaz ou pouco desejosa de partilhar os sentimentos da velhinha, sua avaliação revelou uma sensibilidade digna de um trem de carga a todo vapor.

Na moderna medicina, há a tendência a considerar o amor como um luxo ou uma "frescura", algo que, de qualquer maneira, interfere na abordagem racional dos cuidados para com o paciente. Eis um sério equívoco. A presença ou ausência do amor tem conseqüências de vida ou morte. Isso ficou flagrantemente demonstrado num relatório do Oklahoma Medical School Hospital, onde os doutores Stewart Wolf e William Schottstaedt empreenderam estudos metabólicos examinando o papel da interação humana nos níveis de colesterol. Um de seus pacientes era um homem de 49 anos que tivera diversos ataques cardíacos e apresentava uma história de relacionamentos caóticos. Durante a hospitalização,

o paciente parecia feliz e razoavelmente descontraído, embora ávido de afeto nos primeiros dias do estudo, quando recebia visitas diárias de sua nova namorada. Depois que ela viajou sem avisá-lo, porém, mostrou-se ansioso. A taxa de colesterol aumentou até a mulher voltar e tranqüilizá-lo. Entrementes, porém, conhecera outro homem que a agradava mais. Suas visitas foram rareando e por fim ela declarou ao paciente que não mais pretendia desposá-lo e, mesmo, não voltaria a vê-lo. O homem ficou profundamente deprimido. De novo a taxa de colesterol aumentou e no dia seguinte ele teve um infarto do miocárdio. Quatro dias depois estava morto.

Uma Lição de Amor

Sem dúvida, não são apenas os médicos que esquecem a importância do amor e da empatia. Educadores, advogados, políticos, policiais e praticamente todos os outros grupos profissionais podem ser juntados à lista. Mas, a despeito de alguns lapsos, acredito que a medicina ainda seja uma das profissões mais dedicadas da cultura contemporânea. Uma linhagem ininterrupta de curadores que sempre reconheceram a importância do amor e da compaixão na terapia continua a existir na área médica.

Recebi uma bela lição de um deles quando me aperfeiçoava em medicina interna num grande hospital da Administração dos Veteranos. O trabalho era pesado — um fluxo constante e interminável de novos pacientes, dia e noite. Depois de um dia especialmente agitado, encontrei-me com um colega aí pelas duas horas da madrugada, em nosso quarto. Cansado e mal-humorado, comecei a queixar-me de que os pacientes utilizavam o hospital como uma porta giratória. Depois de receber alta, recaíam em comportamentos destrutivos, como fumar e beber sem medidas, o que inevitavelmente levava a novas hospitalizações por doença cardíaca, enfisema, cirrose ou coisa pior. O colega ouvia pacientemente enquanto eu desabafava. Depois que terminei, ele disse, pensativo: "Você está certo. Eles *são* incorrigíveis. No entanto, eu os *amo*. Na verdade, poderia trabalhar aqui a vida inteira". Fiquei boquiaberto. Não teria a falta de sono prejudicado seu bom senso? "Gosto mais dos pacientes idosos", continuou ele, "mesmo com seus problemas miúdos. Suas hemorróidas são tão importantes para mim quanto seus ataques cardíacos. Quando os intestinos deles não funcionam, lá estou eu para ajudar. Quando ficam com as unhas compridas, aparo-as. Quando precisam de um banho ou de um corte de cabelo, apresento-me." Eu já começava a me sentir como um pecador na presença de um santo. "Alguns desses pacientes nunca mudarão de hábitos. Voltarão sempre. Mas não importa, são maravilhosos!"

Depois que completamos o curso, meu colega e eu passamos a trabalhar juntos. De várias maneiras, ele permaneceu um ícone para mim — o médico consumado, que tem não apenas competência técnica mas também sabedoria, compaixão, empatia e amor.

O Amor é Real?

Pode a experiência do amor ser explicada bioquimicamente? Será ele apenas um subproduto do cérebro físico? Embora não disponhamos de nenhuma "fita métrica emocional" para medir diretamente nossos sentimentos, sabemos que certos estados emocionais possuem correlações definidas no corpo. A raiva, a hostilidade e a ansiedade estão associadas a flutuações de neurotransmissores e hormônios específicos contidos no cérebro e no sangue. Sentimentos de amor têm sido vinculados a substâncias químicas do cérebro como a norepinefrina, a serotonina e a feniletilamina. (Coisa interessante, essa última substância encontra-se também em altas concentrações no chocolate — motivo pelo qual, dizem os materialistas pouco românticos, no Dia dos Namorados damos bombons de presente às pessoas cujo amor desejamos despertar.)

No entanto, quanto mais aprendemos acerca dos correlativos físicos das emoções, maior parece ficar o abismo entre ambos. Como salientou o teórico da consciência David J. Chalmers, ninguém sabe por que os eventos eletroquímicos do cérebro suscitam uma experiência consciente — de amor ou de outra natureza qualquer. Quando observamos a luz do comprimento de onda associado à cor púrpura, por que temos a experiência de ver o púrpura? Quando às voltas com os incontáveis problemas de seus pacientes, por que meu colega sentia amor? Por que, pura e simplesmente, não cuidava de suas hemorróidas e infartos de maneira automática, como se fora uma máquina inconsciente e condicionada? Como brota a consciência? E o amor?

A despeito de perguntas como essas, a propensão da moderna neurociência é para ignorá-las ou presumir que a consciência, as experiências emocionais e a química do cérebro são idênticas e intercambiáveis. Identificar consciência e química é um modo de negar a primeira, de sorte que no final das contas o real é a química e não a consciência. Uma amostra desse ponto de vista está no livro *The Dilemma of Psychology* [O Dilema da Psicologia], de Lawrence LeShan:

> Um influente psicoterapeuta, Lawrence Kubie, escreve: "Embora não possamos ignorar o conceito de consciência, ela não existe". Um célebre neurofisiologista, Karl Lashley, afirma: "O conhecedor, como entidade, é um postulado desnecessário". E um grande psicólogo, D. O. Hebb, pontifica: "A existência de algo chamado consciência é uma hipótese venerável, não um dado diretamente observável".

Para um número crescente de cientistas confiáveis, no entanto, não se pode descartar a consciência com tanta desenvoltura. Um exemplo é o físico Steven Weinberg, ganhador do Prêmio Nobel, que escreve sobre uma "teoria de tudo", da qual seja possível derivar todos os conhecimentos possíveis a respeito do universo. Weinberg reconhece que há um problema com o enquadramento da consciência nessa teoria porque ela não parece derivável de leis físicas. E, como a consciência não se enquadra, uma teoria de tudo fundada no mundo físico não é completa. A teoria final deverá conter um elemento adicional básico. "Para tanto", diz Chalmers, "proponho que a experiência consciente seja considerada um traço fundamental, irredutível a qualquer outro." Chalmers e outros acham que a consciência deve ser colocada ao lado da matéria e da energia como traço fundamental do nosso universo. Esses desenvolvimentos no pensamento contemporâneo são cruciais para a medicina: a menos que descubramos um lugar para a consciência, o amor jamais encontrará abrigo nos nossos modernos modelos de cura.

Além de quaisquer outras justificativas teóricas e filosóficas para o exame do papel da consciência na medicina, há também razões práticas para isso. Nas últimas décadas, foram se acumulando os indícios de que a intenção mental consciente é capaz de influenciar eventos não só no corpo, mas também no "mundo lá fora", e de que esses eventos podem ser acionados pelo amor.

Amor no Laboratório

No fim dos anos 1960 e começo da década seguinte, iniciou-se um trabalho pioneiro no campo do *biofeedback*. Os pesquisadores descobriram que pessoas comuns podiam aprender a controlar seus batimentos cardíacos, tensão muscular e temperatura da pele, quando constantemente estimuladas por instrumentos eletrônicos que mediam tais eventos. Embora o *biofeedback* seja hoje coisa corriqueira, na época era tido por um conceito herético. Contrariava a sabedoria convencional, que via essas funções como algo sempre silencioso e controlado pelo sistema nervoso autônomo.

Logo relatórios de vários centros de pesquisa de *biofeedback* começaram a insinuar que algo de estranho estava acontecendo. Quando os pesquisadores perguntavam a seus sujeitos "como haviam feito aquilo", não sabiam responder; mas quando lhes perguntavam *como se sentiram* ao ter êxito, saíam-se com frases como "senti-me um com os instrumentos". Alguns iam além, afirmando ter-se sentido inseparáveis do instrutor, da sala e "de tudo mais". Certos pesquisadores entenderam que os sujeitos estavam expressando uma experiência universal de misticismo, definida como "tornar-se um" ou unir-se a tudo que existe.

Observações semelhantes ocorreram também em outros tipos de laboratório. Com sua equipe, Robert G. Jahn, diretor do Princeton Engineering Anomalies Research (PEAR), examinaram milhões de tentativas em que pessoas procuravam influenciar o desempenho de instrumentos eletrônicos sofisticados, como geradores de eventos aleatórios. Os resultados mostraram que pessoas comuns podem exercer mentalmente influências significativas em termos estatísticos na operação das máquinas, em condições controladas. Como se sentiam ao fazê-lo? Segundo Jahn, "O relatório subjetivo mais comum dos operadores de nossos experimentos bem-sucedidos com homens e máquinas fala de um certo senso de 'ressonância' com os equipamentos — um sacrifício da identidade pessoal durante a interação —, um 'mergulho' ou uma ligação com o aparelho. Como disse um operador, 'Eu simplesmente me apaixonei pela máquina'. E, com efeito, o termo 'amor', ao conotar uma ressonância muito especial entre dois parceiros, é uma ótima metáfora". Fato interessante, os mais altos escores ocorrem quando parceiros emocionalmente ligados por amor ou empatia profundos interagem *juntos* com o equipamento eletrônico. Alcançam números oito vezes maiores que os das pessoas que tentam influenciar sozinhas a máquina.

Alguns cientistas acreditam que o amor não tem lugar na ciência objetiva. Jahn discorda: "Alusões ao amor podem ser encontradas na literatura científica, nenhuma mais eloqüente que a do príncipe Luís de Broglie, um dos patriarcas da física moderna", escreve ele, passando a citar uma passagem do livro de Broglie, *Novas Perspectivas em Física*:

> Se quisermos dar expressão filosófica ao profundo liame entre pensamento e ação, em todos os campos do esforço humano, particularmente a ciência, teremos sem dúvida de procurar suas origens nas profundezas abissais da alma do homem. Os filósofos darão a ele o nome de "amor" num sentido muito geral — essa força que orienta todos os nossos atos, dá origem a todos os nossos deleites e motiva todas as nossas buscas. Indissoluvelmente ligado ao pensamento e à ação, o amor é sua fonte comum e, portanto, seu vínculo comum. Os engenheiros do futuro desempenharão papel importante na consolidação desse vínculo.

Amor e Ressonância

A ressonância é um traço muitíssimo comum na natureza. De novo Jahn:

> Todos os tipos de sistemas físicos, sejam eles mecânicos, eletromagnéticos, acionados por fluidos, mecânicos quânticos ou nucleares, têm a capacidade de interagir por sinergia vibratória com sistemas similares ou com o ambiente. Osciladores harmônicos acoplados, todos os instrumentos musicais, circuitos de rádio ou televisão e componentes atômicos de moléculas estão sujeitos a essa ressonância "simpática", da qual emergem propriedades espantosamente diferentes daquelas que caracterizam seus componentes isolados.

Que significa dizer que todos os tipos de sistemas físicos estão em "ressonância simpática" uns com os outros e com o ambiente? "Simpatia" vem do grego *sympatheia,* "sentimento comum"; "ressonância" deriva do latim *resonantia,* "eco". Será o universo um imenso eco de sentimento e sensibilidade?

Lyall Watson postula, em *A Natureza das Coisas*, que um tipo geral de ressonância deve permear o mundo natural num grau inimaginável. Afirma que objetos inanimados e organismos inferiores — pedras, carros, bactérias — podem "ressoar" com os humanos adotando nossas "impressões digitais emocionais", como diz, em conseqüência de um contato íntimo e prolongado conosco. Quando fazem isso, comportam-se de um modo assombrosamente humano e produzem o que Jung chamou de "sincronias" — aqueles eventos imprevisíveis e cheios de significação que em geral consideramos "curiosas coincidências".

O Amor é Não-local

A ressonância a que aludem Jahn, Watson e outros apresenta qualidades inusitadas. Parece operar sem levar em conta a distância. Nos experimentos controlados feitos por Jahn e sua equipe, os sujeitos são às vezes separados do aparelho que tentam influenciar por enormes distâncias — situam-se, literalmente, no outro lado do mundo. Os achados são consistentes: os efeitos do esforço mental não diminuem com a crescente separação espacial. Como vimos, esses experimentos e os escores de outros realizados em laboratórios de vários países apontam para uma característica não-local da consciência, a um aspecto da mente que não se confina a pontos específicos no tempo e no espaço.

O amor está muitas vezes envolvido quando a mente se comporta de maneira não-local. Um dos exemplos mais comuns é a ressonância afetuosa e distante que existe entre os humanos e seus animais de estimação. Os pesquisadores J. B. Rhine e Sara Feather recolheram dezenas de relatos sobre animais que regressam — bichos que acham o caminho de volta para seus donos, às vezes percorrendo distâncias colossais. Esses fatos não podem ser explicados pelo "instinto do lar": o animal muitas vezes "regressa" a lugares onde nunca esteve. Um exemplo é o de Bobbie, um *collie* que viajava com uma família de Ohio para sua nova casa no Oregon, lugar que Bobbie não conhecia. Durante uma parada na Luisiânia, o cão se perdeu. Depois de procurá-lo por muito tempo, a família desistiu e continuou sua jornada para o Oeste. Meses depois, Bobbie apareceu na casa nova do Oregon. Não podia haver engano: o animal ainda trazia sua placa de identificação e várias marcas e cicatrizes que o distinguiam.

Fico muito impressionado com casos em que animais encontram seu caminho para junto de donos doentes. Tais episódios sugerem que a capacidade de amor e desvelo por alguém que enfrenta uma crise não é um traço unicamente humano, mas disseminado por outras espécies. Um desses casos é relatado por Vida Adamoli em *The Dog That Drove Home* [O Cão Que Regressou]:

> Um garoto chamado Hugh Brady, que possuía pombos-correio como animais de estimação, certa feita encontrou uma dessas aves ferida no jardim de sua casa. Cuidou dela, aplicou-lhe uma placa de identificação com o número 167 e soltou-a.

No inverno seguinte, Hugh caiu enfermo de repente e foi para um hospital a trezentos quilômetros de distância, onde passou por uma cirurgia de emergência. Ainda estava se recuperando quando, numa noite nevoenta e escura, ouviu um barulhinho persistente na janela. Chamou a enfermeira e pediu-lhe que a abrisse. Ela o fez e um pombo entrou voando, indo pousar com um alegre bater de asas no peito de Hugh. Este percebeu imediatamente que se tratava de seu pássaro, o que foi confirmado pela placa de identificação.

Os pombos-correio são famosos por seus instintos de regresso, mas nesse caso a ave não voltou para casa: seguiu a pista do dono até um lugar que não conhecia e nunca vira. Como o conseguiu, é um mistério.

Em *Everyday Miracles* [Milagres do Cotidiano], o Dr. Gustav Eckstein menciona um cãozinho *spitz* que fazia as vezes de enfermeira noturna ao lado da cama de sua esposa diabética. Todas as noites ele se lhe enroscava no braço. Acordava imediatamente sempre que a respiração da mulher se alterava, um dos sinais de cetoacidose, complicação séria de quem sofre de diabetes. Embora, aqui, não se trate de um evento não-local, já que o cão estava em contato sensorial com a dona, o fato ilustra aquilo que todo possuidor de um bicho de estimação já conhece: o amor e o desvelo não são privilégio do *Homo sapiens*.

Se quisermos compreender como o amor funciona na cura, deveremos encarar o conceito de não-localidade. Apesar de ser uma idéia muito pouco apreciada na moderna ciência, os médicos foram aos poucos fazendo as pazes com ela durante as últimas décadas. Experimentos rigorosos realizados de vinte anos para cá confirmaram a existência de fenômenos não-locais no domínio subatômico. Por exemplo, se duas partículas que estão em contato são separadas, a mudança em uma resulta na mesma mudança em outra — imediatamente e em grau idêntico. A separação entre ambas é irrelevante: em termos teóricos, poderiam ser instaladas em lados opostos do universo. Ao que parece, nenhum sinal energético se transmite entre elas, para dizer a uma partícula que uma mudança se operou na outra: como as mudanças são instantâneas, não haveria tempo para sinalização. As partículas distantes agem como se fossem uma só: paradoxalmente, separadas mas unidas.

Eventos Telessomáticos: O Impulso do Amor

F. W. H. Myers, um dos mais proeminentes estudiosos e pesquisadores no campo da parapsicologia por ocasião da virada do século XX, ficava impressionado ao constatar que, com muita freqüência, o amor estava presente quando pessoas se comunicavam através de grandes distâncias. "O amor é uma espécie de telepatia exaltada, mas inespecífica", afirmou ele, "a mais simples e universal expressão da gravitação mútua ou parentesco de espíritos."

O amor tem uma qualidade adesiva. Sob certas circunstâncias, funciona como uma verdadeira cola que liga pessoas distantes. Isso em parte alguma é mais evidente que nos eventos telessomáticos. *Telessomático*, termo cunhado em 1967 pelo neurologista Berthold E. Schwarz para descrever fatos que observou na vida de seus pacientes, significa aproximadamente "corpo a distância". É termo apropriado porque pessoas distantes muitas vezes agem como um só corpo e mente, partilhando emoções e sintomas físicos. Quando se dão tais eventos, as pessoas distantes não sabem o que acontece com a outra, o que inviabiliza sua explicação como expectativa ou sugestão.

Schwarz colecionou aproximadamente trezentos casos telessomáticos. Muitos apareceram em diferentes publicações ao longo dos anos e alguns foram relatados em jornais médicos. Exemplos:

- Uma mãe escrevia à filha, que estava longe, na faculdade. Súbito, sua mão direita começou a arder de tal maneira que ela não conseguia segurar a caneta. Menos de uma hora depois, ela recebeu uma chamada telefônica da escola, dizendo-lhe que a moça tivera a mão direita gravemente queimada por ácido num acidente de laboratório... no mesmo instante em que a mãe sentira a queimadura!
- Um homem e sua esposa assistiam a um jogo de futebol em Berkeley, Califórnia. Ele se levantou de súbito, no meio da partida, e disse que precisavam voltar imediatamente para casa porque seu filho fora ferido. Quando chegaram, descobriram que o garoto enfiara um prego no polegar, que precisou ser removido cirurgicamente.
- Uma mulher curvou-se subitamente, esfregando o peito como se sentisse fortes dores, e gritou: "Alguma coisa aconteceu a Nell, ela está machucada". Duas horas depois, o xerife apareceu para informar que Nell morrera a caminho do hospital. Sofrera um acidente de carro, no qual um pedaço do volante perfurara seu peito.

Às vezes, eventos telessomáticos envolvem mais de duas pessoas. Grupos, famílias e mesmo comunidades inteiras já passaram por isso, o que impede a classificação do fenômeno como "mera coincidência". O pesquisador Ian Stevenson, da Universidade da Virgínia, cita o caso em que uma mulher teve forte pressentimento, durante a noite, de que a mãe estava gravemente enferma. Apesar dos protestos do marido, foi para a casa da mãe e, ao aproximar-se, avistou a irmã, que tivera o mesmo pressentimento e agira da mesma forma. As irmãs foram encontrar a mãe moribunda, a pedir a presença das filhas.

Stevenson cita outro caso em que os oito membros de uma família do interior do Estado de Nova York parecem ter sido afetados não-localmente. Certa manhã, levantaram-se, tomaram o café e dispersaram-se pela fazenda, para encetar as tarefas do dia. Mais tarde, cerca de dez horas, cada qual começou a ter estranhas sensações: medo intenso, pressentimento de que algo terrível iria acontecer. Imaginando-se doentes, todos deixaram de trabalhar e voltaram para casa, sem saber nada dos demais. Esse comportamento inusitado coincidiu no tempo com a morte acidental, em Michigan, de um filho da família.

Os eventos telessomáticos não são "ciência de laboratório". Ocorrem de repente na vida das pessoas, não podendo ser arquitetados ou estudados a nosso bel-prazer. Como levá-los a sério? Há duas razões principais. Em primeiro lugar, são bastante comuns e quase todas as pessoas já os experimentaram ou conhecem alguém que os experimentou. Em segundo, revelam impressionante consistência interna: não só acontecem entre pessoas a distância como entre entes queridos — pais e filhos, parentes (sobretudo gêmeos idênticos), cônjuges e namorados.

Os eventos telessomáticos são expressões não-locais da consciência. Demonstram a capacidade que tem o amor de desdobrar-se pelo tempo e o espaço para unir-nos numa só pessoa. Revelam que "conexão" e "unicidade" não são mera poesia ou metáfora, mas uma realidade concreta. Mostram que, num certo nível mental, a unidade e não a separação é fundamental.

Embora não possamos forçar os eventos telessomáticos a manifestar-se, para que os estudemos sob condições controladas, algo muito parecido com eles é observável em laboratório. Numa série de experimentos, os encefalogramas ou EEGs de pessoas distantes foram medidos e comparados. Na condição normal, não havia nenhum vínculo entre os dois padrões de EEG. Mas quando os pesquisadores pediram aos sujeitos distantes que desenvolvessem entre si um sentimento de empatia, os padrões apresentaram freqüentemente correlações intrigantes, tornando-se às vezes quase idênticos.

Quer chamemos esses sentimentos compartilhados de ressonância, empatia ou amor, os achados desafiam seriamente o conceito de individualidade — e questionam mesmo se, em algum nível mental, tal coisa existe.

Um Espectro Universal de Amor?

Uma das maiores descobertas de nosso século — e talvez de todos os tempos — talvez sejam as conexões não-locais existentes entre a imensa variedade de entidades que povoam o universo. Como vimos, essas conexões se manifestam entre partículas subatômicas, sistemas mecânicos, humanos e máquinas, humanos e animais, e humanos e humanos. Quando esse vínculo não-local existe entre as pessoas, chamamo-lo de amor. Quando une partículas subatômicas distantes, que nome daremos a semelhante manifestação? Escolheremos uma expressão neutra e asséptica como *comportamento não-localmente correlacionado* ou ficaremos satisfeitos considerando-a uma forma rudimentar de amor? Não estou aqui a dizer que seres humanos e elétrons experimentam amor e simpatia no mesmo grau; mas é-nos lícito perguntar se a unidade de partículas subatômicas distantes não seria uma forma primordial de empatia — um protoamor — que se intensifica com a crescente complexidade biológica, emergindo por inteiro, como amor e compaixão, nas pessoas. Haverá um espectro do amor espalhando-se por toda a organização do universo físico, da dimensão humana microscópica à macroscópica (ver tabela)?

A Empatia e o Amor São Inatos?

Nem todos acreditam que o amor seja inato na natureza. Controvérsias tempestuosas vêm assolando há décadas o campo da psicologia — sobre, por exemplo, se nossa capacidade de amor e empatia é inata ou adquirida em resposta aos desafios do ambiente. Em seu admirável livro *The Immune Power Personality* [A Personalidade Refratária ao Poder], Henry Dreher colheu indícios de que nossa capacidade para o amor e a empatia, embora influenciada pelo aprendizado e por fatores ambientais, possui uma base biológica. Jean Piaget, o destacado psicólogo suíço, acha o contrário. Sustenta ele que as crianças não sentem empatia até que o cérebro delas esteja suficientemente desenvolvido (por volta dos 7 ou 8 anos de idade). Antes disso, não se apercebem das experiências alheias. No entanto, a partir das décadas de 1970 e 80, foram se acumulando indícios de que Piaget talvez estivesse equivocado. O psicólogo Martin L. Hoffman, da Universidade de Nova York, demonstrou que recém-nascidos choram em resposta ao choro de outro bebê, mas quase nunca reagem a simulações de choro de bebês por computador ou mesmo a gravações de seus próprios gritos. "Praticamente desde o dia em que nascem, perturbam-se com os sons emitidos por outras crianças", sustenta Hoffman. "A predisposição inata a chorar em presença desse som parece ser o precursor da empatia."

Carolyn Zahn-Waxler, psicóloga do desenvolvimento no Instituto Nacional de Saúde Mental, reuniu mães e filhos num laboratório a fim de observar a resposta das crianças quando as mães ou outras crianças exibiam tristeza. Pediu às mulheres que deixassem cair coisas ou sacudissem a cabeça, para ver se os filhos iriam consolá-las. Numa variante desse estudo, realizado em casa, ela instruiu as mães a simular dor, fingir um acesso de tosse, mostrar irritação ou chorar; em seguida, mediu a reação dos bebês. Em todos os casos estes se mostraram agitados, tentando por gestos e sons confortar as mães. Segundo Zahn-Waxler, "Não temos certeza se o bebê de 1 ano consolava ou buscava consolação, ou ambas as coisas. Mas em crianças apenas alguns meses mais velhas observamos expressões indiscutíveis de preocupação com outras pessoas. As comportas do altruísmo se escancaram paralelamente ao desenvolvimento da linguagem". Resumindo esses achados, Dreher afirma: "Aquilo que,

O Espectro Universal do Amor

BIOLÓGICA

Sistemas de Interação	*Evidência de Interação*	*Expressão de Interação*
Humanos e humanos	Humanos reagem com humanos não-localmente — a distância, sem a mediação de trocas sensoriais ou energéticas de informação. Vários estudos controlados abordaram a prece intercessória/a distância e outros tipos de intenção mental remota. Centenas de eventos telessomáticos já foram reportados. Numerosos estudos controlados documentaram formas não-locais de obter ou transmitir informação (clarividência, telepatia).	Amor, empatia, compaixão, desvelo, unidade, consciência coletiva, Mente Universal ou Mente Una, Deus ("Deus é amor"), Deusa, Alá, Tao, o Absoluto
Humanos e animais	Escores de estudos com vários tipos de intenção terapêutica a distância foram alcançados usando-se animais superiores como "alvos". Esses estudos muitas vezes envolvem prece ou "bio-PC" (psicocinese). Animais de estimação perdidos voltam para seus donos após percorrer enormes distâncias até lugares que nunca conheceram.	Amor, Empatia
Humanos e sistemas vivos	Escores de estudos controlados trataram dos efeitos distantes da prece e de outros tipos de intenção terapêutica positiva a distância, nos quais vários "organismos inferiores" — bactérias, fungos, fermentos — foram os alvos, além de sementes, plantas e células de variados tipos.	Amor, Empatia

COMPLEXIDADE

Humanos e máquinas complexas	Os humanos podem, mentalmente, influenciar a operação de sofisticados equipamentos eletrônicos de *biofeedback*, o que é confirmado pelo registro coletivo de mais de trinta anos de pesquisa nesse campo, em centenas de laboratórios. Os humanos também conseguem afetar mentalmente geradores de eventos aleatórios e outros instrumentos eletrônicos a distância, como se viu por estudos conduzidos no Princeton Engineering Anomalies Research (PEAR) e muitas outras instituições.	"Tornar-se um com a" ou "apaixonar-se pela" máquina; interconexão, unidade
Humanos e máquinas simples	Os humanos podem afetar o comportamento de pêndulos oscilantes, aparelhos mecânicos em cascata e outros equipamentos relativamente simples — como o provam estudos realizados no laboratório do PEAR e em outros lugares.	"Tornar-se um com a" ou "apaixonar-se pela" máquina; interconexão, unidade
Sistemas/equipamentos físicos complexos	Segundo os princípios comumente aceitos em física, osciladores harmônicos acoplados, todos os instrumentos musicais comuns e os circuitos de rádio ou televisão interagem e ressoam uns com os outros. Em geral, todos os tipos de sistemas físicos — mecânicos, eletromagnéticos, mecânicos quânticos ou nucleares — emitem por sinergia vibrações interativas com sistemas similares ou com o ambiente.	Ressonância simpática ou harmônica
Partículas subatômicas	Partículas subatômicas como os elétrons, uma vez em contato, exibem mudanças simultâneas — independentemente da distância que as separa e no mesmo grau. O teorema de Bell, o experimento Aspect e muitos outros desenvolvimentos confirmam essas possibilidades no nível mecânico-quântico.	Comportamento não-localmente correlacionado; amor rudimentar ou protoamor?

na infância, começa como reflexo transforma-se na resposta plenamente formada que chamamos empatia — um conjunto complexo de sentimentos, idéias e ações ... No segundo ano de vida, as crianças demonstram não apenas empatia, mas também comportamento altruístico".

A capacidade de empatia e amor, ao que parece, está gravada na nossa biologia.

As Maiores Lições do Amor

O amor é útil na cura. Alivia a dor e o sofrimento; muitas vezes monta o cenário para a recuperação física e o restabelecimento completo. Em conseqüência, há sempre a propensão de "pôr o amor a trabalhar" a serviço da terapia. Entretanto, podem surgir problemas decorrentes dessa abordagem utilitarista. As maiores lições do amor talvez fiquem obscurecidas — lições que, a meu ver, amesquinham a questão de saber se ele deve ser "usado" para amenizar a dor, curar um ataque cardíaco ou um câncer, melhorar um relacionamento.

Benefício maior que esses é: *o amor nos mostra quem somos*. Ele combate a ilusão do isolamento. Reduz (mas não erradica) a individualidade tornando possível a experiência de uma consciência coletiva e unitária — aquilo que o físico Erwin Schödinger, ganhador do Prêmio Nobel, chamou de Mente Una. Graças ao amor percebemos que, em algum nível, a consciência humana é não-local — que não se confina a pontos específicos do espaço, como cérebros e corpos, nem a momentos específicos no tempo, como o instante atual. Nessa missão, o amor revela nossa identidade oculta mostrando-nos que em certo sentido somos infinitos, eternos, imortais e um só. Disse Jan van Ruysbroeck (1293-1381), um dos mais sublimes místicos que o mundo jamais conheceu: "Quando o amor nos arrebata por sobre todas as coisas, acolhemos em paz a Luz Incompreensível, que nos envolve e penetra. Que será essa Luz senão a contemplação do Infinito e a intuição da Eternidade?"

Mas o amor tem lá seus problemas. Há sempre o risco de nos "diluirmos no amor" — de, por assim dizer, perdermos pé neste mundo e nos vaporizarmos no infinito. Se quisermos ser equilibrados como pessoas, teremos sempre de permanecer cônscios do grande paradoxo do amor: ele não só transcende nossa individualidade como a afirma. O infinito só pode ser conhecido por intermédio do finito. Como escreveu Blake, "A Eternidade reside no amor juntamente com as produções do Tempo". Assim, o amor nos enche com um senso de existência que Evelyn Underhill explica do seguinte modo em *Misticismo*: "Grande o bastante para ser Deus, íntimo o bastante para ser eu". Como diz Jung:

> A pergunta decisiva, para o homem, é: relacionamo-nos com algo infinito ou não? A sensação do infinito, porém, só pode ser obtida quando estamos enclausurados. Unicamente a consciência de nosso estreito confinamento ao eu gera o vínculo com o ilimitado do inconsciente. Graças a essa percepção, vemo-nos ao mesmo tempo como limitados e eternos, como o um e como o outro. Se podemos nos conhecer como únicos em nossa combinação pessoal — em última instância, limitada —, possuímos também a capacidade de captar o infinito. Mas só então! Singularidade e limitação são sinônimos. Sem elas, nenhuma concepção do ilimitado é possível.

Assim como o dedo que aponta para a lua não é a lua, todas as nossas investigações e artigos científicos jamais captarão verdadeiramente o amor. Quanto mais o exploramos, mais seus mistérios se adensam. Ninguém soube disso melhor que Jung, com cujas palavras termino:

> Tanto na minha experiência médica quanto na minha vida particular, deparei inúmeras vezes com o mistério do amor e nunca fui capaz de explicá-lo. Nenhuma linguagem é adequada. Não importa o que dissermos, as palavras não darão idéia do todo. Abordar aspectos parciais é sempre demasiado ou pouco, pois só o todo tem significação. O amor "tudo sofre" e "tudo suporta" (I Coríntios, 13:7). Isso é tudo o que se pode dizer e nada há a acrescentar a essas palavras.

13

Criatividade e Sopa Cósmica

Cometi meu primeiro crime aos 17 anos de idade — altas horas da noite, pulei a janela da sala do diretor do meu colégio para roubar o resultado de um teste de inteligência. Pode-se dizer que foi o crime perfeito, porque eu e meus três cúmplices nunca fomos apanhados. Mas na verdade tive de pagar um preço terrível.

Tudo começou quando as escolas secundárias de todo o Estado do Texas contraíram a mania dos testes de inteligência. Num belo dia de primavera, todo rapaz do Colégio Groesbeck, incluindo os 35 alunos de minha classe, teve de submeter-se ao longo teste que indicaria o nosso QI. O objetivo do teste, diziam os professores, era "saber a quantas andava a nossa inteligência". Por que isso era uma boa idéia, nunca ficou esclarecido. Com a típica arrogância dos adolescentes, confiei em que o meu escore tinha sido alto. Não o sabia com certeza, contudo, porque os resultados dos testes eram secretos e os professores se recusavam a revelá-los. Isso nos deixou loucos. Nós *tínhamos* de saber qual era o nosso QI! E foi assim que, certa noite, quatro de nós invadimos a sala do diretor por uma janela não-trancada (era a época pré-sistemas de segurança), vasculhamos os arquivos e descobrimos quais eram os nossos QIs.

Foi um dos piores erros de minha vida. Meu QI estava longe de ser tão alto quanto eu esperava, o que me deixou arrasado. O fato de eu ser um dos melhores alunos da classe era claramente uma façanha dúbia e só tinha sido possível porque eu estudava mais do que os outros para compensar a minha desvantagem intelectual inata. Passei o resto da noite mergulhado num abismo de sentimentos de incapacidade, inferioridade e insegurança. Para piorar as coisas, eu nada podia fazer em meu benefício porque os professores já nos tinham explicado que "o QI não muda". Uma vez maldito, sempre maldito.

Desenvolvi uma imediata aversão por testes de QI e nunca mais voltei a fazê-los. Com o passar dos anos, porém, minhas realizações acadêmicas revelaram-se substanciais e comecei a perguntar-me se o escore do meu QI não estaria errado. Finalmente, minha curiosidade pôde ser satisfeita.

Durante o meu último ano na faculdade de medicina, uma de minhas amigas estava fazendo uma tese sobre psicologia e precisava de sujeitos que se submetessem ao teste de QI como parte de sua pesquisa. Quando ela me convidou para fazê-lo, a princípio recusei. Mas ela insistiu, e depois de muita hesitação acabei consentindo, sob uma condição — que ela me deixasse fazer o teste embriagado. Isso me deixaria mais à vontade e me daria uma perfeita desculpa se o meu escore fosse baixo. Quando o exame começou, eu estava numa disposição alegre e exaltada. O teste foi delicioso e até divertido. Quando minha amiga revelou o meu escore, fiquei surpreso ao descobrir que o meu QI tinha aumentado quase quarenta pontos em relação ao que eu alcançara no colégio. Por razões misteriosas, eu tinha ficado muito mais inteligente! Não sabia se devia exultar com o novo escore ou enfurecer-me com o antigo.

O Cérebro é Realmente Necessário?

O teste de QI já não é considerado tão infalível como naquele tempo. Uma razão disso são as realizações de pessoas como o Prêmio Nobel de física Richard Feynman. Seu QI era de 122, o que é um escore apenas respeitável e provavelmente baixo para os físicos em geral. Ninguém adivinharia, com base em seu QI, que Feynman viesse a ser um dos gênios científicos mais criativos do século XX.

Na atualidade alguns cientistas lançam mão de uma explicação biológica para a inteligência, um dos pressupostos em que se baseia o teste de QI. Um exemplo é Albert Einstein, que teria observado: "O segredo da criatividade é sabermos esconder as nossas fontes". Mas a maioria dos neurocientistas discorda de Einstein — e demonstrou isso caindo sobre o seu cérebro depois de sua morte. Os histologistas submeteram ao microscópio amostras de tecido de várias partes do cérebro de Einstein, esperando encontrar algum segredo anatômico que explicasse sua espantosa originalidade. Mas, além de algumas descobertas de significação equívoca, o cérebro de Einstein não ofereceu nenhuma revelação de maior relevo. Em algum lugar Einstein devia estar dizendo: "Eu bem que avisei", sempre escondendo as suas fontes.

Num artigo provocativamente intitulado "O Cérebro é Realmente Necessário?", o neurologista britânico John Lorber indaga se um córtex cerebral intacto é mesmo necessário para a mentalização normal. Lorber realizou tomografias computadorizadas em centenas de indivíduos hidrocéfalos, nos quais uma quantidade excessiva de fluido cerebroespinal se acumula no interior do crânio, comprimindo o tecido normal do cérebro. Descobriu que muitos deles tinham função intelectual normal ou acima do normal, embora a maior parte do crânio estivesse cheia de fluido cerebroespinal. Normalmente os seres humanos têm um córtex cerebral de 4,5 cm de espessura, contendo cerca de 15 a 20 bilhões de neurônios. Em um paciente, contudo, um estudante universitário de matemática que procurou Lorber porque o seu médico suspeitava que sua cabeça era ligeiramente aumentada, a tomografia do cérebro revelou um córtex cerebral com espessura de apenas *um milímetro*. Funcionando com uma margem ínfima de tecido cortical (cerca de 2% da espessura normal), esse estudante apresentou um QI de 126. Não era apenas bem-dotado intelectualmente: era normal também em seu comportamento social.

"Como o próprio Darwin afirmou em relação à ciência, não são as pessoas mais inteligentes que tendem a fazer as descobertas mais importantes", observa o cientista social Frank J. Sulloway em seu livro *Born to Rebel: Birth Order, Family Dynamics, and Creative Lives* [Nascido para Rebelde: Ordem de Nascimento, Dinâmica Familiar e Vidas Criativas]. "O QI está apenas fracamente relacionado com as realizações das pessoas inteligentes o bastante para tornar-se cientistas. ... Um cientista com um QI de 130 tem tanta probabilidade de ganhar o Prêmio Nobel quanto um cientista cujo QI é de 180". Onde estava a voz moderadora de Darwin quando precisei dela naquela fatídica noite em que três magros dígitos causaram uma terrível tempestade na minha mente?

Inteligência Emocional e Curativa

Felizmente, nos últimos anos o QI perdeu um pouco de sua confiabilidade como oráculo monolítico da inteligência. Por exemplo, o autor de obras científicas Daniel Goleman, em seu aclamado livro *Inteligência Emocional*, afirma que a nossa visão da inteligência baseada no QI é demasiadamente estreita. A inteligência emocional — termo de Goleman para autopercepção, altruísmo, motivação pessoal, empatia e capacidade de amar e ser amado por amigos, cônjuges, parceiros e membros da família — também desempenha um papel crucial. As pessoas que possuem uma inteligência emocional elevada têm grandes probabilidades de ser bem-sucedidas profissionalmente e de estabelecer relacionamentos duradouros e significativos. A inteligência emocional não é fixada no nascimento e pode ser cultivada em qualquer fase da vida. Mensagens similares são encontradas no livro do psicólogo Howard Gardner *Multiple Intelligences* [Inteligências Múltiplas], onde ele afirma que os estudantes são defraudados pela visão da inteligência tradicional, baseada no QI e em sua ênfase quase total nas habilidades lingüísticas e lógicas.

Embora os pacientes desejem que seu médico seja inteligente o bastante para desempenhar o seu trabalho a contento, eles nunca perguntam qual é o seu QI. Isso denota a importância que atribuem à inteligência emocional — a empatia, o altruísmo, a compaixão e o amor que percebem em seu médico.

Nós, médicos, costumamos olhar essas preocupações como despiciendas. Nosso objetivo primacial é ser intelectualmente acurados no trato com um problema científico, e não ser simpáticos. Mas mesmo quando a mera capacidade cerebral é importante — ao fazer diagnoses complexas ou ao criar intricados programas de tratamento —, a inteligência pura e simples não é tudo. As respostas corretas não raro ocorrem em sonhos, visões, intuições e pressentimentos que parecem muito pouco relacionados com a razão.

A maioria dos profissionais da saúde se deixa levar, num ou noutro grau, por uma visão estereotipada segundo a qual a inteligência e as emoções se opõem entre si e a empatia, a compaixão e o amor atrapalham o raciocínio científico. Essa atitude se reflete em nossas escolas médicas, nas quais se atribui pouca prioridade à inteligência emocional no processo de seleção dos estudantes de medicina. As escolas médicas continuam a selecionar os candidatos principalmente com base nas boas notas que eles receberam em química, física, biologia e matemática durante o curso secundário. Esse é o tipo de realização que se relaciona com um QI elevado. Muitas escolas médicas não são apenas cegas em relação à inteligência emocional, são realmente hostis a ela. Como ressaltei no capítulo "O Que Aconteceu com os Curadores?", essas escolas conseguem extinguir todo vestígio de inteligência emocional que os jovens médicos trazem consigo. É como se houvesse uma guerra entre a razão e a emoção, e as escolas médicas tivessem de optar pelo lado em que se encontram. Como a maioria das guerras, esta se baseia num profundo equívoco. A oposição é falsa, porque os melhores médicos sempre foram indivíduos dotados *tanto* de cérebro *quanto* de coração — um intelecto altamente desenvolvido e um lado emocional maduro.

Não estou insinuando que devemos abandonar o intelecto e o QI e voltarnos unicamente para as emoções. Um extremo é tão errôneo quanto o outro. A "inteligência curativa" requer um equilíbrio entre razão *e* intuição, entre intelecto *e* sentimento. Mas para alcançar o equilíbrio devemos criar algo que tem faltado no trato com a saúde: um espaço para o lado não-racional, intuitivo da mente. Gostaria de tentar criar esse espaço perguntando: o que realmente sabemos sobre a criatividade e a inteligência? Explorarei, pois, algumas áreas que gostaria de ter conhecido quando roubei o resultado do meu teste de QI.

Superdotados

O escritor e educador Joseph Chilton Pearce acredita que muitas vezes as pessoas adquirem suas idéias abeberando-se no que ele chama de "sopa" cósmica. Esse é um termo para aquilo que ao longo da história tem sido chamado de consciência coletiva, Mente Universal, Consciência Divina, consciência cósmica e assim por diante. A sopa cósmica de Pearce contém todos os ingredientes de que alguém poderia precisar para formular uma nova idéia. Ele afirma que as realizações e descobertas criativas ocorrem quase sempre quando as pessoas recorrem mentalmente a esse manancial e dali retiram tudo o de que necessitam.

Como provar a existência desse hipotético manancial? Um modo de fazê-lo seria encontrar indivíduos que possuem conhecimentos que não poderiam adquirir com base em sua experiência ou herança genética nem muito menos formulá-los por si mesmos. Bons exemplos disso são os superdotados, ou seja, aquelas pessoas que em francês são chamadas *savants*. Esse termo tem sido usado tradicionalmente para designar indivíduos que são mental ou socialmente incapacitados, mas possuem notáveis poderes criativos e intuitivos de origem obscura em áreas como a matemática, a arte ou a música. A "síndrome do superdotado" foi popularizada alguns anos atrás no filme *Rain Man*.

As capacidades dos superdotados são vistas amiúde como curiosidades de pouco valor prático, mas nem sempre foi assim. Durante a Segunda Guerra Mundial o governo britânico empregou dois superdotados no terreno da matemática considerados infalíveis como computadores humanos.

O psicólogo David Feinstein relata que pelo menos cem pessoas dotadas de prodigiosas habilidades mentais foram identificadas no século passado. Darold Treffert, em seu livro *Extraordinary People* [Gente Extraordinária], descreve um superdotado cujo vocabulário conversacional se limitava a umas 58 palavras mas que podia declinar com precisão a população de qualquer cidade dos Estados Unidos com menos de cinco mil habitantes; os nomes, números de quartos e dependências de dois mil hotéis importantes na América; a distância de qualquer cidade pequena à maior cidade do seu Estado; estatísticas referentes a três mil montanhas e rios; e as datas e os fatos essenciais de mais de duas mil invenções e descobertas relevantes.

Joseph Chilton Pearce dá vários exemplos das proezas de superdotados em *Evolution's End* [O Fim da Evolução]: mostrou-se a um superdotado em matemática um tabuleiro de damas com um grão de arroz na primeira de suas 64 casas e foi-lhe perguntado quantos grãos de arroz haveria na última casa se os grãos fossem duplicados em cada casa. Quarenta e cinco segundos depois ele deu a resposta correta, que ultrapassa o número total de átomos do Sol.

Um cego superdotado em música podia "repetir ao piano uma peça complexa depois de ouvi-la apenas uma vez, executando uma reprodução perfeita que incluía cada nuança emocional de expressão", diz Pearce.

George e Charles são gêmeos idênticos conhecidos como "superdotados em calendário". Incapazes de cuidar de si mesmos, foram internados desde os

7 anos de idade. Se você lhes perguntar em que data cairá a Páscoa daqui a dez mil anos, eles responderão imediatamente — não apenas com a data da Páscoa, mas também com outros dados do calendário, tais como a hora das marés nesse dia. Se você lhes pedir a data de um acontecimento anterior a 1752, quando a Europa substituiu o sistema de calendário juliano pelo sistema gregoriano, suas respostas se adaptarão à mudança. Eles podem dizer o dia da semana de qualquer data que você escolher, num âmbito de quarenta mil anos no passado ou no futuro. Dê-lhes a data de seu nascimento e eles lhe dirão quantos anos o seu aniversário cairá numa quinta-feira. Além de suas habilidades com o calendário, eles gostam de permutar números primos de vinte dígitos, mostrando assim uma habilidade paralela que não é comum nos superdotados. Apesar dessas habilidades prodigiosas, não conseguem somar os números mais simples. Se você lhes perguntar como eles sabem passar de um sistema de calendário para outro em 1752, ficarão confusos diante de uma questão tão abstrata. Na verdade, nem sabem o que significa "sistema de calendário". Pearce observa:

> Os superdotados são destreinados e intreináveis, iletrados e ineducáveis ... poucos sabem ler ou escrever ... No entanto, cada um deles tem acesso aparentemente ilimitado a um campo de conhecimento particular que não sabemos como adquiriram. ... Pergunte ... aos superdotados [em matemática] como eles obtêm suas respostas e eles rirão, satisfeitos por ficarmos impressionados mas incapazes de captar as implicações de tal pergunta. ... As respostas vêm por intermédio deles, mas eles não têm consciência do modo como isso ocorre — não sabem por que sabem. ... Os que sabem ler música não sabem ler mais nada, mas exibem essa impecável resposta sensorial-motora aos símbolos musicais.

E aqui está o cerne do mistério. "O problema desses superdotados é que na maioria dos casos, até onde pude observar, eles não adquiriram, não poderiam ter adquirido e são absolutamente incapazes de adquirir as informações que fornecem de maneira tão liberal".

Como conseguem fazê-lo? As explicações usuais recorrem a propensões genéticas ainda não compreendidas. Se alguma vez houve uma nota promissória na ciência com pouco valor de amortização, sem dúvida é essa, porque ninguém sabe dizer como os genes poderiam codificar essas habilidades. Pearce propõe que há fontes de informação não-locais — campos de informação invisíveis — a que os superdotados (ou quem quer que seja) podem ter acesso, obtendo as informações necessárias.

Acontecimentos do começo da vida podem montar o cenário para se recorrer a esse manancial cósmico. Por exemplo, a mãe de George e Charles, os superdotados do calendário, tinha um calendário perpétuo, um pequeno aparelho de bronze com vários cilindros engrenados. Quando um cilindro girava, todos os demais giravam até completar o alinhamento apropriado, permitindo determinar uma data futura ou passada num longo espaço de tempo. O aparelho fascinava os gêmeos, que brincavam com ele o tempo todo. Embora fossem incapazes de decifrar a sua codificação, Pearce acredita que o aparelho pode ter "atuado como um estímulo que ativou o 'campo calendariano', da mesma sorte que as palavras de uma mãe ativam a resposta fonêmica numa criança". O baixo nível de inteligência dos superdotados pode constituir uma vantagem por lhes permitir concentrar sua atenção e dissociá-la de quaisquer estímulos estranhos. Isso poderia aumentar a proporção entre "sinal e ruído" do campo de informação e estimular a receptividade. Como diz Pearce:

> O superdotado tem uma linha de comunicação direta com uma categoria de manancial, mas apenas uma, geralmente, enquanto nós outros temos acesso a um número de categorias quase infinito. ... Nossa generalidade é comprada ao preço da exatidão. ... Quase com certeza a incapacidade do superdotado de desenvolver inteligências múltiplas é que lhe permite essa abertura direta para o campo único a que ele tem acesso. Essa especialização pode aprofundar o seu canal devido à falta de competição. Esse potencial não precisa acomodar-se a nada e pode ocorrer com perfeita pureza — e profunda limitação. A falta de inteligência-intelecto impessoal do superdotado mostra que o campo a que ele tem acesso é, ele próprio, inteligência, que a inteligência se agrupa em agregados compatíveis e é, em certo nível, independente de nós, uma energia consciente "não-localizada".

As crianças de tenra idade, a exemplo dos superdotados, também parecem abeberar-se na sopa cósmica. Considere-se o que aconteceu com Pearce, que na casa dos 30 anos estava refletindo e lendo sobre questões teológicas "de modo obsessivo":

> Uma manhã, quando me preparava para uma aula matutina, meu filho de 5 anos entrou no meu quarto, sentou-se à beira da cama e fez um discurso de vinte minutos sobre a natureza de Deus e do homem. Falou com frases perfeitas, publicáveis, sem pausa nem pressa e num tom monódico. Usou uma terminologia teológica complexa e expôs-me, parece-me, tudo o que havia para saber nesse domínio. Enquanto eu ouvia, atônito, senti um arrepio na nuca. Fiquei abobalhado e, finalmente, as lágrimas escorreram-me pelo rosto. Eu estava no reino do desconhecido, do inexplicável. ...
>
> Aqui um menino inteligente, normal teve uma espécie de "experiência de superdotado" enquanto respondia a um campo de informação que ele não poderia ter adquirido. Termos como telepatia são falaciosos; ele não estava obtendo de mim o seu material. Eu não tinha adquirido nada daquilo que ele estava descrevendo e provavelmente só o conseguiria depois de muito estudo e muita meditação, quando estivesse lá pelos cinqüenta e tantos anos.

Prodígios

O teórico de sistemas Ervin Laszlo formulou a hipótese da existência de campos de informação que funcionariam como a sopa cósmica de Pearce. "Aventamos a possibilidade", escreveu ele em *Interconnected Universe* [Universo Interconectado], "de que a mente das pessoas excepcionalmente criadoras estariam numa interação espontânea, direta, embora não necessariamente consciente, com outras mentes no interior do próprio processo criativo". Em circunstâncias adequadas, uma pessoa poderia ingressar nesse campo e compartir as percepções coletivas de indivíduos do passado e do presente. O que é conhecido coletivamente poderia ser conhecido individualmente e vice-versa. Laszlo diz que "chamar indivíduos como ... Mozart, Miguel Ângelo ou Shakespeare ... de 'superdotados', e suas realizações de 'obras de gênio' não é explicar suas habilidades, mas apenas rotulá-las". Ele propõe que certos atos de criatividade, particularmente quando ocorrem de maneira súbita e inesperada, "não se devem a um estalo de gênio espontâneo e largamente inexplicado, mas à elaboração de uma idéia ou de um padrão em dois ou mais espíritos que se acham em interação".

Ao longo da História, as pessoas têm cultivado estados de consciência não-ordinários, tais como a meditação, para promover o processo criativo. Laszlo acredita que esses métodos ajudam as pessoas a terem acesso à fonte de sabedoria não-local, coletiva. Durante os momentos altamente criativos, "existe quase sempre um elemento de transporte a outro plano de consciência, uma profunda concentração que se aproxima de um estado de transe", observa ele. "Em alguns casos (relativamente raros) esses estados inspirados são induzidos artificialmente — mediante drogas, música, auto-hipnose ou outros meios. Na maioria das vezes, porém, eles sobrevêm espontaneamente aos indivíduos 'bem-dotados'". Samuel Taylor Coleridge descreveu a composição de seu célebre poema "Kublai Khan" num sono induzido pelo ópio; o *Paraíso Perdido* de Milton foi ditado, diz ele, pela Musa como uma "canção não-premeditada". Geralmente, contudo, quando as pessoas usam drogas para promover a criatividade, embora elas possam achar que se ligaram não-localmente a "tudo o que existe", pouca coisa ou nada resta desse estado uma vez cessado o efeito da droga. A maior parte da "arte" produzida sob a influência de produtos químicos que alteram a mente acaba indo para o cesto de lixo — que, observou Einstein certa vez, é o mais importante instrumento criativo do cientista.

Um senso de profunda urgência pode impulsionar uma pessoa a um estado de criatividade intensificada. Como escreveu Samuel Johnson: "Pode ter certeza, senhor, de que quando um homem sabe que vai ser enforcado dali a quinze dias ele concentra o seu espírito maravilhosamente". Evariste Galois, por exemplo, na idade de 23 anos registrou suas contribuições fundamentais para a álgebra superior nos três dias que antecederam um duelo no qual ele acreditava, corretamente, que seria morto. A urgência, diz Laszlo, dá origem a um "diálogo sutil" entre os indivíduos, "quer estejam ou não fisicamente na mesma localidade ... [ou] quer se conheçam mutuamente ou não". Isso se verifica nos chamados acontecimentos telessomáticos, nos quais um indivíduo compartilha os sintomas físicos de um ente amado distante que está às voltas com algum tipo de crise.

Unidade com o Infinito

A ânsia de absorver-se em algo maior — Deus, a Divindade, Alá, Brahman, o Universo, o Uno — subjaz ao impulso dos grandes santos e místicos de todas as tradições espirituais e é também peculiar a muitos indivíduos altamente criativos. Como escreve John Briggs nesse excelente livro sobre criatividade que é *Fire in the Crucible* [Fogo no Cadinho]: "Para o gênio criador, a antiga percepção de que é possível invocar uma identidade entre o universal e o particular, entre o pessoal e a vastidão do impessoal, entre a parte e o todo, é universal. Ela brota em todos os níveis do processo criativo e domina a visão criativa. [Em suas] variadas disposições de ânimo e significados, [os indivíduos criativos estão envolvidos em] uma busca da totalidade e de uma identidade pessoal/universal".

O romancista Joseph Conrad percebeu a sua conexão com o todo. Ele falava do "sentimento latente de comunhão com toda a criação — e com a sutil, mas invencível convicção de solidariedade que une as solidões de inumeráveis corações". O pintor Piet Mondrian também falava da comunhão do artista com algo maior do que o eu individual, observando que "a arte mostrou que a expressão universal só pode ser criada por uma real equação do universal e do individual". Paul Klee afirmava que o todo fala por meio da parte. "A posição do artista é humilde", disse ele. "Ele não passa de um canal." Em *Creativity and Its Cultivation* [A Criatividade e Seu Cultivo], o psicólogo Erich Fromm sanciona a opinião de Klee. Para Fromm, o criador "deixou de apegar-se a si mesmo como uma coisa para começar a experimentar-se somente no processo de resposta criativa; paradoxalmente, se ele pode experimentar-se no processo, ele se perde. Ele transcende as fronteiras de sua própria pessoa, e no exato momento em que percebe que 'eu sou' ele percebe também que 'eu sou você', eu sou um com todo o mundo".

O indivíduo criativo também se sente muitas vezes não-localmente unido com o seu veículo. Como diz o pianista Lorin Hollander: "Quando eu tinha 3 anos, passava todo o tempo em que estava acordado junto ao piano, levando as mãos ao teclado e emitindo notas. E eu escolhia cuidadosamente os tons que escolhia porque sabia que quando tocava uma nota eu me tornava essa nota". Hollander também descreve como se identificava com todos os grandes compositores. Certa vez tive a oportunidade de pedir sua opinião sobre o filme *Amadeus*, que conta a vida de Mozart. Ele respondeu: "Aquilo não era Mozart". "Como sabe?", perguntei-lhe. "Porque quando eu toco Mozart eu *sou* Mozart", respondeu.

Misticismo e Criatividade

Para muitos criadores, *criação* é um termo errôneo porque o ato criativo não envolve o processo de fazer algo novo, mas sim o de unir-se com uma sabedoria completa e atemporal que já existe — Deus, a Divindade, o Absoluto, a sopa cósmica de Pearce, o campo de informação de Laszlo. Qualquer que seja o termo usado, essa dimensão costuma ser considerada sagrada pelo indivíduo criador. Assim Einstein via a ciência como a passagem para o que ele chamava de "sentimento religioso cósmico" e Briggs denomina "misticismo perfeito". Como observa um dos biógrafos de Edison: "Durante grande parte de sua vida, Edison foi atraído pelo misticismo. Depois da invenção do fonógrafo, ele podia quase sentir uma força mística movendo-se através do universo". Dois ganhadores do Prêmio Nobel e patriarcas da física quântica ficaram fascinados com os preceitos místicos do Oriente, diz-nos Briggs. Erwin Schrödinger acreditava que a nossa perspectiva científica precisava ser "retificada, talvez por uma pequena transfusão de sangue do pensamento oriental". Quando precisou desenhar um sinete de família, Niels Bohr escolheu o antigo símbolo chinês do *yin* e do *yang*, ilustrando a interpenetração dos opostos e o seu famoso princípio da complementaridade. A geneticista Barbara McClintock, igualmente ganhadora do Prêmio Nobel, também ficava intrigada com o paradoxo do budismo e do taoísmo, diz Briggs, e declarava que se orgulhava de considerar-se uma mística.

A escritora de histórias de mistérios Sue Grafton acreditava que o seu processo criativo envolvia elementos místicos. Suas concepções revelam a inter-relação entre a mente local, individual, e o processo não-local que transcende o eu pessoal. Diz ela:

> Para estabelecer contato eu tenho de bloquear o ego. O ego é a parte de mim mesma que está acontecendo. Como estou indo, minha cara? Você sabe. Isso é bom? Você gosta disso? Acha que os críticos gostarão? Porque isso nada tem a ver com criação. ... É uma questão de não ser autoconsciente, não ser esperto, não pensar 'eu sou o bom'. Não pensar nada. Não fazer juízos sobre si mesmo. Não sentar-me criticando a mim mesma, mas ser suficientemente tranqüila para ouvir a voz que me diz o que devo fazer depois. Que é talvez o

inconsciente, talvez o subconsciente. Talvez seja o hemisfério direito do cérebro. Talvez a alma. Não sei dizer ao certo.

Acho que existe uma espécie de processo místico de obter informação. Às vezes tenho sonhos que não parecem ser meus. Tenho sonhos nos quais as imagens, a paisagem e a arquitetura interior são tão estranhas que estou convencida de que o material do sonho é de outra pessoa.

Devaneio

A concertista Rosalyn Tureck, primeira mulher convidada a reger a Orquestra Filarmônica de Nova York, é autora de vários livros, inclusive um no qual associa a estrutura da música de Bach a duas teorias da física. Em certos momentos de sua vida criativa como musicista, como escreveu Stefi Weisburd em *Science News*, sua mente parecia ser parte de algo maior:

> Um dia, pouco antes de completar 17 anos, ela estava tocando a Fuga em Dó Menor do Livro I do *Cravo Bem-temperado* de Bach quando perdeu a consciência de sua própria existência. Viu a música de Bach revelada sob uma luz totalmente nova, com uma nova estrutura, que requeria o desenvolvimento de uma nova técnica pianística. Nos dois anos seguintes exercitou-se nessa técnica em quatro linhas da fuga e em seguida tocou-a em sua próxima lição de piano. Seu professor ficou encantado com o seu desempenho, dizendo que aquilo era maravilhoso, mas impossível.
>
> "Tudo o que eu sabia", diz Tureck, "era que tinha atravessado uma pequena porta e entrado num universo imenso, vivo, virente, sendo-me impossível voltar, por aquela mesma porta, para o mundo que eu tinha conhecido."

A que mundo aquela "pequena porta" conduziu Tureck? A um manancial de informação transpessoal, não-local, preexistente?

Originalidade

Se a nossa consciência é não-local e ilimitada, não se pode encerrá-la num receptáculo e isolá-la das outras mentes, pois ela se estende infinitamente através do tempo e do espaço para ligar-se a todas as outras mentes, passadas, presentes e futuras. Mas, se assim for, como determinar a fonte de cada nova idéia? A revelação origina-se no indivíduo no presente ou vem de alguém no passado ou no futuro com quem se está não-localmente conectado?

O barão Carl Friedrich von Weizsäcker, o renomado físico que foi aluno do lendário Werner Heisenberg, pensou profundamente na criatividade e nas descobertas feitas no campo da ciência. Sua concepção, expressa na introdução do livro de Gopi Krishna *The Biological Basis of Religion and Genius* [A Base Biológica da Religião e do Gênio], ajuda-nos a entender experiências como a de Tureck:

> Uma grande descoberta científica é o reconhecimento de uma forma particular simples e fundamental que até agora estivera oculta num caos de aparências e teorias malcompreendidas. Muitas vezes ela é descrita como uma inspiração ou um dom especial que chega ao pesquisador quando e como lhe apraz, como a resposta vinda de "outra autoridade" e quase sem esforço de sua parte. Ela nunca é vista como o resultado inevitável de seu esforço de pesquisa. Encontramos aqui a experiência tantas vezes perturbadora e feliz: "Não sou eu; não fui eu que fiz isso". No entanto, de certo modo sou eu — não o ego da vontade, porém de um eu mais abrangente.

A Velocidade da Criatividade

Algumas pessoas criam coisas com tamanha rapidez que desafiam a nossa imaginação. Às vezes parecem ver algo que já está plenamente formado, como se estivessem escrevendo um ditado. Segundo Brewster Gherlin em seu livro *The Creative Process* [O Processo Criativo], Mozart dizia que uma composição brotava na sua mente até que "o todo, embora fosse longo, aparece quase completo e acabado, de sorte que posso vê-la, como um lindo quadro ou uma bela estátua, num relance. Não escuto as partes em minha imaginação *sucessivamente*, ouço-as, por assim dizer, de uma só vez".

Mozart compôs a abertura de *Don Giovanni* poucas horas antes da estréia dessa ópera. Tiepolo pintou os *Doze Apóstolos* em dez horas. Às vezes o grande matemático do século XX John von Newmann resolvia um problema complexo em questão de segundos. No entanto alguns grandes criadores se abeberam lentamente no manancial cósmico — Bach, por exemplo, que disse: "Trabalho incessante ... análise, reflexão, escrever muito, interminável autocorreção, eis o meu segredo". Beethoven trabalhou literalmente durante anos em algumas de suas composições; Darwin levou quase duas décadas para escrever *A Origem das Espécies*; e sabe-se que Flaubert levava um dia inteiro para escrever uma única frase.

Folguedo

"E então comecei a viajar — claro, em minha mente." Assim Nicola Tesla (1856-1943), um dos maiores cientistas de todos os tempos, descreve a sua juventude. As invenções de Tesla transformaram a vida no começo do século XX, a exemplo das descobertas de Edison, com quem Tesla costuma ser comparado. "Todas as noites (e às vezes durante o dia), quando estava sozinho", escreveu ele, "eu empreendia as minhas jornadas — ver novos lugares, cidades e países —, viver lá, conhecer pessoas, fazer amizades, travar relações."

Eis um quadro de exuberância juvenil, de alguém que se diverte. Tesla fez essas jornadas "constantemente, até os 17 anos, quando meus pensamentos se voltaram seriamente para a invenção". Foi então que descobriu, para seu deleite, que podia visualizar as coisas com a maior facilidade. Não precisava de modelos, desenhos ou experiências. Podia pintar todas essas coisas em sua mente, graças à sua facilidade para "viajar". Tesla sabia que aquilo era uma coisa importante — que ele tinha "sido levado inconscientemente a desenvolver ... um novo método de materializar conceitos e idéias inventivos, o que é radicalmente oposto ao meramente experimental e ... sempre muito mais rápido e eficiente".

Às vezes sua "facilidade" parecia dominá-lo completamente, como se possuísse vida própria. Eis como ele descreveu esse processo: "As idéias vinham num fluxo ininterrupto e a única dificuldade que eu tinha era agarrá-las o mais depressa possível. As peças do aparelho que concebi eram para mim absolutamente reais e tangíveis em todos os detalhes, mesmo os mais diminutos sinais de desgaste. Aprazia-me imaginar os motores funcionando constantemente, pois assim eles apresentavam aos olhos da mente uma vista mais fascinante. ... Em menos de dois meses desenvolvi virtualmente todos os tipos de motores e modificações do sistema que eu agora identificava com o meu nome".

A "viagem" de que Tesla falava parece ter saído diretamente do léxico da Nova Era — viagem astral, experiências extracorporais ou projeção da alma, nas quais, dizem os expositores, a mente realmente faz uma viagem a algum lugar distante. Mas essa explicação literal não é absolutamente consentânea com a natureza não-local da mente. *Não-local* implica *infinitude* no espaço e no tempo, e portanto onipresença. Se a mente é genuinamente não-local, ela já está em toda parte. Significa isso que não precisa ir a parte alguma, porque não há lugar onde ela não esteja. Isso foi captado num letreiro pára-choque de caminhão que vi certa vez: AONDE QUER QUE VOCÊ VÁ, VOCÊ ESTÁ AÍ. Ou como observou Gertrude Stein a propósito de Oakland, Califórnia, sua cidade natal: "Lá não existe lá".

Atividade Física

Quando escrevia o meu primeiro livro, *Space, Time & Medicine*, eu me dedicava intensamente à corrida. Descobri, quase por acidente, que algumas das minhas idéias mais originais afloravam enquanto eu estava nesse estado alterado de consciência que os corredores conhecem muito bem — um estado quase desprovido de pensamentos no qual a mente racional está temporariamente inativa. Isso acontecia tão freqüentemente que eu não conseguia correr sem caneta e papel no bolso do meu calção. Expus-me a muitos olhares de outros corredores quando parava para anotar um pensamento que me acudia subitamente, vindo sabe-se lá de onde.

Creio que essa experiência deve ser muito comum, embora poucos autores tenham falado a respeito dela. Uma exceção é o cineasta e romancista John Sayles, cujo segundo romance, *Union Dues,* foi indicado para o Prêmio Nacional do Livro. Sayles também descobriu como abrir as portas da criatividade alterando a sua consciência por meio da corrida e da natação. "Uma das razões por que gosto de nadar", diz ele, "é que então me ocorrem boas idéias. O mesmo acontece quando estou correndo. Com essa atividade física e na ausência de outras percepções, posso colocar-me numa espécie de transe. Com muita facilidade entro num estado que não é totalmente consciente. E acho que o exercício físico geralmente nos ajuda a conseguir isso, em especial a natação." A água é um antigo símbolo da mente inconsciente e faz com que idéias frescas aflorem na mente de Sayles quando ele está nadando.

Música

Jack Prelutsky escreveu mais de três dúzias de livros de poesia para crianças e organizou várias antologias nessa mesma linha. Os sonhos lhe têm propiciado alguns dos seus melhores poemas. Neles, as fronteiras entre pessoas, plantas e coisas não raro se esbatem e o mundo se torna mágico e encantado — o tipo de mundo que as crianças entendem e ao qual respondem. "Depois de assistir a um episódio de 'Esquadrão Classe A' na televisão, tive um pesadelo com Mr. T", escreveu ele. "Estava coberto de vegetais. Naturalmente o poema que daí resultou nada tem a ver com Mr. T. Apenas fantasiei que tipo de criatura gostaria de passar a vida afundado no meio de vegetais."

A música atua como catalisador em alguns de seus momentos mais criativos:

> Um dia estava olhando pela janela do meu escritório quando adormeci. Costumo trabalhar com o rádio ligado — geralmente sintonizado em programas de música clássica ... algo como Mozart ou Brahms. Pensava nas plantas e nas flores que estavam crescendo lá fora e sonhei que todas elas tinham-se transformado em instrumentos musicais. As árvores, em vez de árvores, eram oboés, violoncelos e fagotes. Talvez fosse uma combinação das experiências de olhar o jardim e ouvir a música, mas quando acordei, depois de um breve cochilo, escrevi imediatamente um poema intitulado "Estou Cultivando um Jardim Glorioso".

Será que o poder da música para catalisar estados criativos depende da música em si? O compositor John Cage afirma que a música pode apontar para além de si mesma. "Minha música favorita", diz ele, "é aquela que ouvimos o tempo todo quando estamos tranqüilos." Bruce Springstein aludiu à qualidade não-local, atemporal da música. "A música pode parecer incidental, mas acaba sendo muito importante. Ela nos permite sugerir a passagem do tempo em um ou dois compassos. Os anos podem passar nuns poucos compassos, enquanto um escritor, para sugerir a passagem do tempo, terá de dizer: 'Muitos anos se passaram. ...' Escrever canções nos dá um imenso poder de iludir. Pode-se apresentar toda uma vida numa questão de minutos."

A escritora Jill Purce ressalta o poder da música para conferir ordem e estrutura ao mundo, o que é uma espécie de criatividade. "Na Índia, na Grécia e na China a música representava a ordem do universo", observa ela. "Nenhum imperador chinês assumiria o poder sem se certificar de que a música estava em ordem, porque sabia que se a música não estivesse em ordem haveria caos e revolução."

Os músicos quase sempre encararam a ordem que vêem na natureza como um guia para a criação musical — um modo de o criador ligar-se a um todo maior. O peregrino do século VIII Wu-k'ung narrou uma encantadora lenda segundo a qual as melodias da música tocariana provinham na verdade das canções entoadas pelas cachoeiras. "Naquelas montanhas", dizia ele, "há uma cascata que cai gota a gota, produzindo sons musicais. Uma vez por ano numa certa data esses sons são reunidos para formar uma canção."

Caos

Muitos são os modos não-locais de conhecer. O Capítulo 8 já registrou a observação do psicólogo Frank Barron segundo a qual

> os indivíduos criadores ficam mais à vontade com a complexidade e a desordem aparente do que as outras pessoas. ... O indivíduo criador, em sua preferência generalizada pela desordem aparente, volta-se para a vida apenas vislumbrada do inconsciente e talvez tenha um respeito maior que o usual pelas forças do irracional que existem nele próprio e nos outros. ... O indivíduo criador não só respeita o que há de irracional nele próprio, procura-o como a mais promissora fonte de novidade no seu próprio pensamento. ... O indivíduo verdadeiramente criador está pronto a abandonar as velhas classificações e a reconhecer que a vida, particularmente sua própria e única vida, é rica em novas possibilidades. Para ele, a desordem oferece a potencialidade da ordem.

O ator e escritor Spalding Gray emprega deliberadamente o caos nos seus esforços criativos. Ele é largamente conhecido por seus monólogos. Ao construí-los, mantém uma caixa de cartões perto de sua mesa de trabalho e joga nessa caixa "tudo o que é sem resposta, perturbador ou relevante para algumas das coisas em que estou pensando. Depois, quando tenho tempo, talvez um ano depois, despejo tudo sobre a mesa e começo a juntar as peças do quebra-cabeça para criar um novo monólogo". Ele também confia na ordem para sair do caos quando está escrevendo.

> Não estou trabalhando especificamente com uma mente consciente. Não sou em absoluto uma pessoa que trabalha por meio da manipulação da realidade na qual você pensa: "Que é que daria uma boa história?" Em vez disso, trabalho muito passivamente com sonhos, erros, serendipismo, coincidência, sincronicidade.
>
> A sincronicidade desempenha um grande papel na minha vida. Gosto da sincronicidade. Ela me dá calafrios. A maior sincronicidade que experimento é quando estou escrevendo. Muitas vezes deixo o rádio ligado — um fundo de música clássica. As novidades virão, ou algum evento falado, e os mundos começarão a aflorar. Estou prestes a escrever a palavra quando a ouço no rádio. ... Algo *enlanguescente* me dá calafrios enquanto ouço o rádio ao mesmo tempo que o estou escrevendo. Isso acontece uma ou duas vezes por semana. O que é muito. Costumava manter o registro disso, mas já não o tenho. Há um número muito grande deles. ... Isso me concentra de certo modo. É como uma confirmação mística.

Embora Gray não se considere particularmente inclinado a eventos do tipo percepção extra-sensorial, muitas vezes ele tem experiências que lhe revelam as conexões não-locais entre as pessoas. Certa vez o telefone tocou no meio da noite, despertando-o de um sonho. Enquanto sua futura mulher corria para atender o telefone, ele permaneceu na cama pensando no sonho, no qual estava sendo chamado a Amsterdã. "É de Amsterdã", disse ela. Era um amigo que queria que ele fosse ensinar a arte de contar histórias numa escola de mímica. "Foi impressionante", comenta Gray. "Perguntei-me se ... sua mensagem não teria simplesmente extravasado ... se ele seria muito mais telepático do que pensava. De repente as fronteiras deixaram de existir e sua necessidade de levar-me para Amsterdã estava vindo ... à frente do tempo."

Quem é melhor jogador de xadrez, perguntou certa vez o cientista e filósofo Jacob Bronowski, o que comete menos erros ou o que os comete mais? A marca de um jogador de xadrez realmente grande, observou ele, é que ele se dá a liberdade de cometer erros imaginários. Pensa continuamente em algo que segundo todas as normas do jogo é um erro. "Assim", dizia Bronowski, "temos de aceitar o fato de que todas as invenções imaginativas são em certa medida erros em relação à norma."

A Ciência e o Inconsciente

Já vimos em "Como Aceitar o Trapaceiro" como grandes cientistas como Albert Einstein e Michael Faraday se abriam para fontes de inspiração situadas fora do reino da lógica convencional. As inspirações científicas vêm muitas vezes na forma de sonhos. Quando sonhamos, nossa crença num eu local confinado ao aqui-e-agora é suspensa e substituída por experiências não-locais que não conhecem limites pessoais, espaciais ou temporais. Nos sonhos não somos agrilhoados por contradição, paradoxo ou razão. Koestler achava que os sonhos eram tão valiosos quanto a água e o alimento. Em seu *Act of Creation* ele se referiu a eles como "uma parte essencial do metabolismo psíquico. ... Sem esse mergulho diário nas fontes antigas da vida mental, provavelmente todos nos tornaríamos autômatos dessecados. E sem os mais espetaculares mergulhos exploratórios do indivíduo criativo, não haveria nem arte nem ciência".

Um mergulho exploratório espetacular no inconsciente foi dado certa noite por Elias Howe (1819-1867), o inventor da máquina de costura. Durante anos Howe se empenhara sem êxito em aperfeiçoar a sua máquina, mas estava às voltas com problemas relacionados com a agulha. Então, uma noite, ele sonhou que tinha sido capturado por selvagens que o arrastaram impiedosamente perante o rei. O rei lhe deu um ultimato: se dentro de 24 horas Howe não inventasse uma máquina capaz de costurar, ele morreria lanceado. O pobre Howe não podia fazê-lo! O tempo corria e ele via os selvagens ameaçadores se aproximando. Quando ergueram as lanças, prontos para matá-lo, ele viu que cada uma das pontas tinha um orifício em forma de olho perto da extremidade. Howe acordou imediatamente e compreendeu que o buraco da agulha da máquina de costura deve ir até a base, e não até o topo ou o meio, pontos em que estivera tentando situá-lo. Levantou-se às pressas, correu à oficina, limou uma agulha até deixá-la do tamanho apropriado, fez um buraco perto da ponta e enfiou-a na máquina.

No começo do século XX o pesquisador Edmond Maillet enviou um questionário a um grupo de matemáticos que trabalhavam em sua profissão havia pelo menos dez anos. Quatro dos respondentes descreveram "sonhos matemáticos" nos quais uma solução ocorria durante o sonho; oito reconheceram ter encontrado o começo de uma solução ou idéia útil enquanto sonhavam; e outros quinze descreveram como ao despertar tinham encontrado soluções completas ou parciais para questões que se apresentaram na noite anterior.

No seu monumental livro *Our Dreaming Mind* [Nossa Mente Sonhadora], o pesquisador de experiências oníricas Robert L. Van de Castle cita vários exemplos nos quais a mente dos cientistas se entretinham não-localmente durante o sonho, às vezes com espantosas conseqüências. O grande matemático do século XX Srinivasa Ramanujan, por exemplo, é considerado um gigante na história da matemática. Tendo trabalhado inicialmente como escriturário na

Índia meridional, ele assombrou os catedráticos de Cambridge — para onde fora finalmente transferido — com os seus feitos. Ramanujan parecia gozar de uma vantagem: seus sonhos incluíam um mentor espiritual. Ele contou como a deusa hindu Namakkal aparecia nos seus sonhos e lhe revelava fórmulas matemáticas que ele verificava ao despertar — um padrão que continuou durante toda a sua vida.

Um sonho que mudaria o mundo ocorreu em 1869 com Dmitri Mendeleyev, professor de química em São Petersburgo. Ele tinha ido dormir depois de tentar sem sucesso classificar os elementos químicos de acordo com os seus pesos atômicos. "Vi num sonho", contou ele, "uma mesa onde todos os elementos ocupavam os lugares que lhes competiam. Ao acordar, registrei-o imediatamente numa folha de papel. Só em um lugar uma correção pareceu necessária mais tarde." O resultado foi a tabela periódica dos elementos. O sonho também permitiu a Mendeleyev predizer a existência e as propriedades de três novos elementos que seriam descobertos nos quinze anos subseqüentes.

O exemplo mais famoso de sonho ocorrido com um cientista é provavelmente o de Friedrich A. Kekule von Stradonitz, referido no Capítulo 7. Depois que acordou do sonho em que via uma cobra abocanhar seu próprio rabo, Kekule começou a pensar nas implicações das imagens oníricas, o que o levou à idéia de que o benzeno era uma estrutura *em anel* de seis carbonos, com o que revolucionou a química orgânica. Em discurso pronunciado numa reunião científica em 1890, Kekule concluiu a palestra aludindo ao seu processo de descoberta com um conselho: "Aprendamos com o sonho, senhores; quem sabe então possamos encontrar a verdade".

Albert Szent-Gyorgyi, ganhador do Prêmio Nobel de fisiologia e medicina, reconheceu o valor dos sonhos para a solução de problemas de pesquisa. "Meu cérebro deve continuar a pensar sobre eles quando estou dormindo", observou, "porque eu acordo, às vezes no meio da noite, com as respostas às questões que me haviam desafiado."

Uma das descobertas lendárias da moderna pesquisa médica, a insulina, está relacionada com o sonho. Frederick Banting, médico canadense, estava realizando pesquisas sobre o diabetes. Certa noite, ao acordar de um sonho, ele anotou as seguintes palavras: "Amarre o ducto do pâncreas de um cachorro. Espere algumas semanas até que as glândulas murchem. Depois corte-o, lave-o e filtre a precipitação". Esse procedimento levou-o a descobrir o hormônio da insulina, que tem salvado a vida de milhões de diabéticos. E também fez com que Banting fosse sagrado cavaleiro — uma palavra interessante, considerando-se a sua revelação noturna [*knight* = cavaleiro; *night* = noite).

A lista das descobertas científicas influenciadas pelos sonhos é muito longa: a descoberta por James Watt do chumbo esférico que podia ser usado como bala; a descoberta por D. Parkinson, nos Laboratórios Bell, do mecanismo M-9, o precursor dos sistemas de orientação usados posteriormente nos mísseis antiaéreos e antibalísticos; a invenção de Ernst Chladni do eufônio, um novo instrumento musical — e assim por diante.

O que Dizem os Céticos

Dadas as revelações que acudiram aos cientistas durante os sonhos, seria de crer que os pesquisadores os reverenciam e talvez os cultivem. Esse foi precisamente o conselho dado por Kekule, que, como vimos, descobriu a estrutura do benzeno durante um sonho que ele comunicou aos seus colegas numa convenção científica em 1890. Para muitos cientistas, contudo, o caso Kekule, longe de inspirá-los, só lhes trouxe perplexidade. Quando se pediu a alguns deles para comentar a famosa descoberta, eles responderam prontamente que a história de Kekule projetava "uma imagem prejudicial dos cientistas" porque estes "lidam com fatos e não com sonhos".

Os críticos costumam dizer que os cientistas sonhadores descritos acima já sabiam as respostas às suas questões num nível inconsciente. Os componentes das soluções já estavam lá o tempo todo, dizem, e apenas se manifestaram quando o cientista estava sonhando. Mas isso não nos diz de onde veio o conhecimento crucial. Em alguns sonhos a informação vital parece não ter tido precursor.

Em 1893 o Dr. Herman V. Hilprecht, professor de assírio na Universidade da Pensilvânia, estava trabalhando altas horas da noite numa tentativa de decifrar as inscrições de dois fragmentos de ágata que pertenceram a anéis usados pelos babilônios. Nas ruínas do templo de Bel em Nippur tinham-se descoberto dezenas de fragmentos similares. Hilprecht atribuíra um fragmento ao período cassita, enquanto os outros foram por ele colocados junto com muitos outros fragmentos não-classificados. Mas ele não estava satisfeito com essas classificações. Naquela noite, conta Robert Van de Castle, Hilprecht teve o seguinte sonho:

> Um sacerdote alto e magro da velha Nippur pré-cristã, de uns 40 anos de idade e trajando uma simples tanga, conduziu-me à câmara do tesouro, situada no sudeste do templo. Entrou comigo num pequeno aposento de teto baixo e sem janelas, onde havia um grande baú de madeira, enquanto fragmentos de ágata e lápis-lazúli se espalhavam pelo chão. Nesse ponto ele me dirigiu as seguintes palavras: "Os dois fragmentos que você publicou separadamente nas páginas 22 e 26 pertencem ao mesmo tipo, não são anéis e sua história é a seguinte: o rei Kurigalzu (ca. 1300 a.C.) enviou certa vez ao templo de Bel, entre outros artigos de ágata e lápis-lazúli, um cilindro votivo de ágata com inscrição. Em seguida os sacerdotes receberam subitamente a ordem de fazer para a estátua do deus de Ninib um par de brincos de ágata. Ficamos sem

> saber o que fazer, já que não dispúnhamos de nenhuma ágata como matéria-prima. Para executar a encomenda, tudo o que podíamos fazer era cortar um cilindro votivo em três partes, fazendo assim três anéis, cada um dos quais contendo uma parte da inscrição original. Os primeiros dois anéis serviram de brincos para a estátua de ouro; os dois fragmentos que lhe deram tanta dor de cabeça são partes deles. Se você juntar os dois terá a confirmação do que estou dizendo. Mas, quanto ao terceiro anel, você não o descobriu no curso de suas escavações e nunca o descobrirá". Dito isso, o sacerdote desapareceu.

Hilprecht explica o que aconteceu depois: "Acordei de repente e contei o sonho à minha mulher a fim de não esquecê-lo. Na manhã seguinte — um domingo — tornei a examinar os fragmentos à luz dessas revelações, e para meu assombro verifiquei com precisão todos os detalhes do sonho, na medida dos meios de verificação de que dispunha. A inscrição original do cilindro votivo diz: "Ao deus Ninib, filho de Bel, seu senhor, Kurigalzu, pontífice de Bel, apresentou isto".

Van de Castle pergunta: "Como veio Hilprecht a saber que os fragmentos tinham sido parte de um cilindro votivo apresentado pelo rei Kurigalzu, dedicado a Ninib e posteriormente convertido num par de brincos? Como explicar a presença de detalhes tão precisos no sonho? Talvez tenha havido aí um elemento psíquico, ou 'extra-sensorial'. Talvez a explicação seja a reunião de um raciocínio lógico, associativo, com fragmentos de informação subliminar. Se assim for, essa soberba faculdade de dedução deixaria Sherlock Holmes complexado".

A Criatividade das Culturas

Se a informação pode ser permutada não-localmente entre indivíduos, por que não o seria entre grupos? O teórico de sistemas Ervin Laszlo considerou o modo como se desenvolveram as grandes revelações da cultura clássica hebraica, grega, chinesa e indiana. Essas revelações ocorreram quase ao mesmo tempo em regiões largamente espalhadas e entre povos que dificilmente teriam estado em comunicação uns com os outros, diz Laszlo em *The Interconnected Universe*.

> Os grandes profetas hebreus floresceram na Palestina entre 750 e 500 a.C.; na Índia, os primeiros Upanishads foram compostos entre 660 e 550 a.C. e Siddharta, o Buda, viveu de 563 a 487 a.C.; Confúcio ensinou na China por volta de 551-479; e Sócrates viveu na Grécia de 469 a 399 a.C. Na época em que os filósofos helenistas criaram a base da civilização ocidental na filosofia platônica e aristotélica, os filósofo chineses lançaram as bases ideacionais da civilização oriental das doutrinas confucionista, taoísta e legalista. Enquanto na Hélade do período das Guerras Pós-peloponésias Platão fundava a sua Aca-

demia e Aristóteles o seu Liceu, e enquanto sofistas itinerantes pregavam e aconselhavam reis, tiranos e cidadãos, na China o também incansável e inventivo "Shih" fundava escolas, instruía multidões, estabelecia doutrinas e tecia intrigas entre os ardilosos príncipes do último Período dos Estados em Pé de Guerra. Um salto no espaço desse tipo ou é uma variante sociocultural de uma ação a distância ou ocorre por meio de um veículo de transmissão.

A explicação típica para desenvolvimentos similares em culturas distantes umas das outras é: "experiências similares, cérebros similares, revelações similares". Mas por que ao mesmo tempo? Laszlo ressalta que, de um modo geral, as transformações simultâneas de culturas não foram raras nos tempos antigos. De sua parte ele acredita que algo não-local está acontecendo, mas não é fácil testar a idéia de que as culturas possam mergulhar num poço mental não-local e dali emergir com conhecimentos similares e sabedoria suficiente para transformar a sua sociedade, porque as culturas já não são isoladas, por força da moderna revolução das comunicações que une instantaneamente todo o nosso globo.

Podem as *espécies* dar saltos transformativos súbitos mediante influências não-locais? Hoje o conceito de "equilíbrio pontuado" está na moda em certos círculos no campo da biologia evolutiva. Segundo essa idéia, a evolução não procede uniformemente, mas por começos e paradas. Longos períodos de quase estagnação são entremeados por mudanças radicais. Haveria um manancial comum de informação para as espécies tanto quanto para as culturas e os indivíduos, no qual eles mergulhariam, emergindo com informações sobre como avançar subitamente rumo a uma complexidade maior?

Campos e Arquétipos

Um campo é uma região invisível de influência que não se pode observar diretamente, mas que se presume existir na realidade física em virtude dos seus efeitos. Por exemplo, nós não vemos um campo magnético ao redor de uma barra imantada; mas, como as limalhas de ferro se dispõem segundo um certo padrão, sabemos que o campo existe.

Hoje a ciência tem sugerido idéias sobre a maneira como os campos estariam envolvidos na consciência ou mesmo nos comportamentos não-locais da mente. O biólogo inglês Rupert Sheldrake propôs os "campos mórficos" que "influenciam os organismos no sentido de formarem padrões de organização característicos". O psicólogo David Feinstein propôs os "campos míticos" como um subconjunto dos campos mórficos de Sheldrake, que se estabelecem quando novos padrões de compreensão e motivação são iniciados e repetidos. Erin M. Schuman e D. V. Madison, neurofisiologistas de Stanford, propuseram os "campos neurais" baseados nos *quanta* no interior do cérebro como parte de sua teoria da "transmissão neural". Segundo essa idéia, a informação pode ser transmitida de um neurônio para os neurônios vizinhos desviando-se a sinapse que liga fisicamente dois neurônios.

O neurologista Benjamin Libet propôs um "campo mental" que é "produzido pela atividade cerebral, mas que dela se diferencia biologicamente". O anestesiologista Stuart Hameroff sugere que os campos quânticos operam em estruturas cerebrais minúsculas chamadas microtúbulos e que esse pode ser o lugar onde a mente e o cérebro se unem através da mecânica quântica. O cientista William Tiller, de Stanford, propôs que o vácuo quântico dá origem a energias sutis semelhantes ao campo e que são invisíveis e não-detectáveis até serem transformadas por sistemas vivos. Os pesquisadores Robert Jahn, Brenda Dunne e seus colaboradores, da Universidade de Princeton, propõem campos de informação que intervêm na aquisição e na transferência não-locais de vários fenômenos mentais. Em graus variados, todas essas hipóteses tentam explicar a ocorrência de fenômenos não-locais tanto no mundo quanto no interior do cérebro.

O psicanalista Stanislav Groff propôs a idéia de uma Mente Universal como resultado de seu trabalho com pacientes que apresentavam estados de consciência alterados devido ao uso de LSD (dietilamida de ácido lisérgico) ou ao emprego de técnicas de respiração forçada. Escreve ele em *The Holotropic Mind* [A Mente Holotrópica]:

> Foi impressionante descobrir que as pessoas educadas numa dada cultura, ou pertencentes a uma raça particular, não estão limitadas aos arquétipos dessa cultura ou raça. Em nossas pesquisas constatamos, por exemplo, que os americanos brancos, urbanos, da classe média podem ter encontros significativos com heróis lendários como o polinésio Maui ou Shango, o deus banto do sexo e da guerra. Ao longo dos anos pude testemunhar, em várias ocasiões, que mulheres européias e americanas se tornavam a deusa hindu Kali. ... Inversamente, durante seminários no Japão e na Índia testemunhamos vários participantes, nascidos e criados nessas tradições, que realizavam poderosas identificações com Cristo.
>
> É particularmente interessante observar que em muitos casos, nos quais as pessoas não tinham conhecimento prévio de certas figuras mitológicas, elas não só eram capazes de *experimentá-las* de modo preciso e com numerosos pormenores como ainda conseguiam desenhar imagens com detalhes que correspondiam perfeitamente às descrições dessas figuras.

A idéia de uma fonte não-local de informação que influencia as pessoas em todo o mundo foi desenvolvida pelo psicólogo C. G. Jung. Jung chamou de *arquétipos* os modelos eternos existentes na psique. Suas idéias sobre a natureza e a origem dos arquétipos mudaram ao longo de sua carreira. Em sua perspectiva inicial, mais ortodoxa, ele supôs uma base genética na qual os arquétipos surgem de um processo inconsciente vasto, ilimitado, partilhado por toda a humanidade e que emerge da experiência acumulada no espaço da história compartida. Mais tarde, porém, ele desistiu de procurar uma explicação fisiológica para sua teoria. Numa carta escrita pouco antes de sua morte, ocorrida em 1961, Jung escreveu:

> Podemos deixar de pensar em termos de espaço e tempo quando lidamos com a realidade dos arquétipos. Pode ser que a psique seja uma intensidade não-extensa, e não um corpo movendo-se no tempo. Pode-se admitir que a psique passa gradualmente da menor extensão à intensidade infinita, privando os corpos de sua realidade quando a intensidade psíquica transcende a velocidade da luz. Nosso cérebro pode ser o lugar da transformação, onde as tensões ou intensidades relativamente infinitas da psique entram em sintonia com freqüências e extensões perceptíveis. Mas em si mesma a psique não teria dimensão alguma nem no espaço nem no tempo.

Uma espécie de influências arquetípicas também parece ocorrer nos animais. Como observou David Feinstein, quando um modelo de madeira de um gavião é colocado acima da cabeça de um pintainho recém-fechado numa gaiola, o pintainho se encolherá e emitirá gritos de alarme. Mesmo que as dez gerações seguintes nunca fiquem expostas à ameaça de um gavião, os descendentes do pintainho ainda assim se encolherão. Em 1939 o ornitologista inglês David Lack capturou trinta tentilhões nas Ilhas Galápagos, onde já não existem grandes aves de rapina, e enviou-os ao seu colega Robert Orr na Califórnia. Quando avistavam uma ave predatória, eles se encolhiam e emitiam gritos de alarme, embora durante milhares de anos nem eles nem seus ancestrais jamais tivessem visto uma ave predatória nem exibido qualquer tipo de resposta.

A explicação usual para esses tipos de comportamento nos animais consiste em denominá-los instintos — mas, ainda aqui, isso é apenas um rótulo e não uma explicação. Se os campos não-locais — arquetípico, mórfico, mítico — influenciam o que os pássaros fazem, será que também não poderiam ajudar a explicar o modo como nós, os seres humanos, nos comportamos?

O psicólogo Michael Conforti relata sua experiência com John, um paciente de ascendência siciliana. A etnicidade do paciente despertou o interesse de Conforti porque a família deste era originária da Sicília e de Nápoles. Nas fases iniciais do tratamento, John se queixava de que o analista com quem se tratara anteriormente nunca parecia entender o seu temperamento siciliano. Sem entender o modo pelo qual John via o mundo e administrava os seus negócios, o analista diagnosticou-o como excessivamente paranóide. John percebeu que as diferenças culturais que o separavam do seu terapeuta anglo-saxônico limitariam a eficácia do seu tratamento e por isso resolveu procurar outro profissional. Conforti, que sucedeu ao primeiro terapeuta, descobriu que "ele não era paranóide, era apenas um siciliano!" Conforti admite a influência dos campos arquetípicos. Para entender John, diz ele, é preciso reconhecer a psique siciliana e o campo arquetípico siciliano. A Sicília é uma ilha e portanto está isolada do continente, o que confere aos ilhéus uma disposição psicológica correspondente. Igualmente importante: os sicilianos viram sua ilha invadida por várias nações diferentes, todas dispostas a explorá-la. Os sicilianos aprenderam rapidamente a arte da intriga, e para sua própria sobrevivência cultivaram uma forte desconfiança e cinismo em relação aos estrangeiros. Luigi Barzini, no seu livro *The Italians* [Os Italianos], expressa a essência do que Conforti chama de "o campo siciliano": "As maiores virtudes sicilianas ... não são obviamente as do homem de organização anônima de hoje, mas as do antigo herói lutando com seu pequeno grupo contra o resto do mundo. ... Ele pode até aceitar de bom grado a morte de olhos abertos ou tratá-la impassivelmente, sem hesitação nem pesar ... em defesa dos seus ideais especificamente, estritamente sicilianos".

Três Fases do Processo Criativo

No século XIX, os cientistas acreditavam que, se dissecassem completamente um evento, acabariam entendendo aquilo que o causava. Estenderam essa idéia de análise reducionista ao processo da criatividade e da descoberta. Um dos mais eminentes representantes dessa tentativa foi o grande físico do século XIX Hermann von Helmholtz. Helmholtz dividiu o processo criativo em três fases. À primeira ele chamou *saturação*, na qual a pessoa mergulha totalmente no tópico de seu interesse, reunindo informações por meio da leitura, consultando outras pessoas, pesquisando, etc. Segue-se a fase de *incubação*, na qual o trabalho é posto de lado, juntamente com todas as tentativas de análise premeditada. Esse não é um período inativo: as informações reunidas na fase um estão presumivelmente sendo processadas pela mente inconsciente. Vem então a terceira fase de criatividade de Helmholtz, a *iluminação*, que pode ocorrer subitamente, como uma experiência de descoberta instantânea ou "heureka". Muitas vezes não é possível deduzir logicamente como se chegou à conclusão. Como disse um célebre matemático: "Eu sei a resposta, mas ainda não vejo como se chega a ela". Após a iluminação resta o trabalho de testar e verificar a descoberta.

Helmholtz constatou uma coisa importante: os sonhos de criatividade radical tendem a acontecer com pessoas que já estão prontas para eles. Em *The Courage to Create* [A Coragem de Criar], Rollo May observou que "a centelha nunca vem aleatoriamente, mas sim de acordo com um modelo do qual um componente essencial é o nosso próprio envolvimento". Envolvimento, educação e treinamento preparam o terreno para a semente germinar e brotar.

Os exemplos nos quais os sonhos e a prontidão se reforçam mutuamente são legião. William Blake, já então um hábil gravador, tentou muitas vezes descobrir um modo mais barato de gravar as ilustrações que fazia para os seus poemas, mas seus esforços foram baldados até que Robert, seu irmão caçula, apareceu-lhe num sonho e mostrou-lhe um método de gravação em cobre que ele testou e pôs em prática imediatamente. Eventos similares ocorreram com grandes compositores cuja preparação os tornou receptivos. Beethoven compôs um cânon enquanto dormia. Giuseppe Tartini ouviu "o demônio" tocando uma sonata para violino de majestosa beleza e transcreveu-a, o melhor que pôde, ao despertar. Wagner revelou que *Tristão e Isolda* emergiu diretamente de um sonho.

O fisiologista Otto Loewi passou por um dos mais longos períodos de incubação de que se tem conhecimento. No começo de sua carreira acudiu-lhe a idéia de que os impulsos nervosos eram transmitidos quimicamente, mas não conseguia estabelecer uma experiência que provasse isso e finalmente deixou de pensar no assunto. Dezessete anos depois teve um sonho sobre o modo de testar sua hipótese, acordou, rabiscou umas rápidas anotações e tornou a dormir. De manhã, ficou horrorizado ao ver que não conseguia ler o que escrevera. "Seu manancial onírico foi generoso", escreve o historiador Robert Moss em *Counscious Dreaming*. "Na noite seguinte Loewi voltou a sonhar com o experimento. Dessa vez ele não deu chance ao azar: correu ao seu laboratório às três da madrugada e fez uma experiência com o coração de uma rã, de acordo com as indicações do seu sonho. Esse experimento oniricamente dirigido inspirou o trabalho que valeria a Loewi o Prêmio Nobel."

A escritora de histórias de mistério Sue Grafton incuba deliberadamente suas idéias, exemplificando as três fases do processo criativo descrito por Helmholtz:

> Em muitos dos meus livros, quando estou por demais envolvida no processo de escrever, chego a um ponto no qual tenho um problema que não consigo resolver. E quando vou dormir faço a mim mesma a sugestão de que virá uma solução. Não sei ao certo se ela vem de um estado onírico. Sei apenas que acordarei e que a solução estará lá. Atribuo isso à atividade do lado direito do cérebro. Não conheço a relação entre a atividade desse lado do cérebro e os sonhos, mas sei quando o eu analítico, o lado esquerdo do cérebro, finalmente deixa de nos controlar e sai do caminho; então o nosso lado criativo, que muitas vezes aflora durante o sono, passa ao primeiro plano e à sua maneira divertida e caprichosa resolve muitos problemas de criação. ...
>
> Quando estou muito bloqueada, ou muito confusa ou frustrada, tomo café no fim do dia, sabendo que ele vai me acordar no meio da noite. Assim, durmo muito bem até as três da manhã. Nesse momento o meu cérebro es-

querdo está descontraído, num estado de não-vigilância, e é então que o cérebro direito entra em cena e me ajuda. ...

Estou sempre escrevendo cartas ao cérebro direito. Em geral são apenas pequenos bilhetes:

Meu caro Cérebro Direito,

Bem, querido, pedi-lhe uma ajuda nisso e vejo que você não está aparecendo. Ficaria muito agradecida se hoje à noite você resolvesse este problema.

De sua amiga,
Sue

As três fases de Helmholtz tornaram-se parte integrante dos anais do processo criativo. Particularmente corajosa foi a sua asserção de que o lado racional, analítico da mente é suplementado por processos de pensamento inconscientes. Essa era uma afirmação radical no século XIX, quando os estudiosos alardeavam a natureza muscular do esforço mental intencional.

Mas o processo de três fases de Helmholtz é um modelo inteiramente local, em que toda a informação necessária para uma descoberta é adquirida por meio dos sentidos físicos e posteriormente processada pelo cérebro físico. Por valioso que seja, ele apresenta um problema: como explicar os casos em que, como vimos, as pessoas adquirem informação e conhecimentos que não podem ser facilmente explicitados com base na experiência anterior, na memória ou na informação prévia?

Por que Helmholtz, na sua teoria da criatividade, não reservou um lugar para o funcionamento mental não-local? Essa possibilidade era inconcebível para ele e para a maioria dos seus colegas. Eles viveram e trabalharam numa época em que os cientistas acreditavam ardentemente nas leis da física clássica. Ainda estavam por vir os desenvolvimentos da física quântica e nada se sabia dos eventos físicos não-locais. Se os eventos não-locais não existem na física, como poderiam existir para a mente? Por conseguinte, Helmholtz era um homem do seu tempo. Ele simplesmente não podia cogitar da possibilidade de que se pudesse adquirir informação por meios não-locais. "A transmissão de pensamento de uma pessoa para outra independentemente dos canais reconhecidos da sensação", escreveu ele, "... é claramente impossível."

Criatividade e Doença Mental

Em nossos dias, a criatividade não parece estar passando por bons bocados. Há uma crescente tendência a associar vários impulsos criativos à loucura e em última análise à química cerebral patológica, a disfunções neuroendócrinas e a fatores genéticos. O psiquiatra Arnold Ludwig, do Centro Médico da Universidade de Kentucky, Lexington, autor de *The Price of Greatness: Resolving the Creativity and Madness Controversy* [O Preço da Grandeza: Solução para a Controvérsia da Criatividade e da Loucura], verificou que cerca de um terço dos grandes poetas, intérpretes musicais e escritores de ficção sofriam de problemas psicológicos quando adolescentes. Na vida adulta a taxa aumentava para três quartos. Mesmo cientistas proeminentes — menos sujeitos a doenças mentais do que os artistas — demonstravam um aumento vertical nas taxas de suicídio na velhice.

São abundantes os exemplos que sugerem um vínculo entre loucura e criatividade. "Em definitivo, há alguma coisa errada no meu cérebro", disse Van Gogh. Dostoiévski sofria de epilepsia e deu essa doença a pelo menos quatro dos seus personagens de ficção.

Mesmo o sentimento, entre os indivíduos criativos, de que entraram em contato com uma realidade superior, transcendental, vem sendo associado ao fluxo de substâncias químicas no cérebro. Os pesquisadores M. A. Persinger e C. M. Cook, da Universidade Laurenciana, chamam esses sentimentos de "presenças percebidas" — basicamente, uma percepção do Onipotente. Esse sentimento, dizem eles, origina-se no lado direito do cérebro e pode ser produzido artificialmente. Em seu laboratório eles expuseram os cérebros de pacientes a um campo eletromagnético e pediram-lhes para pressionar um botão quando sentissem uma "presença mística". Os pacientes não sabiam quando ocorria a exposição. Mais freqüentemente do que se poderia prever, as presenças místicas (apertar o botão) estavam relacionadas com a aplicação de campos magnéticos. Resultados como esses levaram algumas pessoas a concluir que as experiências religiosas e espirituais são todas de origem cerebral.

V. S. Ramachandran, do Centro para o Cérebro e a Cognição da Universidade da Califórnia-San Diego, estuda pacientes portadores de epilepsia, lesões cerebrais e ferimentos na cabeça para tentar estabelecer a relação entre a mente e o cérebro. Testando indivíduos portadores de epilepsia lóbulo-temporal, ele e sua equipe descobriram que o tecido neural do lóbulo temporal do cérebro está envolvido no modo como alguém responde intensamente a experiências místicas ou espirituais. Os portadores de epilepsia lóbulo-temporal costumam apresentar uma obsessão por questões religiosas e podem ter um intenso sentimento de união com o universo ou com a divindade durante seus ataques. "Algo acontece em seus lóbulos temporais que aumenta sua resposta a termos e ícones religiosos", diz Ramachandran. "Pode haver uma intensificação seletiva de emoções que conduzem à experiência religiosa." Mas adverte que seu trabalho "não prova" que os mecanismos cerebrais sejam responsáveis pelas experiências religiosas.

Outros pesquisadores não são tão discretos. "A mente tem propriedades — autoconsciência, fantasia, emoção e razão — que a fazem parecer mais do que meramente material", diz Michael A. Arbib, especialista em teoria cerebral do Centro de Engenharia Neural da Universidade da Califórnia do Sul. "Digo, porém, que tudo isso pode ser explicado pelas propriedades físicas do cérebro. Daqui a vinte anos haveremos de entender o que acontece no cérebro quando as pessoas têm experiências religiosas." No seu livro *Genius*, biografia de Richard Feynman, um dos físicos mais criativos do século XX, James Glieck concorda com a idéia de que o cérebro gera sentimentos místicos e espirituais. Escreve ele: "Esse sentimento de inspiração divina, o sopro da revelação vindo aparentemente de fora, na verdade vem de dentro ... do cérebro".

De há muito se suspeita que os gênios místicos e espirituais — "criadores religiosos" — sofrem de moléstias cerebrais como a epilepsia. Os apóstolos Lucas e Paulo concordavam em que Paulo sofria do que ele denominava o seu "espinho na carne". Eminentes comentadores bíblicos atribuíram isso ou à enxaqueca ou à epilepsia. Doenças similares abundam em todas as religiões, como escreveu Pickover em seu livro *Strange Brains and Genius* [Cérebros Estranhos e Gênio]. Quando Maomé teve suas primeiras visões de Deus, "sentiu-se oprimido, como se o ar lhe estivesse sendo tirado do peito à força. Mais tarde ele ouviu uma voz dizendo o seu nome, mas quando se voltou para ver de onde vinha a voz, não havia ninguém por ali. Os árabes cristãos, judeus e pagãos locais diziam-no insano. Reza a lenda que Maomé nasceu com excesso de fluido em volta de seu cérebro e que na infância tinha ataques". (Pickover vê essas lendas com cautela. "Não tenho certeza", diz ele, "de que nessa época da história alguém sabia alguma coisa sobre excesso de fluido.") Pouco antes de um ataque, os epilépticos costumam ter uma sensação de morte iminente. Isso poderia explicar, observa Pickover, por que "a veemente emoção sentida por Maomé, Moisés e São Paulo durante suas visões religiosas não era de êxtase e alegria, mas de medo". Pickover especula ainda que essa seria a razão por que Moisés escondeu o rosto e teve medo quando ouviu a voz de Deus saindo de uma sarça ardente em 1300 a.C.

Ao longo dessas linhas os neurologistas associaram a hiper-religiosidade — excesso de interesse pela religião — à epilepsia lóbulo-temporal. Van Gogh, que manifestava sintomas clássicos dessa moléstia, disse: "Muitas vezes sinto uma terrível necessidade de... devo dizer? Religião. Então saio para a noite a fim de pintar as estrelas". Em seu livro *Seized* [Acometido], Eve LaPlante encontra novos indícios da hiper-religiosidade de Van Gogh em seu hábito de vestir andrajos, autoflagelar-se ao pregar o cristianismo, em suas visões místicas (inclusive do Cristo ressuscitado) e em seus freqüentes ataques de cólera.

Pesquisas mostram que a grande maioria dos americanos acredita em Deus e "sente a presença" de um Todo-poderoso infinito, não-local. Será que quase todos os nossos cidadãos sofrem de epilepsia lóbulo-temporal ou têm maus genes?

A hipergrafia — escrita ou pintura compulsiva — é também um sintoma de epilepsia lóbulo-temporal. Se combinarmos hiper-religiosidade com hipergrafia, teremos uma caricatura de muitos escritores e artistas altamente criativos — pessoas espiritualmente sensíveis que produzem muito e rápido.

Os cientistas, há mais de cem anos, vêm creditando estados religiosos de consciência a processos anormais no cérebro. O psicólogo de Harvard, William James, achou necessário responder a essa tendência no seu clássico *Variedades da Experiência Religiosa*:

> Alegar a causação orgânica de um estado mental religioso para refutar sua reivindicação de um valor espiritual superior é bastante ilógico e arbitrário [porque] nenhum de nossos pensamentos e sentimentos, ou sequer nossas doutrinas científicas e nossas *des*-crenças, poderiam valer como revelações da verdade, uma vez que todos, sem exceção, fluem do estado do corpo do possuidor naquele momento. São Paulo decerto teve uma vez um acometimento epileptóide, se não epiléptico, mas não há um único estado mental, superior ou inferior, saudável ou mórbido, que não encerre alguns processos orgânicos como condição inerente.

A criatividade também foi associada ao distúrbio bipolar (depressão maníaca), doença de origem genética que faz a pessoa oscilar entre a depressão e a euforia. Artistas e escritores apresentam uma taxa de suicídio até dezoito vezes maior que a da população em geral, têm dez vezes mais depressão e vinte vezes mais distúrbios bipolares. Quando na fase maníaca, exibem um pensamento aguçado e inusitadamente criativo, maior produtividade, humor expansivo e idéias ambiciosas. Fazem asserções ousadas, assumem riscos e não temem conseqüências. Trabalham horas sem dormir e são capazes de intensa concentração. Escritores com distúrbio bipolar rimam mais que os indivíduos normais, empregam com mais freqüência aliterações e palavras idiossincráticas, e têm maior domínio sobre os sinônimos. Algumas pessoas criativas com distúrbio bipolar deixam de tomar seus medicamentos, como algumas que sofrem de epilepsia lóbulo-temporal, pois acham que as drogas arrefecem suas emoções e percepções. Pagam de bom grado o preço de sua chama criativa.

Certas autoridades suspeitam de um vínculo causal entre distúrbio bipolar e alta criatividade nas artes. O psiquiatra Arnold Ludwig acredita que pessoas criativas mentalmente enfermas propendem mais para as artes do que, digamos, os negócios ou as ciências. Estes últimos campos exigem racionalidade, persistência e equilíbrio, ao passo que as artes são mais indulgentes para com a irracionalidade, o devaneio e a idiossincrasia. A doença mental pode ainda fazer as pessoas sentir-se alheadas e a arte consegue acomodar melhor a necessidade de isolamento que outros campos.

Se levarmos a sério esses achados científicos, parecerá que todos os nossos impulsos criadores estão solidamente arraigados no cérebro. Entretanto, *nenhuma* das pesquisas mencionadas acima é incompatível com fatores não-locais da criatividade — partilhar pensamentos com mentes distantes, participar de diversos campos mentais, mergulhar na sopa cósmica universal da inteligência, obter informações de uma fonte superior de sabedoria, etc. Aceitar a tese da criatividade baseada exclusivamente no cérebro é má ciência porque nos obriga a descartar inúmeros indícios em favor do aspecto não-local da mente. Esses indícios apresentam vários sabores — estudos controlados da influência da prece intercessória em humanos, plantas e animais; experimentos com visão remota; trabalhos que demonstram a capacidade de afetar instrumentos eletrônicos a distância; a aquisição precognitiva de informação, e por aí além. Mas talvez o mais gigantesco problema de equacionar criatividade e cérebro seja que ninguém, ao longo da História, jamais provou como o cérebro físico *pode* produzir pensamentos, criativos ou não.

De novo, uma boa analogia é a do cérebro como transmissor, não como gerador da consciência. Como já mencionamos, essa comparação foi usada pelo próprio William James e ainda impressiona muitos pesquisadores da área. A idéia-chave é que, embora o cérebro afete o *conteúdo* da consciência, como mostram inúmeros estudos, não existem dados indicativos de que ele realmente a *produza*. A imagem na tela do televisor pode ser alterada se mudarmos de canal ou lhe dermos "pancadas", tal como nossas imagens mentais, pensamentos e emoções podem ser afetados por condições cerebrais patológicas como epilepsia ou anormalidades neuroendócrinas. O fato é: essas condições talvez *afetem* o conteúdo mental, mas não há provas de que efetivamente *produzam* esse conteúdo.

Vários estudiosos já começam a adotar essa atitude frente aos sentimentos religiosos. "Não me admiraria nada se houvesse partes do cérebro envolvidas com a experiência religiosa", confessa o físico e teólogo Robert John Russell, diretor do Centro de Teologia e Ciência Natural em Berkeley. "Mas [a experiência religiosa] não se limita àquelas partes do meu cérebro que entram em convulsão e nada mais." Se as correlações entre atividade cerebral e experiência religiosa forem mais firmemente estabelecidas, isso eliminará Deus? Provavelmente não, diz Nancey Murray, filósofa da religião do Seminário Fuller em Pasadena, Califórnia. "Se reconhecermos que o cérebro faz tudo aquilo que [tradicionalmente] atribuímos à alma, então Deus deve dispor de algum meio de interagir com o cérebro humano." A pesquisa neurológica pode ser vista, continua ela, como uma tentativa de "explicar a ação divina — o modo como Deus influencia o cérebro".

O QI Revisitado

Nossa viagem pelo folclore e a literatura da criatividade fez muitos desvios e curvas. Espero que o leitor esteja agora em condições de perceber que há problemas enormes na atribuição da criatividade totalmente ao cérebro físico — e, portanto, muitas razões para ir além do QI como explicação para a criatividade e a inteligência.

Porém, embora o QI não seja tudo, nunca conheci quem quisesse ter um inferior. Sejamos, pois, gratos pelo poder cerebral com que fomos aquinhoados, mas não o exaltemos tanto: assim fazendo, subestimamos outros fatores que também modelam a inteligência, como vimos.

Será bom conhecer o próprio QI? Às vezes me pergunto se, caso pudesse regressar no tempo, invadiria a secretaria da escola para surrupiar minha ficha de QI. Apesar do remorso que o pequeno furto sem dúvida provocaria em mim, acho que o faria de novo. Examinar meu modesto QI levou-me a prestar mais atenção às relações entre mente e cérebro — o que têm de comum e até que ponto diferem. Quanta ironia: descobrir que não era esperto me deu muito mais esperteza!

"Se o cérebro fosse tão simples que pudéssemos compreendê-lo, nós também seríamos tão simples que não o compreenderíamos", diz o biólogo Emerson Pugh. Assim também, se a criatividade fosse tão simples que pudéssemos captá-la, talvez fôssemos insuficientemente criativos para consegui-lo.

Algo me diz que o mistério da criatividade ainda estará seguro por muito, muito tempo.

14

Imortalidade

A questão decisiva para o homem é:
Está ele relacionado com algo infinito ou não?
Essa é a questão crucial da sua vida.
C. G. Jung
Lembranças, Sonhos, Reflexões

Agora ficou evidente que as questões espirituais ajudam a formar a base da medicina complementar e alternativa (MCA) na América. Uma pesquisa nacional de 1998 mostrou que "os usuários da medicina alternativa têm mais probabilidade de relatar uma experiência transformacional que mudou sua maneira de ver o mundo. ... Eles encontraram nas [terapias alternativas] um conhecimento que lhes fez ver a importância de tratar a doença dentro de um contexto mais amplo de espiritualidade e significado da vida. [...] A opção pela assistência alternativa é parte de um sistema de valores e de um conjunto de crenças culturais mais amplos, que abrangem uma orientação na vida de caráter holístico, espiritual".

Um grande número de profissionais da saúde achava que a razão pela qual as pessoas usam a MCA é simplesmente o fato de acreditarem que essas terapias funcionam, mais do que motivos de ordem psicológica ou espiritual. Mas essas descobertas mostram que os fatores psicoespirituais estão crucialmente envolvidos no modo como as pessoas escolhem uma terapia. Durante muito tempo, mesmo os profissionais da MCA consideraram as questões espirituais e religiosas como assuntos da alçada do ministro, do sacerdote ou do rabino, e não da enfermeira, do especialista em doenças internas ou do cirurgião. Esse modo de ver está mudando rapidamente, porque um irrefutável conjunto de provas — mais de 1.600 estudos publicados — mostra que a esperança e o significado que as pessoas encontram nas crenças religiosas e espirituais afetam o estado de saúde e podem fazer a diferença entre a vida e a morte.

A possibilidade de vida após a morte é um dos aspectos mais persistentes das grandes religiões, e a crença na imortalidade tem sido uma fonte de força e significação ao longo da História. Mas, apesar do impacto das significações espirituais sobre a saúde, a imortalidade não é um tópico que costuma ser discutido nos círculos médicos.

Imortalidade: O "Nome do Homem"?

A imortalidade é um assunto que se desgastou no correr dos tempos devido ao incontável número de escritores e pensadores que externaram suas opiniões sobre ela. A imortalidade tornou-se, assim, uma cifra da psique humana. Talvez nenhuma outra área do discurso revele tão drasticamente os extremos do pensamento e do sentimento humano. A questão da imortalidade está ligada ao nosso fascínio pelo celestial e o infernal, o divino e o demoníaco. Por trás das nossas opiniões sobre a imortalidade estão a nossa capacidade de amor, compaixão e perdão, por um lado, e a nossa inclinação para o ódio, a vingança, o castigo e a tortura, por outro.

O poeta David Whyte descreve a "balcanização" que se instalou ultimamente na linguagem — a desagregação da linguagem em categorias tão rígidas quanto os pequenos Estados balcânicos que se dilaceram entre si. "Temos portanto o jargão fundamental, digamos, do cristianismo, da política, do mundo do trabalho e do movimento da Nova Era", diz Whyte. "E todos eles são igualmente perniciosos porque não falam à realidade. [...] Já não vemos uma pessoa, mas alguém que é 'disfuncional', 'alcoólatra', 'carente'." A linguagem em torno da imortalidade tem conhecido a mesma balcanização. As pessoas já não vêem a "imortalidade" senão como um problema da religião ou da filosofia. Por isso não há um verdadeiro diálogo acerca da imortalidade — apenas uma recitação de visões empedernidas.

Depois de mergulhar na literatura referente à imortalidade, sinto-me estupefato e extenuado diante da arrogância, convicção e estreiteza que caracterizam as posições da maioria dos teólogos — e também, sem dúvida, dos cientistas. O pior aspecto é a arraigada tendência de ambos os grupos a ignorar as recentes evidências experimentais da natureza não-local da psique humana. Isso é ruim porque essas evidências transformam o debate em torno da imortalidade. Esse é o principal filão para quem quer que deseje uma validação empírica desse aspecto atemporal, imortal da consciência vislumbrado pelos visionários ao longo de toda a história humana.

"Ouvi dizer que quando pronunciamos o nome do homem estamos pronunciando a crença na imortalidade", escreveu Emerson. Mas advertia: "A evidência real é por demais sutil e elevada para que possamos expressá-la em proposições". Mas talvez a prova sutil seja a melhor maneira de abordar a imortalidade. Temos sido condicionados por visões demasiado autoritárias e literais da imortalidade que descrevem a vida após a morte com detalhes angustiantes que abrangem desde a política até a música. Em contraste, as visões sutis trocam os detalhes por uma sabedoria superior, ultrapassando nossas preferências e preconceitos. Talvez seja útil examinar algumas delas e o modo como afetam a nossa reflexão sobre o assunto.

Imagens da Vida após a Morte

A televisão é particularmente reveladora daquilo que a nossa cultura pensa a respeito da vida após a morte. Certo dia, enquanto dava uma espiada nos canais, deparei com uma discussão sobre a imortalidade num programa de entrevistas vespertino. "Será que lá se usa roupa?", perguntou a entrevistadora à sua convidada, uma especialista no assunto. A coisa me chamou imediatamente a atenção. A entrevistada tinha escrito um *bestseller* sobre sua experiência de quase-morte, no qual descrevia o que acreditava ter sido uma visita ao céu. Respondeu pensativamente que, embora não pudesse falar por todos, *ela* certamente não estava nua durante sua jornada. Então alguém do auditório perguntou, sem querer de forma alguma fazer humor, se as roupas usadas no céu eram togas ou algo um pouco mais moderno. Nessa espantosa conversação, o *fato* da sobrevivência era dado como absolutamente certo. O que interessava era o modo como as pessoas *encaravam* a questão. Não deixa de espantar esse tipo de interesse pelo pormenor.

Mas não estou interessado nas minúcias da vida após a morte. Minha principal preocupação é saber se a consciência sobrevive. O que conta é o quadro geral. Acho que uma inteligência universal que propicia a continuação da consciência pode também cuidar do código da vestimenta, do cardápio e do esquema de atividades.

De fato, acho as imagens tradicionais do céu despiciendas, e não estou sozinho nisso. Em decorrência dos meus escritos sobre questões espirituais na medicina, as pessoas muitas vezes me confiam seus pensamentos mais íntimos sobre a vida após a morte. Descobri que as pessoas pensam muito no céu, e algumas delas se inquietam. Um homem disse-me que o amedronta o pensamento de ficar eternamente exposto à música de harpa, que ele detesta. Uma mulher que tem medo de lugares altos se apavora ante a idéia de flutuar ao redor de nuvens porosas. Algumas das cartas mais interessantes que recebi são de prisioneiros. Um recluso de uma prisão federal escreveu-me a respeito de sua preocupação com as *chaves* daquelas portas de madrepérola. Essa imagem lhe sugere um estado de perpétuo encarceramento, e isso o deixa tremendamente preocupado. Um dos tipos mais renitentes de indivíduos do tipo A que conheço quer saber se poderá adaptar-se à *maçada* do céu caso tenha a boa sorte de guindar-se até lá. Muitas pessoas afeiçoadas aos bichos de estimação dizem que os padres lhes disseram que os animais não têm alma e não são portanto candidatos ao céu. Como os donos de bichos de estimação acham que seus animais têm mais méritos do que a maioria dos seres humanos que eles conhecem, isso lhes sugere que a divindade é injusta. Uma mãe contou-me que sua filha, que sofre de alergia a penas, perguntou-lhe se isso não seria um problema caso ela fosse para o céu e se visse cercada de anjos com asas.

Não se pense que essas preocupações se limitam às pessoas comuns. Muitos intelectuais se mostram tão preocupados com os pormenores da vida após a morte que preferem a aniquilação total à vida eterna. David Ray Griffin fornece alguns exemplos em *Parapsychology, Philosophy, and Spirituality* [Parapsicologia, Filosofia e Espiritualidade]. Um deles é o filósofo de Cambridge, C. D. Broad, pessoa amplamente informada sobre as pesquisas no campo da parapsicologia e as implicações dessas descobertas para uma eventual vida após a morte. Ele imaginava que as probabilidades eram pelo menos de 50% a favor de alguma forma de sobrevivência depois da morte, mas não achava isso uma idéia atraente. Considerava este mundo um lugar desagradável e receava que o outro poderia ser pior ainda. Por isso observava ironicamente que, se morresse e verificasse que ainda estava consciente, ficaria "mais aborrecido que surpreso".

Karl Popper, provavelmente o mais influente filósofo da ciência do século XX, também acreditava que o outro mundo devia ser aterrador e considerava a perspectiva da imortalidade "extremamente assustadora".

O teólogo suíço Karl Barth parecia preocupado com a possibilidade de a política de admissão ao céu ser muito liberal. Certa vez ele afirmou que Deus não tinha criado o céu para os gansos. Como sabia disso?

Alguns intelectuais parecem pensar que a esperança da imortalidade implica fraqueza de caráter ou frouxidão filosófica. Há uma amostra disso na atitude de Bertrand Russell, que fez o famoso comentário: "Acho que quando eu morrer apodrecerei e nada do meu ego sobreviverá. ... Desprezo quem treme de horror ante a idéia do aniquilamento. A felicidade não deixa de ser verdadeira só porque há de ter um fim, e tampouco o pensamento e o amor perdem o seu valor só porque não são eternos".

O desdém de muitos intelectuais pela questão da vida após a morte sugere que existe alguma coisa errada conosco: somos demasiado medrosos e fracos para enfrentar a nossa morte iminente. Mas pode ser que ocorra o contrário: deve haver algo de errado com *eles*. Sempre suspeitei que as pessoas que repelem a idéia de imortalidade podem estar sofrendo de uma agorafobia subclínica. Assim como os agorafóbicos se apavoram diante dos espaços abertos, os que odeiam a imortalidade parecem estarrecidos com a *infinitude* sugerida pela imortalidade — todo aquele espaço e todo aquele tempo. Como tratamento permanente para o seu distúrbio, preferem o confinamento num túmulo aconchegante, onde permanecerão para sempre sem que venha incomodá-los o mais ínfimo lampejo de consciência.

Alternativamente, os que se sentem repelidos pelas imagens tradicionais do céu podem ser introvertidos assumidos e incorrigíveis, entre os quais eu me incluo. Devemos admitir que o céu assemelha-se muito a um acontecimento social permanente, feito pelos e para os extrovertidos, com toda aquela perambulação, tagarelice e cantoria — daí o verso de Tennyson "Ouçam os céus cheios de alarido". "Para as pessoas que gostam desse tipo de coisa", gracejou Abe Lincoln num outro contexto, "esse é o tipo de coisa de que gostarão." Mas, e se a gente não gosta desse tipo de coisa? Fico preocupado com o fato de ninguém ter jamais enfatizado a privacidade no céu. Será o céu o fim da solidão? Será que ainda poderemos ficar sozinhos no nosso quarto? Em toda a literatura religiosa e espiritual que aborda a vida após a morte que já li, não me lembro de um único exemplo em que as questões de privacidade tenham sido tratadas. É como se tivéssemos de passar pelo teste de personalidade de Meyers-Briggs e ser tachados de extrovertidos antes da admissão.

Alguns filósofos acham a idéia da vida após a morte moralmente repulsiva, se a principal razão para a moralidade é a expectativa das recompensas e dos castigos que se seguem à morte. Mesmo os mestres espirituais criticaram as motivações que levam as pessoas a desejar o céu. Um exemplo foi o poeta sufi do século VIII Rabia Basri, que certa vez caminhou pelo deserto da Arábia levando fogo numa das mãos e água na outra. Disse que apagaria o fogo do inferno e tocaria fogo no céu para que os seres humanos não amassem a Deus nem por medo do inferno nem pela esperança do paraíso, mas por puro amor.

Outros são repelidos pela idéia de que as pessoas que se comportam erradamente, sem que tenham nenhuma culpa disso ou com circunstâncias atenuantes, poderiam ser barradas no céu. Muitos acham irracional que algum tipo de castigo infernal possa durar para sempre. Chega-se a um ponto, dizem eles, em que mesmo o mais hediondo dos crimes é expiado, os pratos da balança da justiça tornam a se equilibrar e o castigo deve cessar. Muitas pessoas lamentam que algumas organizações tenham cooptado o céu como sua propriedade pessoal, de tal sorte que estar em bons termos com a sua religião é uma precondição para ser admitido no céu e não no inferno. Muitos condenam o modo como os televangelistas caem sobre a consciência das pessoas afirmando que fazer doações para a sua causa é a melhor maneira de conquistar o favor de Deus na vida após a morte. Outra objeção comum à vida após a morte é a idéia de que essa crença não passa de um ópio; se as pessoas têm a atenção fixada na vida após a morte, isso lhes pode minar a paixão pela justa aplicação da justiça nesta existência. De modo análogo, uma fixação no futuro pode tornar as pessoas indiferentes ao destino da Terra em face das ameaças nuclear, ambiental e de outros tipos. Alguns dizem que a crença na vida eterna nos leva a uma postura apocalíptica e que os que acreditam na imortalidade acabam baixando a cortina sobre esta existência a fim de se preparar para a outra.

Vida depois da Morte ou antes da Morte?

Mesmo, porém, se combinarmos todas as objeções à vida após a morte que já se formularam, elas nada são diante da esmagadora convicção dos seres humanos, em todo o mundo e em todas as épocas, de que alguma coisa há de existir depois da morte. Os estudiosos atribuíram essa crença universal à luta humana contra a extinção biológica: incapaz de aceitar o nosso fim, inventamos um quadro cor-de-rosa para o que vem depois da morte.

Na maioria das visões da vida após a morte, as pessoas tendem a ver a si mesmas como pálidas versões do que eram na Terra — espíritos etéreos, almas imateriais e assim por diante. É como se *esta* existência fosse real e a outra nem tanto. Porém Dennis Stillings, diretor do Projeto Archaeus de Kamuela, Havaí, afirma que a crença universal numa vida após a morte pode indicar que é *esta* existência que não é fundamental. Em toda parte, acredita Stillings, há evidências de que não pertencemos realmente à Terra. Neste planeta nos comportamos como se fôssemos forasteiros em terra estranha, peixes fora da água. Embora nos consideremos a mais evoluída das espécies, quando examinamos nossa situação numa perspectiva mais ampla parece que nós, seres humanos, sentimo-nos menos à vontade aqui do que qualquer outra forma de vida. Somos cronicamente infelizes, ansiosos e insatisfeitos, incapazes de permanecer no agora, sempre olhando para o passado ou para o futuro. É como se estivéssemos tentando saber de onde viemos e para onde vamos. Temos apenas vaga consciência de que não pertencemos a este lugar, porque ao longo dos éons a certeza do que realmente somos debilitou-se drasticamente. O que permanece é uma vasta inquietude e uma persistente consciência de que somos mais aptos para outra forma de existência. Porém, os velhos sussurros do nosso sangue não desapareceram de todo. De longe em longe os seres humanos são despertados por aqueles que sabem escutar esses sussurros — os grandes santos e místicos, poetas e artistas que periodicamente aparecem entre nós e nos comunicam suas mensagens a respeito de um outro reino.

A psicoterapeuta Dra. Sukie Miller é fundadora e diretora do Instituto para o Estudo da Vida após a Morte. Em seu livro *After Death: How People around the World Map the Journey after Life* [Depois da Morte: Como as Pessoas em Todo o Mundo Mapeiam a Jornada após a Vida], ela descreve e analisa as crenças na vida após a morte que predominam na Índia, no Brasil, na Indonésia, na África ocidental e nos Estados Unidos, citando um poema que exprime a idéia de que a nossa existência terrena não é realmente fundamental. O poema é de um autor mexicano desconhecido e fala do Dia dos Mortos em seu país:

Só viemos sonhar, só viemos dormir;
Não é verdade, não é verdade
Que viemos viver na Terra.

Para onde iremos quando sairmos daqui?
Viemos aqui só para nascer,
Pois o nosso lar fica além,
Lá onde habita o espírito.
Será que alguém vive mesmo na Terra?
A Terra não é eterna, é só um breve momento.

Se atentássemos na possibilidade de que alguma outra dimensão é mais fundamental do que esta, talvez parássemos de denominá-la vida após a morte e começássemos a chamar a nossa etapa de existência atual de vida antes da vida.

A Resposta da Ciência

A imortalidade implica que o espírito é mais do que o corpo físico e se estende para além dele. Alguns cientistas consideram essa idéia tão perigosa que deveria ser rejeitada a qualquer preço. Um ilustre biólogo disse certa vez a William James: "Mesmo que tal coisa seja verdade, os cientistas devem unir todas as suas forças para mantê-la inacessível e oculta. Ela suprimiria a uniformidade da Natureza e todas as outras coisas sem as quais os cientistas não podem prosseguir nas suas investigações". Temos aqui uma recomendação para que os cientistas se empenhem coletivamente em encobrir qualquer possível ameaça à empresa científica. Os pacientes paranóides são tratados com medicamentos antipsicóticos para combater delírios muito menos grandiosos do que esse.

Os leigos não-familiarizados com os trabalhos da ciência podem achar difícil acreditar que os cientistas tentariam de fato reprimir uma idéia por mera intolerância, mas quando está em jogo a idéia de uma forma mais ampla de consciência essa intolerância não raro se manifesta. Um exemplo disso é relatado pelos físicos Hal Puthoff e Russell Targ em seu livro *Mind-Reach* [O Alcance da Mente]. Quando se encontravam no Stanford Research International na década de 1970, os dois se dedicaram a pesquisas sobre a visão a distância, nas quais os indivíduos logravam obter informação sobre uma localidade remota sem empregar os sentidos físicos. Vários cientistas eminentes escreveram cartas irritadas ao presidente do SRI, numa tentativa de conseguir a demissão de Puthoff e Targ, o que para eles significaria a morte profissional. E quando teve uma oportunidade de examinar os dados que sugeriam a possibilidade de a consciência se estender além do corpo, um destacado cientista disparou: "Esse é o tipo de coisa em que eu não acreditaria mesmo se existisse". Nesse exemplo, a "política do pensamento" não prevaleceu. As descobertas de Puthoff e Targ foram finalmente publicadas nos prestigiosos *Proceedings of the Institute of Electrical and Electronic Engineers (IEEE)*.

Ao longo da História os sábios têm recomendado ocasionalmente obscurecer a verdade ou ocultá-la de todo. Dante, por exemplo, disse que "devemos esconder o mais possível as verdades que semelham mentiras, porque nos prejudicam sem que sejamos responsáveis por elas". E Emily Dickinson declarou: "Diga toda a Verdade / Mas diga-a parcialmente / ... A Verdade deve deslumbrar gradualmente / Ou todo homem ficará cego". Mas pessoas como as que atacaram Puthoff e Targ estão recomendando uma coisa diferente da exortação de Dante e Dickinson. Acham que estão suprimindo mentiras, e não dizendo parcialmente a verdade. O pior é que querem impedir a investigação científica das idéias com as quais não concordam e tirar do jogo os seus oponentes. Um processo de cegueira seletiva está operando nelas — o tipo de coisa descrito pelo mestre espiritual Baba Ram Das: "Quando um batedor de carteiras olha para um santo, não vê senão carteiras". Do mesmo modo, quando os materialistas olham para os seres humanos, não vêem senão matéria.

A razão de toda essa hostilidade é simples. Se a mente é mais do que o cérebro, então alguns dos conceitos mais acalentados pela ciência moderna estão errados. O filósofo Collin McGinn formula a questão da seguinte maneira:

> O que chamamos de "mente" compõe-se na verdade de um grande número de subcapacidades, e cada uma delas depende do funcionamento do cérebro. [Os fatos da neurologia] demonstram de forma inconteste ... que tudo o que se refere à mente, da periferia sensorial-motora à consciência íntima do eu, é minuciosamente controlado pelo cérebro: se o cérebro não possui determinadas substâncias químicas ou vem a ser localmente danificado, sua mente também poderá ficar danificada. ... Se partes da mente dependem para a sua existência de partes do cérebro, então a totalidade da mente também deve depender da totalidade do cérebro. Por isso a alma morre com o cérebro, ou seja, não é imortal.

O romancista Arthur Koestler, que levou a sério as evidências científicas em favor de uma forma ampliada de consciência, declarou que não haverá esperança de imortalidade "enquanto permanecermos cativos dessa filosofia materialista que proclamou — como disse ironicamente [Sir Cyril] Burt — que a química do cérebro 'gera consciência tanto quanto o fígado gera bile'".

Experiências de Quase-morte e Experiências Extracorporais

O debate em torno da sobrevivência foi imensamente revigorado nas últimas três décadas por uma enorme quantidade de pesquisas no campo das experiências de quase-morte (EQM)). (*Imortalidade* e *sobrevivência* não são sinônimos. *Imortalidade* implica a existência *eterna* de um aspecto atemporal da consciência, enquanto *sobrevivência* implica a continuação da existência durante um período específico após a morte corporal. Neste ensaio, porém, uso os dois termos um pelo outro.) Quando estão perto da morte, as pessoas geralmente passam pela experiência de sair do corpo. Com mais freqüência, entretanto, essa sensação é experimentada espontaneamente por pessoas normais e perfeitamente sadias. As pesquisas mostram que cerca de 10% da população têm pelo menos uma experiência extracorporal (EEC) durante a vida. Em alguns desses relatos, elas aparentemente obtêm informações que provavelmente não obteriam enquanto "corporificadas".

Um desses casos é descrito por Kenneth Ring, professor emérito de psicologia da Universidade de Connecticut, e pela pesquisadora de EQM Evelyn Elsaesser Valarino. O referido caso envolveu "Maria", uma trabalhadora migrante que teve um ataque cardíaco quando visitava alguns amigos pela primeira vez em Seattle. Levada às pressas para uma unidade de atendimento coronariano do Harborview Hospital, dias depois sofreu uma parada cardíaca e foi ressuscitada.

No dia seguinte, Kimberly Clark, assistente social de atendimento de emergência, foi solicitada a cuidar de Maria. Na conversa que mantiveram, Maria disse a Kimberly que enquanto estava sendo ressuscitada podia olhar para o seu corpo a partir do teto e ver o que a equipe médica estava fazendo. Kimberly ouvira falar em EQM, mas era cética em relação a tal experiência e fingiu acreditar em Maria enquanto ela contava sua bizarra história. Maria descreveu como saíra subitamente do nível do teto da unidade de atendimento coronariano para situar-se totalmente fora do hospital, tendo sua atenção atraída por um objeto localizado sobre a borda do terceiro andar da ala norte do edifício. Ela "pensou em si lá em cima", disse a Kimberly, e quando "chegou" deu consigo fitando um tênis na borda do edifício. Maria descreveu-o minuciosamente, mencionando inclusive um ponto gasto na parte correspondente ao dedinho do pé e dizendo que um dos cadarços estava enrolado por baixo do salto. Finalmente, Maria suplicou a Kimberly que localizasse o tênis para certificar-se de que realmente o tinha visto.

Nesse ponto Kimberly sentiu uma profunda inquietação metafísica. E se ela fosse procurar o tênis e o encontrasse? O pesquisador Kenneth Ring relatou o caso em *Lessons from the Light: What We Can Learn from the Near-Death Experience* [Lições da Luz: O Que Podemos Aprender com a Experiência de Quase-morte]: "Eu próprio estive no Harborview Hospital e posso dizer que a face norte do edifício é muito estreita, com apenas cinco janelas no terceiro andar. Quando Kimberly chegou lá, não encontrou nenhum tênis — até chegar à janela mais perto do meio e ali deparar com o tênis tal qual Maria o descrevera".

Seria isso apenas "uma daquelas coisas"? Ring continua: "Qual a probabilidade de uma operária migrante que visita uma grande cidade pela primeira vez, que sofre um ataque cardíaco e é levada às pressas a um hospital de madrugada, estivesse, enquanto sofria uma parada cardíaca, simplesmente tendo uma 'alucinação' que lhe fazia ver um tênis — com aspectos muito específicos e insólitos — na borda de um andar *acima* do lugar onde ela estava no hospital? Só um arquicético, quero crer, diria algo diferente de 'Nenhuma'".

Ring e uma de suas colegas, Madelaine Lawrence, investigaram três casos de EQM nos quais pelo menos uma testemunha independente é capaz de atestar as percepções extracorporais de um paciente. Como no caso de Maria, dois deles envolviam calçados.

Um deles ocorreu com Cathy Milne, que em 1985 estava trabalhando como enfermeira no Hartford Hospital de Connecticut. Um dia Milne conversava com uma mulher que fora ressuscitada havia pouco e que tivera uma EQM.

> Contou-me como flutuou acima de seu corpo, presenciou os esforços que se faziam para ressuscitá-la durante breve lapso de tempo e depois se sentiu puxada para cima através de vários andares do hospital. Em seguida viu-se acima do teto e percebeu que estava olhando para a linha do horizonte de Hartford. Ficou maravilhada com a beleza dessa visão e com o rabo do olho avistou um objeto vermelho. Era um sapato.
>
> Contava isso a um residente cético quando ele, com ar sarcástico, se retirou. Ao que parece, pediu a um porteiro que o levasse ao telhado. Quando o encontrei no dia seguinte, ele segurava um sapato vermelho e tornara-se mais um crente!

Por que *sapatos* aparecem com tanta freqüência nas EQM? É irônico, porque o sapato simboliza o nosso contato com a terra física e o lado material da experiência, enquanto a EEC aponta para o imaterial e o infinito. Talvez a imagem do sapato seja uma tentativa do inconsciente para nos manter *com os pés no chão* depois das EEC.

As Experiências de Quase-morte e os Ateus

O filósofo britânico A. J. Ayer foi um dos mais influentes pensadores do século XX. Em 1988 ele teve uma EQM durante uma parada cardíaca quando se achava hospitalizado com pneumonia. Seu relato "O Que Vi quando Morri" causou celeuma ao ser publicado no *Sunday Telegraph* de Londres. A história de Ayer não era um caso isolado. Muitas EQM já haviam sido relatadas antes que ele viesse a conhecer uma. A razão pela qual essa EQM particular gerou tão apaixonado interesse foi que Ayer era um renomado ateu, não sendo exatamente o tipo de pessoa cuja experiência possa ser considerada uma criação ilusória de fatos inverídicos. A história atravessou o Atlântico e foi publicada nos Estados Unidos pela *National Review* como matéria de capa: "A. Ayer e a Imortalidade: O que Acontece Quando o Mais Eminente Ateu do Mundo Morre".

Embora inconsciente e perto de um ventilador, Ayer deparou com uma luz vermelha cujo brilho, de tão intenso, era doloroso. Essa luz parecia responsável pelo governo do universo. Ele viu duas criaturas semelhantes a ministros responsáveis pelo espaço. Parte de sua missão consistia em realizar inspeções no próprio espaço, o que eles acabavam de fazer, mas tinham desempenhado sua tarefa tão mal que o espaço se afigurava ligeiramente deslocado. Além disso, pareceu a Ayer que as leis da natureza tinham parado de funcionar como deviam e que cabia a ele acertar as coisas. Se pudesse fazê-lo, talvez aquela luz vermelha dolorosamente brilhante pudesse apagar-se. Em todo esse tempo Ayer estava consciente da estreita relação entre espaço e tempo que as descobertas de Einstein tinham revelado no século XX e de que ele poderia curar o espaço operando sobre o tempo. Tentou chamar a atenção dos ministros com um aceno, mas eles não responderam. Imaginando que eles poderiam estar interessados na medição do tempo, começou a apontar para seu relógio, mas isso de nada valeu. Foi ficando cada vez mais desesperado, até que a experiência terminou.

"Foi isso mesmo", disse Ayer. "Minhas experiências recentes enfraqueceram ligeiramente a minha convicção de que minha morte genuína será o meu fim, embora eu continue a esperar que de fato o seja. Mas não enfraqueceram a minha convicção de que Deus não existe."

Vários cientistas eminentes deram sua opinião sobre o relato de Ayer. Colin Blakemore, fisiólogo de Cambridge, proclamou: "O que aconteceu a Freddie Ayer foi que a falta de oxigênio transtornou os métodos interpretativos do seu córtex, provocando-lhe alucinações" — a velha e infalível "explicação" dos materialistas. E o ilustre físico de Cambridge Sir Herman Bondi, presidente da Rationalist Press Association, declarou que aquilo não o deixava "nem um pouco impressionado", acrescentando que "já é difícil a gente ser sensato quando está bem".

Ayer pareceu ressentir-se dessas respostas e deu a lume o que equivalia a uma retratação pública. Explicou que sua experiência não enfraquecera e "nunca tinha enfraquecido" a sua certeza de que a morte equivale ao aniquilamento. Mais que isso, tinha praticamente certeza de que suas imagens não passavam de fantasias provocadas por seu cérebro estressado. "Disse no meu artigo", especificou ele, "que a explicação mais provável para as minhas experiências era que o meu cérebro não tinha parado de funcionar durante os quatro minutos em que o meu coração parou. ... Não existe outra hipótese plausível."

Os acontecimentos que se seguiram ao relato de Ayer mostram como os materialistas tentam tapar o sol com a peneira sempre que emitem opiniões sobre EQM. O episódio de Ayer mostra que as pessoas encontram nas EQM o que querem encontrar e que é improvável venha uma EQM a resolver o debate em torno da sobrevivência *post-mortem*.

Por que as Explicações Materialistas não Convencem

Os materialistas estão certos? As experiências de Ayer será mero produto de um cérebro doente, privado de oxigênio? "Essa afirmação ... depara com várias dificuldades", diz David Ray Griffin numa análise cuidadosa do caso em *Parapsychology, Philosophy, and Spirituality*. "A maioria das EEC não ocorre nessas circunstâncias." Esse é um ponto importante. A maioria das pessoas que passam pela EEC não está doente. A experiência acontece em condições normais, e não em hospitais e unidades de atendimento intensivo.

Griffin examina a afirmação de alguns céticos de que as imagens da EEC são produzidas não pela exigüidade de oxigênio, mas pelo excesso de dióxido de carbono (hipercarbia).

> As experiências mostram que a hipercarbia pode produzir experiências semelhantes às encontradas nas EEC, especialmente em suas fases transcendentais, como luzes intensas, êxtase e revivescência de memórias passadas. Essa teoria, contudo, provavelmente é refutada pelo fato de a maioria das EEC, mesmo as que apresentam vívidas imagens transcendentais, não ocorrerem em situações hipercárbicas. ... A hipercarbia também produz uma série de experiências diferentes das EEC, tais como "efeitos de vitrais", objetos imaginários animados (como as notas musicais em movimento), ver tudo duplicado ou triplicado e sentimentos de horror.

Como as EEC ocorrem em pacientes hospitalizados, os materialistas quase sempre afirmam que elas se devem às drogas. "No entanto", lembra Griffin, "a maioria das EEC, mesmo as que ocorrem durante uma EQM, dá-se com pessoas que não tomaram drogas. Além disso, as visões da EEC raramente ou nunca têm o tipo de imagens bizarras que surgem nas alucinações induzidas por drogas, e estas últimas são reconhecidas como irreais no momento ou pelo menos retrospectivamente, enquanto as EEC são tidas como reais tanto durante a sua ocorrência quanto retrospectivamente."

Outra "explicação" comum é que a EEC assemelha-se a um evento epiléptico, resultante de um ataque do lóbulo temporal. "A principal ligação aqui", diz Griffin, "é com a revivescência que ocorre em algumas EEC. ... Um problema imediato nessa tentativa de explicação, entretanto, é que a revivescência de lembranças causada pelas disfunções do lóbulo temporal se limita geralmente a um único evento sem significação especial; nada tem a ver com a revivescência de uma infinidade de eventos de grande significação. Além disso, essas alucinações neurológicas envolvem geralmente os sentidos do paladar e do olfato, que via de regra estão ausentes nas EEC. A percepção do ambiente imediato é freqüentemente distorcida."

Uma afirmação bem conhecida é que as EEC são provocadas pela liberação de endorfinas no sangue da pessoa, o que explicaria as emoções aprazíveis e a ausência de dor que ocorrem durante essas experiências. "Todavia", declara Griffin, "as injeções de endorfinas produzem sonolência e não a hiperlucidez referida nas EEC. Por outro lado, uma injeção de endorfina alivia a dor durante muitas horas (de 22 a 73), enquanto nas EEC ... a dor retorna subitamente, tão logo a pessoa regressa ao seu corpo."

Susan J. Blackmore é uma psicóloga inglesa que acredita que as EQM e as EEC refletem um metabolismo cerebral transtornado. Ela põe grande ênfase na conhecida experiência de viajar num túnel durante essas experiências. Num artigo intitulado "Experiências de Quase-Morte na Índia: Elas também Têm Túneis", afirma que o fato de a experiência do túnel ser universal mostra que esta se deve a eventos físicos anormais que ocorrem no cérebro. Mas, diz Griffin, "mesmo diante dos resultados do seu estudo e de alguns outros que sugerem que em cerca de 38% das EQM há a experiência de túneis ..., é difícil admitir que uma explicação fisiológica da experiência de túneis, mesmo aceitando a sua inadequação, forneça a chave para se entender a própria EQM, já que cerca de 62% das EQM ficariam sem explicação."

As experiências de quase-morte e as EEC dominaram a imaginação popular em razão de vários *bestsellers* em torno desse tema publicados nos últimos anos, e muita gente acredita que essas experiências constituem a maior prova da vida após a morte. Mas a persistência da consciência que se segue à morte corporal vai muito além das EQM e das EEC, por mais significativas que estas possam parecer a quem passou por elas. Essas experiências são apenas elementos isolados de um quadro muito mais vasto. Outras linhas de evidências, muito mais convincentes a meu ver, mostram que a consciência ultrapassa os limites do corpo físico e que ela é não-local e infinita no espaço e no tempo. Muitas das peças desse enigma são tratadas de maneira fascinante por Griffin, cujos argumentos admiro. Recomendo enfaticamente o seu livro *Parapsychology,*

Philosophy, and Spirituality a quem quer que deseje ter uma visão panorâmica e aprofundada da questão da sobrevivência após a morte corporal. Concordo plenamente com a sua conclusão: "A questão [da sobrevivência] não deve ser formulada em termos de prova absoluta, pois tal não é possível. Não se pode provar nem a verdade nem a falsidade da crença na vida após a morte. O problema deve ser formulado em termos da teoria mais plausível de Platão, segundo a qual 'existem espantosas evidências que levam a acreditar na vida após a morte'".

A Resistência dos Médicos

Em geral nós, médicos, somos obsessivamente inclinados a afirmar que a mente equivale ao cérebro, como ocorreu com o cardiologista Michael Sabom.

Em seu livro *Recollections of Death* [Reminiscências da Morte], Sabom afirma que quando leu pela primeira vez os relatos de Raymond Moody sobre EQM em seu importante livro *Life after Life* [Vida depois da Vida], achou-os "ridículos" e que o livro de Moody não passava de uma obra de ficção. Como a maioria de seus colegas, tinha plena certeza de que a morte equivale à extinção. Mas, quando Sabom começou a interrogar seus próprios pacientes que haviam experimentado algo semelhante ao que Moody descreveu — atravessar um túnel em direção a uma luz, sentir uma alegria inexprimível, rever a trajetória de sua vida num relâmpago, encontrar guias prestimosos e retornar com uma sensação transformadora de serenidade e o compromisso de levar uma vida mais significativa —, verificou que 27% deles tinham de fato passado por essa experiência.

O médico Richard S. Blacher escreveu um artigo no *Journal of the American Medical Association* relegando a EQM à categoria de uma "fantasia sobre a morte" e advertindo os médicos contra "a aceitação de crenças religiosas como dados científicos". Sabom, que nessa época estava impressionado com a experiência de seus pacientes, escreveu uma resposta. Dizia ele que nenhuma das habituais explicações científicas e médicas podia explicar cabalmente as EQM e que era preciso cautela para não confundir crença científica com dados científicos. Blacher replicou: "O Dr. Sabom critica-me por descrever tais episódios como 'fantasia'. Com essa palavra, quero apenas identificar o fenômeno com a psique do paciente. ... A alternativa à localização intrapsíquica seria a de algo (a alma?) abandonando a pessoa, na realidade, e pairando sobre a mesa. Não me parece que se deva rotular de mera crença científica a postura de quem não aceita a idéia de espíritos rondando a sala de emergência".

Ridicularizar um colega numa publicação profissional pode contar com a aprovação de colegas igualmente cínicos, mas muitas vezes é um recurso desesperado de alguém que já não dispõe de outros argumentos. As objeções de

Blacher não anulam o fato de que 10% da população dos Estados Unidos — mais de 25 milhões de pessoas — tiveram EEC. Como fechar os olhos a experiências tão freqüentes? Mesmo se Blacher estivesse certo ao afirmar que essas experiências não passam de fantasias, elas são tão comuns que devem merecer a nossa atenção, quando mais não seja por razões de saúde mental.

A Divindade Interior

O mitologista Joseph Campbell defendeu a idéia de que cada ser humano é inerentemente divino. Afirmou que esse ensinamento é virtualmente universal, inclusive no cristianismo. Campbell observou que os cristãos acreditam que "o reino do céu está dentro de nós". "Quem está no céu?", pergunta Campbell. "Deus. Portanto, se o céu está dentro de mim, Deus também está!" Esse conceito universal, segundo o qual Deus (a Divindade, Alá, o Tao — a escolha é livre) está dentro de nós é relevante para a imortalidade — porque, *se o deus interior é imortal, então, em certo sentido, nós também o somos.*

A idéia de que *já* somos imortais foi admitida no campo da psicologia transpessoal. O filósofo Ken Wilber descreve essa idéia em *Beyond Health and Normality* [Além da Saúde e da Normalidade]:

> Aqui, não podemos falar de possibilidades. Que dizer quando as mais profundas possibilidades da *nossa* alma já são as próprias potencialidades, que movem os planetas e irradiam a luz das estrelas, que explodem como o fragor do trovão e ecoam como a chuva através dos nevoeiros, que arremessam os cometas pelos céus e erguem a lua na escuridão da noite? As pequenas potencialidades da pessoa, do ego, e o centauro que alimentamos tão cuidadosamente e que tanto nos apraz ousam erguer-se como velas à luz do sol. A Irmã Juliana de Norwich exclamava em sua iluminação: "Vejam! Eu sou Deus. Vejam! Eu sou todas as coisas. Vejam! Eu faço todas as coisas (*sic*). Vejam! Eu nunca tirei as mãos dos meus trabalhos, nem nunca tirarei, jamais. Vejam!"
>
> Mas precisamos ter cuidado no modo como entendemos essa potencialidade última, essa potencialidade cósmica divina. Isso não significa que o Eu mais profundo ... esteja afastado do cosmo e o domine ... [mas sim que] esse Eu é o cosmo. Porque à medida que se alcançam as profundezas do Eu transpessoal, o Eu transpessoal cede lugar ao Eu último ou universal — o Eu que *é* todos os reinos da existência, manifestos e não-manifestos, em todas as direções e em todas as dimensões.

A "divindade interior" é um atalho para a imortalidade — *muito* curto e muito fácil, dizem alguns teólogos, que o equiparam ao "dom gratuito da graça". Outros teólogos consideram a idéia da divindade interior como uma blasfêmia. Mas esse conceito foi defendido por eminentes estudiosos ocidentais, como o físico Erwin Schrödinger, cujas equações das ondas *quantum* lhe valeram o Prêmio Nobel. Schrödinger discordou da tendência dos ocidentais a considerar a "divindade interior" como teologicamente infundada:

> Na terminologia cristã, dizer "Portanto, eu sou Todo-poderoso" parece blasfemo e lunático. Mas esqueçamos essas conotações. ... Em si mesma, a idéia não é nova. ... [A idéia de que] o eu pessoal equivale ao eu onipresente, abrangente ... longe de ser uma blasfêmia, representava no pensamento indiano a quintessência da mais profunda verdade. O empenho de todos os estudiosos do Vedanta era, depois de ter aprendido a pronunciar com os lábios, assimilar efetivamente na mente esse que é o mais grandioso de todos os pensamentos ... que se pode condensar numa única frase: DEUS FACTUS SUM (Eu me tornei Deus).

Paul Brunton foi um investigador espiritual ocidental que passou muitos anos na Ásia e cuja obra volumosa gozou de um amplo reconhecimento póstumo. Ele concordava em que a idéia da divindade interior não é blasfema. Porque quando a meta espiritual é atingida — a absorção do ego ou eu no divino — já não existe uma entidade que *poderia* blasfemar. Em *The Quest of the Overself* [A Busca do Superself], Brunton escreveu:

> Os que confundem esse misterioso ensinamento [do deus interior] costumam alegar que a deificação do eu é uma tentativa de equiparar Deus à personalidade e de degradar a Divindade para endeusar uma parte de Sua criação. É um engano. Quando entramos em contato com as profundezas do nosso ser mais recôndito, só podemos emergir delas com uma reverência mais intensa por Deus. Compreendemos toda a nossa impotência e dependência quando pensamos nesse Ser Superior de quem recebemos a própria permissão para existir. Em vez de endeusar o eu pessoal, tornamo-nos completamente humildes. O eu, no sentido comum desse termo, deve ser posto de lado para que Deus possa tomar o seu lugar.

Com muita freqüência os ocidentais vêm a "divindade interior" como uma idéia exclusivamente oriental. Há muitas passagens nas Escrituras que demonstram o contrário. Considere-se, por exemplo, o Salmo 82, 6: "Eu disse: Sois deuses, sois todos filhos do Altíssimo"; João 10, 34: "Replicou-lhes Jesus: Não está escrito na vossa lei: Eu disse: Sois deuses?", e Efésios 4, 6: "E um só Deus e Pai de todos, o qual é sobre todos, age por meio de todos e está em todos".

Ralph Waldo Emerson, o grande ensaísta e poeta americano do século XIX, falou da "Presença Divina em [nossa] própria mente" e citou com aprovação a crença do fundador da religião quacre George Fox, que disse que, embora lesse sobre Cristo e Deus, não os conhecia senão pelo espírito semelhante de sua própria alma.

Emerson, ex-ministro protestante, via claramente a conexão da divindade interior com a imortalidade. Em seu ensaio "Caráter" (1865) lemos: "Ele [Jesus] afirma a Divindade nele e em nós — não se coloca entre ela e nós" e ressalta a "presença do Eterno em cada homem perecível".

Os conterrâneos de Emerson não estavam muito inclinados a aceitar a idéia de que traziam dentro de si um elemento eterno, divino. Naquela época, como hoje, as pessoas eram mais propensas a acreditar que eram inerentemente pecadoras. Emerson era contra essa crença. Embora James T. Fields, editor do *Atlantic*, concordasse inicialmente em publicar o ensaio de Emerson, "mudou de idéia porque acreditava que os leitores iriam considerar a opinião de Emerson como blasfêmia. O ensaio acabou sendo publicado oito meses depois na *North American Review* — anonimamente, para proteger Emerson contra a reação intempestiva dos leitores. Nessa época Emerson era famoso tanto em seu país como no exterior, particularmente na Inglaterra, onde era muito admirado. O fato de a mais celebrada figura literária da América ter precisado esconder-se sob um pseudônimo para falar da divindade e da eternidade que nos são inerentes é uma expressiva ilustração da resistência ocidental a essa idéia quase universal.

A Imortalidade e a Física

O físico Frank J. Tipler é muito corajoso. Em seu livro *The Physics of Immortality* [A Física da Imortalidade] ele misturou física das partículas, ciência do computador, relatividade geral e teologia, e daí extraiu o que considera como provas da existência de Deus, da alma, da ressurreição do corpo e da imortalidade.

Tipler é um peso-pesado no campo da relatividade geral global, o ramo rarefeito da física habitado por conhecidos estudiosos como Stephen Hawking e Roger Penrose. Tipler ficou tão admirado quanto qualquer outra pessoa pelo rumo que ele próprio tomou. "Nunca imaginei, quando comecei a minha carreira de físico", diz, "que um dia estaria escrevendo, *qua* físico, que o Céu existe e que todos e cada um de nós iremos conhecer a vida após a morte. Mas eis-me aqui escrevendo o que o meu eu mais jovem veria como absurdo científico. Eis-me aqui — como físico, não posso fazê-lo de outro modo."

Os argumentos de Tipler baseiam-se em computadores e em processamento de informações:

> Um ser humano é um tipo especial de programa de computador. Ora, o que se pode mostrar usando a física é que é possível codificar completamente um ser humano em um computador, escrever um ser humano em todo o seu ambiente como uma simulação de computador. O ponto-chave é que um ser humano não é infinitamente complicado. ... Um computador suficientemente podero-

> so poderia reproduzir perfeitamente — fazer uma cópia absolutamente perfeita de — uma pessoa que existe agora. No futuro distante ... haverá finalmente [*sic*] um tempo em que a vida futura poderá reproduzir todo o universo presente e cada pessoa que nele vive.

Isso quanto à ressurreição. Quanto à alma, "Se definirmos a alma como uma coisa imaterial que contém a essência do ser humano, digo que [ela] ... retornará à existência. Seja-me permitido definir: uma alma humana é um programa de computador que opera no cérebro humano".

Tipler diz que a ciência é uma força tão dominante na cultura moderna que, "se a ciência persistir na sua tendência ateísta, mais cedo ou mais tarde todos teremos de ser ateus". Por isso ele sustenta que para a religião sobreviver ela deve tornar-se um ramo da ciência. Essa afirmação não deixou os teólogos felizes.

Os teólogos não são as únicas pessoas que não aceitam as idéias de Tipler. Muita gente deseja uma versão mais calorosa, mais vaga da alma do que a oferecida por Tipler. Têm a idéia de que existem muito mais coisas do que os uns e os zeros que compõem o código dos seus *laptops* e têm lá suas dúvidas quanto à possibilidade de serem totalmente refeitos, depois da morte, como uma série de uns e zeros processados por algum supercomputador do futuro.

Admiro a coragem de Tipler ao assumir uma postura tão controversa, mas alguns dos problemas que ele deixa de abordar são enormes. Por exemplo, ele nunca explica como passamos de uma série refactível de uns e zeros para um ser consciente. Como Tipler sabe que um ser humano reconstituído a partir de um código de computador não é um mero autômato ou zumbi? Onde entra a consciência aí? Tipler não parece interessado em questões desse tipo. *Mente* e *consciência* não são sequer relacionadas no índice remissivo desse livro volumoso. Ele *pressupõe* que a consciência surgiria automaticamente num ser humano que fosse refeito a partir de um código de computador, mas isso é uma questão de fé — que é exatamente o fator que ele quer erradicar da religião. Pelo menos as religiões *admitem* que se baseiam na fé.

Um dia, quando escrevia sobre a imortalidade no meu computador, ele travou. Levei várias horas para fazê-lo voltar a funcionar. Parece-me tê-lo ouvido dizer: "Você quer *mesmo* confiar numa coisa mortal como eu para falar da imortalidade? Que será de sua imortalidade se faltar eletricidade, se minhas pilhas pifarem ou se a energia elétrica oscilar repentinamente?"

Imortalidade, Espaço e Tempo

Para a maioria de nós, assim como para os físicos clássicos, o tempo é uma entidade fluida — o "rio do tempo" — que corre numa direção irreversível e de mão única. Dividimos esse rio em segmentos a que chamamos passado, presente e futuro. Vivemos apenas uma vez, e a morte é o fim porque não podemos voltar atrás no tempo e recapturar a vida. Como disse o compositor Hector Berlioz: "O tempo é um grande mestre, mas infelizmente ele mata todos os seus discípulos". A imortalidade, porém, pressupõe uma visão diferente do tempo. As coisas imortais estão fora do tempo; não têm princípio nem fim e não estão "fluindo".

A física moderna, em contraste com a visão clássica, abandonou a idéia do tempo como uma entidade externa, objetiva, fluida em favor de... bem, de algo que ainda está sendo debatido. Que nos dirão os físicos sobre o tempo no futuro? O físico Paul Davies afirma: "Alguma nova teoria, um novo modelo é necessário. ... Como será essa nova teoria, isso só podemos conjeturar. Ela não empregará sequer os conceitos de espaço e tempo. Pode ser que uma sociedade futura não use essas palavras ou noções. Bem pode ser que, como o éter, eles estarão além do interesse e da linguagem da humanidade".

Se você acha desnecessário examinar o tempo ao microscópio, pense de novo. Nossas idéias sobre a natureza do tempo afetam cada nicho da nossa vida e nos infunde prazer ou tormento. Nossa aversão pela atemporalidade não nos permite permanecer no momento e contribui para criar estresse e ansiedade. A idéia de que o tempo flui e está passando pode ser letal, como mostra o número crescente de mortes por doenças cardíacas em indivíduos do tipo A de idades precoces que estão demasiado conscientes do tempo. Toda a nossa cultura é obcecada com a idéia de "economizar" tempo, como o mostra a nossa escravidão aos *pagers, e-mails, faxes* e telefones sem fio. A apreensão das religiões ocidentais em relação à atemporalidade contribui para a sua preferência por uma versão da criação em sete dias, da criação limitada pelo tempo, e acentua a maior luta já travada entre a ciência e a religião — o conflito entre a evolução biológica e seus infindáveis éons. E a nossa incapacidade de conceber a atemporalidade impede-nos de apreender as evidências de um aspecto não-local da consciência, uma qualidade da mente que está para além do tempo. Todas as nossas experiências na vida, incluindo os dados científicos que encontramos, são filtradas através das nossas concepções a respeito do tempo. Essas crenças quase nunca são questionadas, e no entanto exercem uma enorme influência sobre o modo como vemos o mundo.

Uma coisa parece clara: a visão do tempo que está emergindo na ciência, embora ainda não esteja plenamente formada, é mais consentânea com a idéia de uma concepção não-local, atemporal da consciência do que as velhas noções e é, portanto, mais favorável à perspectiva da imortalidade.

O psicólogo C. G. Jung compreendeu isso. Provavelmente ninguém aplicou as visões do espaço e do tempo quânticas e relativistas à psicologia de uma forma tão completa quanto ele, como podemos ver pelos conselhos que dava aos seus pacientes e amigos.

Em janeiro de 1939 Jung respondeu a uma indagação do pastor Fritz Pfäfflin, que perdera seu irmão em um acidente na África. Na época do acidente, Pfäfflin, que se encontrava na Europa, teve espontaneamente uma conversa com seu irmão e pediu a Jung para ajudá-lo a entender esse acontecimento. Em sua resposta, Jung manifestou sua simpatia a Pfäfflin e afirmou a crença de que "a distância espacial é, no sentido psíquico, relativa ... [e] psiquicamente contráctil. ... Essa anulação do espaço ocorre com grande velocidade, de sorte que as percepções desse tipo se dão quase simultaneamente com o acidente. Pode-se então falar de uma anulação psíquica também do tempo". O paralelo com o *continuum* espaço-tempo da física moderna é evidente. Não que Jung acreditasse que as leis da física sempre mostram o modo como a psique funciona; na verdade, ele pensava que, em determinadas condições, o contrário é que era mais provável.

Teria o moribundo transmitido telepaticamente a informação ao seu irmão por meio de algum tipo de sinal energético sutil, proveniente do seu cérebro? Jung duvidava dessa possibilidade. Mencionou um exemplo no qual a informação foi transmitida a distância por um indivíduo que fora decapitado. "Nesse caso", declarou Jung, "é inquestionável que não houve transmissão por um homem moribundo" a partir de seu cérebro, visto que ele tinha sido decapitado. Isso sugere que a psique não é dependente do cérebro e que "a psique não existe unicamente no tempo e no espaço".

Parapsicologia

Bom seria se a questão da vida após a morte fosse resolvida de forma não-ambígua por alguém que tivesse "voltado", que aparecesse no gramado da Casa Branca, desse uma entrevista à imprensa e esclarecesse as coisas. Mas isso ainda não aconteceu.

Em vez disso, devemos procurar evidências indiretas, evidências mais sutis, como as oferecidas pelo eminente físico francês O. Costa de Beauregard. Ele encontra na matemática e na física evidências que apontam para "a existência de um 'inconsciente coletivo' que a tudo permeia, algo como uma mente atemporal, imortal". De Beauregard acredita que esses desenvolvimentos fornecem uma base racional para experiências parapsicológicas como a precognição, a psicocinese e a telepatia, que indicam um aspecto da consciência não-local, atemporal.

A parapsicologia deve ser levada em conta em qualquer discussão atual sobre a imortalidade, porque esse campo envolve a independência da mente em relação ao espaço-tempo. Infelizmente, durante décadas tanto os cientistas quanto os teólogos têm-se empenhado em fugir à questão da parapsicologia com a maior rapidez possível. Esse é um exemplo de covardia intelectual radicada no medo e na ignorância — porque, como observa o filósofo Griffin em *Parapsychology, Philosophy, and Spirituality*, "provavelmente nem um só intelectual em mil, incluindo os professores universitários, é versado nas evidências" encontradas nesse campo. O influente filósofo inglês C. D. Broad, que não era um intelectual covarde, mergulhou nas pesquisas parapsicológicas e ficou impressionado. Ele foi praticamente aniquilado pela fúria de seus colegas que se opunham à parapsicologia. Suas palavras inflexíveis, escritas nos anos 1960, ainda são válidas: "Quem quer que em nossos dias expresse opiniões ousadas, positivas ou negativas, sobre fenômenos ostensivamente paranormais, sem estar inteiramente familiarizado com os principais métodos e resultados do longo e cuidadoso trabalho que vem sendo realizado nesse campo, pode ser descartado sem maiores cerimônias como um presunçoso *ignoramus*".

Depois dessa "catilinária", a força da pesquisa parapsicológica aumentou consideravelmente. Para os que não têm medo da realidade, recomendo três livros: *The Conscious Universe: The Scientific Truth of Psychic Phenomena* [O Universo Consciente: A Verdade Científica dos Fenômenos Psíquicos], do Dr. Dean Radin; *Parapsychology: The Controversial Science* [Parapsicologia: A Ciência Controvertida], do Dr. Richard S. Broughton, diretor de pesquisas do Rhine Research Center; e o já citado *Parapsychology, Philosophy, and Spirituality: A Postmodern Exploration*, de David Ray Griffin.

A Vida após a Morte: Produto Acabado ou Obra em Andamento?

É costume descrever a vida após a morte como uma versão do paraíso — perfeita em todos os aspectos. Jung, porém, acreditava ter visto provas em contrário nos sonhos.

Um paciente de Jung era uma mulher de 60 anos que, cerca de dois meses antes de morrer, tivera um sonho em que assistia a uma aula. Várias das amigas da finada estavam sentadas nas carteiras da frente e acompanhavam atentamente a lição. A mulher olhou em derredor para descobrir quem estava dando a aula e viu que era ela própria. Compreendeu que imediatamente depois da morte as pessoas tinham de prestar contas da experiência total da própria vida. Os mortos estavam grandemente interessados nas experiências de vida que a mulher recém-falecida trouxera consigo, como se tivessem muito a aprender com elas. Esse sonho sugeriu a Jung que o céu não é um produto acabado; os que foram para lá ainda estão empenhados em adquirir sabedoria.

Jung acreditava que a vida após a morte, embora talvez não fosse perfeita, era não obstante bem-aventurada. Em janeiro de 1944, por pouco ele não morreu de um ataque cardíaco, e foi nessa ocasião que teve uma EQM. Mais tarde, escreveu: "O que acontece depois da morte é tão indizivelmente glorioso que nossa imaginação e nossos sentimentos não bastam para formar uma concepção sequer aproximada disso. ... A dissolução da nossa forma limitada pelo tempo na eternidade não traz nenhuma perda de significado". Jung sentiu tamanha paz e plenitude que não quis retornar à vida normal.

No entanto, Jung identificou aspectos dessa experiência que não eram de todo bem-aventuradas. Em sua autobiografia *Lembranças, Sonhos, Reflexões*, escreveu:

> A concepção que as pessoas têm da vida após a morte baseia-se em pensamentos e preconceitos ansiosos. Assim, na maioria das concepções, a vida após a morte é descrita como uma situação aprazível. Isso não me parece tão óbvio. Não creio que depois da morte sejamos levados para um maravilhoso prado florido. ... O mundo, acho eu, é por demais unitário para que haja um além no qual a regra dos opostos esteja completamente ausente. Lá também há natureza, que de certo modo é também a de Deus. O mundo em que ingressamos após a morte será grandioso e terrível, como Deus e como tudo o que conhecemos da natureza. Tampouco posso conceber que o sofrimento venha a cessar por inteiro. Admito que o que experimentei em minhas visões de 1944 — libertação do fardo do corpo e percepção do significado — me proporcionou a mais profunda beatitude. Mas havia trevas também, e uma estranha cessação do calor humano. Veja-se a rocha preta à qual cheguei! Era escura e do mais duro granito. Que significa isso? Se não houvesse nenhuma imperfeição, nenhum defeito primordial no campo da criação, por que haveria tanta ânsia de criar, tanta aspiração ao que ainda está por se realizar?

No conceito junguiano da vida após a morte, o céu repele. Há bem-aventurança, é certo, mas há também o lado escuro. Essa é uma idéia da coincidência dos opostos, a *coincidentia oppositorum*, tão crucial no pensamento de Jung — luz e sombra, nascimento e morte, mortalidade e imortalidade, o finito e o infinito. Eis como ele expressou essa interação:

> O sentimento do infinito ... só pode ser alcançado se estivermos totalmente confinados. ... Só a consciência do nosso estreito confinamento no eu forma o elo que nos une ao ilimitado do inconsciente. Nessa percepção experimentamo-nos simultaneamente como limitados e eternos, como nós e como o outro. Ao conhecermos a nós mesmos como únicos em nossa combinação pessoal — ou seja, essencialmente limitados —, possuímos também a capacidade para nos tornarmos conscientes do infinito. Mas só então! ... É um desafio supremo pedir ao homem que se torne consciente de sua unicidade e de sua limitação. Unicidade e limitação são sinônimos. Sem elas, nenhuma percepção do ilimitado é possível — nem tampouco, conseqüentemente, nenhuma chegada à consciência.

Os Benefícios Práticos da Crença na Vida após a Morte

Uma objeção comum à crença na vida após a morte é que, se as pessoas se concentrarem no além, elas se converterão em místicos desequilibrados e sonhadores. Poderão esquecer-se de comer ou de trocar as fraldas do bebê. O filósofo David Griffin não pensa assim e cita vários benefícios práticos da crença na vida após a morte.

- Se as pessoas estão convencidas de que não se acham sujeitas a qualquer poder terreno, isso pode aumentar sua coragem para lutar pela liberdade, por políticas ecologicamente sustentáveis e por justiça social.
- Se as pessoas acreditam que esta vida não é a palavra final e que a justiça prevalecerá na próxima, isso pode ajudá-las a suportar as injustiças que encontram no aqui-e-agora.
- A idéia da vida como uma jornada que continua mesmo após a morte pode levar a um senso maior de conexão com o universo, à medida que ele se desenrolar no futuro.
- A crença na vida após a morte pode ajudar a contrabalançar o extremo grau de materialismo que invadiu todos os setores da civilização moderna.
- A crença de que nos encontramos em uma jornada espiritual, e de que temos tempo para alcançar a nossa destinação, pode motivar-nos a pensar criativamente sobre o que podemos fazer agora — social, internacional e individualmente — para nos aproximar daquilo que devemos ser no aqui-e-agora.

Medicina Espiritual: Um Olhar ao Futuro

Será prematuro levar a imortalidade em conta no domínio da medicina?

Uma década atrás ninguém teria predito que quase todas as escolas médicas dos Estados Unidos estariam oferecendo cursos de medicina complementar e alternativa. Analogamente, pode parecer impensável que as questões espirituais venham a ter um lugar nos currículos das nossas escolas médicas num futuro não muito distante. Que virão a tê-lo me parece inevitável por causa do forte vínculo das crenças espirituais e das práticas religiosas com a saúde.

Alguns não crêem nesse desenvolvimento. Essas pessoas não param de advertir os médicos e as enfermeiras de que não devem envolver-se com espiritualidade porque não estão preparados para fazê-lo. O mesmo tipo de advertência foi feito alguns anos atrás em relação ao envolvimento dos médicos na sexualidade. As vidas sexuais dos nossos pacientes eram um assunto por demais delicado e pessoal para que nos imiscuíssemos nelas, dizia-se, e além do mais não tínhamos a perícia que se faz mister nessa área. Mas a proliferação da AIDS e das doenças sexualmente transmissíveis invalidou essas objeções quase da noite para o dia.

Ninguém está dizendo que os profissionais da saúde devam usurpar o papel dos capelões, ministros, padres e rabinos nos hospitais. Sua perícia em questões espirituais provavelmente sempre haverá de superar a nossa. Mas não há razão para que deixemos de realizar um trabalho de cooperação com os nossos colegas religiosos. Não precisamos ser peritos em assistência espiritual para dar a outrem um pouco de nós mesmos. Da mesma forma que ensinamos aos leigos um nível básico de competência em ressuscitamento cardiopulmonar sem esperar que eles sejam cardiocirurgiões, os profissionais da saúde podem adquirir níveis básicos de competência em "medicina espiritual" sem se tornarem profissionais nesse domínio.

Escrevendo no *Journal of the American Medical Association* em 1997, J. S. Levin e colegas observaram: "Três anos atrás, apenas três escolas médicas dos EUA ministravam cursos sobre questões religiosas e espirituais; hoje elas são mais de trinta". Atualmente, cerca de oitenta das cento e vinte e cinco escolas médicas da nação ministram cursos sobre questões religiosas e espirituais. Isso mostra de maneira drástica que o tabu em torno da espiritualidade na medicina foi quebrado.

Num olhar retrospectivo, podemos perguntar-nos como o tabu veio a se estabelecer — e por que ignoramos durante tanto tempo a relevância da imortalidade para a arte da cura. Ao longo da História, o medo da morte e da aniquilação podem ter causado mais sofrimento humano do que todas as moléstias físicas combinadas. A visão da consciência que exploramos neste livro oferece um alívio para esse medo porque sugere a existência de um aspecto infinito, eterno, da consciência humana. A perspectiva da imortalidade sempre existiu. Está na hora de afirmá-la.

FONTES

Parte 1: Introdução

As informações contidas no estudo sobre as mulheres com câncer no seio que também usam a medicina alternativa foram tiradas de HealthMall em http://www.healthmall.com, 11 de janeiro de 2001. A fonte foi o XI Congresso Internacional sobre Questões de Saúde das Mulheres, San Francisco, Califórnia, janeiro de 2001.

Para estudos sobre a relação do stress no trabalho e no casamento com a saúde, ver *Work in America: Report of a Special Task Force to the Secretary of Health, Education, and Welfare*; K. Orth-Gomér *et al.*, "Marital Stress Worsens Prognosis in Women with Coronary Heart Disease", *Journal of the American Medical Association* 284, n. 23 (2000): 3008-13.

Capítulo 1: Que Significa a Doença?

Para uma discussão sobre o papel do significado da saúde e da doença, e como os profissionais da saúde poderiam tratar as questões do significado na prática clínica, ver Larry Dossey, *Meaning and Medicine*.

Para o estudo de Idler e Kasl sobre as percepções da saúde e a sobrevivência, ver Ellen L. Idler e Stanislav Kasl, "Health Perceptions and Survival: Do Global Evaluations of Health Status Really Predict Mortality?", *Journal of Gerontology* 46, n. 2 (1991): 555-65.

Exemplos de "morte súbita emocional" são citados em George L. Engel, "Sudden and Rapid Death during Psychological Stress: Folklore or Folk Wisdom?", *Annals of Internal Medicine* 74 (1971): 1325-35; M. Ferguson e E. Ferguson, "Low Death Rate for Jewish Men at Passover Shows Will to Live", *Brain/Mind Bulletin* 14, n. 4 (1989): 4.

As deturpadas observações de sir Arthur Eddington sobre a impossibilidade de viver a vida como algo desprovido de significado foram citadas em Ken Wilber, *Quantum Questions*, 207. A aspiração de Eddington aos consolos da visão física expressa nessa citação sobre "doença doméstica" apareceram também em Wilber, *Quantum Questions*, 200-201.

A discussão de C. J. Jung sobre a natureza sensível do significado está contida em C. G. Jung, *Psychology and the Occult*, trad. R. F. C. Hull (Princeton, N. J.: Princeton University Press, 1977), 136-37.

A citação do "pêndulo da mente" de C. G. Jung provém de C. G. Jung, *Memories, Dreams, Reflections*, 154.

Os estudos que elucidam o papel do significado da saúde podem ser encontrados nas seguintes fontes: Idler e Kasl, "Health Perceptions and Survival"; J. H. Medalie e U. Goldbourt, "Angina Pectoris among 10,000 Men: Psychosocial and Other Risk Factors as Evidenced by a Multivariate Analysis of Five-Year Incidence Study", *American Journal of Medicine* 60 (1976): 910-21; *Work in America: Report of a Special Task Force to the Secretary of Health, Education, and Welfare*; D. Ornish *et al.*, "Effects of Stress Management Training and Dietary Changes in Treating Ischemic Heart Disease", *Journal of the American Medical Association* 249 (1983): 54-59; D. Ornish, "Can Lifestyle Changes Reverse Coronary Artery Disease?", *Lancet* 336 (1990): 129; S. J. Schliefer *et al.*, "Suppression of Lymphocyte Stimulation Following Bereavement", *Journal of the American Medical Association* 250 (1983): 374-77; R. A. Karasek *et al.*, "Psychological Factors and Coronary Heart Disease", *Advances in Cardiology* 29 (1982): 62-67; R. A. Karasek *et al.*, "Job Characteristics in Relation to the Prevalence of Myocardial Infarction in the US: Health Examination Survey (HES) and the Health and Nutritional Examination Survey (HANES)", *American Journal of Public Health* 78 (1988): 910-18; D. Spiegel *et al.*, "Effects of Psychosocial Treatment on Survival of Patients with Metastatic Breast Cancer", *Lancet* 2 n. 8668 (1989): 888-91.

A citação de David Bohm consta em David Bohm, "Meaning and Information", em *The Search for Meaning*, ed. Paavo Puylkkänen, 51.

As citações de C. G. Jung estão em C. G. Jung, *Memories, Dreams, Reflections*, 340.

Capítulo 2: O que Aconteceu com os Curadores?

Para as questões sobre ofensas a estudantes de medicina e seus efeitos sobre eles, ver H. K. Silver e A. D. Glicken, "Medical Student Abuse: Incidence, Severity, and Significance", *Journal of the American Medical Association* 263 (1990): 527-32; H. D. Sheehan *et al.*, "A Pilot Study of Medical Student 'Abuse'", *Journal of the American Medical Association* 263 (1990): 533-37; J. A. Richman *et al.*, "Mental Health Consequences and Correlates of Reported Medical Student Abuse", *Journal of the American Medical Association* 267 (1992): 692-94; D. J. Benor, "The Louisville Programme for Medical Student Health Awareness", *Complementary Therapies in Medicine* 3 (1995): 93-99; C. B. Thomas, "Precursors of Premature Disease and Death: The Predictive Potential of Habits and Family Attitudes", *Annals of Internal Medicine* 85 (1976): 653-58. Ver também S. R. Daugherty, D. C. Baldwin e B. D. Rowley, "Learning, Satisfaction, and Mistreatment during Medical Internship", *Journal of the American Medical Association* 279, n. 15 (1998): 1194-99.

Para um relato sobre o modo como a educação médica pode tornar-se mais sadia, ver M. Hornig-Rohan, "Making Medical Education Healthier: A Student's View", *Advances* 4, n. 2 (1987): 24-28.

Excertos do relatório "Physicians for the Twenty-first Century: Report of the Panel on the General Professional Education of the Physician and College Preparation for Medicine" foram publicados em *Annals of Internal Medicine* 101 (1984): 870-72. O relatório completo pode ser obtido junto à Association of American Medical Colleges, One Dupont Circle NW, Washington, DC, 20036. Ver também W. C. Rappley, *Medical Education: Final Report of the Commission on Medical Education.*

A citação do xamã esquimó Iglulik foi tirada de K. Rasmussen, "Intellectual Culture of the Iglulik Eskimos: Report of the Fifth Thule Expedition", *Nordisk Forlag* (Copenhague), 7, n. 1 (1921): 118-19.

"American Medical Education: Has It Created a Frankenstein?", de T. J. Iberti, foi publicado em *The American Journal of Medicine* 78 (1985): 179-81.

Para o artigo de *Lancet* sobre a atuação, ver H. M. Finestone e D. B. Conter: "Acting in Medical Practice", *Lancet* 344 (1994): 801-2.

Para o estudo sobre o atendimento humanitário de emergência das pessoas sem teto, ver D. A. Redelmeier, J.-P. Molin e R. J. Tibshirani, "A Randomised Trial of Compassionate Care for the Homeless in an Emergency Department", *Lancet* 345 (1995): 1131-34.

As citações de Neil Postman constam de Neil Postman, "Currents", *Utne Reader* (julho/agosto de 1995): 35-39.

Helene Smith é citada em M. Toms, "Roots of Healing: The New Medicine", *Alternative Therapies in Health and Medicine* 1, n. 2 (1995): 46-52.

As citações de Thomas Kelting constam de Thomas Kelting, "The Nature of Nature", *Parabola* 20, n. 1 (1995): 24-30.

Para estudos sobre religião e espiritualidade na medicina, ver Jeffrey S. Levin, "Religion and Health: Is There an Association, Is It Valid, and Is It Causal?", *Social Science and Medicine* 38 (1994): 1475-82; J. S. Levin, D. B. Larson e C. M. Puchalski, "Religion and Spirituality in Medicine and Education", *Journal of the American Medical Association* 278, n. 9 (1997): 792-93. Ver também Harold G. Koenig *et al.*, *Handbook of Religion and Health*, onde são revisados mais de 1.600 estudos que estabelecem um vínculo entre a prática religiosa/espiritual e a saúde. Para um informe sobre o número de escolas médicas que desenvolveram cursos ou séries de palestras enfatizando a relação entre espiritualidade e saúde, ver A. B. Astrow, C. M. Puchalski e D. P. Sulmasy, "Religion, Spirituality, and Health Care: Social, Ethical, and Practical Considerations", *The American Journal of Medicine* 110 (2001): 283-87.

A observação de Paul Ehrlich foi citada em "Sunbeams", *Sun* 237 (1995): 40.

Para o relatório de Dickstein e Elkes sobre o seminário de Percepção da Saúde na Universidade da Escola Médica de Louisville, ver L. J. Dickstein e J. Elkes, "Health Awareness and the Medical Student: A Preliminary Experiment", *Advances* 4, n. 2 (1987): 11-23.

A citação de Malcolm Muggeridge encontra-se em "Sunbeams", *Sun* 235 (1995): 40.

Capítulo 3: Sofrimento no Trabalho

Utilizei amplamente as idéias de Edward Tenner contidas em seu notável livro *Why Things Bite Back: Technology and the Revenge of Unintended Consequences* para a discussão em torno do sofrimento no trabalho.

A descrição de Thomas Edison do seu método de criatividade e invenção consta numa carta de novembro de 1878 a Theodore Puskas, citada em Matthew Josephson, *Edison: A Biography* (Nova York: John Wiley and Sons, 1992), 198.

Para uma discussão sobre o modo como os objetos inanimados aparecem em formas animadas, ver Lyall Watson, *The Nature of Things: The Secret Life of Inanimate Objects.*

O enxugamento nas empresas e a culpa do sobrevivente são discutidos em S. Griffin, "Workers' Fears Mount as Economy Tumbles", *San Diego Union-Tribune*, domingo, 3 de maio de 1992, D2.

O stress no trabalho é discutido em "Dying to Work", *U. S. News and World Report*, March 18, 1991.

Para discussões em torno da síndrome de Sísifo e os efeitos da tensão no trabalho, ver L. S. Syme, "Control and Health: A Personal Perspective", *Advances* 7, n. 2 (1991): 16-27; J. G. Bruhn *et al.*, "Psychological Predictors of Sudden Death in Myocardial Infarction", *Journal of Psychosomatic Research* 18 (1974): 187-91; Peter L. Schnall *et al.*, "The Relationship between 'Job Strain', Workplace Diastolic Blood Pressure, and Left Ventricular Mass Index", *Journal of the American Association* 263, n. 14 (1990): 1929-35; Robert L. Karasek *et al.*, "Job Characteristics in Relation to the Prevalence of Myocardial Infarction", *American Journal of Public Health* 78, n. 8 (1988): 910-16; M. A. Hlatky *et al.*, "Job Strain and the Prevalence and Outcome of Coronary Artery Disease", *Circulation* 2 (1995): 327-33.

A discussão sobre os efeitos do John Henryísmo pode ser encontrada em R. M. Sapolsky, "The Price of Propriety", *Sciences* 36, n. 4 (1996): 14-16.

A discussão de J. R. Blackaby sobre os instrumentos administrativos encontra-se em J. R. Blackaby, "How the Workbench Changed the Nature of Work", *American Heritage of Invention and Technology* (outono de 1986), 26-30.

Para o estudo sobre dor na coluna, ver D. M. Spengler, "Back Injuries in Industry: A Retrospective Study — Overview and Cost Analysis, Injury Factors, and Employee-Related Factors", *Spine* 11, n. 3 (1986): 241-56.

Para uma discussão da importância das redes sociais e outros contatos sociais para a saúde, ver L. F. Berkman e S. L. Syme, "Social Networks, Host Resistance, and Mortality: A Nine-Year Follow-up of Alameda County Residents", *American Journal of Epidemiology* 109 (1979): 186-204; R. M. Nerem, M. J. Levesque e J. F. Cornhill, "Social Environment as a Factor in Diet-Induced Atherosclerosis", *Science* 208 (1980):1475-76.

As medidas para contrabalançar o isolamento no trabalho são discutidas em "Low Pay, No Say Adding at Work Worldwide", *Santa Fe New Mexican*, 23 de março de 1993, seção B. Ver também Jim Polidara, "Mind-Body Wellness at Work", em *Mind-Body Wellness*, 85-93, para um excelente guia anotado para pesquisas e recursos na área do trabalho e da saúde.

A citação de John Searle encontra-se em John Searle, "Minds, Brains, and Science: The 1984 Reith Lecture", *Advances* 2, n. 6 (1984): 4.

Capítulo 4: A Ingestão de Papéis

O jovem espanhol que se perfurou com uma furadeira é um exemplo de dano corporal deliberadamente provocado, ou DCDP. Nesses rituais, as pessoas podem perfurar-se, lacerar-se ou queimar-se sem sentir dor, sem sangramento ou infecção, e curam-se com espantosa rapidez. A DCDP sempre ocorre num ambiente altamente carregado de significado espiritual, como no caso do espanhol. Para uma discussão desse assunto, ver Larry Dossey: "Deliberately Caused Bodily Damage (DCBD)", *Alternative Therapies in Health and Medicine* 4, n. 5: 11-16, 103-11.

As informações sobre *Esszettel* provêm de Dennis Stillings, vice-presidente do Archaeus Project, Kamuela, Havaí. O Sr. Stillings traduziu, de Hanns Bächtold-Stäubli e E. Hoffman-Krayer, *Handwörterbuch des Deutschen Aberglaubens*, vol. 2 (Berlim e Leipzig: Walter de Gruyter, 1929/1930), 1055-58. Sou grato à preciosa assistência do Sr. Stillings.

Para relatos sobre a potência da aspirina Bayer e outras evidências do efeito do placebo, ver S. H. Bodem, "Bedeutung der Placebowirkung in der praktischen Arzneitherapie", *Pharmazeutsche Zeitung* 139, n. 51-52 (1994): 9-19; G. S. Kienle e H. Kiene, "Placebo Effects from Packaging Formulation, Color, and Size of the Placebo", em "Placebo Effect and Placebo Concept: A Critical Methodological and Conceptual Analysis of Reports on the Magnitude of the Placebo Effect", *Alternative Therapies in Health and Medicine* 2, n. 6 (1996): 39-54; B. Blackwell, S. S. Bloomfield, e C. R. Buncher, "Demonstration to Medical Students of Placebo Responses and Non-drug Factors", *Lancet* 1, n. 7763 (1972): 1279-82.

A história de Tim me foi contada por Barbara Dossey em julho de 1998. Tim não é o verdadeiro nome do paciente.

Para experiências que exploram o papel dos objetos intermediários na cura, ver Bernard R. Grad, "Some Biological Effects of Laying-on of Hands: A Review of Experiments with Animals and Plants", *Journal of the American Society for Psychical Research* 59, n. a (1965): 95-127.

O relatório de Florence Nightingale "Note on the Aboriginal Races of Australia" foi apresentado no encontro anual da National Association for the Promotion of Social Sciences, York, Inglaterra, setembro de 1864.

Para as razões que levam tanto os médicos quanto os pacientes a escolher a medicina alternativa, ver Judith J. Petry, "Healing the Practice of Surgery", *Alternative Therapies in Health and Medicine* 4, n. 4 (1998): 103 ss.; John A. Astin, "Why Patients Use Alternative Medicine: Results of a National Study", *Journal of the American Medical Association* 279, n. 19 (1998): 1551-53.

Para exemplos de anomalias na nutrição e boa saúde aparente, ver N. Baldwin, "The Lesser Known Edison", *Scientific American* (fevereiro de 1997): 62-67; René Dubos, "Nutritional Ambiguities", *Natural History* (julho de 1980): 14-21.

Para o estudo sobre as mudanças ateroscleróticas nos coelhos, ver R. M. Nerem, M. J. Levesque e J. F. Cornhill, "Social Environment as a Factor in Diet-Induced Atherosclerosis", *Science* 208 (1980): 1475-76).

As citações de Joan Gussow, Paul Rozin e Mary Douglas, o estudo de Richard Stein e Carol Nemeroff e uma discussão da moderna relação com o alimento, a nutrição correta e a moralidade alimentar estão em Paul Roberts, "The New Food Anxiety", *Psychology Today* (março/abril de 1998): 30 ss.

A eficácia do farelo de aveia é discutida em J. Raloff, "Oat Bran Is Not Special?", *Science News* 137 (20 de janeiro de 1990): 26.

As deliberações dos participantes da sessão "National Impacts of Recommended Dietary Changes" num encontro anual da American Association for the Advancement of Science são apresentadas em "Proper Diet Saves Lives, Land, Oil [...]", *Science News* 119 (17 de janeiro de 1981): 39-40.

Capítulo 5: Guerra: Uma Lembrança do Vietnã

O tratamento dos veteranos do Afeganistão é relatado em M. Edwards, "Mother Russia: On a New Course", *National Geographic* 179, n. 2 (fevereiro de 1991): 2-37.

Para mortes na guerra e conseqüências do conflito moderno, ver Barry S. Levy e Victor W. Sidel (orgs.), *War and Public Health*, e também a resenha de P. R. Epstein de *War and Public Health* em *Journal of the American Medical Association* 277, n. 18 (1997): 1479-80.

Relatos de estupro entre animais e em época de guerra encontram-se em Lyal Watson, *Dark Nature: A Natural History of Evil*, 177; D. P. Barash, "Sociology of Rape", *Science* 197 (1977): 788; H. J. Pratt, "Reproduction in the Blue Shark", *Fishery Bulletin* 77 (1979): 445; L. G. Adele e S. Gilchrist, "Homosexual Rape and Sexual Selection", *Science* 197 (1977): 81; L. Friedmann, *The Law of War*; Michael Walzer, *Just and Unjust Wars*; Ruth Seifert, "War and Rape", em *Mass Rape*. Um livro que trata das raízes biológicas da violência é o de Howard Bloom, *The Lucifer Principal: A Scientific Exploration into the Forces of History*. Para uma visão mais geral do campo da biologia evolutiva, ver Richard Wrangham e Dale Peterson, *Demonic Males: Apes and the Origins of Human Violence.*

Para uma descrição dos semai e sua embriaguez com sangue, ver C. A. Robarchek e R. K. Dentan, "Blood Drunkenness", *American Anthropologist* 89 (1987): 356; Robert Knox Dentan, *Semai: A Nonviolent People of Malaya.*

O papel do polegar na transição dos seres humanos de presa a predador não faz justiça à tese de amplo alcance e brilhantemente defendida por Barbara Ehrenreichs. Quem se interessar por seus argumentos deve consultar seu livro *Blood Rites: Origins and History of the Passions of War*.

Uma descrição da condição feminina no Daomé pode ser encontrada em Antonia Fraser, *The Warrior Queens* (Nova York: Vintage Books, 1988). Um relato de Deborah Sampson encontra-se em Julie Wheelwright, *Amazons and Military Maids* (Londres: Pandora, 1989), 75.

Parte 2
Capítulo 6:
O Reencantamento do Mundo

Willis Harman foi citado por E. Ferguson em sua resenha de Kay Redfield Jamison, *An Unquiet Mind: A Memoir of Moods and Madness*, em *Brain/Mind Bulletin* 21, n. 3 (dezembro de 1995): 4.

Para reflexões sobre os problemas da visão materialista da consciência, ver David Darling, "Supposing Something Different: Reconciling Science and the Afterlife", *OMNI* 17, n. 9 (dezembro de 1995): 4; David J. Chalmers, "The Puzzle of Conscious Experience", *Scientific American* 273, n. 6 (dezembro de 1995): 82-83.

Albert Abraham Michelson foi citado em Deno Kazanis, "The Physical Basis of Subtle Bodies and Near-Death Experiences", *Journal of Near-Death Studies* 14, n. 2 (inverno de 1995): 101-16.

Para fontes sobre as novas concepções da consciência, ver Brian D. Josephson e F. Palikara-Viras, "Biological Utilization of Quantum Nonlocality", *Foundations of Physics* 21 (1991): 197-207; Beverly Rubik, "Energy Medicine and the Unifying Concept of Information", *Alternative Therapies in Health and Medicine* 1, n. 1 (1995): 34-39; David Bohm, *Wholeness and the Implicate Order*; David Bohm e Basil Hiley, "On the Intuitive Understanding of Non-Locality as Implied by Quantum Theory" (pré-impressão, Birkbeck College, University of London, 1974).

O livro de Jung e Pauli *The Interpretation and Nature of the Psyche* está esgotado. A contribuição de Jung para essa obra pode ser encontrada em C. G. Jung, "Synchronicity: An Acausal Connecting Principle", em *The Nature and Dynamics of the Psyche*.

O relato de Jung sobre o escaravelho batendo contra a vidraça pode ser encontrado em C. G. Jung, *The Structure of the Psyche*, 438.

O encontro de Rebecca West com o Anjo da Biblioteca é citado em Alister Hardy, Robert Harvie e Arthur Koestler, *The Challenge of Chance*, 173.

O relato da morte do pastor pelo barulho do órgão pode ser encontrado em Joe Berger, "Pipe Organ Blast Scares Minister to Death!", *Weekly World News*, 1º de novembro, 1995 (informação fornecida por Don Campbell, diretor do Institute for Music, Health, and Education, Boulder, Colorado, dezembro de 1995).

Para um relato do golfista francês que se afogou, ver *Fortean Times* (outubro/novembro de 1995): 20.

A história das baratas de Findhorn foi citada anonimamente ao autor por um residente de Findhorn.

As avarias nos teares do lanifício de Yorkshire são relatadas em J. H. McKenzie, "The Haunted Millgirl", *Quarterly Transactions of the British College of Psychic Science* 182 (1925), citado em Watson, *Nature of Things*, 152-53.

Para um relato dos efeitos das atitudes do pesquisador em seus estudos de controle, ver Marilyn J. Schlitz, "Intentionality and Intuition, and their Clinical Implications: A Challenge for Science and Medicine", *Advances* 12, n. 2 (1996): 58-66.

A capacidade da consciência de interagir não-localmente com o mundo inanimado é discutida em Larry Dossey, "How Should Alternative Therapies Be Evaluated?", *Alternative Therapies in Health and Medicine* 1, n. 2 (1995): 6-10, 79-85.

A citação de William James sobre a descoberta do canal certo apareceu pela primeira vez em "The Will to Believe", reimpresso em *The Will to Believe and Other Essays in Popular Philosophy* (Nova York: Longmans, Green, 1927).

Capítulo 7: Cócegas

O mito apache da criação dos bípedes é contado em R. Lewis, "Infant Joy", *Parabola* 2, n. 4 (1987): 44.

Goethe, Schiller e Schopenhauer foram citados nas seguintes fontes, respectivamente: L. Kisley, "Focus", *Parabola* 12, n. 4 (1987): 3; H. M. Luke, "The Laughter at the Heart of Things", *Parabola* 12, n. 4 (1987): 13; Barbara Hannah, *Jung, His Life and Work: A Biographical Memoir*, 40.

As descrições cômicas do humor estão respectivamente em Arthur Koestler, *The Act of Creation: A Study of the Conscious and Unconscious in Science and Art*, 29; D. Strickland, "Is Humor Healing?", *Bridges: Magazine of the International Society for the Study of Subtle Energies and Energy Medicine* 6, n. 3 (1995): 11; Koestler, *Act of Creation*, 29; J. Sully, *An Essay on Laughter*, citado em Koestler, *Act of Creation*, 29.

Para estudos sobre o humor e o cérebro, ver J. R. Dunn, entrevista de P. Derks em *Humor Health Letter* 4 (1992): 1-7; C. C. Kuhn, "Healthy Humor Is Good Medicine", *Bridges: Magazine of the International Society for the Study of Subtle Energies and Energy Medicine* 6, n. 3 (1995): 1-10; M. S. George, "Brain Activity during Transient Sadness and Happiness in Healthy Women", *American Journal of Psychiatry* 152, n. 3 (1995): 341-51. Ver também P. Wooten, "Humor: An Antidote for Stress", *Holistic Nursing Practice* 10, n. 2 (1996): 49-56.

Os achados experimentais das pesquisas sobre o humor estão registrados em L. S. Berk, "Neuroendocrine and Stress Hormone Changes during Mirthful Laughter", *American Journal of Medicine* 298 (1989): 390-96; L. S. Berk, "Eustress of Mirthful Laughter Modifies Natural Killer Cell Activity", *Clinical Research* 37 (1989): 115; L. S. Berk *et al.*, "Humor Associated Laughter Decreases Cortisol and Increases Spontaneous Lymphocyte Blastogenesis", *Clinical Research* 36 (1988): 435A; K. Dillon e K. Baker, "Positive Emotional States and Enhancement of the Immune System", *International Journal of Psychiatry in Medicine* 15 (1985): 13-17; H. Lefcourt, K. Davidson-Katz e K. Kueneman, "Humor and Immune System Functioning", *International Journal of Humor Research* 3 (1990): 305-21; D. C. McClelland e C. Kirshnit, "The Effect of Motivation Arousal through Films on Salivary Immunoglobulin A", *Psychology and Health* 2 (1989): 31-52; W. Fry, "Health Briefing" section, *Insight* (25 de maio de 1987): 59; P. Eckman, "Autonomic Nervous System Activity Distinguishes among Emotions", *Science* 221 (1983): 1208-10; G. E. Schwartz, D. A. Weinberger e J. A. Singer, "Cardiovascular Differentiation of Happiness, Sadness, Anger, and Fear Following Imagery and Exercise", *Psychomatic Medicine* 43 (1981): 343-64; K. M. Dillon e M. C. Totten, "Psychological Factors Affecting Immunocompetence and Health of Breastfeeding Mothers and Their Infants", estudo não publicado na época da citação em Norman Cousins, *Head First: The Biology of Hope*, 139; W. Fry e W. Salameh (orgs.), *Handbook of Humor and Psychotherapy*, 1986.

Henri de Mondeville foi citado em James Walsh, *Laughter and Health* (Nova York: Appleton, 1928), 147-48.

A moléstia debilitadora de Norman Cousins e sua experiência de humor e saúde estão registradas em Norman Cousins, "Anatomy of an Illness", *New England Journal of Medicine* 295 (1976): 1458-63, em "The Laughter Connection", em seu livro *Head First: The Biology of Hope*, e em *Anatomy of an Illness as Perceived by the Patient*.

Os exemplos de humor escarninho no Velho Testamento foram apresentados em J. C. Gregory, *The Nature of Laughter* (Londres: Kegan Paul, 1924), citado em Koestler, *The Act of Creation*, 52-53.

O estudo com os alunos americanos e a mortificação que infligiram em outros foram referidos por B. Foss, *New Scientist* 6, n. 7 (1961), citado em Koestler, *The Act of Creation*, 53.

O levantamento da *Psychology Today* sobre brincadeiras de mau gosto consta em J. Hassett e J. Houlihan, "Different Jokes for Different Folks", *Psychology Today* 12 (1979): 64-71.

A confrontação imaginária de Kierkegaard com Mercúrio está registrada em Sören Kierkegaard, *Parables of Kierkegaard*, org. Thomas C. Oden (Princeton, N. J.: Princeton University Press, 1978).

A estrofe do mestre zen Sengai aparece em D. T. Suzuki, *Sengai, the Zen Master* (Nova York, New York Graphic Society, 1971), 147.

Speed Vogel foi citado na entrevista "Meditations on a Joyful Year: Speed Vogel Talks to Moshe Waldoks", *Parabola* 12, n. 4: 67.

R. H. Blythe foi citado em R. Lewis, "Infant Joy", *Parabola* 12, n. 4 (1987): 47.

O relato que Tennyson faz de sua experiência extática quando repetia seu nome foi citado em Justin Kaplan, *Walt Whitman: A Life* (Nova York: Bantam, 1980), 200.

Jacob Boehme foi citado em "Holy Laughter", *Parabola* 4, n. 1 (1979): 51.

Para o estudo de Alice Isen sobre riso e criatividade, ver Alice M. Isen, K. A. Daubman e G. P. Nowicki, "Positive Affect Facilitates Creative Problem Solving", *Journal of Personality and Social Psychology* 52 (1987): 1122-31.

Capítulo 8: Como Aceitar o Trapaceiro

O pronome masculino é usado ao longo da discussão sobre o trapaceiro porque este é "geralmente homem, mas ocasionalmente é mulher ou está disfarçado de mulher", segundo a *Columbia Encyclopedia*, 5. ed.

Relatos sobre evidências das trajetórias do trapaceiro — áreas de confusão e caos — na medicina contemporânea apareceram nas seguintes fontes: T. E. Strandberg, "Long-Term Mortality after 5-Year Multifactorial Primary Prevention of Cardiovascular Diseases in Middle-Aged Men", *Journal of the American Medical Association* 266, n. 9 (1991): 1225-29; Leonard A. Sagan, "Family Ties: The Real Reason People Are Living Longer", *Sciences* (março/abril de 1988), 21-29; "Exercise, Health Links Need Hard Proof, Say Researchers Studying Mechanisms", *Journal of the American Medical Association* 265, n. 22 (1991): 298; M. Young e T. J. Marie, "Interobserver Variability in the Interpretation of Chest

Roentgenograms of Patients with Possible Pneumonia", *Archives of Internal Medicine* 154 (1994): 2729-32; R. Monastersky, "Kidney Stones: Don't Curb the Calcium", *Science News* 143 (17 de março de 1993): 196; H. C. Mitchell, "The Periodic Health Examination: Genesis of a Myth", *Annals of Internal Medicine* 95 (1981): 733-35; B. Bower, "Anxiety before Surgery May Prove Healthful", *Science News* 141 (20 de junho de 1992): 407; B. Bower, "Depressing News for Low-Cholesterol Men", *Science News* 143 (16 de janeiro de 1993): 37; R. S. Eliot, "Community and Heart Disease", *Journal of the American Medical Association* 272, n. 7 (1994): 566; B. Bower, "Blood Pressure Lower for Working Women", *Science News* 148 (1º de julho de 1995): 6; R. Voelker, "Born in the USA: Infant Health Paradox", *Journal of the American Medical Association* 272, n. 23 (1994): 1803-4; R. Jerome, "Whither Doctors? Whence New Drugs?", *Sciences* (maio/junho de 1994): 20-25; B. Starfield, "Is U. S. Health Really the Best in the World?", *Journal of the American Medical Association* 284, n. 4 (2000): 483-85.

Para relatos sobre o efeito da prece nos seres humanos e não-humanos, incluindo as bactérias, os fungos e os ratos, ver R. C. Byrd, "Positive Therapeutic Effects of Intercessory Prayer in a Coronary Care Unit Population", *Southern Medical Journal* 81 (1998): 826-29; C. B. Nash, "Psychokinetic Control of Bacterial Growth", *Journal of the American Society for Psychical Research* 51 (1982): 217-21; J. Barry, "General and Comparative Study of the Psychokinetic Effect on a Fungus Culture", *Journal of Parapsychology* 32 (1968): 237-43; William H. Tedder e Melissa L. Monty, "Exploration of Long Distance PK: A Conceptual Replication of the Influence on a Biological System", in *Research in Parapsychology 1980*, org. W. G. Roll *et al.*, 90-93; Bernard R. Grad, "Some Biological Effects of Laying-on of Hands: A Review of Experiments with Animals and Plants", *Journal of the American Society for Psychical Research* 59 (1965): 95-127; Bernard R. Grad, R. J. Cadoret e G. I. Paul, "The Influence of an Unorthodox Method of Treatment on Wound Healing in Mice", *International Journal of Parapsychology* 3 (1961): 5-24.

A temporada de Jonas Salk na Itália é relatada em "Dr. Jonas Salk, 1914-1995: A Tribute", AAF (American Architectural Foundation) News, *AIARCHITECT* (setembro de 1995): 20.

As idéias de Frank Barron sobre a natureza do processo criativo constam em Frank Barron, "The Psychology of Imagination", *Scientific American* (setembro de 1958).

A experiência de Myrin Borysenko com o curador em Boston é relatada em Larry Dossey, *Meaning and Medicine*, 159-60.

A descrição do trapaceiro por Richard Smoley apareceu em Richard Smoley, "My Mind Plays Tricks on Me", *Gnosis* 19 (primavera de 1991): 12.

A história do trapaceiro de Winnebago é contada em S. M. Wilson, "Trickster Treats", *Natural History* (outubro de 1991): 4-8.

Barre Toelken descreve sua experiência em trabalho de campo em "From Entertainment to Realization in Navajo Fieldwork", em Bruce Jackson e Edward D. Ives (orgs.), *The World Observed: Reflections on the Fieldwork Process* (Urbana: University of Illinois Press, 1996).

A citação de Ken Wilber sobre a consciência que temos dos nossos opostos foi tirada de Ken Wilber, *The Spectrum of Consciousness* (Wheaton, Ill.: Theosophical Publishing House, 1977), 216.

Capítulo 9:
A Mente-truta

Os relatos sobre as chuvas de peixes e as teorias que as embasam podem ser encontrados nas seguintes fontes: A. D. Bajkov, "Do Fish Fall from Sky?", *Science* 109 (1949): 402; *Fort Worth Star-Telegram*, 9 de maio de 1985; Athenaeus, *The Deipnosophists*, 11-13; W. McAfee, "Showers of Organic Matter", *Monthly Weather Review* 45, n. 5 (maio de 1917): 217-24; J. R. Norman, "Fish from the Clouds", *Natural History Magazine* 1, n. 8 (outubro de 1928): 286-91; R. J. M. Rickard, "Everything You Ever Wanted do Know about Fishfalls: The Theories", *Fortean Times* 106 (janeiro de 1998): 37-39. Ver também a obra enciclopédica de William Corliss, *The Catalog of Anomalies*, vol. 1, *Tornados, Dark Days, Anomalous Precipitation, and Related Weather Phenomena*, seção GWF 10; Lyall Watson, *The Nature of Things*, 47.

O programa Hooked on Fishing — Not on Drugs foi empreendido pela Future Fisherman Foundation, com a ajuda do United States Department of Education; pelo Harrison County, West Virginia, School District; pelo United States Fish and Wildlife Service; pela American Fishing Tackle Manufacturers Association; e pelo Aquatic Resources Education Council. Para informações, entrar em contato com o United States Department of Education ou Paul Quinnett, diretor dos serviços para adultos do Community Mental Health Center em Spokane, Washington.

Para discussões sobre pesca com iscas artificiais como mistério e esforço espiritual, ver Larry Dossey, "Personal Glimpses", *Quest* 7, n. 2 (1994): 94-96; Larry Dossey, "Larry Dossey Responds to Critics of Fly-Fishing", *Quest* 7, n. 4 (1994): 4-8.

A citação de Kitty Pearson-Vincent provém de Howell Raines, *Fly Fishing through the Midlife Crisis*, 107.

Para o artigo sobre mulheres e pesca com iscas artificiais, ver R. Cox, "Unwinding at Full Speed", *Working Woman* (abril de 1995): 72-80.

Para uma discussão sobre os métodos de proteção contra pragas, feitiços e orações negativas, ver o capítulo "Protection" em Larry Dossey, *Be Careful What You Pray For... You Just Might Get It*, 195-217. A crença segundo a qual uma feiticeira pode ser desmascarada quando atravessa água corrente é descrita em Dion Fortune, *Psychic Self-Defense* (Londres: Rider, 1930), 177.

As tentativas do pescador de apanhar a grande truta marrom na ponte é recontada em Nick Lyons, "Going and Coming Back", *Fly Fisherman* 28, n. 6 (setembro de 1997): 95-96.

Parte 3:
Não-localidade
Introdução

O sonho precognitivo do autor e sua significação estão minuciosamente descritos em Larry Dossey, *Reinventing Medicine* (San Francisco: HarperSan Francisco, 1999), 1-3.

Dados sobre levantamentos mundiais de experiências mentais não-locais podem ser encontrados em Elisabeth Targ, Marilyn Schlitz e Harvey J. Irwin, "Psi-Related Experiences", em *Varieties of Anomalous Experience: Examining the Scientific Evidence*, orgs. Etzel Cardeña, Steven J. Lynn e Stanley Krippner (Washington, D. C.: American Psychological Association: 2000), 219-52.

Capítulo 10: Um Tipo Diferente de DNA

James Pagel foi citado em Ann Japenga, "Can Dreams Diagnose Illnes?", *USA Weekend*, 3-5 de setembro de 1999, 4.

Theodosius Dobzhansky foi citado em F. L. Marsh, "Review of *Evolution, Creation, and Science*", *American Scientist* 79 (1945): 73.

A analogia da consciência com o radar é limitada. Eis algumas das razões:

- Uma unidade de radar emite ondas de rádio que são defletidas por objetos físicos e retornam à fonte, indicando a presença de um objeto físico. A mente humana pode detectar a presença de objetos físicos remotamente — não-localmente — sem usar um indício físico para sondar o ambiente.
- O radar se limita ao presente: a consciência pode esquadrinhar não apenas o presente mas também o passado e o futuro.
- O radar só pode detectar objetos físicos. A consciência pode adquirir informação também sobre coisas não-físicas, tais como idéias, pensamentos e sentimentos de indivíduos distantes.

Para modelos de consciência propostos nos últimos anos por eminentes cientistas, ver Larry Dossey, "Lessons from Twins: Of Nature, Nurture, and Consciousness", *Alternative Therapies in Health and Medicine* 3, n. 3 (1997): 8-15; David J. Chalmers, "The Puzzle of Conscious Experience", *Scientific American* 273, n. 6 (1995): 80-86; David J. Chalmers, *The Conscious Mind*; Amit Goswami, *The Self-Aware Universe: How Consciousness Creates the Material World*; Amit Goswami, "Science within Consciousness: A Progress Report" (palestra pronunciada durante um seminário sobre a consciência, Universidade de Lisboa, Lisboa, Portugal, 1996); Nick Herbert, *Quantum Reality*; Nick Herbert, *Elemental Mind*; Brian D. Josephson e F. Pallikara-Viras, "Biological Utilization of Quantum Nonlocality", *Foundations of Physics* 21 (1991): 197-207; Rupert Sheldrake, *A New Science of Life*; Rupert Sheldrake, *The Presence of the Past*; Ervin Laszlo, *The Interconnected Universe: Conceptual Foundations of Transdisciplinary Unified Theory*; Robert G. Jahn e Brenda J. Dunne, *Margins of Reality*; C. J. S. Clarke, "The Nonlocality of Mind", *Journal of Consciousness Studies* 2, n. 3 (1995): 231-40.

David Bohm foi citado em Renée Weber, *Dialogues with Scientists and Sages*, 101, 151.

O relato de L. A. Dale sobre consciência a distância da mãe em relação ao seu filho à deriva no mar pode ser encontrado em L. A. Dale, "Spontaneous Cases", *Journal of the American Society for Psychical Research* 46 (1952): 31-35.

O levantamento de premonição parental de morte por AIDS foi relatado em J. A. Henslee, "The Impact of Premonitions of AIDS on Grieving and Healing", *Pediatric Pulmonology* 16 (1993): 393.

Estudos sobre visão a distância foram publicados nas seguintes revistas de prestígio: Russell Targ e H. E. Puthoff, "Information Transmission under Conditions of Sensory Shielding", *Nature* 251 (1974): 602-7; H. E. Puthoff e Russell Targ, "A Perceptual Channel for Information Transfer over Kilometer Distances: Historical Perspective and Recent Research", *Proceedings of the IEEE* 64 (1976): 329-54; H. E. Puthoff, "CIA-Initiated Remote Viewing Program at Stanford Research Institute", *Journal of Scientific Exploration* 10, n. 1 (1996): 63-76; Russell G. Targ, "Remote Viewing at Stanford Research Institute in the 1970s: A Memoir", *Journal of Scientific Exploration* 10, n. 1 (1996): 77-88.

A avaliação de Ray Hyman das reproduções de SAIC está contida em Ray Hyman, "Evaluation of Program on Anomalous Mental Phenomena", *Journal of Scientific Exploration* 10, n. 1 (1996): 31-58.

O relato das experiências de William Braud sobre influência intencional retroativa pode ser encontrado em William Braud, "Wellness Implications of Retroactive Intentional Influence: Exploring an Outrageous Hypothesis", *Alternative Therapies in Health and Medicine* 6, n. 1 (2000): 37-48.

Para as experiências de Holger Klintman sobre a interferência do tempo revertido, ver Holger Klintman, "Is There a Paranormal (Precognitive) Influence in Certain Types of Perceptual Sequences?", Parte 1, *European Journal of Parapsychology* 5 (1983): 19-49; Holger Klintman, "Is There a Paranormal (Precognitive) Influence in Certain Types of Perceptual Sequences?", Parte 2, *European Journal of Parapsychology* 5 (1984): 125-40.

As experiências de Radin e Bierman sobre a resposta do sistema nervoso central aos eventos futuros foram publicadas em D. I. Radin, "Unconscious Perception of Future Emotions", *Journal of Consciousness Studies Abstracts* (Tucson II Conference, University of Arizona, Tucson, 8-13 de abril de 1996), abstract n. 430: 163; D. J. Bierman e D. I. Radin, "Anomalous Anticipatory Response on Randomized Future Conditions", *Perceptual and Motor Skills* 84 (1997): 689-90. Ver também Dean Radin, *The Conscious Universe*, 125.

Os comentários de Russell Targ sobre "linguagem bombástica acadêmica" que impede o conhecimento de descobertas de percepção não-local aparece em Russell Targ e Jane Katra, "The Scientific and Spiritual Implications of Psychic Abilities", *Alternative Therapies in Health and Medicine* 7, n. 3 (2001): 143-49.

Para a meta-análise dos estudos de PES, ver R. G. Stanford e A. G. Stein, "A Meta-analysis of ESP Studies Contrasting Hypnosis and a Comparison Condition", *Journal of Parapsychology* 58, n. 3 (1994): 235-70.

As opiniões céticas dos cientistas sobre a PES podem ser encontradas em G. R. Price, "Science and the Supernatural", *Science* 122 (1955): 359-67.

A atitude de ceticismo em relação à percepção não-sensorial e o efeito ovelha/cabra são discutidos em Tony Lawrence, "Bringing in the Sheep: A Meta-analysis of Sheep/Goat Experiments", em *Proceedings of Presented Papers: Thirty-sixth Annual Parapsychological Association Convention*. Ver também Gertrude Schmeidler, "Predicting Good and Bad Scores in a Clairvoyance Experiment: A Preliminary Report", *Journal of the American Society for Psychical Research* 37 (1943), 103-10.

Os sonhos médicos precognitivos de Larry Dossey são discutidos em Larry Dossey, "Dreams and Healing: Reclaiming a Lost Tradition", *Alternative Therapies in Health and Medicine* 5, n. 6 (1999): 12-17, 111-17. Ver também Larry Dossey, *Reinventing Medicine*, 1-3.

A história de Rômulo e Remo Cosma é recontada em "Romania's Murderous Twins", *Fortean Times* 130 (janeiro de 2000): 10. Ver também Larry Dossey, "Lessons from Twins: Of Nature, Nurture, and Consciousness", *Alternative Therapies in Health and Medicine* 3, n. 3 (1997): 8-15.

O relato do general Frémont referido por Ian Stevenson foi publicado pela primeira vez em R. Hodgson, "Case", *Journal of the Society for Psychical Research* 5 (1891): 54-61.

Elizabeth Berg foi citada em "Sunbeams", *Sun* 239 (novembro de 1995): 40.

A citação de William James da palestra de Ingersoll provém de Paul Edwards, *Immortality*, 290.

Para uma crítica das explicações materialistas das EQM, ver Larry Dossey, "Immortality", *Alternative Therapies in Health and Medicine* 6, n. 3 (2000): 12-17, 108-15.

A citação de Jerry Fodor foi tirada de Jerry A. Fodor, "The Big Idea", *Times Literary Supplement*, 3 de julho de 1992, 20.

Capítulo 11: A Volta da Prece

A citação de Margaret Mead está em "Sunbeams", *Sun* 228 (dezembro de 1994): 40.

Para um artigo sobre a relação da prece e da devoção religiosa com os resultados da saúde positiva, ver D. B. Larson e M. A. Greenwold Milano, "Are Religion and Spirituality Clinically Relevant in Health Care?" *Mind/Body Medicine* 1, n. 3 (1995): 147-57.

O estudo de Haraldsson e Thorsteinsson é citado em E. Haraldsson e T. Thorsteinsson, "Psychokinetic Effects on Yeast: An Exploration Experiment", *in* W. G. Roll, R. L. Morris e J. D. Morris (orgs.), *Research in Parapsychology 1972*, 20-21; E. Haraldsson, "Research on Alternative Medicine in Iceland", *MISAHA Newsletter* (Monterey Institute for the Study of Alternative Healing Arts) (abril-junho de 1995): 3-5.

O *Journal of Religion and Psychical Research* é publicado pela Academy of Religion and Psychical Research, P. O. B. 614, Bloomfield, CT 06002. O *Christian Parapsychologist* é publicado pelo Churche's Fellowship for Psychical and Spiritual Studies, South Road, North Somercotes, North Louth, Lincolnshire LN11 7PT, England.

Estudos sobre intencionalidade remota e devocional de sistemas vivos são referidos em W. G. Braud, "Conscious Interactions with Remote Biological Systems: Anomalous Intentionality Effects", *Subtle Energies* 2, n. 1 (1991): 1-40.

Para relatos sobre o poder da prece e os problemas metodológicos a ele associados, ver Randolph Byrd, "Positive Therapeutic Effects of Intercessory Prayer in a Coronary Care Unit Population", *Southern Medical Journal* 81, n. 7 (1988): 826-29; Russell Stannard, "The Power of Prayer", *Christian Parapsychologist* 12, n. 7 (1997): 196-99. Ver também Larry Dossey, "Prayer in the Coronary Care Unit", em *Healing Words*, 179-86.

As reflexões de Jean Kinkead sobre a prece diária são apresentadas em J. K. Martine, "Working for a Living", *Parabola* 21, n. 4 (1996).

A investigação de Susan Armstrong sobre a possibilidade de os animais terem alma é citada em S. J. Armstrong, "Souls in Process: A Theoretical Inquiry into Animal

Psi", em Michael Stoeber e Hugo Meynell, orgs., *Critical Reflections on the Paranormal*, 133-158.

Para relatos sobre animais e prece, ver Larry Dossey, "Four-Legged Forms of Prayer"; "A [Veterinarian] Doctor Tests Prayer", em Dossey, *Prayer Is Good Medicine*, 112-23.

O lado negativo da prece — seu potencial para causar danos em sistemas biológicos — é discutido extensamente em Larry Dossey, *Be Careful What You Pray For*.

Para relatos sobre as experiências com Olga Worrall, ver A. A. Worrall e O. N. Worrall, *Explore Your Psychic World*; Beverly Rubik e Elizabeth Rauscher, "Effects on Motility Behavior and Growth Rate of *Salmonella typhimurium* in the Presence of Olga Worrall", em W. G. Roll, org., *Research in Parapsychology 1979*, 140-42; Elizabeth Rauscher, "Human Volitional Effects on a Model Bacterial System", *Subtle Energies* 1, n. 1 (1990): 21-41.

As opiniões de cientistas que de bom grado aceitam a noção de intencionalidade mental a distância, etc., são apresentadas em Gerald Feinberg, "Precognition: A Memory of Things Future", em Laura Oteri, org., *Quantum Physics and Parapsychology*, 54-73; P. E. Meehl e M. Scriven, "Compatibility of Science and ESP", *Science* 123 (1956): 14-15; Jeffrey S. Levin, "How Prayer Heals: A Theoretical Model", *Alternative Therapies in Health and Medicine* 2, n. 1 (1996): 66-73.

As opiniões de Eugene Mills sobre o mistério não-solucionado da gravidade estão registradas em Eugene Mills, "Giving Up on the Hard Problem", *Journal of Consciousness Studies* 3, n. 1 (1996): 26-32.

Para artigos em que se descreve o uso tanto da prece quanto da medicina convencional para a cura, ver D. J. Hufford, "Cultural and Social Perspectives on Alternative Medicine: Background and Assumptions", *Alternative Therapies in Health and Medicine* 1, n. 1 (1995): 53-61; B. R. Cassileth *et al.*, "Contemporary Unorthodox Treatments in Cancer Medicine: A Study of Patients, Treatments, and Practitioners", *Annals of Internal Medicine* 10 (1984): 105-12.

As principais críticas contra os fenômenos mentais a distância, incluindo a prece de intercessão, foram, a meu ver, firmemente refutadas. Não cabe aqui tratar dessas questões detalhadamente; já o fiz em outro lugar, a exemplo de muitos estudiosos respeitados. Para um exame dessas refutações, sugiro as seguintes fontes: Larry Dossey, "Response to Gracely", *Alternative Therapies in Health and Medicine* 1, n. 5 (1995): 104-8; Larry Dossey, "How Good Is the Evidence? Prayer, Meditation, and Parapsychology", em *Healing Words*, 243-47; Dean I. Radin e Roger D. Nelson, "Evidence for Consciousness-Related Anomalies in Random Physical Systems", *Foundations of Physics* 19 (1989): 1499-1514; Dean I. Radin, "A Field Guide to Skepticism" em *The Conscious Universe*, 205-27; Jessica Utts, "An Assessment of the Evidence for Psychic Functioning", *Journal of Scientific Exploration* 10, n. 1 (1996): 3-30; Charles Honorton, "Rhetoric over Substance: The Impoverished State of Skepticism", *Journal of Parapsychology* 57, n. 2 (1993): 191-214; Mark B. Woodhouse, "Why CSICOP Is Losing the War", em *Paradigm Wars*, 116-21.

As atitudes variáveis dos cientistas céticos estão refletidas nos seguintes artigos: R. Hyman, "Evaluation of a Program on Anomalous Mental Phenomena", *Journal of Scientific Exploration* 10, n. 1 (1995): 43; M. J. Schlitz, "Intentionality in Healing: Mapping the Integration of Body, Mind, and Spirit", *Alternative Therapies in Health and Medicine* 5, n. 5 (1995): 119-20.

William H. Calvin é citado em Marcia Bartusiak, "Mechanics of the Soul" (resenha de *How Brains Think* de Calvin), *New York Times Book Review*, 29 de dezembro de 1996.

John S. Bell foi citado numa entrevista em *OMNI* (maio de 1988).

Russell Stannard foi citado em Russell Stannard, "The Power of Prayer", *The Christian Parapsychologist* 12, n. 7 (1997): 198-99.

A citação de Daniel J. Benor provém de Daniel J. Benor, "'Healing' in Great Britain", *Advances* 12, n. 4 (1996): 75.

As descrições de Jan Ehrenwald do fracasso da imaginação da ciência constam em Jan Ehrenwald, "A Neurophysiological Model of Psi Phenomena", *Journal of Nervous and Mental Disease* 154, n. 6 (1972): 406-18.

Para uma discussão sobre os conceitos clássicos da prece, baseados na energia, ver Daniel J. Benor, "Survey of Spiritual Healing Research", *Complementary Medical Research* 4, n. 1 (1990): 9-33; Lawrence LeShan, *The Medium, the Mystic, and the Physicist;* Larry Dossey, "Energy Talk", *Network: The Scientific and Medical Network Review* (Inglaterra) 63 (1997): 3-7.

As razões pelas quais "energia" é um termo inadequado para explicar a cura a distância, não-local, são discutidas em Larry Dossey, "The Forces of Healing: Reflections on Energy, Consciousness, and the Beef Stroganoff Principle", *Alternative Therapies in Health and Medicine* 3, n. 5 (1997): 8-14.

Para estudos sobre o efeito da intencionalidade a distância nas bactérias e nos fungos, ver C. B. Nash, "Test of Psychokinetic Control of Bacterial Mutation", *Journal of the American Society for Psychical Research* 78, n. 2 (1984): 145-52; C. B. Nash, "Psychokinetic Control of Bacterial Growth", *Journal of the American Society for Psychical Research* 51 (1982): 217-21; J. Barry, "General Comparative Study of the Psychokinetic Effect on a Fungus Culture", *Journal of Parapsychology* 32 (1968): 237-43; W. Tedder e M. Monty, "Exploration of Long-Distance PK: A Conceptual Replication of the Influence on a Biological System", em W. G. Roll *et al.*, orgs., *Research in Parapsychology 1980*.

Capítulo 12: Que Tem o Amor a Ver com Isso?

E. J. Cassell foi citado em C. Laine e F. Davidoff, "Patient-Centered Medicine", *Journal of the American Medical Association* 275 (1996): 152-56.

O relato do homem de 80 anos que sofreu um colapso cardíaco provém de uma comunicação verbal com Barbara Dossey, R. N., M. S., agosto de 1995.

O artigo "Death by Destruction of Will" de Bruce E. Robinson foi publicado em *Archives of Internal Medicine* 155 (1995): 2250-51.

A empatia na relação com os médicos é discutida em D. Gianakos, "Empathy Revisited", *Archives of Internal Medicine* 156 (1955): 135-36.

O relato sobre o papel da interação humana com a taxa de colesterol está contido em Stewart Wolf, "Changes in Serum Lipids in Relation to Emotional Stress during Rigid Control of Diet and Exercise", *Circulation* 26 (1962): 379-87. Ver também James J. Lynch, *The Broken Heart: The Medical Consequences of Loneliness*, 132-33, para esse relato. O trabalho de Lynch continua sendo um clássico sobre as devastadoras conseqüências da falta de amor e da falta de interação humana para a saúde.

As citações de Kubie, Lashley e Hebb provêm de Lawrence LeShan, *The Dilemma of Psychology* 84, citando Michael Polanyi, *Knowing and Being* (Chicago, Ill.: University of Chicago Press, 1969), 42. Embora o comentário de Karl Lashley guarde semelhanças com as idéias das tradições da sabedoria esotérica que afirmam que não existe um eu, um *ego* substantivo separado do resto da criação, suspeito que a semelhança é superficial e que ele estava questionando a existência da consciência, como fizeram Kubie e Hebb.

David Chalmers discute a relação dos acontecimentos eletroquímicos no cérebro com a experiência consciente e descreve a "teoria do tudo" de Steven Weinberg em David J. Chalmers, "The Puzzle of Conscious Experience", *Scientific American* 273, n. 6 (1995): 80-86.

Estudos de indivíduos que tentam influenciar o desempenho de instrumentos eletrônicos são citados em R. G. Jahn, "Information, Counciousness, and Health", *Alternative Therapies in Health and Medicine* 2, n. 3 (1996): 32-38; R. G. Jahn, "Report on the Academy of Consciousness Studies", *Journal of Scientific Exploration* 9, n. 3 (1995): 393-403.

A citação de De Broglie provém de Louis de Broglie, "The Role of the Engineer in the Age of Science", em *New Perspectives in Physics*, trad. A. J. Pomerans (Nova York: Basic Books, 1962), 231, citado em Robert G. Jahn, "Report on the Academy of Consciousness Studies", *Journal of Scientific Exploration* 9, n. 3 (1995): 393-403.

Para uma discussão mais ampla da natureza não-local da psique e sua relevância para a cura, ver Larry Dossey, *Recovering the Soul*; Larry Dossey, *Healing Words*.

Para relatos sobre as proezas que os animais realizam incitados pelo amor, ver J. B. Rhine e S. R. Feather, "The Study of Cases of 'Psi-Trailing' in Animals", *Journal of Parapsychology* 26, n. 1 (1962): 1-21; V. Adamoli, *The Dog That Drove Home, the Snake-Eating Mouse, and Other Exotic Tales from the Animal Kingdom*; Gustav Eckstein, *Everyday Miracles*.

F. W. H. Meyers foi citado em Robert G. Jahn e Brenda J. Dunne, *Margins of Reality*.

Uma discussão sobre acontecimentos telessomáticos pode ser encontrada em B. E. Schwarz, "Possible Telesomatic Reactions", *Journal of the Medical Society of New Jersey* 64 (1967): 600-3; Larry Dossey, "Loading at a Distance", *Advances* 11, n. 4 (1995): 48-49; J. H. Rush, "New Directions in Parapsychology Research", em *Parapsychological Monographs*, 18-19; Ian Stevenson, *Telepathic Impressions*, 70, 144; L. E. Rhine, "Psychological Processes in ESP Experiences, Part 1: Waking Experiences", *Journal of Parapsychology* 29 (1962): 88-111.

Relatos sobre a correlação de encefalogramas de indivíduos distantes podem ser encontrados em J. Grinberg-Zylberbaum e J. Ramos, "Patterns of Interhemispheric Correlation during Human Communication", *International Journal of Neuroscience* 36, n. 1 e 2 (1987): 41-55; J. Grinberg-Zylberbaum *et al.*, "Human Communication and the Electrophisiological Activity of the Brain", *Subtle Energies* 3, n. 3 (1992): 25-43.

Os estudos sobre empatia de Martin Hoffman e Carolyn Zahn-Waxler estão detalhados em Daniel Goleman, "Researchers Trace Empathy's Roots to Infancy", *New York Times*, 28 de março de 1989. A obra de Hoffman e Zahn-Waxler também é descrita em Morton Hunt, *The Compassionate Beast: What Science Is Discovering about the Human Side of Humankind*.

Carolyn Zahn-Waxler foi citada por Henry Dreher em *The Immune Power Personality*, 272.

Jan van Ruysbroeck foi citado em Evelyn Underhill, *Mysticism*, vi.

As citações de Jung são de *Memories, Dreams, Reflections*, 325, 353, 354.

Capítulo 13: Criatividade e Sopa Cósmica

O QI de Richard Feynman foi mencionado em M. Michalko, "The Art of Genius", *Utne Reader* (julho/agosto de 1998): 73-76.

O artigo de John Lorber "Is Your Brain Really Necessary?" foi publicado em *Science* 210 (1980): 1232-34.

O relato de David Feinstein sobre os superdotados está contido em David Feinstein, "At Play in the Fields of the Mind: Personal Myths as Fields of Information", *Journal of Humanistic Psychology* 38, n. 3 (verão de 1998): 71-109.

Ervin Laszlo desenvolve a idéia da existência de campos de informação em sua "hipótese da criatividade interativa" e em sua "hipótese da interação quantum/vacuum(QVI)", demasiado complexas para serem examinadas aqui.

As citações de Conrad, Mondrian e Klee provêm das seguintes fontes: Joseph Conrad, *Typhoon and Other Tales* (Nova York: New American Library, 1925), 21; Piet Mondrian, "Plastic Art and Pure Plastic Art", em Robert L. Herbert, org., *Modern Artists on Art* (Englewood, N. J.: Prentice-Hall, 1964), 116; Paul Klee, "On Modern Art", em Herbert, *Modern Artists on Art*.

Lorin Hollander foi citado em "Child's Play: Prodigies and Possibilities", um programa *Nova* na televisão WGBH, Boston, 1985.

A citação de Sue Grafton é de Naomi Epel, *Writers Dreaming*, 70-73.

A ruptura de Rosalyn Tureck com a música de Bach é recontada em Stefi Weisburd, "The Spark: Personal Testimonies of Creativity", *Science News* 132 (1987): 298.

A citação de Bach é de Radoslav A. Tsanoff, *The Ways of Genius* (Nova York: Harper and Row, 1949): 74.

As citações de Nicola Tesla provêm de "Higher Creativity in Art and Science", *Institute of Noetic Sciences Newsletter* 12, n. 1 (primavera de 1984): 7.

A citação de John Sayles é de Naomi Epel, *Writers Dreaming*, 224.

A citação de Jack Prelutsky é de Naomi Epel, *Writers Dreaming*, 191.

As citações de John Cage e Bruce Springsteen provêm das seguintes fontes, respectivamente: Kim Wolinsky, *Letting Go with All Your Might*, 130; Bruce Springsteen, *Doubletake* (primavera de 1998).

Jill Purce foi citada em Mary Buckley, org., *Wise Words*, compilado de *New Dimensions*, entrevistas de rádio por Michael Toms (Carlsbad, California: Hay House, 1997).

A lenda relatada por Wu-k'ung foi registrada em René Grousset, *In the Footsteps of the Buddha*, trad. J. A. Underwood (Nova York: Grossman, Orion, 1971), 234.

As observações de Frank Barron sobre a criatividade constam em Frank Barron, "The Psychology of Imagination", *Scientific American* (setembro de 1958).

A citação de Spalding Gray é de Naomi Epel, *Writers Dreaming*, 82.

A citação de Jacob Bronowski consta em Jacob Bronowski, *The Origins of Knowledge and Imagination* (New Haven, Conn.: Yale University Press, 1978), 111.

A solução de Elias Howe para o problema da máquina de costura é apresentada em John Chesterman *et al.*, *An Index of Possibilities: Energy and Power* (Nova York: Pantheon Books, 1974), 187.

O relato de Edmond Maillet sobre os matemáticos sonhadores foi apresentado em Raymond De Becker, *The Understanding of Dreams and Their Influence on the History of Man* (Nova York: Hawthorn Books, 1968), 85.

Srinivasa Ramanujan e seu mentor do outro mundo são citados em Robert Van de Castle, *Our Dreaming Mind*, 35.

O sonho de Dmitri Mendeleyev com a tabela periódica dos elementos foi citado em K. Kedrov, "On the Question of Scientific Creativity", *Voprosy Psikologii* 3 (1957): 91-113.

Os sonhos de Friedrich Kekule, Albert Szent-Gyorgyi, Frederick Banting, James Watt e Herman Hilprecht foram relatados em Robert Van de Castle, *Our Dreaming Mind*, 34-39.

Idéias sobre a maneira como os campos podem estar envolvidos com a consciência serão encontradas nas seguintes fontes: David Feinstein, "At Play in the Fields of the Mind", 71-109; Rupert Sheldrake, *The Presence of the Past*; E. Schuman e D. Madison, "Locally Distributed Synaptic Potentiation in the Hypocampus", *Science* 263 (1994): 532-36; Benjamin Libet, "A Testable Field Theory of Mind-Brain Interaction", *Journal of Consciousness Studies* 1, n. 1 (1994): 119-26; Stuart Hameroff, "Quantum Coherence in Microtubules: A Neural Basis for Emergent Consciousness?", *Journal of Consciousness Studies* 1, n. 1 (1994): 91-118; William Tiller, "What Are Subtle Energies?", *Journal of Scientific Exploration* 7 (1993): 293-304; Robert G. Jahn e Brenda J. Dunne, *Margins of Reality: The Role of Consciousness in the Physical World.*

A carta na qual Jung discute os arquétipos foi publicada em Marie-Louise von Franz, *Psyche and Matter* (Boston: Shambhala Publications, 1992), 161.

O relato sobre os tentilhões das ilhas Galápagos encontra-se em Anthony Stevens, *Archetypes: A Natural History of the Self* (Nova York: William Morrow, 1982), 48.

A história de John, o paciente siciliano, é contada em Michael Conforti, "On Archetypal Fields", *Round Table Review* 4, n. 2 (1996): 1-8.

Os exemplos nos quais os sonhos e a prontidão se reforçavam entre si para Blake, Tartini e Wagner encontram-se nas seguintes fontes, respectivamente: Stephen Brook, org., *The Oxford Book of Dreams* (Londres: Oxford University Press, 1992), 134-35; Havelock Ellis, *The World of Dreams* (Londres: Constable, 1911); Robert L. Van de Castle, *Our Dreaming Mind*, 34-39.

A citação de Sue Grafton é de Naomi Epel, *Writers Dreaming*, 62-63.

Hermann von Helmholtz foi citado em Michael Murphy, *The Future of the Body* (Los Angeles: Jeremy P. Tarcher, 1992), 345.

A citação de Van Gogh é de Clifford A. Pickover, *Strange Brains and Genius*, 262.

Os experimentos que ligam a exposição eletromagnética a experiências de "presença mística" são relatados em C. M. Cook e M. A. Persinger, "Experimental Induction of the Sensed Presence in Normal Subjects and an Exceptional Subject", *Perceptual and Motor Skills* 85 (1997): 683.

As descobertas de V. S. Ramachandran referentes à epilepsia lobotemporal e experiência espiritual, e a opinião de Michael A. Arbib são citadas em R. L. Hotz, "Seeking the Biology of Spirituality", *Los Angeles Times*, 26 de abril de 1998.

Para uma discussão sobre a relação entre desordem bipolar e criatividade, ver K. R. Jamison, "Manic-Depressive Illness and Creativity", *Scientific American* 272, n. 2 (fevereiro de 1995): 62-67. Ver também Clifford Pickover, *Strange Brains and Genius*, 273; Kay R. Jamison, *Touched with Fire: Manic-Depressive Illness and the Artistic Temperament*.

Robert John Russell e Nancey Murphy foram citados em R. L. Hotz, "Seeking the Biology of Spirituality", *Los Angeles Times*, 26 de abril de 1998.

Emerson Pugh foi citado em Lyall Watson, *Lifetide* (Nova York: Simon and Schuster, 1979), 137.

Capítulo 14: Imortalidade

O levantamento de 1998 dos usuários da medicina alternativa consta em John A. Astin, "Why Patients Use Alternative Medicine: Results of a National Survey", *Journal of the American Medical Association* 279, n. 19 (1998): 1548-53. Para outros estudos e relatórios concernentes à relação entre espiritualidade e medicina alternativa, ver D. B. Larson e M. A. G. Milano, "Are Religion and Spirituality Clinically Relevant in Health Care?", *Mind/Body Medicine* 1, n. 3 (1995): 147-57; Harold G. Koenig, Michael E. McCullough e David B. Larson, *Handbook of Religion and Health: A Century of Research Reviewed*.

Para um exame detalhado do modo como os americanos vêm a vida após a morte, ver a pesquisa de opinião pública de George Gallup *Adventures in Immortality*. Uma fascinante comparação intercultural de crenças e imagens da vida após a morte pode ser encontrada em Sukie Miller, *After Death: How People around the World Map the Journey after Life*, 1997.

As opiniões de David Whyte sobre a balcanização da linguagem constam em "Interview with David Whyte", *Salt 2000* 2, n. 2: 6-12.

Emerson foi citado em Carlos Baker, *Emerson among the Eccentrics* (Nova York: Penguin, 1996), 397.

A citação de Bertrand Russell consta em Paul Edwards, *Immortality*, v.

O relato do poeta sufi Rabia Basri consta em Debra Denker, *Sisters on the Bridge of Fire*, 318.

Os pensamentos de Dennis Stillings sobre a nossa vida na Terra foram expressos numa conversa com o autor em maio de 1999 em Kamuela, Havaí.

O poema anônimo *Dia dos Mortos* foi traduzido por Mary Maria Garibay e Michakle Leon Portilla e consta na página 149 de *After Death* de Sukie Miller.

O desejo do insigne biólogo de suprimir a possibilidade de imortalidade é citado em William James, *The Will to Believe* (Cambridge, Mass.: Harvard University Press, 1979), 19; citado por David Griffin em *Parapsychology, Philosophy, and Spirituality*, 29.

As opiniões dos ilustres cientistas que não queriam acreditar em nenhuma forma de consciência ampliada, "mesmo que ela existisse", foram citadas num editorial (sem identificação do autor) em "Scanning the Issue", *Proceedings of the IEEE* 64, n. 3 (março de 1976): 291, citado em Russell Targ e Harold Puthoff, *Mind-Reach*, 169.

Para o relatório do IEEE sobre as descobertas de Puthoff e Targ acerca da visão remota, ver Hal Puthoff e Russell Targ, "A Perceptual Channel for Information Transfer over Kilometer Distances: Historical Perspective and Recent Research", *Proceedings of the IEEE* 64, n. 3 (1976): 229-54.

As citações de Dante, Emily Dickinson e Baba Ram Das provêm das seguintes fontes, respectivamente: Brian Inglis, *Natural and Supernatural: A History of the Paranormal*, 13; Emily Dickinson, *The Complete Poems of Emily Dickinson*, n. 1129; Nick Herbert, *Elemental Mind*, 209.

Collin McGinn e Arthur Koestler foram citados em Paul Edwards, *Immortality*, páginas 294 e 40, respectivamente.

Os relatos de A. J. Ayer foram publicados em A. J. Ayer, "What I Saw When I Was Dead", *Sunday Telegraph* (Londres), 28 de agosto de 1988; "A. J. Ayer Intimations of Immortality: What Happens When the World Most Eminent Atheist Dies", *National Review*, 14 de outubro de 1988; A. J. Ayer, "What I Saw When I Was Dead", em *Immortality*, Paul Edwards, org., 269-75; A. J. Ayer, "Postscript to a Postmortem", *Spectator* (Londres), 15 de outubro de 1988.

O artigo de Susan J. Blackmore "Near-Death Experiences in India: They Have Tunnels Too" foi publicado em *Journal of Near-Death Experiences* 11, n. 4 (1993): 205-17.

O comentário e a refutação de Richard S. Blacher referente às EQM constam em R. S. Blacher, "Commentary: 'To Sleep, Perchance to Dream ...'", *Journal of the American Medical Association* 242 (1979): 2291; R. S. Blacher, "Near-Death Experiences" (carta), *Journal of the American Medical Association* 244 (1980): 30. A resposta de Michael Sabom a Richard Blacher pode ser encontrada em Michael Sabom, *Recollections of Death*, 153.

Erwin Schrödinger foi citado em Jyoti Ananthu e T. S. Ananthu, orgs., *Gandhi and World Peace* (Nova Delhi: Gandhi Peace Foundation, 1987), 11.

Emerson foi citado em Carlos Baker, *Emerson among the Eccentrics* (Nova York: Penguin, 1996).

Frank Tipler foi citado num *press release* para *Physics of Immortality* e numa entrevista na revista *D* (setembro de 1994): 5, 28.

Os comentários de Paul Davies sobre o tempo constam em Paul Davies, *Space and Time in the Modern Universe*, 203.

A carta de C. G. Jung em resposta a Fritz Pfäfflin foi citada em Jenny Yates, org., *Jung on Death and Immortality* (Princeton, N. J.: Princeton University Press, 1999), 68-70.

Os desenvolvimentos científicos que segundo O. Costa de Beauregard apontam tanto para um infinito "'inconsciente coletivo' que a tudo permeia" quanto para os fenômenos parapsicológicos foram apresentados numa comunicação à Terceira Reunião Anual da Sociedade para a Exploração Científica, 11-13 de outubro de 1996, em Freiburg, Alemanha. Os desenvolvimentos são: "a extensão temporal da matéria no cálculo variacional de Euler e o conceito relativista de espaço-tempo; a reversibilidade causa-efeito na condicional bayesiana e nas probabilidades de transição boltzmannianas; a reversibilidade negentropia-informação; a não-separabilidade do *quantum* e a invariância do CPT". Analisar esses conceitos está fora do âmbito deste ensaio. O importante é que muitos cientistas respeitados vêem na ciência moderna margem para uma forma de consciência que está fora do espaço e do tempo, o que constitui um estimulante movimento na direção da imortalidade.

A citação de C. D. Broad consta em C. D. Broad, *Lectures on Psychical Research* (Londres: Routledge and Kegan Paul, 1962), 6.

O sonho em que a paciente de Jung estava lecionando numa classe foi recontado em C. G. Jung, *Memories, Dreams, Reflections*, 305-6.

A descrição de Jung de sua EQM consta em C. G. Jung, "Psychological Commentary on *The Tibetan Book of the Dead*", citado em Jenny Yates, org., *Jung on Death and Immortality* (Princeton, N. J.: Princeton University Press, 1999), 6.

A lista de David Griffin dos benefícios da crença numa vida após a morte é tirada de David Griffin, *Parapsychology, Philosophy, and Spirituality*, 290-91.

Para diferentes opiniões sobre a relação entre espiritualidade e morte, ver R. P. Sloan, E. Bagiella e T. Powell, "Religion, Spirituality, and Medicine", *Lancet* 353, n. 9153 (1999): 664-67; Larry Dossey, "Do Religion and Spirituality Matter in Health? A Response to the Recent Article in *The Lancet*", *Alternative Therapies in Health and Medicine* 5, n. 3 (1999): 16-18.

Os relatos sobre o número de escolas médicas que oferecem cursos sobre religião e questões espirituais em 1997 e atualmente constam em J. S. Levin, D. B. Larson e C. M. Puchalski, "Religion and Spirituality in Medicine: Research and Education", *Journal of the American Medical Association* 278, n. 9 (1997): 792-93; "Better Times for Spirituality and Healing in Medicine", *Research News* 1, n. 6 (fevereiro de 2001): 12.

BIBLIOGRAFIA

Adamoli, Vida. *The Dog That Drove Home, the Snake-Eating Mouse, and Other Exotic Tales from the Animal Kingdom*. Nova York: St. Martin's Press, 1991.

Athenaeus. *The Deipnosophists*. Loeb Classical Library, 204, 1969.

Bächtold-Stäubli, Hanns, e E. Hoffman-Krayer. *Hadwörterbuch des Deutschen Aberglaubens*. Vol. 2. Berlin and Leipzig: Walter de Gruyter. 1929/1930.

Bainton, Roland H. *Christian Attitudes toward War and Peace: A Historical Survey and Critical Re-evaluation*. Nashville, Tenn.: Abingdon, 1960.

Barzini, Luigi. *The Italians*. Nova York: Athenaeum, 1977.

Benor, Daniel. *Healing Research*. Vol. 1. Munique: Helix Verlag, 1993.

Berman, Morris. *The Reenchantment of the World*. Ithaca, N. Y.: Cornell University Press, 1981.

Bloom, Howard. *The Lucifer Principle: A Scientific Exploration into the Forces of History*. Nova York: Atlantic Monthly Press, 1995.

Bohm, David. *Wholeness and the Implicate Order*. Londres: Routledge, 1973.

Bonham, Tal D. *Humor: God's Gift*. Nashville, Tenn.: Broadman Press, 1988.

Briggs, John. *Fire in the Crucible*. Los Angeles: Jeremy P. Tarcher, 1990.

Broughton, Richard S. *Parapsychology: The Controversial Science*. Nova York: Ballantine, 1991.

Brunton, Paul. *The Quest of the Overself*. York Beach, Maine: Samuel Weiser, 1984.

Calvin, William H. *How Brains Think: Evolving Intelligence, Then and Now*. Nova York: Basic Books, 1996.

Chalmers, David J. *The Conscious Mind*. Nova York: Oxford University Press, 1996.

Constant, Wairy Louis. *Mémoires de Constant*. Paris: Garnier, 1894. Citado em Louis Leo Snyder, "Napoleon's Retreat from Moscow, 1812".

Corliss, Willliam. *The Catalog of Anomalies*. Vol. 1. *Tornados, Dark Days, Anomalous Precipitation, and Related Weather Phenomena*. Glen Arm, Md.: Sourcebook Project, 1983.

Cousins, Norman. *Anatomy of an Illness as Perceived by the Patient*. Nova York: W. W. Norton, 1979.

_______. *Head First: The Biology of Hope*. Nova York: E. P. Dutton, 1989.

Creveld, Martin van. *The Transformation of War*. Nova York: Free Press, 1991.

Critchley, Macdonald. "Musicogenic Epilepsy". Em *Music and the Brain*, organizado por Macdonald Critchley e R. A. Henson. Londres: William Heinemann, 1977.

Crockett, Mike. Prefácio a *Flywater*, de Grant McClintock e Mike Crockett. Nova York: Lyons and Burford, 1994.

David, Marc. *Nourishing Wisdom*. Nova York: Bell Tower, 1991.

Davies, Paul. *Space and Time in the Modern Universe*. Nova York: Cambridge University Press, 1977.

Denker, Debra. *Sisters on the Bridge of Fire*. Mission Hills, Calif.: Burning Gate Press, 1993.

Dentan, Robert Knox. *Semai: A Nonviolent People of Malaya*. Nova York: Holt Rinehart, 1968.

Dickinson, Emily. *The Complete Poems of Emily Dickinson*. Organizado por Thomas H. Johnson. Boston: Little Brown: 1960.

Dossey, Larry. *Be Careful What You Pray For ... You Just Might Get It*. San Francisco: HarperSan Francisco, 1997.

______. *Healing Words: The Power of Prayer and the Practice of Medicine*. San Francisco: HarperSan Francisco, 1993.

______. *Meaning and Medicine*. Nova York: Bantam, 1991.

______. *Prayer Is Good Medicine*. San Francisco: HarperSan Francisco, 1999.

______. *Recovering the Soul*. Nova York: Bantam, 1989.

______. *Reinventing Medicine*. San Francisco, Calif.: HarperSan Francisco, 1999.

______ . *Space, Time & Medicine*. Boston: Shambhala Publications, 1982.

Dreher, Henry. *The Immune Power Personality*. Nova York: Dutton, 1995.

Eccles, Sir John. *The Wonder of Being Human*. Boston: Shambhala Publications, 1985.

Eckstein, Gustav. *Everyday Miracles*. Nova York: Harper and Brothers, 1940.

Edwards, Paul, org. *Immortality*. Amherst, N. Y.: Prometheus Books, 1997.

Ehrenreich, Barbara. *Blood Rites: Origins and History of the Passions of War*. Nova York: Henry Holt, Metropolitan, 1997.

Ehrenwald, Jan. *Telepathy and Medical Psychology*. Nova York: W. W. Norton, 1948.

Epel, Naomi. *Writers Dreaming*. Nova York: Carol Southern Books, 1993.

Estés, Clarissa Pinkola. *Women Who Run with the Wolves*. Nova York: Ballantine, 1992.

Evans, Donald. *Spirituality and Human Nature*. Albany, N. Y.: SUNY Press, 1993.

Fenwick, Peter, e Elizabeth Fenwick. *The Truth in the Light*. Nova York: Berkley Books, 1997.

Fields, Rick. *The Code of the Warrior*. Nova York: HarperPerennial, 1991.

Findlay, Alexander. *A Hundred Years of Chemistry*. Londres: Pelican Books, 1953.

Friedmann, L. *The Law of War*. Nova York: Random House, 1972.

Fromm, Erich. *Creativity and Its Cultivation*. Nova York: Harper and Row, 1959.

Fry, William, e Waleed Salameh, orgs. *Handbook of Humor and Psychotherapy*. Sarasota, Fla.: Professional Resource Exchange, 1986.

Fuhrman, Joel. *Fasting and Eating for Health*. Nova York: St. Martin's Press, 1998.

Gallup, George. *Adventures in Immortality*. Nova York: McGraw-Hill, 1982.

Gardner, Howard. *Multiple Intelligences: The Theory of Practice*. Nova York: Basic Books, 1993.

Garrison, Fielding H. *An Introduction to the History of Medicine*. 4ª ed. Filadélfia: W. B. Saunders, 1929.

Gheslin, Brewster. *The Creative Process*. Nova York: New American Library, 1952.

Gill, Sam D., e Irene F. Sullivan. *Dictionary of Native American Mithology*. Nova York: Oxford University Press, 1992.

Glieck, James. *Genius: The Life and Science of Richard Feynman*. Nova York: Vintage, 1993.

Goleman, Daniel. *Emotional Intelligence*. Nova York: Bantam, 1997.

Goswami, Amit. *The Self-Aware Universe: How Counsciousness Creates the Material World*. Nova York: Tarcher/Putnam, 1993.

Griffin, David Ray. *Parapsychology, Philosophy, and Spirituality: A Postmodern Exploration*. Albany, N. Y.: SUNY Press, 1997.

Grof, Stanislav. *The Holotropic Mind: The Three Levels of Human Consciousness and How They Shape Ours Lives*. San Francisco: HarperCollins, 1992.

Hadamard, Jacques. *The Psychology of Invention in the Mathematical Field*. Princeton, N. J.: Princeton University Press, 1949.

Hannah, Barbara. *Jung, His Life and Work: A Biographical Memoir*. Nova York: G. P. Putnam's Sons, 1976.

Hardy, Alister, Robert Harvie, e Arthur Koestler. *The Challenge of Chance*. Nova York: Random House, 1973.

Herbert, Nick. *Elemental Mind*. Nova York: Dutton, 1993.

______. *Quantum Reality*. Nova York: Dutton, 1986.

Horgan, Paul. *Great River: The Rio Grande in North American History*. Lincoln: University of Nebraska Press, 1991.

Huang, C. A., e Jerry Lynch. *Thinking Body, Dancing Mind*. Nova York: Bantam, 1992.

Hunt, Morton. *The Compassionate Beast: What Science Is Discovering about the Human Side of Humankind*. Nova York: William Morrow, 1987.

Inglis, Brian. *Natural and Supernatural: A History of the Paranormal*. Bridport, Dorset, Inglaterra: Prism Press, 1992.

Jaffé, Aniela. *The Myth of Meaning: Jung and the Expansion of Consciousness*. Traduzido por R. F. C. Hull. Nova York: Penguin, 1975.

Jahn, Robert G., e Brenda J. Dunne. *Margins of Reality: The Role of Consciousness in the Physical World*. Nova York: Harcourt Brace Jovanovich, 1987.

James, William. *The Varieties of Religious Experience*. Nova York: Macmillan, 1961.

Jamison, Kay R. *Touched with Fire: Manic-Depressive Illness and the Artistic Temperament*. Nova York: Free Press, 1993.

Jeans, Sir James. *Physics and Philosophy*. Nova York: Dover, 1981.

Jennings, Paul. "Report on Resistentialism". Em *Parodies: An Anthology from Chaucer to Beerbohm — and After*, organizado por Dwight MacDonald. Nova York: Modern Library, 1965.

Jung, C. G. *Analytical Psychology: Its Theory and Practice*. Nova York: Random House, Vintage Books, 1968.

______. *Letters*. Vol. 1. Organizado por Gerhard Adler e Aniela Jaffé. Princeton, N. J.: Princeton University Press, 1973.

______. *Memories, Dreams, Reflections*. Organizado por Aniela Jaffé, traduzido por Richard Winston e Clara Winston. Nova York: Vintage Books, 1965.

______. "On the Psychology of the Trickster-Figure". Em *The Archetypes and the Collective Unconscious*. 2. ed. Princeton, N. J.: Princeton University Press, 1968.

______. *The Structure and Dynamics of the Psyche*. Vol. 8 de *Collected Works*. Traduzido por R. F. C. Hull. Bollingen Series XX. Princeton, N. J.: Princeton University Press, 1973.

Jung, C. G., e Wolfgang Pauli. *The Interpretation and Nature of the Psyche*. Tradução de R. F. C. Hull e P. Silz. Bollingen Series LI. Nova York: Pantheon, 1955.

Keegan, John. *The Face of Battle*. Nova York: Dorset Press, 1976.

Kesten, Deborah. *Feeding the Body, Nourishing the Soul*. Berkeley, Calif.: Conari Press, 1997.

Kierkegaard, Sören. *Fear and Trembling*. Nova York: Penguin, 1985.

Koenig, Harold G., Michael E. McCullough, e David B. Larson. *Handbook of Religion and Health*. Nova York: Oxford University Press, 2001.

Koestler, Arthur. *The Act of Creation: A Study of the Conscious and Unconscious in Science and Art*. Nova York: Dell, 1964.

______. *Janus: A Summing Up*. Nova York: Random House, 1978.

La Plante, Eve. *Seized: Temporal Lobe Epilepsy as a Medical, Historical, and Artistic Phenomenon*. Nova York: HarperCollins, 1993.

Laszlo, Ervin. *The Interconnected Universe: Conceptual Foundations of Transdisciplinary Unified Theory*. River Edge, N. J.: World Scientific, 1995.

Latzko, Adolf Andreas. *Men in War*. Traduzido por Adele S. Seltzer. 1918. Reimpressão. North Stratford, N. H.: Ayer Company, 1971.

Lawrence, Tony. "Bringing in the Sheep: A Meta-analysis of Sheep/Goat Experiments". Em *Proceedings of Presented Papers: Thirty-sixth Annual Parapsychological Association Convention*, organizado por M. J. Schlitz. Fairhaven, Mass.: Parapsychological Association, 1993.

LeShan, Lawrence. *The Dilemma of Psychology*. Nova York: Dutton, 1990.

______. *The Medium, the Mystic, and the Physicist*. Nova York: Viking; 1974.

Levenstein, Harry. *Revolution at the Table: The Transformation of the American Diet*. Nova York: Oxford University Press, 1988.

Levin, Jeffrey S. *God, Faith, and Health*. Nova York: John Wiley and Sons, 2001.

Levy, Barry S. e Victor W. Sidel, orgs. *War and Public Health*. Nova York: Oxford University Press, 1996.

Ludwig, Arnold. *The Price of Greatness: Resolving the Creativity and Madness Controversy*. Nova York: Guilford Press, 1995.

Lynch, James J. *The Broken Heart: The Medical Consequences of Loneliness*. Nova York: Basic Books, 1979.

Mansbridge, Jane J. *Why We Lost the ERA*. Chicago: University of Chicago Press, 1986.

Maurer, Herrymon, comentador e tradutor. *The Way of the Ways*. Princeton, N. J.: Fellowship in Prayer, 1982.

May, Rollo. *The Courage to Create*. Nova York: Norton, 1975.

Miller, Sukie (com Suzanne Lipsett). *After Death: How People around the World Map the Journey after Life*. Nova York: Simon and Schuster, Touchstone, 1997.

Milton, Julie. "Ordinary State ESP Meta-Analysis". Em *Proceedings of Presented Papers: Thirty-sixth Annual Parapsychological Association Convention*, organizado por M. J. Schlitz. Fairhaven, Mass.: Parapsychological Association, 1993.

Monod, Jacques. *Chance and Necessity*. Nova York: Random House, 1972.

Moody, Raymond. *Laugh after Laugh: The Healing Power of Humor*. Jacksonville, Fla.: Headwaters Press, 1978.

______. *Life after Life: The Investigation of a Phenomenon — Survival of Bodily Death*. Nova York: Bantam, 1975.

Moss, Robert. *Counscious Dreaming*. Nova York: Crown, 1996.

Newberg, Andrew, e Eugene d'Aquili (com Vince Rause). *Why God Won't Go Away: Brain Science and the Biology of Belief*. Nova York: Ballantine, 2001.

Nichols, John. *On the Mesa*. Santa Fe, N. Mex.: Ancient City Press, 1995.

Ornish, Dean. *Dr. Dean Ornish's Program for Reversing Heart Disease*. Nova York: Ivy Books, 1996.

_______. *Love and Survival*. Nova York: HarperCollins, 1998.

Oteri, Laura, org. *Quantum Physics and Parapsychology*. Nova York: Parapsychology Foundation, 1975.

Pearce, Joseph Chilton. *Evolution's End: Claiming the Potential of Our Intelligence*. San Francisco: HarperCollins, 1992.

Peat, F. David. *Synchronicity: The Bridge between Matter and Mind*. Nova York: Bantam, 1987.

Pickover, Clifford A. *Strange Brains and Genius*. Nova York: Plenum, 1998.

Piper, John. *A Hunger for God: Desiring God through Fasting and Prayer*. Nova York: Good News Publishers, 1997.

Polidara, Jim. "Mind-Body Wellness at Work". Em *Mind-Body Wellness*. Duluth, Minn.: Whole Person Associates, 1996.

Purce, Jill. *The Mystic Spiral: Journey of the Soul*. Nova York: Thames and Hudson, 1974.

Puylkkänen, Paavo, org. *The Search for Meaning*. Wellingborough, Inglaterra: Crucible, 1989.

Quinnett, Paul. *Pavlov's Trout*. Sandpoint, Idaho: Keokee Publishing, 1994.

Radin, Dean. *The Counscious Universe: The Scientific Truth of Psychic Phenomena*. San Francisco: HarperSan Francisco, 1997.

Raines, Howell. *Fly Fishing through the Midlife Crisis*. Nova York: William Morrow, 1993.

Rappley, W. C. *Medical Education: Final Report of the Commission on Medical Education*. Nova York: Association of American Medical Colleges Commission on Medical Education, 1932.

Rilke, Rainer Maria. *Letters to a Young Poet*. Traduzido por M. D. Herter Norton. Nova York: W. W. Norton, 1954.

Ring, Kenneth, e Evelyn E. Valarino. *Lessons from the Light: What We Can Learn from the Near-Death Experience*. Nova York: Plenum Press, Insight Books, 1998.

Robins, Don. *The Secret Language of Stone*. Londres: Rider, 1988.

Roll, W. G., org. *Research in Parapsychology 1979*. Metuchen, N. J.: Scarecrow Press, 1980.

Roll, W. G. *et al.*, orgs. *Research in Parapsychology 1980*. Metuchen, N. J.: Scarecrow Press, 1981.

Roll, W. G., R. L. Morris e J. D. Morris, orgs. *Research in Parapsychology 1972*. Metuchen, N. J.: Scarecrow Press, 1973.

Rush, J. H. "New Directions in Parapsychology Research". Em *Parapsychological Monographs*, n. 4, Nova York: Parapsychology Foundation, 1964.

Sabom, Michael B. *Recollections of Death: A Medical Investigation*. Nova York: Harper and Row, 1982.

Sade, Marquês de. *La Philosophie dans le boudoir*. Paris: 1793. Citado em Thomson, *A History of Sin*.

Sagan, Carl. *The Demon-Haunted World*. Nova York: Random House, 1995.

Schrödinger, Erwin. *What Is Life? and Mind and Matter*. Londres: Cambridge University Press, 1969.

Seaward, Brian Luke. "Humor Therapy: Comic Relief". Em *Managing Stress: Principles and Strategies for Health and Well-Being*. Boston: Jones and Bartlett, 1994.

Seifert, Ruth. "War and Rape". Em *Mass Rape*, organizado por Alexandra Stiglmayer. Lincoln: University of Nebraska, 1994.

Sheldrake, Rupert. *A New Science of Life*. Los Angeles, Calif.: Tarcher, 1981.

______. *The Presence of the Past: Morphic Resonance and the Habits of Nature*. Nova York: Time/Life, 1988.

______. *Seven Experiments that Could Change the World*. Nova York: Riverhead Books, 1995.

Smith, Morton. *Jesus the Magician*. Nova York: Barnes and Noble, 1993.

Snyder, Louis Leo. "Napoleon's Retreat from Moscow, 1812". Em *Great Turning Points in History*. Nova York: Barnes and Noble, 1996.

Sontag, Susan. *Illness as Metaphor*. Nova York: Farrar, Straus and Giroux, 1977.

Stevenson, Ian. *Telepathic Impressions: A Review and Report of Thirty-five New Cases*. Charlottesville: University Press of Virginia, 1970.

Stoeber, Michael, e Hubo Meynell, orgs. *Critical Reflections on the Paranormal*. Albany, N. Y.; SUNY Press, 1996.

Sulloway, Frank J. *Born to Rebel: Birth Order, Family Dynamics, and Creative Lives*. Nova York: Pantheon, 1996.

Tanagras, Angelos. *Psychological Elements in Parapsychological Traditions* (abreviado). Nova York: Parapsychology Foundation, 1967.

Targ, Russell, e Hal E. Puthoff. *Mind-Reach: Scientists Look at Psychic Ability*. Nova York: Delta, 1977.

Targ, Russell e Jane Katra. *Miracles of Mind: Exploring Nonlocal Mind and Spiritual Healing*. Novato, Calif.: New World Library, 1998.

Tenner, Edward. *Why Things Bite Back: Technology and the Revenge of Unintended Consequences*. Nova York: Knopf, 1996.

Thomas, Lewis. *The Medusa and the Snail*. Nova York: Bantam, 1983.

Thomson, Oliver. *A History of Sin*. Nova York: Barnes and Noble, 1995.

Tipler, Frank J. *The Physics of Immortality*. Nova York: Bantam, 1994.

Tocqueville, Alexis de. *Democracy in America*. Organizado por Richard Heffner. Nova York: Mentor Books, 1966.

Toelken, Barry. "From Entertainment to Realization in Navajo Fieldwork". Em *The World Observed: Reflections on the Fieldwork Process*. Organizado por Bruce Jackson e Edward D. Ives. Champaign: University of Illinois Press, 1996.

Tolstoy, Leo. *War and Peace*. Nova York: Oxford University Press, 1998.

Treffert, Darold. *Extraordinary People: Understanding Savant Syndrome*. Nova York: Harper and Row, 1989.

Underhill, Evelyn. *Mysticism*. Nova York: Dutton, 1961.

Van de Castle, Robert L. *Our Dreaming Mind*. Nova York: Ballantine, 1994.

Walter, Jakob. *The Diary of a Napoleonic Footsoldier*. Organizado por e com uma introdução de Marc Raeff. Nova York: Penguin, 1991.

Walzer, Michael. *Just and Unjust Wars*. Nova York: Scribners, 1977.

Watson, Lyall. *Dark Nature: A Natural History of Evil*. Nova York: HarperCollins, 1995.

_______. *The Dreams of Dragons*. Rochester, Vt.: Destiny Books, 1992.

_______. *The Nature of Things: The Secret Life of Inanimate Objects*. Rochester, Vt.: Destiny Books, 1990.

Weber, Renée. *Dialogue with Scientists and Sages: The Search for Unity*. Londres: Arkana, 1990.

Weizsäcker, Carl Friedrich von. Introdução a *The Biological Basis of Religion and Genius*, de Gopi Krishna. Nova York: Harper and Row, 1972.

Wilber, Ken. "Human Potentials and the Boundaries of the Soul". Em *Beyond Health and Normality*, organizado por Roger Walsh e Deane H. Shapiro. Nova York: Van Nostrand Reinhold, 1983.

_______, org. *Quantum Questions: Mystical Writings of the World's Great Physicists*. Boston: Shambhala Publications, 1984.

Wilmer, Harry A. "War Nightmares". Em *Vietnam in Remission*, organizado por Harry A. Wilmer e James F. Veninga. College Station, Texas A&M University Press, 1985.

Wolinsky, Kim. *Letting Go with All Your Might*. Denver: ReDecisions Institute, 1995.

Woodhouse, Mark B. *Paradigm Wars*. Berkeley, Calif.: Frog, 1996.

Wooten, Patty. *Compassionate Laughter: Jest for Your Health*. Salt Lake City: Commune-a-Key Publishing, 1996.

Work in America: Report of a Special Task Force to the Secretary of Health, Education, and Welfare. Cambridge: MIT Press, 1973.

Worrall, Ambrose A. e Olga N. Worrall. *Explore Your Psychic World*. Memorial edition. Columbus, Ohio: Ariel Press, 1989.

Wrangham, Richard e Dale Peterson. *Demonic Males: Apes and the Origins of Human Violence*. Nova York: Houghton Mifflin, 1996.

Zuboff, Shoshana. *In the Age of the Smart Machine. The Future of Work and Power*. Nova York: Basic Books, 1988.

CRÉDITOS

Trecho de *Physicians of the Twenty-first Century: Report of the Panel on the General Professional Education of the Physician and College Preparation for Medicine*, Association of American Medical Colleges, copyright 1984 da Association of American Medical Colleges.

Trechos de *The Medusa and the Snail* de Lewis Thomas, copyright © 1974, 1976, 1976, 1977, 1979 de Lewis Thomas. Usado com permissão de Viking Penguin, uma divisão da Penguin Putnam, Inc.

"We Are Transmitters" extraído de *Complete Poems* de D. H. Lawrence, organizado por Vivian De Sola Pinto e Warren Roberts. Copyright 1994 de Penguin Books USA. Usado com permissão da Penguin Books USA.

Trecho de "Two Tramps in Mudtime", reimpresso de *The Poetry of Robert Frost*, organizado por Edward Connery Lathem, copyright 1969 de Henry Holt and Co., copyright 1936 de Robert Frost, copyright 1964 de Lesley Frost Ballantine. Reimpresso com permissão de Henry Holt and Company, LLC.

A citação de Dennis Gersten em "Whatever Happened to Healers" foi usada com a permissão de Dennis J. Gersten, M. D., Solana Beach, California, 2001.

Blood Rites: Origins and History of the Passions of War, de Barbara Ehrenreich. Copyright 1997 de Barbara Ehrenreich. Reimpresso com permissão de Henry Hold and Company, LLC.

Trechos de *Letters to a Young Poet* de Rainer Maria Rilke, traduzidos por M. D. Herter Norton, copyright 1934, 1954 de W. W. Norton & Company, Inc., © renovado 1962, 1982 de M. D. Herter Norton. Usado com permissão de W. W. Norton & Company, Inc.

Trechos de *Memories, Dreams, Reflections* de C. G. Jung, copyright 1965 de Vintage Books/Random House. Usado com permissão de Vintage Books.

The Reenchantment of the World de Morris Berman. Copyright 1981 da Cornell University Press. Usado com permissão da Cornell University Press.

Trechos de *Writers Dreaming* de Naomi Epel. Copyright 1993 de Carol Southern Books/Crown Publishing Group. Usado com permissão de Carol Southern Books.

"The Day of the Dead, a Mexican Tradition", traduzido de um poeta desconhecido por Ángel María Garibay e Miguel León-Portilla. Publicado em *After Death: How People around the World Map the Journey After Life*, de Sukie Miller, Ph. D., com Suzanne Lipsett (Nova York: Simon & Schuster, 1997).

AGRADECIMENTOS

Estes ensaios apareceram originalmente no jornal *Alternative Therapies in Health and Medicine*. Sou grato a Bonnie Horrigan, editor do jornal, pela permissão de reproduzi-los aqui, bem como a Michael Muscat, meu editor em *Alternative Therapies*. Recomendo seu *site* em www.alternative-therapies.com.

Meus mais sinceros agradecimentos a Arielle Eckstut e Kitty Farmer, minhas agentes literárias, e à equipe da Shambhala Publications: Sam Bercholz, Jonathan Green e Peter Turner, que acolheram o presente livro. Também a Joel Segel, meu inteligente editor, DeAnna Satre, que preparou o texto, e Peter Bermudes, que autorizou a publicação.

Acima de tudo, a Barbara, minha esposa, por seu amor e dedicação incondicionais.